secession

Bas von Benda-Beckmann

Nach dem Tagebuch.
Das Schicksal von Anne Frank und der anderen Untergetauchten aus dem Hinterhaus

Aus dem Niederländischen
von Marlene Müller-Haas

Mit einem Vorwort
von Hans-Joachim Lang

Nach dem Tagebuch

Das Schicksal von Anne Frank und der anderen Untergetauchten aus dem Hinterhaus

Bas von Benda-Beckmann

Aus dem Niederländischen von Marlene Müller-Haas

Die Originalausgabe erschien 2020 unter dem Titel
Na het Achterhuis: Anne Frank en de andere onderduikers in de kampen
bei Em. Querido's Uitgeverij bv in Amsterdam

Die Veröffentlichung dieses Buchs wurde ermöglicht
durch eine Übersetzungsförderung der niederländischen
Literaturstiftung Nederlands Letterenfonds.

Nederlands letterenfonds
dutch foundation for literature

Übersetzung aus dem Niederländischen: Marlene Müller-Haas
Lektorat: Joachim von Zepelin
Korrektorat: Peter Natter
www.secession-verlag.com

Umschlag und typografische Gestaltung: Ferdinand Ulrich, Berlin
Umschlagbild: © Herinneringscentrum Kamp Westerbork
Satz: Marco Stölk, Berlin
Gesetzt aus *Proforma* von Petr van Blokland
und aus **Graphik** von Christian Schwartz
Herstellung und Bildbearbeitung: Daniel Klotz, Die Lettertypen
Recherche Bildrechte: Kilian Beutel
Druck und buchbinderische Verarbeitung:
Friedrich Pustet, Regensburg
Papier Textteil: 90 g/m² Werkdruck
Papier Fototeil: 135 g/ m² Bilderdruck matt
Papier Vor- und Nachsatz: 115 g/m² Fly 05
Einband: Irisleinen

Printed in Germany
ISBN 978-3-907336-0-07

Anhang

Vorwort

Dieses Buch ist in vielerlei Hinsicht das Ergebnis einer gemeinsamen Anstrengung. Die wichtigste Grundlage und den roten Faden bildet der von Erika Prins – damals als Wissenschaftlerin für das Anne Frank Haus tätig – zwischen 2012 und 2016 erarbeitete Forschungsbericht *Onderzoeksverslag naar het verblijf van de acht onderduikers in de kampen* (Untersuchungsbericht zum Aufenthalt der acht untergetauchten Personen in den Lagern). Ergänzt wurde dieser Bericht von Esther Göbel, sowie von Gertjan Broek und Teresien da Silva. 2019 wurde diese Untersuchung von Bas von Benda-Beckmann fortgeführt, der auf der Grundlage des Forschungsberichts von 2016 und neuer Erkenntnisse das vorliegende Buch verfasste.

Der Autor, die Wissenschaftler und das Anne Frank Haus danken allen Archivmitarbeitern, Mitlesern und Beratern. Neben den Mitarbeitern verschiedener Archive und Kulturerbe-Institutionen sind das in erster Linie Wichert ten Have, der das Projekt nicht nur mit Sachkenntnis betreute und kommentierte, sondern 2019 auch darauf drängte, die Ergebnisse in Buchform zu veröffentlichen.

Wertvolle Hinweise zum Manuskript kamen auch von Daan de Leeuw und Guido Abuys, sowie von Josje Kraamer und Annette Portegies vom Verlag Uitgeverij Querido. Zu nennen sind alle Kollegen aus dem Anne Frank Haus, die in verschiedenster Weise an diesem Buch mitgewirkt haben, vor allem Karolien Stocking Korzen, die die Bildrecherche übernahm; Liselot van Heesch, Menno Metselaar, Eugenie Martens und Tom Brink waren meine Mitleser und an der Publikation dieses Buches beteiligt.

Ohne die zahlreichen Zeitzeugen im Rahmen des Oral-History-Projekts des Anne Frank Hauses und anderer Institutionen hätte dieses Buch nie geschrieben werden können. Ihnen ist es zu verdanken, dass diese Suche nach dem Schicksal der acht im Hinterhaus Untergetauchten in den Lagern überhaupt möglich war. Ein besonderer Dank gilt allen Zeitzeugen, die uns an ihrer Geschichte teilhaben ließen.

Vorwort zur deutschen Ausgabe

Auschwitz. Anne Frank. Ihre Stimme spreche für sechs Millionen, wird Anne Frank nachgesagt.[1] Sechs Millionen ermordete Juden. Und Auschwitz gilt oft als *das* Symbol für die Shoah. Auschwitz und Anne Frank, zusammengenommen klingt das auf den ersten Blick umfassend. Doch dieser Eindruck ist falsch. Denn Anne Frank spricht nur für sich. Wenn man so will, als eine von sechs Millionen Stimmen.[2] Wer nur ihr Tagebuch liest, weiß noch nichts über Auschwitz. Er kennt nur einen Ort jenes unvorstellbaren Menschheitsverbrechens, das seine Spuren nahezu im gesamten Europa hinterließ. Mit dem letzten Satz in ihrem Tagebuch, dem letzten von ihr schriftlich überlieferten Satz, fängt Annes Weg nach Auschwitz überhaupt erst an.

Aber was war nach dem Tagebuch? Der niederländische Historiker Bas von Benda-Beckmann hat diese Frage gewiss nicht als Erster gestellt, bereits Annes Vater hatte begonnen, Antworten zu suchen. Und weil sie im Hinterhaus der Amsterdamer Prinsengracht 263 zu acht versteckt waren, wollte Otto Frank nach seiner Befreiung ebenso das Schicksal der anderen Mitglieder dieser Schicksalsgemeinschaft rekonstruieren, von denen, wie sich erst noch herausstellen sollte, niemand überlebt hatte. Bas von Benda-Beckmann konnte an diese und auch noch an weit mehr Forschungen anknüpfen. Mit der präziseren Frage: Was war wie nach dem Tagebuch?

Anne Franks Tagebuch ist nicht das Einzige seiner Art, es gibt zahllose weitere Aufzeichnungen, in denen Jugendliche ihren verstörenden Alltag aus der Perspektive verfolgter Juden beschrieben. Sie notierten in Verstecken oder in Ghettos, was sie fühlten und dachten, höchst privat und bei allgegenwärtiger Lebensgefahr.[3] Für die Öffentlichkeit war Anne Franks Tagebuch, als es 1947 in den Niederlanden publiziert wurde, noch beispiellos. Während in der westdeutschen Bundesrepublik Schuld und Verantwortung an den nationalsozialistischen Verbrechen, insbesondere auch Anklagen gegen Täter, immer weiter in den Hintergrund rückten, kletterten die

Auflagen der Tagebuch-Übersetzung ins Deutsche von 1950 an rasant nach oben. Diese enorme Wirkung, zumal auch die vielfältigen Projektionen auf diesen einzigartigen Text, lässt sich eigens diskutieren. Doch wie immer man es wendet, steht am Ende ein literarisches Werk von Weltrang, in über 70 Sprachen übersetzt, seit 2009 als Dokument von »universellem Interesse« ein Teil des UNESCO-Weltkulturerbes. Millionen von Leserinnen und Lesern durchlitten mit Anne Frank die etwas mehr als zwei Jahre, die sie und ihre sieben Leidensgefährten im Versteck verbrachten. Wie sollen sie sich je eine authentische Vorstellung davon machen können, wie sich deren Lebenswege nach ihrer Verhaftung fortsetzten?

Anne Frank hat dazu nichts überliefert. Was man von ihr weiß, wird von anderen formuliert, zitiert, ihr mitunter auch zugeschrieben. Als Fragmente eines kurzen Weiterlebens, dessen Individualität für die Außenwelt verlorengegangen ist. Unwiederbringlich. Und schier unerträglich für die, die sich in die Empfindungswelt der jungen Frau hineingelesen haben und nur zu gerne und in ihren eigenen Worten vernommen hätten, wie es weiterging. Genauer: wie es *für sie* weiterging. »Manche wollen zu viel und zu schnell verstehen, sie haben für alles Erklärungen; andere weigern sich zu verstehen und betreiben eine wohlfeile Sakralisierung«, schreibt Giorgio Agamben[4], als hätte er genau dieses eine Dilemma vor Augen und nicht ganz allgemein das, womit seine Reflexionen überschrieben sind: »Was von Auschwitz bleibt«. Als den einzig gangbaren Ausweg aus diesem Dilemma sieht Agamben: In dieser Kluft zu verweilen.

Genau das ist es, was »Nach dem Tagebuch« versucht, und hier begegnen wir dem Historiker Bas von Benda-Beckmann und den anderen Mitarbeitern der Anne Frank Haus, Erika Prins, Gertjan Broek und Teresien da Silva, die die Lebensereignisse der acht Untergetauchten rekonstruiert haben. Dieses Buch steigt nicht aus der privaten Geschichte aus, sie bleibt einerseits Leidfaden – und wird andererseits zum Leitfaden für die weitere Recherche. So folgt Bas von

Benda-Beckmann den acht jüdischen Frauen und Männern aus dem Amsterdamer Hinterhaus ins Durchgangslager Westerbork und von dort in die Lager Auschwitz, Bergen-Belsen, Raguhn, Neuengamme und Mauthausen. Unterwegs geht es ihm um mehr als nur um die Rekonstruktion der individuellen Erfahrungshorizonte, denn er erweitert sie um den objektiven Wissensstand über die jeweiligen Aufenthaltsorte der acht Protagonisten.

Mit geschichtswissenschaftlichen und ethnografischen Methoden entsteht so eine eigene Textur aus dem, was geschah, und dem, wie es sich in den Köpfen der Betroffenen darstellt. Beziehungsweise wie es sich in deren Köpfen dargestellt haben könnte. Denn berichten, was ihm widerfahren ist, kann nur Otto Frank. Für die sieben anderen findet Bas von Benda-Beckmann Zeugnisse von Überlebenden, die sich an Anne Frank und die Ihren erinnern oder ihnen nahe waren oder wenigstens an deren vermutlichen Aufenthaltsorten selbst erlebten, wie es dort zuging.

Die personalisierende Geschichtsschreibung erhellt das Geschehen weit zutreffender als es die pure Faktenaufbereitung vermag. Denn es geht um mehr, nämlich auch um das Wesen der Konzentrationslager, die ihnen eigenen Erlebniswelten, die veränderten Verhaltensweisen, die außer Kraft gesetzten Konventionen, die Brutalität des SS-Personals, die Allgegenwart eines systemischen Vernichtungswillens. Ein Historiker kann schlicht feststellen, dass die Situation für die Häftlinge in Auschwitz hoffnungslos war. Ein Beispiel, nicht aus diesem Buch, gibt die Niederländerin Froukje de Leeuw, die für eineinhalb Jahre als Gefangene in Block 10 des sogenannten Stammlagers in Auschwitz saß. Sie schrieb nach ihrer Befreiung: »Es war kein Ende zu sehen als das, dass man wahrscheinlich zu Tode kommen wird. Ja, das war es eigentlich, wir lebten dem Tod entgegen.«[5] Ihre Feststellung unterscheidet sich nur in einer Nuance, und greift doch viel weiter. Aus der Sicht der Häftlinge offenbart sich die volle Wirkung der abgrundtief zerstörerischen Unmenschlichkeit.

Den Alltag im Lager authentisch beschreiben kann nur, wer ihn selbst erlebt hat. Darum bleiben Zeitzeugenberichte unverzichtbar, so fragmentarisch sie auch immer sind und so zwangsläufig sie nur Ausschnitte der Lagerrealität wiedergeben können. Und zu alledem: Sie enthalten, wie Primo Levi nahelegt, nichts über die zu Ende geführte Vernichtung. »Die Untergegangenen hätten, auch wenn sie Papier und Bleistift gehabt hätten, niemals Zeugnis abgelegt, weil ihr Tod schon vor der Vernichtung ihres Körpers begonnen hatte.«[6] Am Ende der Leben von Anne Frank, ihrer Schwester Margot und beider Mutter Edith, von Auguste und Hermann van Pels mit ihrem Sohn Peter sowie von Fritz Pfeffer steht das Unbezeugbare.

Jedes aufgespürte Körnchen, das in eine Verbindung mit den acht aus dem Hinterhaus zu bringen ist, hebt sie ein Stückchen weiter aus der Anonymität der nationalsozialistischen Vernichtungsmaschinerie. Durch die Augen von Zeugen sieht man sie für einige Momente auftauchen, scheinbar belanglose Szenen gewinnen den Rang von Existenznachweisen. Was in diesem Buch gelungen ist, lässt erahnen, was in anderen Fällen bei einem früheren Nachkriegsinteresse an personalisierbarem Erfahrungswissen noch alles hätte gerettet werden können – einmal ganz davon abgesehen, was bei angemessenen politischen Reaktionen am Ende der Weimarer Republik alles hätte verhindert werden können.

Viel zu lange nährte sich Geschichtswissen zu großen Teilen nur aus Täterquellen. Und der Gegenentwurf einer puren Oral History verliert leicht die Orientierung. Vorbildhaft verstand es Ende der 1990er-Jahre Saul Friedländer, durch seine Verknüpfung verschiedener Erzählebenen der standardisierten Geschichtsschreibung entgegenzuwirken. Eine »gewaltige Herausforderung« sei es, schickte er seiner monumentalen Studie »Das Dritte Reich und die Juden« voraus, »eine historische Darstellung des Holocaust zu schaffen, in der sich die Praktiken der Täter, die Einstellungen der umgebenden Gesellschaft und die Welt der Opfer in einem einzigen Raum behandeln lassen«.[7] In ähnlicher Weise plädierte auch der Empirische Kulturwissenschaftler Utz Jeggle, die Möglichkeiten und die Verantwortlichkeit der individuellen Lebenswelten »auch in ihrer geschichtlichen Eigentümlichkeit gegenüber der kolonialisierenden Übermacht von gesellschaftlichen Ansprüchen festzuhalten«.[8] Auch hier geht es nicht um das Ergänzende und Exemplarische, sondern um die Zusammenschau im Dienste neuer Erkenntnis, um den »innere[n] Zusammenhang zwischen Geschehen und Erlebensmodalität«. Mit der Chance, »in Geschichten innere Wahrheiten zu entdecken, die sicherlich wenig Neues über den geschichtlichen Verlauf, um so mehr jedoch über dessen Abbilder und Eindrücke im Kopf und der Seele hinterlassen«.[9]

Eine Faktenaufzählung zu den acht Lebensläufen »nach dem Tagebuch«, also nach der Verhaftung am 4. August 1944, fiele zwangsläufig kurz aus. Denn sieben der acht Leben sind nach wenigen Monaten brutal ausgelöscht. Bas von Benda-Beckmann schaut genauer auf dieses Geschehen, seziert das destruktive Geflecht der verschiedenen Konzentrationslager. Lehrstoff für eine empathische Aneignung von unvergessbarer Wirklichkeit.

Hans-Joachim Lang

»Sie fragten mich,
ob ich Ihnen etwas
über Anne und
Margot erzählen kann«

1 Eine Suche nach den Untergetauchten aus dem Hinterhaus

Im Namen der Toten zu sprechen geht nur,
indem man die Augenzeugen zu Wort kommen lässt.
(Arnon Grunberg, Rede zum 4. Mai 2020)

Wo Annes Tagebuch aufhört

Am 4. August 1944 fiel die Sicherheitspolizei in die Geschäftsräume der Amsterdamer Opekta-Filiale an der Prinsengracht 263 ein (Abb. 1). Sie fanden acht jüdische Personen, die sich seit Juli 1942 im Hinterhaus dieses Gebäudes versteckt hatten. Eine von ihnen war ein fünfzehnjähriges Mädchen, Anne Frank. Was sich in ihrem Leben ereignete, hatte sie seit ihrem dreizehnten Geburtstag gewissenhaft in einem Tagebuch festgehalten, einem Dokument, das zu einem der berühmtesten Bücher der Welt werden sollte. Durch dieses in mehr als 70 Sprachen übersetzte und mehrmals verfilmte Tagebuch wurde das Schicksal dieser acht untergetauchten Personen eines der bekanntesten Selbstzeugnisse des Zweiten Weltkriegs. Durch Annes Augen lernte die Welt die acht Menschen kennen, die sich zwei Jahre lang im rückwärtigen Trakt des Gebäudes an der Prinsengracht versteckt hielten, aus nächster Nähe und aus der Perspektive einer Heranwachsenden beschrieben.

Von diesen acht Personen handelt dieses Buch: von Otto, Edith, Margot und Anne Frank, von Hermann, Auguste und Peter van Pels, und von Fritz Pfeffer. Sie waren Juden, die im Lauf der Dreißigerjahre aus Nazi-Deutschland geflüchtet waren, um in den Niederlanden ein neues Leben aufzubauen. Acht Menschen, die im Sommer und im Herbst des Jahres 1942 gemeinsam untertauchten, um die nationalsozialistische Judenverfolgung zu überleben.

Dieses Buch macht dort weiter, wo Annes Tagebuch aufhört. Es untersucht so genau wie möglich, was den acht Verfolgten widerfuhr, nachdem man sie verhaftet und in verschiedene Konzentrations- und Vernichtungslager gebracht hatte. Sieben von ihnen fanden dort den Tod.

Wie berühmt Anne Frank und ihre sieben Gefährten auch sein mögen, ohne eine Einführung dieser acht Hauptpersonen kommt dieses Buch nicht aus. Um ihr Schicksal in den Lagern möglichst genau verfolgen zu können, bedarf es eines kurzen Rückblicks auf die Ereignisse, die ihrer Festnahme vorausgingen. Wer waren diese acht Menschen? Unter welchen Umständen waren sie aus Nazi-Deutschland geflüchtet? Und wie kamen sie 1942 ins Hinterhaus?

Edith, Anne, Margot und Otto Frank

Zuerst handelt es sich um die Familie Frank. Der Vater Otto Frank war ein Geschäftsmann, der in einer wohlhabenden Bankiersfamilie in Frankfurt am Main aufgewachsen war. Er entstammte liberalen jüdischen Kreisen und hatte im Ersten Weltkrieg als deutscher Offizier an der Westfront gekämpft.[1] 1925 heirateten Otto Frank und Edith Holländer in Ediths Heimatort Aachen (Abb. 2). Wie Otto entstammte Edith einem liberalen jüdischen Milieu, war aber weitaus gläubiger als ihr Mann und legte größeren Wert auf jüdische Traditionen. Nach ihrer Heirat lebten Edith (Abb. 3) und Otto (Abb. 4) in Frankfurt am Main. Dort wurden auch die beiden Töchter geboren, 1926 Margot und drei Jahre darauf Anne (Abb. 5).

In Frankfurt bekam die Familie die Bedrohung durch die aufkommende nationalsozialistische Bewegung unmittelbar zu spüren. Nach dem Krieg erinnerte sich Otto Frank, dass die beklemmende Stimmung in Deutschland zu Beginn der Dreißigerjahre ihn und seine Frau immer öfter über eine mögliche Emigration nachdenken ließ:

> Ich erinnere mich schon 1932, dass SA-Gruppen vorbeigezogen sind und gesungen haben: »Wenn das Judenblut am Messer spritzt.« Also das war schon sehr deutlich sichtbar. Und ich habe gleich mit meiner Frau besprochen: »Wie können wir hier wegkommen?«, aber es ist ja schließlich die Frage: »Wie kann man

einen Lebensunterhalt verdienen, wenn man weggeht und alles mehr oder weniger aufgibt?«[2]

Für die Franks war schließlich die Machtergreifung Adolf Hitlers und der Nationalsozialistischen Deutschen Arbeiterpartei (NSDAP) im Januar 1933 der ausschlaggebende Grund, Deutschland zu verlassen. Unmittelbar nach der Ernennung Hitlers zum Reichskanzler wollten die Nationalsozialisten auch den Frankfurter Juden klarmachen, dass es von nun an in der Stadt keinen Platz mehr für sie gab. Mit dem von den Nazis im März angekündigten landesweiten Boykottaufruf, der am 1. April in ganz Deutschland in die Tat umgesetzt wurde, nahm der antisemitische Terror noch bedrohlichere Formen an.

Überall in Deutschland wurden jüdische Geschäfte, Unternehmen und Ärzte gebrandmarkt und blockiert. In Frankfurt – mit seiner etwa 31.000 Mitglieder zählenden jüdischen Gemeinde, was etwa sechs Prozent der Einwohner der Stadt entsprach – waren die Auswirkungen immens.[3] Am 13. März 1933 fiel die Sturmabteilung (SA) – das paramilitärische Rollkommando der Nationalsozialisten – ins Rathaus ein und hisste dort die Hakenkreuzfahne (Abb. 6). Der liberale Oberbürgermeister Ludwig Landmann wurde zum Rücktritt gezwungen und durch den nationalsozialistisch gesinnten Richter Friedrich Krebs ersetzt. Noch am selben Nachmittag versperrte die SA an verschiedenen Stellen in der Stadt die Eingänge zu Geschäften und Warenhäusern jüdischer Eigentümer und schüchterte Geschäftsinhaber und Kunden ein. In den Tagen danach wurde die Situation noch bedrohlicher, bis es am 1. April 1933 zum landesweiten, oft mit großer Gewalt, Einschüchterungen und Schikanen einhergehenden Boykott jüdischer Geschäfte kam. Bereits am 21. März hatte der neue Frankfurter Polizeipräsident auf einer großen NSDAP-Kundgebung den jüdischen Stadtbürgern zugerufen, dass gerade in Frankfurt der Boykott jüdischer Unternehmen unverzichtbar sei: »Frankfurt soll deutsch werden. (…) Ihr Juden, ihr braucht nicht zu zittern, wir bleiben legal, so legal, dass Euch vor lauter Legalität noch unbehaglich wird.«[4]

Solche kaum verhohlenen Drohungen überzeugten Otto und Edith Frank endgültig, dass es für sie in Deutschland keine Zukunft mehr gab. Auch finanzielle Probleme spielten bei der Entscheidung eine Rolle. Die Geschäftsbank seines Vaters geriet rasch in große Schwierigkeiten, ebenso erging es Otto Franks eigenen geschäftlichen Unternehmungen. Daher beschlossen die Franks im Frühjahr 1933, in die Niederlande zu emigrieren, wo Otto Frank mit Hilfe seines Schwagers Erich Elias für Opekta eine niederländische Auslandsvertretung aufbauen wollte (Abb. 7). Das Unternehmen handelte mit Pektin, einem Geliermittel, das zur Herstellung von Marmelade verwendet wird.

Mitte August 1933 ging zunächst Otto Frank nach Amsterdam, um dort sein neues Unternehmen aufzubauen und die Ankunft von Frau und Töchtern vorzubereiten, die bis dahin für ein paar Monate bei Ediths Mutter in Aachen wohnten.[5] Im Dezember 1933 bezog die Familie in Amsterdam eine großzügige Wohnung am Merwedeplein im neuerbauten Viertel Rivierenbuurt (Abb. 8 und 9). Anfangs hatte Otto Frank für sein Unternehmen einige Räume im Candida-Gebäude am Nieuwezijds Voorburgwal im Stadtzentrum gemietet, 1934 zog er an die Singel um. 1938 kaufte er noch die Firma Pectacon, einen Hersteller von Gewürzen und Konservierungsmitteln, von deren Gründer Johannes Kleiman, der später einer seiner engsten Mitarbeiter wurde. Anfang Dezember 1940 verlegte Otto Frank beide Unternehmen in ein Gebäude aus dem 17. Jahrhundert in der Prinsengracht 263. Es hatte ein Vorder- und ein Hinterhaus sowie ausreichend Büroräume, Magazine und Lagerraum für beide Betriebe. Dort gab es sogar Platz für eine Gewürzmühle.

In Amsterdam bauten sich die Franks eine neue Existenz auf. Die Mädchen gingen zur Schule, fanden rasch Anschluss und lernten sehr schnell Niederländisch. Und auch Otto und Edith Frank fanden neue Bekannte und Freunde in der Nachbarschaft, die meisten aus Deutschland emigrierte Juden, aber auch niederländische Nachbarn, Geschäftspartner und Kollegen aus Otto Franks Firma Opekta-Pectacon. Vor allem die Beziehung zu Ottos Kollegen Victor Kugler, Johannes Kleiman und den Sekretärinnen Miep Santrouschitz, die später Jan Gies heiratete, sowie Bep Voskuijl und deren Vater Johannes war sehr eng. Diese Kollegen waren es auch, die vom Sommer 1942 an bis August 1944 die Versorgung der acht Untergetauchten im Hinterhaus übernehmen sollten (Abb. 10, 11 und 12). Sie brachten ihnen Lebensmittel und frische Kleidung, boten ihnen aber auch Gesellschaft und versorgten die Franks und ihre Mitbewohner in der isolierten Welt ihres Zufluchtsorts mit Nachrichten von draußen.

Auch nach ihrer Ankunft 1933 in den Niederlanden verfolgten die Franks weiter die Entwicklungen in Deutschland. Von Verwandten und Freunden hörten sie Berichte über die zunehmenden Gewalttätigkeiten und die immer aggressivere Judenverfolgung in ihrem Heimatland, aber sie sahen auch mit eigenen Augen, was dort geschah, weil Otto und Edith Frank bis 1938 – dem Jahr, in dem die antijüdischen Ausschreitungen extrem zunahmen – regelmäßig bei Verwandten in Deutschland zu Besuch waren. Anne und Margot reisten jedes Jahr, meist um Weihnachten, zu ihrer Großmutter nach Aachen.[6] Auch in dieser überwiegend katholischen Stadt nahe der niederländischen Grenze war der Einfluss der NSDAP auf den Alltag der kleinen jüdischen Gemeinde nicht zu übersehen. Ediths Mutter Rosa und ihre beiden Brüder Walter und Julius (Abb. 13 und 14), die gemeinsam ein gut laufendes Metallverwertungsunternehmen führten, wurden ständig von der neuen Staatsmacht drangsaliert.[7]

Im Juni 1933 verhaftete die Gestapo den Rechtsanwalt Karl Löwenstein, einen guten Freund von Ediths ältestem Bruder Julius.[8] Der Jurist Löwenstein war Vorsitzender des Synagogenrats, dem auch Julius Holländer angehörte. Zusammen mit seinem Bruder wurde Löwenstein ohne nachvollziehbaren Grund im Juni 1933 wochenlang in

Schutzhaft genommen.[9] Auch Walter und Julius Holländers Metallverwertungsunternehmen geriet durch die antijüdischen Verordnungen in eine zunehmend ernste Schieflage.[10] Selbst der Gang zur Synagoge wurde Walter, Julius und Mutter Rosa Holländer-Stern erschwert, die alle drei regelmäßig an der wöchentlichen Sabbatfeier in der Aachener Neuen Synagoge teilnahmen. Woche für Woche marschierten SA-Leute freitags und samstags vor der Synagoge auf und wiesen die Besucher zurück. Mehr und mehr wurden die Juden aus dem öffentlichen Leben verdrängt.

Die massiven antijüdischen Ausschreitungen am 9. und 10. November 1938 machten Annes und Margots alljährlichen Besuchen in Aachen definitiv ein Ende. Diese Nacht ging als »Kristallnacht« oder »Reichskristallnacht« in die Geschichte ein. Der Ursprung des Begriffs ist nicht völlig geklärt. Soweit bekannt, wurde er 1939 zum ersten Mal von einem Nazi-Offizier verwendet und war als zynische Anspielung auf die überall vor den zerstörten Wohnungen, Geschäften und Büros, den Synagogen und öffentlichen jüdischen Einrichtungen herumliegenden Glasscherben gedacht. Obwohl »Kristallnacht« im nationalsozialistischen Deutschland nie zum offiziellen Propagandabegriff wurde, ist die Verwendung dieser Bezeichnung nach wie vor umstritten, vor allem in der deutschsprachigen Literatur, wo er in jüngster Zeit vor allem durch die Begriffe »Novemberpogrom« oder »Pogromnacht« ersetzt wurde, auch, weil der Hinweis auf zerbrochenes Glas dem Ausmaß der gewalttätigen Ausschreitungen jener Nacht nicht annähernd gerecht werden kann.[11] In einer landesweit koordinierten Terroraktion hatten Trupps von Nationalsozialisten im gesamten Deutschen Reich, zu dem inzwischen auch Österreich gehörte, Synagogen in Brand gesteckt und jüdische Geschäfte zerstört (Abb. 15 und 16). Sie traten die Türen ein, misshandelten die jüdischen Bewohner und schlugen deren Hausrat kurz und klein. Etwa 30.000 jüdische Männer wurden verhaftet und vorübergehend in den Konzentrationslagern Buchenwald, Sachsenhausen und Dachau interniert, die 1933 von den Nationalsozialisten errichtet worden waren, um ihre politischen Gegner einzukerkern. Auch Walter und Julius Holländer wurden im November verhaftet. Julius wurde bald darauf wieder entlassen, weil er als Träger des Verwundetenabzeichens aus dem Ersten Weltkrieg besonderes Ansehen genoss. Aber seinen Bruder Walter hielt man drei Wochen lang im Konzentrationslager Sachsenhausen fest und ließ ihn erst frei, als er nachweisen konnte, dass er, dank Otto Franks Vermittlung, in ein niederländisches Flüchtlingslager aufgenommen werden sollte, um dort auf ein Einreisevisum in die Vereinigten Staaten zu warten. Beiden Brüdern, Walter und Julius, gelang es, über die Niederlande in die Vereinigten Staaten zu entkommen. Annes Großmutter Rosa Holländer-Stern verließ nun ebenfalls Aachen und zog bei den Franks am Merwedeplein ein. Die nächtliche Terroraktion vom 9. auf den 10. November 1938 war ein Menetekel – ein klares Signal, dass Juden in Nazi-Deutschland nun keinen Rechtsstatus mehr hatten.[12]

Eineinhalb Jahre darauf, am 10. Mai 1940, stellte sich heraus, dass auch die Niederlande nicht mehr sicher waren. In nur fünf Tagen zwang die deutsche Wehrmacht die Niederlande zur Kapitulation. Seit dem Spätsommer 1940 dekretierte die Besatzungsmacht unter Führung von Reichskommissar Arthur Seyss-Inquart, eines österreichischen Juristen und NS-Politikers, immer umfangreichere antisemitische Anordnungen (Abb. 17). Diese Veränderungen gehörten zu den ersten Ereignissen, die Anne Frank in ihrem seit Juni 1942 geführten Tagebuch beschreiben sollte:

> Nachdem die Deutschen hier das Szepter schwangen, hat für uns das Unglück begonnen, erst kam die Rationierung und alles musste auf Marken gekauft werden, dann kamen in den zwei Jahren, die sie nun hier sind, lauter Judengesetze. (...) Juden müssen einen Judenstern tragen; Juden müssen ihre Fahrräder abliefern; Juden dürfen nicht in die Straßenbahn; Juden dürfen in kein Auto,

auch nicht in ein privates; Juden dürfen nur von 3–5 Uhr einkaufen, außer in jüdischen Läden, auf denen Jüdisches Geschäft steht; Juden dürfen nur zu einem jüdischen Friseur; Juden dürfen von 8 Uhr abends bis 6 Uhr morgens nicht auf die Straße; Juden dürfen sich nicht in Theatern, Kinos und anderen der Unterhaltung dienenden Stätten aufhalten; Juden dürfen nicht in ein Schwimmbad, auch nicht auf Tennis-, Hockey- oder andere Sportplätze; Juden dürfen nicht rudern; Juden dürfen in der Öffentlichkeit keinerlei Sport treiben. Juden dürfen nach 8 Uhr abends nicht mehr in ihrem Garten sitzen, auch nicht bei Bekannten; Juden dürfen die Wohnungen von Christen nicht betreten; Juden müssen in jüdische Schulen gehen, und noch dergleichen mehr, so ging unser Leben weiter und wir durften dies nicht und das nicht. Jacque [eine Freundin von Anne] sagte immer zu mir: ‚Ich traue mich nichts mehr zu tun, weil ich Angst habe, dass es verboten ist.[13]

Die deutsche Besatzung stellte das mit großer Anstrengung aufgebaute Leben der Franks völlig auf den Kopf. Außer den von Anne beschriebenen Beschränkungen gab es noch weitere Auswirkungen (Abb. 18–22). Als Erstes die wirtschaftliche Enteignung: Die Firmen Opekta und Pectacon mussten »arisiert« werden. Otto Frank gelang es nur durch eine geschickte finanzielle Konstruktion, seine Firmen durch befreundete Mitarbeiter, Johannes Kleiman, Victor Kugler und Jan Gies, den Ehemann seiner Sekretärin Miep, übernehmen zu lassen. Auf diese Weise konnte er verhindern, dass sein Betrieb einem von den deutschen Besatzern eingesetzten Verwalter in die Hände fiel.

In der Zwischenzeit unternahm Otto Frank zwei weitere Versuche zur Emigration. Bereits 1937 hatte die Familie Frank ernsthafte Pläne geschmiedet, ein Unternehmen in England zu gründen. Nachdem dieses Vorhabens endgültig gescheitert war, stellte Otto Frank, vermutlich 1938 oder 1939, einen Einreiseantrag für die Vereinigten Staaten.[14] Bei der Bombardierung Rotterdams am 14. Mai 1940 wurde auch das dort angesiedelte US-Konsulat getroffen und die Verwaltungsstelle für Visaanträge in die USA dem Erdboden gleich gemacht. Als das Konsulat wenige Wochen später wieder öffnete, mussten alle, die bereits einen Antrag gestellt hatten und auf der Warteliste standen, ihre Empfangsbestätigungen für die eingereichten Anträge abgeben; diese wurden dann zur Grundlage einer neuen Warteliste. Obwohl es von Otto Frank keinerlei Belege dafür gibt, dass er diese Nachweise eingeschickt hat, geht aus seiner Akte hervor, dass sein Antrag nach 1940 weiterbearbeitet wurde. Die Einwanderung in die Vereinigten Staaten war inzwischen äußerst schwierig geworden, doch mit Hilfe seines amerikanischen Freundes Nathan Straus und der beiden Brüder von Edith, die bereits 1938 nach Boston emigriert waren, versuchte er es ein zweites Mal. »Ich bin gezwungen, nach der Möglichkeit einer Auswanderung zu suchen, und soweit ich sehen kann, sind die USA das einzige Land, in das wir gehen können«, schrieb er am 30. April 1941 an Nathan Straus in New York.[15]

Am 28. Mai 1941 wandte er sich mit seiner Frau an die Einwanderungsabteilung des National Refugee Service (NRS), die am Tag darauf eine neue Akte auf Otto Franks Namen anlegte, File A-23007. Mit den Brüdern Holländer und dem Boston Committee for Refugees verfassten Straus und dessen Frau ein Empfehlungsschreiben samt einer Bürgschaftserklärung, um den Einreiseantrag von Otto Frank und seiner Familie zu unterstützen (Abb. 23).[16]

Doch die Hoffnung auf eine Emigration in die Vereinigten Staaten platzte wie eine Seifenblase, als im August 1941 bekannt gegeben wurde, dass alle laufenden Einwanderungsanträge noch einmal beim Judenrat Amsterdam eingereicht werden müssten – die US-Konsulate waren bereits seit Juni geschlossen. Otto Frank bat wieder Straus und seine Schwäger um Unterstützung, dieses Mal für einen Einwanderungsantrag nach Kuba; dafür brauchte er allerdings zusätzlich noch ein Transitvisum durch das neutrale Spanien. Wegen des komplizierten Verfahrens, des hohen finanziellen Risikos und der geringen

Erfolgsaussichten beantragte Otto Frank zunächst nur für sich allein ein kubanisches Visum, um zu sehen, ob er damit Erfolg haben könnte. Im Lauf der Monate Oktober und November 1941 stellte sich aber heraus, dass Otto Franks Auswanderungsversuche trotz aller Bemühungen zum Scheitern verurteilt waren, da keine Ausreisevisa mehr ausgegeben wurden. Vom 7. Dezember 1941 an befanden sich die Vereinigten Staaten im Krieg mit Deutschland. Vier Tage später wurde das Antragsverfahren für Otto Franks Kuba-Visum endgültig eingestellt. »In Anbetracht der gegenwärtigen internationalen Lage (...) wurde der Antrag auf ein kubanisches Visum für Otto Frank storniert«, vermeldet eine kurze Notiz in seiner Emigrationsakte am 11. Dezember 1941.[17]

In den Niederlanden nahm der staatliche Terror gegen Juden immer mehr zu. Es blieb nicht bei Enteignung und Raub, die Verfolgung wurde zum Völkermord. Am 5. Juli 1942 wurde die erste Gruppe Amsterdamer Juden aufgefordert, sich zu einer »von der Polizei überwachten Arbeitsbeschaffung« zu melden (Abb. 24). Zu dieser ersten Gruppe gehörte auch Margot Frank.[18] Und damit war der von allen gefürchtete Augenblick gekommen. Obwohl niemand genau wusste, was diese »Arbeitsbeschaffung« bedeutete, befürchteten die Franks das Schlimmste. Am Tag, nachdem Margot diese Aufforderung erhalten hatte, tauchte die ganze Familie im Hinterhaus des Firmengebäudes an der Prinsengracht unter.

In den vorangegangenen Monaten hatte Otto Frank diesen Schritt sorgfältig vorbereitet und seine Kollegen Victor Kugler, Johannes Kleiman, Bep Voskuijl und Miep Gies gefragt, ob sie ihm, wenn es nötig werden sollte, beim Untertauchen helfen würden.[19] Dafür veranlasste er wesentliche Umbauten am Gebäude. Er ließ vom Treppenabsatz vor dem Privatbüro im ersten Stock eine zusätzliche Treppe zum Flur vor dem Eingang zum Hinterhaus einbauen (Abb. 25). Im August 1942 wurde dieser Eingang noch zusätzlich hinter einem drehbaren Bücherregal versteckt. Es ist nicht sicher, ob die neue Treppe mit der Absicht gebaut wurde, sich im Hinterhaus verstecken zu können oder aus rein betriebstechnischen Gründen. Sie sollte sich jedoch noch als sehr wichtig erweisen. Ursprünglich gab es nur eine Treppe in den zweiten Stock, in den man über eine separate Außentür gelangte. Aber mit der zusätzlichen Treppe entstand eine direkte Verbindung zwischen den Büros im ersten Stock und dem Eingang zum Hinterhaus im zweiten Stock. Über diese neue Treppe konnten die Helfer ins Hinterhaus gelangen, ohne von den Lagerarbeitern gesehen zu werden und ohne zuerst vom Büroeingang außen herum zu der zweiten Eingangstür gehen zu müssen. Zur selben Zeit wurde auch die Küche, die sich ursprünglich auf dem kleinen Treppenabsatz vor dem Bücherschrank befand, ins Hinterhaus verlegt. Wie bei der Treppe ist auch hier unklar, ob die Verlegung der Küche bereits eine bewusste Vorbereitung für ein mögliches Untertauchen war; jedenfalls erwies sich diese Verlegung später ebenfalls als eine wichtige Voraussetzung, die ein geheimes Leben im Hinterhaus überhaupt erst möglich machte.[20]

In den Wochen vor dem Umzug in die Prinsengracht schafften Otto und Edith so unauffällig wie möglich Kleider und Vorräte in das Gebäude und Johannes Kleiman und sein Bruder brachten Bettzeug, Decken und Handtücher ins Hinterhaus.[21]

Auguste, Hermann und Peter van Pels

Außer ihrer eigenen Familie bezogen Otto und Edith Frank auch die Familie des anderen jüdischen Opekta-Pectacon-Kollegen in den Plan mit ein. Hermann van Pels sollte mit seiner Frau Auguste und seinem Sohn Peter zu den Franks im Hinterhaus dazustoßen. Am 8. Juli 1942 schrieb Anne, wie ihre Eltern ihr, kurz vor dem plötzlichen Aufbruch zur Prinsengracht, von den Plänen erzählt hatten, ins Versteck zu gehen:

> Papi und Mami erzählten mir nun eine Menge. Wir würden zu Papis Büro gehen und dort oben sei eine Etage für uns freigeräumt. Van Pels würden auch kommen, dann wären wir also zu siebt, die

> Katze der van Pels würde auch mitkommen, dann hätten wir ein bisschen Abwechslung. Wir kamen im Büro gut an und dort gingen wir direkt weiter nach oben, dort waren erst die Toilette und dann ein kleines Badezimmer mit einem neuen Waschbecken, daran grenzte ein kleines Zimmer mit zwei Schlafsofas, das war das Zimmer von Margot und mir. Dort gab es drei Wandschränke, daran grenzte wieder ein Zimmer, das von Papa und Mama, da standen wieder zwei Schlafsofas und zwei kleine Tische mit einem Rauchtisch und ein Bücherregal und auch ein Wandschrank, in dem standen 150 Dosen Gemüse und allerhand andere Vorräte, dann kamen wir auf einen kleinen Flur und dann waren da wieder zwei Türen, eine führte zum Gang, und dann kam man nach unten und zu Papas Büro. Und eine führte wieder zu unserem Badezimmer, dann ging eine sehr steile Treppe nach oben und da ist eine große Wohnküche für die van Pels mit einem kleinen Zimmer für Peter, und dann kam ein Dachboden mit einem Spitzboden.[22]

Hermann van Pels hatte einen niederländischen Vater und damit auch die niederländische Staatsbürgerschaft, war aber in Deutschland aufgewachsen, wo er auch sein Leben lang gewohnt hatte. Er war in Osnabrück in der väterlichen Firma tätig gewesen, die mit Kräutern und Gewürzen für den Fleischbedarf Handel trieb. 1925 heiratete er Auguste Röttgen (Abb. 26).

Auguste stammte aus dem kleinen Ort Buer in der Umgebung von Recklinghausen und Gelsenkirchen und zog im Alter von sechs Jahren mit ihren Eltern und zwei älteren Schwestern nach Essen, wo ihre Familie in der Innenstadt eine Schneiderei besaß.[23] Obwohl Auguste von Anne Frank als etwas bornierte und intellektuell beschränkte Frau beschrieben wird, war sie in Wirklichkeit gebildeter als Annes eigene Mutter. Wie Edith hatte auch Auguste ein Mädchenlyzeum besucht, aber anschließend auch ein Semester an der Universität Köln studiert.[24]

Seit ihrer Heirat lebten Auguste und Hermann in Osnabrück, wo 1926 auch ihr einziger Sohn Peter geboren wurde (Abb. 27).[25] Im Gegensatz zu den Franks verließen die van Pels' Deutschland nicht gleich nach Hitlers Machtergreifung, sondern sie setzten alles daran, ihr Alltagsleben so gut es eben ging weiterzuleben. Das war nicht leicht. In der Zeit von 1933 bis zu ihrem Aufbruch im Sommer 1937 wurde das Leben für die kleine Gemeinde aus etwa vierhundert Osnabrücker Juden immer unsicherer. Sie mussten sich gegen den aggressiven Boykott jüdischer Unternehmen, gegen eine ausgesprochen bösartige Hetze in der Lokalpresse und gegen immer neue Gewalttätigkeiten behaupten. Auch wenn die Familie van Pels, soweit wir es wissen, nicht persönlich tätlich angegriffen oder verhaftet wurde, war die Bedrohung doch gewaltig. Peter besuchte die kleine jüdische Schule in Osnabrück und beobachtete, wie die Zahl der Schüler in den Dreißigerjahren immer weiter abnahm (Abb. 28). Ständig wurden sie von der Hitlerjugend eingeschüchtert, und es kam zu Straßenschlachten. Ein Schulfreund weiß noch, wie sich Peter auf der Straße wiederholt gegen die Pimpfe aus der Hitlerjugend verteidigen musste.[26]

1937 hielten Hermann und Auguste es nicht länger in Osnabrück aus. Hermanns niederländischer Pass machte einen Umzug nach Amsterdam ziemlich einfach.[27] In den Niederlanden eröffnete Hermann van Pels zunächst zusammen mit seinem Schwager eine eigene Firma, verließ sie jedoch bald darauf und trat 1939 in Otto Franks Gewürz- und Konservierungsmittelhandel ein. Eine Woche nach den Franks tauchte schließlich auch Hermann van Pels mit seiner Familie im Hinterhaus unter und bezog dort mit Frau Auguste und Sohn Peter das Stockwerk über den Franks.

Fritz Pfeffer

Der letzte, der im Hinterhaus Schutz suchte, war der Zahnarzt Fritz Pfeffer (Abb. 29). Als sie bereits eineinhalb Monate im Versteck lebte, schrieb Anne Frank über dessen Einzug am 21. September 1942 in ihr

Tagebuch: »Es wird darüber gesprochen, dass Mijnheer Pfeffer auch dazukommt, dann können wir dem auch helfen.«[28] Merkwürdigerweise zögerte Pfeffer sein Untertauchen lange hinaus; und als sich ihm diese Möglichkeit eröffnete – wahrscheinlich am 17. November -, bat er Miep Gies, die gekommen war, um ihm das Angebot zu überbringen, um eine Woche Aufschub, weil er noch Operationen geplant habe und außerdem auf die ausstehende Bezahlung durch den Zahnarzt warte, in dessen Praxis er illegal weitergearbeitet hatte. Aber Miep Gies drängte ihn im Namen der anderen Untergetauchten zu einer schnellen Entscheidung. Noch länger zu warten würde das Untertauchen gefährden.[29]

Fritz Pfeffer hatte Otto Frank 1940 über seine Amsterdamer Zimmerwirtin kennengelernt, eine alte Frankfurter Bekannte von Annes Vater.[30] Pfeffer lebte damals erst kurz in den Niederlanden; er hatte von allen späteren Mitbewohnern im Hinterhaus am längsten mit seiner Flucht gezögert. Aufgewachsen in Gießen, hatte er in Würzburg und Berlin Medizin und Zahnheilkunde studiert. Abgesehen vom Wehrdienst in der deutschen Armee, wo er es wie Otto Frank bis zum Offizier brachte, arbeitete Fritz Pfeffer von 1913 an als Zahnarzt in Berlin, wo er 1920 auch promovierte.[31]

Dort heiratete er seine erste Frau Vera Bynthiner, mit der er einen Sohn, den sie Werner nannten, bekam. 1933 zerbrach die Ehe und es kam zur Scheidung. Nicht lange danach ging Fritz eine Beziehung mit der nicht-jüdischen Charlotte Kaletta ein (Abb. 30). Obwohl es nie zu einer offiziellen Vermählung kam, betrachteten sich Fritz und Charlotte als Ehepaar. Fritz stellte Charlotte allen als »Frau Pfeffer« vor. Doch die Nürnberger Gesetze von 1935 machten eine Heirat der beiden unmöglich. Sogar in den Niederlanden, wo sie seit 1938 lebten, verhinderte ein multilateraler Staatsvertrag von 1902 eine Heirat der beiden.[32]

Trotz der zunehmenden Ausgrenzung und Diskriminierung der Juden versuchte Fritz Pfeffer zunächst, sich in Berlin als Zahnarzt durchzuschlagen. Erst nach dem Terror der Kristallnacht vom 9. auf den 10. November beschloss er zu fliehen. In dieser Nacht und an den darauffolgenden Tagen wurden in Berlin ungefähr 12.000 Männer verhaftet und nach Sachsenhausen und Buchenwald gebracht.[33] Pfeffer gelang es, sich der Verhaftung zu entziehen. Obwohl von ihm selbst keine Quellen erhalten sind und nicht bekannt ist, ob er damals persönlich angegriffen oder misshandelt wurde, steht fest, dass er die gewalttätigen Ausschreitungen jener Nacht aus nächster Nähe miterlebt haben muss. Nur 200 Meter von seiner Wohnung entfernt, in der Passauer Straße, stand seit 1905 eine Synagoge des Religionsvereins Westen, die in der Nacht vom 9. auf den 10. November von einer Horde von Männern völlig zerstört wurde (Abb. 31).[34] Etwas weiter von seiner Wohnung entfernt, jenseits des Kurfürstendamms, setzten SA-Männer in derselben Nacht auf persönlichen Befehl Joseph Goebbels' die berühmte liberale Synagoge in der Fasanenstraße in Brand.[35]

Für Fritz Pfeffer, seinen Sohn Werner und seine Verlobte Charlotte war dieser Gewaltausbruch das Zeichen, das Land so schnell wie möglich zu verlassen. Mit Hilfe seiner nicht-jüdischen Haushälterin Else Messmer-Hoeft organisierte Pfeffer zunächst die Flucht seines Sohnes Werner nach England. Werner fuhr mit einem sogenannten Kindertransport – eine Initiative britischer kirchlicher und staatlicher Organisationen, um deutsch-jüdische Kinder ins Land zu holen – per Schiff von Bremerhaven nach Harwich und wurde schließlich in Minehead untergebracht, einem kleinen Küstenort im Südwesten Englands (Abb. 32).[36] Fritz Pfeffer ging Anfang Dezember 1938 in die Niederlande, wieder mit Hilfe seiner Haushälterin und von Charlotte Kaletta, die ihm ein paar Wochen darauf ebenfalls in die Niederlande folgte.[37]

Welche Eindrücke all diese Ereignisse bei Fritz Pfeffer hinterließen – zuerst die Flucht des Sohnes, dann sein eigener urplötzlicher Aufbruch mit der geliebten Charlotte -, lässt sich aus den Quellen nicht erschließen. Aber in einem Gespräch mit Ernst Schnabel, dem deutschen Journalisten, der die erste Biografie über Anne Frank veröffentlichte und dafür in den 1950er-Jahren mehr als 40 Zeitzeugen interviewte, sagte Charlotte etwas darüber, wie ihre Berichte in den Niederlanden aufgenommen wurden. Man glaubte ihnen einfach nicht: »Die Holländer konnten sich nicht vorstellen, dass die Deutschen so seien. (...) Sie haben den Geschichten nicht geglaubt, die die deutschen Migranten mitbrachten (...) nicht einmal die Juden in Holland konnten es glauben.«[38] Charlotte und Fritz lebten in Amsterdam zusammen, bis er sich im November 1942 schweren Herzens den Untergetauchten im Hinterhaus anschloss. Von da an lebte er getrennt von Charlotte, mit der er nur gelegentlich über Miep Gies Nachrichten austauschte und die für ihn kleine Lebensmittelpäckchen mitgab.

Leben im Versteck und Verhaftung

Die acht Untergetauchten wohnten etwa zwei Jahre lang im Hinterhaus zusammen, in ständiger Angst vor Entdeckung (Abb. 33). Mit großem Gespür für die Dynamik der sozialen Beziehungen und stilistischem Geschick dokumentierte Anne den Alltag der acht Menschen in ihrem Zufluchtsort. Ihr Tagebuch gibt uns einen intimen Einblick in die Gedanken und Gefühle eines pubertierenden Mädchens, das mit sich und den ständigen Spannungen in dem beengten Hinterhaus zu kämpfen hat. Sie führt uns vor Augen, wie sehr das isolierte Leben im Versteck die beiden Familien und Fritz Pfeffer belastete und mitunter zu Konflikten führte. Sie beschreibt die Angst, die gereizte Stimmung und die Streitereien, aber auch die Solidarität und Widerstandskraft der sieben Schicksalsgefährten, mit denen sie sich den engen Raum des Hinterhauses teilen musste. Zwischen Anne Frank und Peter van Pels erblühte für kurze Zeit eine junge Liebe, die aber später von Annes Seite her wieder abkühlte. Zur beiderseitigen Frustration mussten sich Anne Frank und Fritz Pfeffer ein kleines Zimmer teilen, in dem sie regelmäßig darüber stritten, wer den kleinen Schreibtisch benutzen durfte. Am 16. März 1944 vertraute Anne ihrem Tagebuch an:

> Ich weiß jetzt auch, warum ich so viel unruhiger bin als Peter. Er hat ein eigenes Zimmer, in dem er arbeitet, träumt, denkt und schläft. Ich werde von einer Ecke in die andere geschubst. Allein bin ich in meinem geteilten Zimmer nie, und danach sehne ich mich doch so sehr. Das ist auch der Grund, warum ich auf den Dachboden fliehe. Dort und bei dir kann ich für einen kurzen Augenblick ich selbst sein. Trotzdem will ich wegen meiner Bedürfnisse nicht jammern, im Gegenteil, ich will tapfer sein! Unten können sie zum Glück nichts von meinen inneren Gefühlen merken, davon abgesehen, dass ich Mutter jeden Tag kühler und geringschätziger gegenüberstehe, mit Vater weniger schmuse und auch gegenüber Margot nichts mehr preisgebe, bin ich völlig zugeknöpft. Vor allem muss ich meine äußere Sicherheit bewahren, niemand darf wissen, dass in mir noch immer Krieg herrscht. Krieg zwischen meiner Sehnsucht und meiner Vernunft. Bisher hat letztere den Sieg errungen, aber wird sich erstere nicht doch als stärker erweisen? Manchmal befürchte und oft ersehne ich es![39]

Solche intimen Selbstreflexionen machen dieses Tagebuch so ergreifend. Durch ihr tägliches Schreiben können wir Annes Ringen um ihre Identität nachvollziehen, auch, wie sehr ihr der private Freiraum fehlte, ihre Sehnsucht nach Freiheit und ihre ständige Angst, entdeckt zu werden. »Es bedrückt mich auch mehr, als ich sagen kann, dass wir nie nach draußen dürfen, und ich habe große Angst, dass wir entdeckt und dann erschossen werden, das ist natürlich eine weniger angenehme Aussicht.«[40]

Fast zwei Jahre später, am 4. August 1944, wurde aus dieser »Voraussicht« Wirklichkeit. Zwischen halb elf und elf Uhr vormittags tauchten Polizisten an der Prinsengracht 263 auf. Miep Gies saß im ersten Stock an ihrer Arbeit, als sich plötzlich die Tür öffnete. Die Polizisten gingen direkt zum Büro von Victor Kugler weiter, der inzwischen als Direktor die Leitung der Firma übernommen hatte. Nach einem kurzen Verhör musste er sie bei der Durchsuchung des Gebäudes begleiten. Bei dieser Hausdurchsuchung inspizierten die Polizisten auch den Raum mit dem schwenkbaren Bücherschrank, der den Eingang zum Hinterhaus versperrte (Abb. 34). Sie entdeckten den geheimen Eingang und überraschten die acht Untergetauchten in ihrem Versteck.

Otto Frank berichtete später, dass er sich gerade im oberen Teil des Hinterhauses aufhielt, wo er Peter in dessen Zimmer bei den Schularbeiten half. Gerade als er ihn auf einen Fehler im Diktat aufmerksam machte, hörte er plötzlich jemanden die Treppe hinaufhasten. »Da kam plötzlich jemand die Treppe heraufgerannt (...) da ging schon die Tür auf, und ein Mann stand vor uns und hielt mir die Pistole vor die Brust (...) Unten waren sie schon alle beisammen. Meine Frau und die Kinder und van Daans standen da mit erhobenen Händen.«[41] Kurz darauf wurde auch Fritz Pfeffer hereingeführt. Der österreichische SS-Oberscharführer Karl Joseph Silberbauer, der das Kommando hatte, beschlagnahmte die Wertsachen und schüttete Ottos Aktentasche aus, in der auch Anne ihre Tagebuchnotizen aufbewahrte (Abb. 35). Annes Tagebuchpapiere fielen auf den Dielenboden, wo Miep Gies und Bep Voskuijl sie später fanden. Die Acht aus dem Hinterhaus und ihre beiden Helfer Victor Kugler und Johannes Kleiman wurden abgeführt. Man brachte sie zum Sitz der Zentralstelle für jüdische Auswanderung am Amsterdamer Adama van Scheltemaplein 1; dort wurden alle zusammen in einen großen Raum gesperrt und später einer nach dem anderen verhört (Abb. 36).[42]

Wie Silberbauer den Untergetauchten auf die Spur gekommen war, ob durch Verrat und wenn ja, von wem, das sind Fragen, die bis heute kontrovers erörtert werden. Beispielsweise stellte die Anne-Frank-Biografie von Carol Ann Lee und Melissa Müller verschiedene Theorien vor, wer der mögliche »Verräter« gewesen sein könnte, und auch das Nederlands Instituut voor Oorlogsdocumentatie (heute: NIOD Institut für Kriegs-, Holocaust- und Genozidstudien) publizierte einen Bericht, in dem mehrere Szenarien auf ihre Plausibilität hin geprüft wurden.[43] 2016 veröffentlichte Gertjan Broek im Auftrag des Anne Frank Hauses einen Forschungsbericht, in dem eine neue Theorie entwickelt wurde. Die Razzia sei nicht unbedingt aufgrund eines Verrats erfolgt, sondern möglicherweise Folge einer polizeilichen Ermittlung, die eigentlich der Fälschung von Bezugsscheinen galt.[44] Noch immer bleibt die Verhaftung ein Thema für Forschung und Spekulationen. Seit 2018 arbeitet ein internationales Team unter der Leitung des pensionierten *Special Agent* und FBI-Ermittlers Vince Pankoke an einer Cold-Case-Untersuchung, in der versucht wird, mit interdisziplinären Untersuchungstechniken und Bigdata-Analysen neue Erkenntnisse zu gewinnen.[45]

Die Suche

Auch in anderer Hinsicht war die Verhaftung der Untergetauchten ein wichtiger Wendepunkt. Mit dem 4. August 1944 endete die lebendige und sehr persönliche Geschichte, die Anne in ihrem Tagebuch erzählt, und es begann der lange, nur sehr summarisch dokumentierte Teil des Wegs, der sie und ihre sieben Schicksalsgefährten durch verschiedene Lager im von Deutschland besetzten Europa führte. Von diesem Moment an sind ihre Lebensgeschichten voller Ungewissheiten – acht Menschen in einem Meer von Millionen Deportierten und Opfern des Holocaust.[46] Was wir über ihr Schicksal wissen, basiert auf fragmentarischen Informationen und Zeitzeugenberichten von Überlebenden.

Der Erste, der diese bruchstückhaften Informationen zusammensetzte, war Otto Frank, der als Einziger der acht Untergetauchten heimkehrte und nach dem Krieg versuchte, möglichst viel über das Schicksal seiner Frau und seiner beiden Töchter zu erfahren. Außerdem kamen, auch aufgrund der späteren Berühmtheit Anne Franks, mehr und mehr Aussagen von Zeitzeugen ans Licht. Beispielsweise berichteten Annes Klassenkameradinnen Hanneli Goslar und Nanette

Blitz über ihre Begegnungen mit Anne im KZ Bergen-Belsen, ebenso die Schwestern Rebekka (»Lientje«) und Janny Brilleslijper oder auch Annelore und Ellen Daniel, die wichtige Aussagen zu den letzten Tagen im Leben von Anne und Margot Franks im Lager machten.[47] Die wesentlichen Fakten dieser Zeitzeugenberichte sowie die Ergebnisse von Ottos Franks Suche wurden von Autoren wie etwa Ernst Schnabel, Melissa Müller und Carol Ann Lee in ihren Biografien von Anne und von Otto Frank festgehalten und auch vom Dokumentarfilmer Willy Lindwer in seinem 1988 gedrehten bahnbrechenden Film *De laatste zeven maanden van Anne Frank (The Last Seven Months of Anne Frank)* beziehungsweise in seinem auf dem Film basierenden Buch *Anne Frank: Die letzten sieben Monate. Augenzeuginnen berichten).*[48]

Diese frühen Chronisten von Anne Franks Lebensgeschichte sammelten Aussagen von Zeitzeugen und ließen einige der wichtigsten Augenzeuginnen von Edith, Anne und Margot Franks letzten Monaten zu Wort kommen. Was allerdings fehlt, ist eine systematische, umfassende historische Studie zu den Lebensbedingungen und Erlebnissen Anne Franks und ihrer sieben Schicksalsgefährten in den Lagern. Diese Lücke versucht das hier vorliegende Buch zu füllen. Es basiert auf dem 2016 von Erika Prins für das Anne Frank Haus verfassten Forschungsbericht, möchte aber noch detaillierter, als dies in bisherigen Dokumentationen und Büchern geschehen ist, rekonstruieren, was die acht Untergetauchten nach ihrer Verhaftung durchlebten und was ihnen widerfuhr.[49] Durch die Sammlung des gesamten verfügbaren Archivmaterials, so fragmentarisch es auch sein mag, ergänzt um Zeitzeugenaussagen und »indirekte Beweise«, wurde versucht, die Lagererfahrungen der acht im Hinterhaus Untergetauchten möglichst genau nachzuzeichnen. Wie verlief ihre Deportation? Wann und wie wurden sie voneinander getrennt? Wie wurden sie in die verschiedenen Lager transportiert und unter welchen Umständen? Was haben sie dort mitgemacht, und wie sind sieben von ihnen zu Tode gekommen?

Außerdem möchte dieses Buch zeigen, wie die Lebensgeschichten der Hauptpersonen im größeren historischen Kontext von Völkermord und Verfolgung durch das NS-Regime verstanden werden können. Die Lager, betont Nikolaus Wachsmann in seinem Übersichtswerk *KL: Die Geschichte der nationalsozialistischen Konzentrationslager*, sind in der öffentlichen Wahrnehmung oft Synonym für den Massenmord durch Vergasung. In Wirklichkeit dienten die Lager mehreren, sich überschneidenden Zwecken und Funktionen: Sie fungierten als Abschreckungsinstrumente, als Haftanstalt, als Ort der Rüstungsproduktion, als Reservoir für Sklavenarbeit und als Anstalt zur Durchführung medizinischer Menschenexperimente. Das System der Konzentrationslager und die Bedingungen in den verschiedenen Lagern befanden sich in einem ständigen Entwicklungsprozess. Es machte also einen großen Unterschied, wann genau jemand an einem bestimmten Ort eintraf.[50] Deshalb ist es wichtig, die Schicksale von Otto, Edith, Margot und Anne Frank, von Hermann, Auguste und Peter van Pels und von Fritz Pfeffer genauer zu betrachten und vor dem Hintergrund des Verlaufs der Deportationen, des Charakters der verschiedenen Lager, in denen sie untergebracht waren, und der dort herrschenden Bedingungen zu interpretieren.

Damit dient diese Suche zwei Zielen. In erster Linie geht es darum, acht individuelle Lebensgeschichten möglichst genau zu rekonstruieren. Zweitens bietet diese Suche die Gelegenheit, über einige wichtige Entwicklungen der Verfolgung und systematischen Ermordung der europäischen Juden zu reflektieren. Die Schicksale der Untergetauchten waren geprägt von Vernichtung, Sklavenarbeit (oft mit dem Tod als Folge) und von groß angelegten Evakuierungs- und Räumungstransporten. Das Los des Einzelnen ist erst dann richtig zu verstehen, wenn man ein möglichst genaues Bild der allgemeinen Bedingungen in den Lagern zu genau dem Zeitpunkt gewonnen hat, an dem die acht Hinterhausbewohner dort eintrafen.[51] Welche Regelungen galten zum Zeitpunkt der Ankunft in einem Lager? Wer hatte das

Kommando, und was waren die wichtigsten Entwicklungen in der Organisation, den Strukturen und Lebensumständen, die zu Hungertod, Krankheiten und Ermordungen führten?

Ein unvollständiges Puzzle

Viele Fragen zu den Lebensbedingungen in den Konzentrationslagern können auf der Grundlage der vorhandenen historischen Fachliteratur beantwortet werden.[52] Doch über die Einzelschicksale der acht Untergetauchten berichten die Geschichtsbücher nur wenig. Deshalb wurde auf Verwaltungsunterlagen wie Transportlisten und Verzeichnisse zurückgegriffen, aber auch auf persönliche Quellen wie zeitgenössische Selbstzeugnisse, Zeitzeugenberichte und Befragungen aus der Nachkriegszeit; außerdem wurde in den Archiven des NIOD, des Niederländischen Roten Kreuzes (NRK), der Arolsen Archives sowie in den Beständen verschiedener Gedenkstätten nach Informationen über den Verbleib, die Erfahrungen und die Umstände für den Tod beziehungsweise das Überleben der acht im Hinterhaus Untergetauchten gesucht.[53]

Dieses Archivmaterial hat gewisse Lücken und Grenzen. Der Grund dafür ist in erster Linie die Vernichtung eines großen Teils der Lagerverwaltungen. Als Deutschland den Krieg bereits so gut wie verloren hatte, kam aus Berlin die Anweisung, die Verwaltungsakten der verschiedenen Konzentrationslager zu vernichten. Diese Versuche, Spuren zu verwischen, waren weitgehend erfolgreich.[54] Daher sind die originalen deutschen Lager- oder Gefängnisakten aus der Besatzungszeit in den meisten Fällen nur höchst unvollständig, mitunter gar nicht erhalten geblieben. Unmittelbar nach dem Krieg unternahmen Organisationen wie das Rote Kreuz und das Arolsen Archives International Center on Nazi Persecution – früher International Tracing Service beziehungsweise Internationaler Suchdienst – alles Erdenkliche, um die Informationen über Deportationen und Organisationen der Lager möglichst sorgfältig zu rekonstruieren.

Für die acht Untergetauchten stehen uns einige Transportlisten zur Verfügung, die Kartothek des Judenrats (die nach dem Krieg auch für die Suche nach Vermissten genutzt und ergänzt wurde), Archivkarten aus dem Lagerregister von Westerbork, Auguste van Pels' Registrierung in Raguhn, das Totenbuch von Neuengamme, in dem Fritz Pfeffers Name zu finden ist, die Registrierung von Peter van Pels im Konzentrationslager Mauthausen, das Totenbuch mit seinem Namen sowie eine Totenliste, beides kurz nach der Befreiung des Lagers erstellt. Schließlich verfügen wir über Otto Franks Raucherkarte aus Auschwitz, eine Berechtigungskarte, mit der »Häftling B9174« (Otto Frank) in der Häftlingskantine Tabak bekommen konnte.[55] Zwar sagen administrative Quellen viel über das Wo und das Wann aus, bieten aber nur wenig Einblick in individuelle Erfahrungen. Dafür müssen wir Zeugnisse und Selbstzeugnisse wie Briefe, Notizen, Memoiren und Interviews zu Rate ziehen.[56] Arnon Grunberg, der 2020 ein Buch mit literarischen Zeugnissen über Auschwitz zusammenstellte und dafür eine Einführung verfasste, hielt am 4. Mai desselben Jahres die Gedenkrede zum 4. Mai, in der er die Bedeutung von Gedenken folgendermaßen beschreibt und damit auch eines der Ziele dieses Buches zum Ausdruck bringt: »Gedenken heißt immer zugleich auch im Namen der Toten zu sprechen, und im Namen der Toten zu sprechen geht nur, indem man Augenzeugen zu Wort kommen lässt.«[57]

Um einen Einblick zu gewinnen, was die acht Untergetauchten in den Lagern gesehen und erlebt haben, sind wir also auf Berichte von Zeitzeugen angewiesen. Auch hier gibt es Lücken und sind Einschränkungen zu machen. Sieben der acht Untergetauchten haben die Lager nicht überlebt und nach dem Verlassen des Hinterhauses keinerlei Selbstzeugnisse mehr hinterlassen. Und auch Aussagen von anderen, die unmittelbar etwas über die Erfahrungen der acht Untergetauchten in den Lagern berichten könnten, sind nur von wenigen Zeitgenossen erhalten geblieben. Quellen aus erster Hand gibt es kaum.[58] Doch es existieren mehrere, kurz nach dem Krieg veröffentlichte Broschüren und Selbstzeugnisse. Eines der wichtigsten ist das dünne Buch *Aan de gaskamer ontsnapt!* (Der Gaskammer entronnen!), das Rosa de Winter-Levy bereits im August 1945 über ihre Erlebnisse in Auschwitz veröffentlicht hat (Abb. 37 und 38). De Winter-Levy wurde im selben Zug von Westerbork nach Auschwitz deportiert wie die acht Untergetauchten und freundete sich in Auschwitz mit Edith Frank und deren Töchtern an; darüber berichtet sie in ihrem Buch ausführlich.[59]

Die unmittelbarsten Zeugnisse aus der Nachkriegszeit stammen von Otto Frank, der als Einziger der acht aus dem Hinterhaus die Lagerzeit überlebte. In einem kleinen roten Notizbuch, das ihm kurz nach der Befreiung in die Hände fiel, hielt er seine Erlebnisse bis zu seiner Rückkehr nach Amsterdam am 3. Juni 1945 in kurzen Sätzen fest (Abb. 39 und Farbtafel I). Während der Rückfahrt schrieb er auch eine Reihe von Briefen an seine Verwandten in Basel und London.[60]

Danach äußerte er sich in der Öffentlichkeit nur noch in Andeutungen darüber, was seit dem Moment seiner Verhaftung am 4. August 1944 bis zu seiner Befreiung in Auschwitz vorgefallen war und was er selbst erlebt hatte. Aber die späteren Aussagen und Interviews mit Otto Frank sowie seine Korrespondenz enthalten zahlreiche interessante Details. Otto Frank verfasste beispielsweise in den 1960er-Jahren einen kurzen Text mit dem Titel »Bitte schreiben Sie!«, in dem er auf elf Seiten Fragen beantwortete, die ihm in Leserbriefen zum *Tagebuch der Anne Frank* gestellt wurden (Abb. 40).[61]

Aber Otto Frank ist weit mehr als der wichtigste Zeitzeuge. Er war es auch, der sich auf die Suche nach dem Schicksal der anderen Untergetauchten machte, in erster Linie versuchte er natürlich zu erfahren, was mit seiner Frau und seinen Töchtern geschehen war. Er schrieb nicht nur seine eigenen Erinnerungen nieder, sondern initiierte auch eine Suche nach weiteren Zeitzeugen, die ihm etwas über seine Familie berichten könnten. Unmittelbar nach seiner Rückkehr nach Amsterdam setzte er alles daran, jede erdenkliche Information über den Verbleib seiner Töchter zu bekommen. Tatsächlich fand er mehrere Zeitzeugen, die ihm etwas über Margots und Annes Tod in Bergen-Belsen berichten konnten.[62]

Als Otto Frank von Hanneli Goslar (Abb. 41) hörte, dass Nanette Blitz seine beiden Töchter noch in Bergen-Belsen gesehen hatte, fragte er bei ihr an, ob sie ihm mehr darüber erzählen könne. Am 31. Oktober 1945 schrieb Nanette ihm aus dem Provinzialkrankenhaus in Santpoort einen kurzen Bericht über das, was sie wusste. Sie berichtete ihm auch, was sie von Margot Drach-Rosenthal, die im selben Krankenhaus lag, erfahren hatte.

> Sie fragten, ob ich Ihnen etwas Genaueres über Anne und Margot erzählen kann. Vielleicht erinnern Sie sich noch an Margot Drach-Rosenthal aus Westerbork, die sehr viel Zeit mit Anne verbracht hat? Sie liegt hier neben mir und hat mir Folgendes erzählt: Sie kam mit Ihrer Frau und Ihren Kindern nach Birkenau, wo sie bis November blieben. Dann gingen Margot und Anne nach Bergen-Belsen, wo sie am 3. Nov. ankamen. Dort traf ich sie (ein Mädchen, das ebenfalls hier liegt, hatte die Pritsche über ihnen). Ich war nicht in ihrer Baracke, besuchte sie aber oft. Inzwischen traf Margot (genannt Monika) Rosenthal im Januar in Bergen Belsen ein und erzählte den beiden, dass sie in Birkenau mit Ihrer Frau gesprochen hatte, was ihre Stimmung sehr aufhellte, weil sie sich bei der Selektion wenig Hoffnung gemacht hatten. Durch die Selektion wurden sie von Ihrer Frau getrennt. Im Januar kamen Margot und Anne in den Schonungsblock; dort war ich noch bei ihnen. Dann gab es einen großen Umzug, nach dem ich sie nicht mehr habe sprechen können, aber ich weiß, von der jungen Frau hier, dass im Februar noch jemand mit ihnen gesprochen hat.[63]

Der Brief ist sachlich und versucht, die Zeit nach Ottos Trennung von Frau und Kindern möglichst genau zu schildern. Als frühe Quelle enthält der Text wertvolle Informationen zur Chronologie, teilt aber gleichzeitig nur wenig über die Lagererfahrungen der Schwestern Frank mit, abgesehen von der Bemerkung, dass sich »ihre Stimmung aufhellte«, als sie von ihrer Mutter hörten.

Wie bereits erwähnt, wurde die von Otto Frank begonnene Suche nach Zeitzeugenberichten über seine Frau und seine Töchter von Journalisten und Dokumentarfilmern fortgesetzt und ausgedehnt. Die von ihnen geführten Interviews bildeten, so wie auch die umfangreiche Sammlung von Zeitzeugeninterviews im Anne Frank Haus, eine wichtige Quelle für dieses Buch. Das Anne Frank Haus, dessen Gründung Otto Frank angeregt hatte, begann in den Neunzigerjahren mit der Befragung von Zeitzeugen und startete um 2005 ein groß angelegtes Oral-History-Projekt, bei dem nahezu 100 Verwandte und Bekannte der Franks und ihrer Mitbewohner befragt wurden. Zu dieser Gruppe gehören auch mehrere Überlebende, die mit den acht Versteckten in den Konzentrationslagern waren.[64]

Diese Interviews und Zeitzeugenberichte bieten eine Fülle von Informationen, sind aber nicht unproblematisch. Das menschliche Gedächtnis ist ebenso fehlbar wie subjektiv. Erinnern ist ein Prozess des Auswählens, Ordnens und der Reduktion einer chaotischen Abfolge von Ereignissen zu einer kohärenten Geschichte.[65] Der traumatische Charakter der Erlebnisse dieser Zeugen in den Lagern bringt es auch mit sich, dass schmerzhafte Erinnerungen – darunter auch solche, derer man sich schämt oder die mit einem Tabu belegt sind – unterdrückt und weggeschoben werden, um den Schmerz weniger intensiv zu empfinden.[66]

Doch wie der italienische Jude Primo Levi – selbst einer der wichtigsten Zeugen des Holocausts – betont, gibt es dabei noch ein weiteres grundlegendes Problem: Weil die Überlebenden eine so kleine Minderheit sind, können sie niemals ein repräsentatives Bild der Erfahrungen derjenigen vermitteln, die an Hunger, Krankheit und Elend zugrunde gingen oder in den Gaskammern ermordet wurden. Doch gleichzeitig und trotz dieser Einschränkung sind die Zeugnisse der Überlebenden unser einziger Zugang zu den Erfahrungen derer, die in den Lagern ihr Leben verloren.[67]

Ganz anderer Natur ist die Tatsache, dass die Geschichte von Anne Frank und ihr Tagebuch so berühmt wurden, dass sie die Aussagen von Zeitzeugen der Nachkriegszeit in vielfältiger Weise beeinflusst haben. Die eigenen Erinnerungen der Zeitzeugen können durch die unzähligen Bücher und Filme über Anne Frank, die später herausgegeben beziehungsweise gedreht wurden, beeinflusst worden sein.[68] Bei einigen Berichten über Begegnungen mit der Familie Frank in den Lagern lässt sich die Richtigkeit der Erinnerung an Details, Daten und Chronologie nur schwer nachprüfen. Man muss also die Grenzen individuellen Erinnerns mitbedenken. Dort, wo es möglich war, wurden diese Aussagen anhand anderer Quellen überprüft.

Aber auch die spezifische Dynamik von Berichten, bei denen die Befragten nicht selbst Hauptthema sind, ist zu berücksichtigen. Zudem äußert eine kleine Zahl der Befragten gemischte Gefühle, weil man sie nicht nach ihren eigenen Erlebnissen fragt, sondern nach denen von Anne Frank. Manche empfinden gewisse Skrupel, weil sie sich nur wenig an Anne und deren Familie erinnern können, mitunter sind sie auch verletzt, dass Anne Franks Geschichte so berühmt wurde – und immer wieder von Neuem erzählt wird -, obwohl es zahllose anderer Erfahrungsberichte gibt, die so gut wie keine Aufmerksamkeit finden. Bloeme Emden, die Anne und Margot vom Amsterdamer Jüdischen Lyzeum kannte und den beiden später in Westerbork und Auschwitz wieder begegnete, teilt ihre Vorbehalte wegen der »übermäßigen« Aufmerksamkeit, die Anne Frank immer wieder fand und die ihrer Meinung nach mitunter zu einem »Personenkult« geführt habe (Abb. 42). »An sich ist es sehr interessant, die Gefühle eines jüdischen Kindes im Versteck kennenzulernen (...). Aber es gibt so viele dieser Zeugnisse (...) und wir haben alle mehr oder weniger die gleiche Geschichte.« Sie weist die Interviewerin während des Gesprächs auch auf die Diskrepanz hin zwischen dem, was von ihr verlangt werde, und dem, was sie tatsächlich berichten kann. »Du fragst immer wieder nach der Familie Frank, aber ich kann leider nur wenig darüber berichten.«[69]

Diese Ambivalenz ist in Interviews häufiger zu beobachten. Trotzdem ändert das nichts daran, dass auch Zeitzeugen, die gemischte Gefühle äußern, dennoch alle von der symbolischen und moralischen Bedeutung des Tagebuchs und von Anne Franks Lebensgeschichte überzeugt sind. Außerdem betonen die meisten von ihnen, dass sie Anne Frank und ihr Tagebuch als gute Möglichkeit sehen, jüngere Generationen an die Geschichte des Holocausts heranzuführen. Freda Wineman-Silberberg, eine Holocaust-Überlebende, die häufig Schulen besuchte, um dort über die Judenverfolgung zu sprechen, drückt es folgendermaßen aus:

> Ich denke, dass es bei der Arbeit, die wir als Überlebende machen, beispielsweise beim Besuch in den Schulen, enorm hilft, wenn diese Kinder vorher »Das Tagebuch der Anne Frank« gelesen haben. Jede Geschichte ist einzigartig, aber ihre gibt uns die Möglichkeit, unsere eigene Geschichte zu erzählen. Deshalb ist es für uns wichtig, dass sie Anne Frank gelesen haben. Und wenn sie diese Geschichte verarbeitet haben, dann weiß man, die Kinder haben daraus etwas gelernt. Wenn wir dann kommen, hören sie sich auch unsere Geschichte an. Diese Geschichte ist eine andere als die von Anne Frank: Es ist eine Geschichte über *unseren* Holocaust.[70]

Auch wenn es wichtig ist, die Begrenztheit des menschlichen Gedächtnisses ebenso zu berücksichtigen wie die spezifische Dynamik der Erinnerungen an Anne Frank, so schmälert dies nicht den historischen und moralischen Wert von Zeitzeugenaussagen. Diese Berichte sind unverzichtbar, weil sie eine Einsicht in Erfahrenes und Widerfahrenes ermöglichen, sowohl für dieses Buch als auch für die Geschichtsschreibung des Holocaust im Allgemeinen.

In seinem Aufsatz *The Ethics of Memory (Ethik der Erinnerung)* vertritt der Philosoph Avishai Margalit den Standpunkt, dass Zeugen genozidaler Gewalt nicht allein eine historische, sondern auch eine moralische Funktion haben. Für ihn ist der moralische Zeuge jemand, der das Leiden und die Verbrechen nicht nur wahrnimmt, sondern auch selbst davon betroffen ist. Indem er aus eigener Erfahrung spricht, kommt dem moralischen Zeugen eine entscheidende Rolle bei der Aufdeckung des Terrors zu, der ihm oder ihr angetan wurde. »Eine besondere Aufgabe des moralischen Zeugen ist es, das Böse zu entlarven, dem er begegnet. Böse Regime versuchen nach Kräften, das Ausmaß ihrer Verbrechen zu vertuschen, und der moralische Zeuge versucht, es vor Augen zu stellen.«[71] Nur aus der Perspektive der individuellen Erfahrung und der Erinnerung kann man der moralischen Dimension dessen, was in den Lagern geschah, wirklich gerecht werden. Auf diese Weise vermitteln Zeitzeugnisse auch ein Bild davon, wie der Erzählende sich selbst sieht und wie er mit der traumatischen Erinnerung an Hunger, Schmerz, Misshandlung und Todesangst kämpft.[72] Allein durch diese individuellen und subjektiven Äußerungen können wir uns ein Bild von dem machen, was die acht Untergetauchten aus dem Hinterhaus tatsächlich erleben und erdulden mussten.

Deshalb wurde für dieses Buch nicht allein nach konkreten Informationen über die acht Hauptpersonen dieses Buchs gesucht, sondern auch nach Augenzeugenberichten, die uns einen Einblick in die Erfahrungen von Menschen geben, die zur selben Zeit am selben Ort waren. Einige Augenzeugen haben keine unmittelbaren Erinnerungen an Anne und die anderen sieben, berichten uns aber wichtige Details über die Bedingungen, unter denen unsere Protagonisten lebten und wie sie diese erlebten.[73] Deshalb haben wir uns dafür entschieden, in diesem Buch Augenzeugen zu Wort kommen zu lassen, die aus Umgebungen berichten, die für die Situation der Untergetauchten aus dem Hinterhaus möglichst vergleichbar sind: Überlebende, die genau wie diese acht aus den Niederlanden über Westerbork in Lager im Deutschen Reich deportiert wurden; Menschen, die zur selben Zeit im selben Teil desselben Lagers waren und uns deshalb mehr darüber berichten können, was dort vor sich ging.

Aus verschieden großen und verschieden geformten Teilen legt dieses Buch ein unvollständiges Puzzlebild. Es basiert zum Teil auf früheren Studien und bekannten Quellen, aber auch auf Neuentdeckungen in verschiedenen Archiven. All dies ermöglicht einen umfassenderen Einblick in das Schicksal und die Erlebnisse der acht Untergetauchten nach ihrer Verhaftung im August 1944. Es beschreibt zunächst ihren gemeinsamen Weg vom Amsterdamer Untersuchungsgefängnis über das Durchgangslager Westerbork nach Auschwitz-Birkenau, wo Männer und Frauen voneinander getrennt wurden. Als Nächstes kommen die Erlebnisse der einzelnen Untergetauchten aus dem Hinterhaus auf dem Weg durch die verschiedenen Lager Bergen-Belsen, Mauthausen, Neuengamme und Raguhn zur Sprache. Zum Schluss begleitet das Buch Otto Frank, den einzigen Überlebenden, auf seinem Weg zurück nach Amsterdam – an den Ort, wo seine Suche nach seinen Angehörigen begann.

»Mama, weißt du, dass Margot hier ist?«

2 Das Amsterdamer Untersuchungsgefängnis Huis van Bewaring und das Durchgangslager Westerbork

Huis van Bewaring – Im Untersuchungsgefängnis

Die Untergetauchten aus dem Hinterhaus wurden am 4. August 1944 verhaftet, zu einem Zeitpunkt, als in den Niederlanden die meisten Juden bereits deportiert worden waren. Zentral organisierte Deportationen begannen mit dem 5. Juli 1942, als eine Gruppe von Juden im Alter zwischen 15 und 40 Jahren den Aufruf erhielt, sich zum »Arbeitseinsatz« in Deutschland zu melden.[1] Wie bereits erwähnt, gehörte auch Margot Frank zu den Angeschriebenen. Der Aufruf war für die Familie Frank unmittelbarer Anlass, früher als geplant unterzutauchen.[2]

Zwischen Juli und Dezember 1942 deportierten die Zentralstelle für jüdische Auswanderung und die Abteilung IVb4 der Sicherheitspolizei und des Sicherheitsdienstes (Sipo-SD) unter Hinzuziehung auch der niederländischen Polizei fast 47.000 Juden in das Durchgangslager Westerbork. Von dort fuhren vom Juli 1942 an mit großer Regelmäßigkeit große Deportationszüge in das Vernichtungslager Auschwitz.[3] Nach einem entsetzlichen, zwei oder drei Tage dauernden Transport in Güterwaggons wurden die meisten Häftlinge direkt nach der Ankunft vergast. Die übrigen Häftlinge blieben in Auschwitz oder wurden in andere Lager beziehungsweise Außenlager weitertransportiert.[4] Diese Häftlinge bildeten ein gewaltiges Potential billiger Arbeitskräfte. Sie wurden gezwungen, im Lager oder in Fabriken, in Bergwerken und Industrieunternehmen zu arbeiten, die direkt oder indirekt im Dienst der deutschen Rüstungsindustrie standen.[5] Die Lebensbedingungen der Häftlinge waren extrem hart, die Chance zu überleben war gering.[6]

Während einer Reihe groß angelegter Abholaktionen und Razzien im Jahr 1943 wurden von deutschen und niederländischen Polizeidiensten etwa 42.000 Juden festgenommen (Abb. 43 und 44). Im selben Jahr fuhren von Westerbork aus auch Deportationszüge in das Vernichtungslager Sobibor.[7] Am 29. September 1943 erklärte

Reichskommissar Arthur Seyss-Inquart voller Stolz, die Stadt Amsterdam sei nun »judenfrei«; zu diesem Zeitpunkt waren etwa 80.000 jüdische Amsterdamer in Konzentrationslager gebracht worden. In der Stadt lebten nun nur noch Juden aus Mischehen und deren Kinder.[8] In den folgenden Monaten füllte sich das Durchgangslager Westerbork mit einer Vielzahl sogenannter »Straffälle«, so bezeichnete man jüdische Gefangene, die wegen Verstößen gegen die antijüdischen Gesetze festgenommen worden waren, vor allem solche, die untergetaucht waren und die man in ihren Verstecken aufgespürt hatte. Zwischen Juli 1942 und September 1944 nahm die Sipo-SD mit Hilfe der niederländischen Polizei fast 12.000 untergetauchte Juden fest.[9] Als die Sipo-SD am 4. August 1944 die im Hinterhaus Untergetauchten verhaftete, war die Zeit der großen Razzien bereits vorüber.[10] Auch die letzte große Überstellung von Amsterdam nach Westerbork hatte schon früher, am 27. Juli 1944, stattgefunden.[11]

Nach ihrer Verhaftung am 4. August 1944 wurden die acht Untergetauchten und ihre Helfer Johannes Kleiman und Victor Kugler nach einem kurzen Verhör mit einem Gefangenentransporter zum Adama van Scheltemaplein 1 ins Büro der Zentralstelle für jüdische Auswanderung in Amsterdam gebracht. Hier wurde Otto Frank kurz vom Leiter des Verhaftungsteams verhört, von SS-Oberscharführer Karl Joseph Silberbauer, einem Österreicher.[12] Das Verhör verlief ruhig und ohne Gewaltanwendung. Silberbauer stellte lediglich eine Reihe von Fragen. Otto konnte nichts über andere Verstecke berichten und blieb weiter unbehelligt.[13]

Am nächsten Tag, dem 5. August, brachte man die Untergetauchten in das Gefängnis an der Amsterdamer Weteringschans, ins sogenannte Huis van Bewaring oder Untersuchungsgefängnis (Abb. 45). Von diesem Augenblick an waren die acht Untergetauchten als Straffälle den strengen Vorschriften der Deportationsabwicklung ausgeliefert. Johannes Kleiman und Victor Kugler kamen in das Gefängnis an der Havenstraat in Amsterdam und nahmen damit einen anderen Weg durch deutsche Strafanstalten, auf die hier nicht weiter eingegangen wird.

Im Gefängnis an der Weteringsgracht wurden Männer und Frauen voneinander getrennt in zwei separaten Großzellen untergebracht. Jacob Swart (Abb. 46), ein anderer Häftling, der nach seiner Verhaftung am 26. Mai 1944 in dieses Gefängnis eingeliefert wurde, beschrieb die Zelle als »großen kahlen Raum mit drei unbehandelten Holztischen und ein paar Bänken, auf der linken Seite zehn Betten und oben auf einer Zwischenebene nochmals zehn Betten (Eisenbetten mit Strohsack); an der Wand Vorschriften und ein Spiegel, außerdem in allen Wänden Spione, die sog. ›Augen‹, durch die man ab und zu beobachtet wird.«[14]

Sobald die Zellen voll belegt waren – mit etwa 40 Männern beziehungsweise 40 Frauen –, ging es auf Transport nach Westerbork.[15] Jacob Swart erinnert sich, dass er in eine nahezu leere Zelle kam, weil seine Vorgänger am Morgen des 26. Mai mit dem Zug nach Westerbork gebracht worden waren. Er beschreibt, dass jeden Tag sieben bis acht neue Gefangene dazukamen – meist Juden, die man aus ihrem Versteck geholt hatte. Am Ende waren in der Zelle so viele Menschen, dass die Betten nicht reichten und die Neuankömmlinge auf Strohsäcken auf dem Boden schlafen mussten. Einmal täglich gab es für die Häftlinge (Männer und Frauen getrennt) eine Viertelstunde Hofgang im Innenhof. Swart schreibt, das Essen sei besser gewesen als erwartet. Morgens und abends bekam er vier Brote ohne Butter oder Belag, ein Getränk, das als »Kaffee« bezeichnet wurde und mittags ein »warmes Essen«. Er berichtet auch, dass manche Männer ihr Ohr an die Zellentür legten, um die Stimmen ihrer Frauen zu hören, wenn diese an der Wasserstelle im Gang ihr Waschwasser ausgießen und frisches Trinkwasser holen durften.[16] Die weiblichen Häftlinge waren in der angrenzenden Zelle untergebracht. Auch Ronnie Goldstein-van Cleef blieb dort einige Tage, bevor sie am 1. Juli 1944 nach Westerbork verlegt wurde. Sie berichtet, dass es heimliche Kontakte zu den Männern gab. Die Frauen hatten gefragt, ob sie die Socken der Männer stopfen dürften und steckten vor der Rückgabe heimlich Zettel hinein.[17]

Die acht aus dem Versteck im Hinterhaus saßen bereits drei Tage in den überfüllten Gefängniszellen an der Weteringschans, als sie am Dienstag, dem 8. August, mit etwa 80 weiteren Straffällen nach Westerbork überführt wurden. Die Häftlinge fuhren unter Polizeibewachung mit der Straßenbahn zum Hauptbahnhof.[18] Die Erkenntnisse über diese Zugfahrt beschränken sich auf einige administrative Angaben und einige wenige Aussagen von Zeitzeugen, darunter die von Otto Frank. Die oft zitierte Erklärung Janny Brandes-Brilleslijpers, sie habe die Familie Frank – »einen überaus ängstlich wirkenden Vater, eine nervöse Mutter und zwei sportlich aussehende Mädchen mit Rucksäcken« – am Amsterdamer Hauptbahnhof getroffen, beruht wahrscheinlich auf einem Irrtum.[19] Otto Frank berichtet in »Bitte schreiben Sie« und in einem Interview mit Ernst Schnabel kurz über diese Zugfahrt.[20] Sie fuhren mit einem normalen Zug nach Westerbork. Auf beiden Seiten waren Abteile, die verriegelt wurden, und es gab auch Wachmänner.[21] Auch das Wetter war schön an diesem Tag. Die Sonne schien und ein schwacher Wind wehte aus Nordwest, es hatte ungefähr neunzehn Grad.[22] Otto Frank schreibt, dass er sich während der Zugfahrt vor allem Sorgen um Victor Kugler und Johannes Kleiman machte, die man schließlich ebenfalls festgenommen hatte. Ansonsten war die Stimmung relativ gut. »Wir fuhren in einem richtigen Personenwagen. Dass man die Tür verriegelte, machte uns nicht viel aus. Wir waren noch einmal beisammen. Wir hatten auch ein wenig Brot bei uns. Wir wussten, wohin es ging, aber es war trotzdem beinahe, als verreisten wir noch einmal, oder als machten wir noch einmal einen Ausflug, und wir waren eigentlich fröhlich (...) wenigstens, wenn ich diese Fahrt mit unserer nächsten vergleiche.«[23] Die Fahrt von Amsterdam nach Westerbork dauerte zwischen fünf bis sechs Stunden.[24] Die Fahrt führte vom Amsterdamer Hauptbahnhof über Hilversum, Amersfoort, Zwolle und Meppel nach Hooghalen, wo der Zug über einen Abzweig ins Lager Westerbork abbog.[25]

Durchgangslager Westerbork

Westerbork diente seit Oktober 1939 als Auffanglager für deutsch-jüdische Flüchtlinge, die vor allem nach der Kristallnacht in die Niederlande geflüchtet waren. Ende März 1940 befanden sich 350 Personen im Durchgangslager. Nach der Kapitulation im Mai 1940 blieb die Lagerleitung zunächst noch in niederländischer Hand, aber der neue Leiter Hauptmann Jacques Schol führte ein wesentlich strafferes Regiment ein. Obwohl es um das Lager keine Einzäunung gab, war es den aus Deutschland vor den Nationalsozialisten Geflüchteten verboten, das Lager ohne Genehmigung zu verlassen; auf Verstöße gegen die Lagerordnung folgten strenge Strafen. Am 1. Juli 1942 wurde das Lager an die deutschen Behörden übergeben. Von da an hieß Westerbork offiziell »Polizeiliches Judendurchgangslager unter dem Kommando des Befehlshabers der Sicherheitspolizei und des Sicherheitsdienstes im Reichssicherheitshauptamt«. Damit war es Teil des umfangreichen Systems deutscher Konzentrationslager und diente als wichtige Drehscheibe für die systematische Ermordung der niederländischen Juden.[26]

Westerbork wurde mit Stacheldraht eingezäunt, man baute sieben Wachtürme, die zunächst mit SS-Mannschaften besetzt waren, von 1943 an dann von der Marechaussee, der niederländischen Militärpolizei. Vom Sommer 1944 an fiel die Bewachung des Lagers schließlich in die Zuständigkeit des Polizeibataillons Amsterdam.[27]

Westerbork wurde zum Durchgangslager für die Deportationen in das Konzentrations- und Vernichtungslager Auschwitz, das Vernichtungslager Sobibor und in die Konzentrationslager Bergen-Belsen und Theresienstadt (Abb. 47). Das Leben und der Tagesablauf im Lager waren vollkommen von den ankommenden und abfahrenden Deportationszügen bestimmt. Einige Gefangenen blieben nur wenige

Stunden in Westerbork, andere Tage oder Wochen bis zu Monaten, manchmal sogar Jahre.[28] Häftlinge allerdings, die wie die Untergetauchten aus dem Hinterhaus als Straffälle eingestuft waren, wurden fast immer mit dem nächsten abgehenden Transport in andere Lager überführt.

Fast alle Personen, die mit den Franks auf der Transportliste vom 8. August 1944 stehen, waren solche Straffälle.[29] Man brachte sie direkt in das speziell für Strafgefangene eingerichtete Außenlager, auf dem drei sogenannte Strafbaracken standen. Diese waren durch einen doppelten Stacheldrahtzaun vom restlichen Durchgangslager Westerbork, dem euphemistisch als »freies Lager« bezeichneten Lagerteil, getrennt.[30] In dieser Stacheldrahtumzäunung gab es einen Tag und Nacht bewachten Durchgang. Ursprünglich sollten in erster Linie Häftlinge, die gegen die Lagerdisziplin verstoßen hatten, in diese Strafbaracken verlegt werden. Doch im Lauf des Jahres 1943 wurden dort viele Juden interniert, die wegen Verstößen gegen antijüdische Verordnungen außerhalb des Lagers festgenommen und nach Westerbork gebracht worden waren. Dazu zählten etwa Juden, die man festgenommen hatte, weil sie keinen Judenstern trugen oder ohne Erlaubnis umgezogen waren. Nachdem die Niederlande im Sommer 1943 »judenfrei« erklärt worden waren, gehörte der Großteil der »S-Fälle«, wie die Strafgefangenen im Lagerjargon hießen, zur Gruppe derjenigen, die man wie die Franks und die Familie van Pels in ihrem Versteck verhaftet hatte. In einer unbekannten Zahl von Fällen wurden auch Nicht-Juden, die Juden bei sich aufgenommen hatten, in den Strafbaracken in Westerbork eingesperrt.[31]

Seit dem 13. Oktober 1942 hatte SS-Obersturmführer Albert Konrad Gemmeker das Kommando über Westerbork (Abb. 48). Gemmeker war ein leidenschaftlicher Bürokrat, der die Lagerabläufe effizient organisierte. Dabei baute er auf der vorhandenen internen Lagerstruktur auf, die auf eine ursprünglich von deutsch-jüdischen Flüchtlingen gegründete Organisation zurückging.[32] Obwohl er nicht zögerte, mit Gewalt gegen Häftlinge vorzugehen, machte er sich nicht gern die Hände schmutzig.[33] Stattdessen setzte Gemmeker auf eine Teile-und-herrsche-Strategie und übertrug die Abwicklung der Deportationen der internen Lagerorganisation. Nur wenn er es für notwendig hielt, zog er selbst Karten aus der Lagerkartei oder bestimmte, wer oder welche Gruppe deportiert werden sollte. Doch ansonsten war es die Aufgabe der internen Lagerorganisation, zu bestimmen, wer »entbehrlich« war und wer bleiben durfte. Dadurch entwickelte sich ein kompliziertes System der »Vetternwirtschaft«, das dazu führte, dass die SS im internen Lagerdienst von Westerbork nur eine sehr unbedeutende Rolle spielte.[34]

Im März 1944 wurde im Auftrag Gemmekers ein Film über das Lager gedreht, mit dem er nachweisen wollte, wie gut und effizient dieses Lager organisiert war.[35] Dieser Film zeichnet ein interessantes, wenn auch eindeutig propagandistisches Bild vom Betrieb im Durchgangslager Westerbork fünf Monate vor der Ankunft der acht Untergetauchten. Dieses Bild ist nicht vollständig, denn es gibt keine Aufnahmen vom Alltagsleben in einer der Baracken oder von den Abläufen der Lagerverwaltung oder im Westerborker Krankenhaus. Wohl sieht man die Schule, Internierte bei Erholung und Freizeitvergnügungen, Menschen, die auf den Feldern arbeiten, in der Weberei, in der Schmiede, in der Tischlerei und beim Wiederverwerten von Batterien; im Ausschnitt *Eingang und Abfahrt* auch die Abfahrt eines Häftlingstransports nach Auschwitz. Eine der Hauptattraktionen Gemmekers, die ebenfalls im Film vorgeführt wird, war der industrielle Sektor des Lagers, in dem die Gefangenen für die deutsche Rüstungsindustrie arbeiteten. Der Lagerkommandant wollte gern vorführen, wie viel sein Lager zur Produktionssteigerung der deutschen Kriegswirtschaft beitrug. Diese »Industrie« baute er im Sommer 1944 beträchtlich aus.[36]

Vor allem Strafgefangene arbeiteten hier unter Bewachung. Sie sind beim Recyceln von Silberpapier und Batterien zu sehen und beim

Zerlegen von Flugzeugwracks.[37] Am 3. August 1944, kurz bevor die acht Untergetauchten ankamen, verschärfte Gemmeker die Lagerordnung. Mit Lagerbefehl 86 forderte er eine strengere Disziplin und verlangte für die Kriegsindustrie eine Produktionssteigerung um das Vier- bis Fünffache.[38] Da es sich dabei um kriegswichtige Güter handle, falle Sabotage unter das Militärstrafgesetz. Am 10. August 1944, zwei Tage nachdem die Franks und ihre Gefährten angekommen waren, verbot Gemmeker mit Lagerbefehl 87 jeglichen Kontakt außerhalb oder innerhalb des Lagers – mit sofortiger Wirkung (Abb. 50). Deshalb konnten sich die Häftlinge in den Strafbaracken und die Gefangenen im »freien« Teil des Lagers nicht mehr besuchen oder miteinander sprechen.[39] Auch bei der Arbeit musste der jüdische Ordnungsdienst (OD) streng darüber überwachen, dass diese Anordnung eingehalten wurde.[40]

Bezeichnenderweise gab es im Lager Westerbork nur wenige deutsche SS-Leute. Das Westerborker SS-Personal bestand aus höchstens 15 Personen.[41] 1942 war zunächst allein die niederländische Marechaussee für die Bewachung des Lagers zuständig.[42] Seit 1943 sicherte die Marechaussee nur noch die Außenanlagen; die Aufrechterhaltung der täglichen inneren Ordnung und die Bewachung des Durchgangs zwischen dem freien Lager und der Strafbaracke fiel dagegen in den Verantwortungsbereich des OD (Abb. 49). Diese jüdischen, an ihren grünen Overalls erkennbaren Gefangenen mussten die Strafbaracken bewachen, Strafgefangene von und zum Arbeitsplatz eskortieren, neu eingetroffene Häftlinge in Empfang nehmen und durch das umfangreiche Registrierungsverfahren lotsen. Außerdem waren sie an den Razzien in Amsterdam beteiligt und mussten Ende Januar 1943 bei der Räumung der jüdischen psychiatrischen Klinik Het Apeldoornsche Bosch in Apeldoorn mithelfen.[43] Mitglieder des OD waren, zumindest vorläufig, von der Deportation freigestellt und beteiligten sich im Gegenzug mit harter Hand an der Bestrafung von Häftlingen. Sie halfen auch beim Einladen der Gefangenen in die Deportationszüge zu den Lagern im Osten.

Das Kommando des OD lag in der Hand von Arthur Pisk (Abb. 51), eines Juden aus Österreich, der bis zur Befreiung von Westerbork am 12. April 1945 den internen Bewachungsdienst führen sollte. Pisk und sein OD hatten bei den Häftlingen einen schlechten Ruf. Philip Mechanicus, der zwischen 28. Mai 1943 und 28. Februar 1944 in Westerbork ein Tagebuch führte, beschrieb Pisk als »Piraten« und »Häuptling der jüdischen Gestapo«.[44] In einem Eintrag vom 12. Februar 1944 drückte er seine Empörung darüber aus, wie schlecht die OD-Leute die Häftlinge behandelten und wie sehr sie, seiner Meinung nach, auf ihren persönlichen Vorteil aus waren:

> Man steht den ODlern machtlos gegenüber: Sie sind die offiziell anerkannten Ordnungshüter, die von ihrem Job jedoch nichts verstehen, und nur aktiv werden, wenn es etwas zu *organisieren* gibt oder wenn es darum geht, Frauen anzumachen. Sie sind verhasst, weil sie grob sind und weil man ihnen nicht beikommen kann. Vor ein paar Tagen hat ein ODler vor der Kantine einem jungen Mann, der hinein wollte und den Fuß in die Tür stellte, das Nasenbein eingeschlagen. Der ODler läuft froh, ungestraft und überheblich herum: Bin ich kein Held?[45]

Die ODler waren bei vielen Häftlingen auch wegen ihrer Rolle bei den Deportationen verhasst und gefürchtet. Am Abend vor dem Transport verlas ein Angehöriger des Ordnungsdienstes die Namen der Personen, die auf der Transportliste standen, brachte die Häftlinge und ihr Gepäck zu den Waggons und verschloss die Türen (Abb. 52 und 53).[46]

Der Einsatz des OD ist Teil einer umfassenderen Strategie, mit der die Nazis versuchten, Verfolgungsopfer zu Komplizen des Konzentrationslagersystems zu machen. In allen KZ wurden sogenannte Funktionshäftlinge eingesetzt, die für bestimmte Aufgaben innerhalb der Lagerorganisation die Verantwortung trugen.[47]

Obwohl, wie in späteren Kapiteln noch zu zeigen ist, das Ausmaß, in dem die Kapos in Lagern wie Auschwitz und Bergen-Belsen in Gewalttaten und in den praktischen Ablauf des Genozids involviert waren, von einer völlig anderen Größenordnung war als in Westerbork, steckte der dortige OD in einem vergleichbaren moralischen Dilemma.[48] Indem nahezu die gesamte Aufsicht und interne Überwachung der Einhaltung der Vorschriften dem OD übertragen worden war und die Mitglieder des Judenrats die Namen für die Transportlisten nach Auschwitz aussuchen mussten, wurde einem System Vorschub geleistet, in dem die Opfer der Judenverfolgung an der Misshandlung und Deportation anderer und auch ihrer selbst mitwirkten. In seinem Buch über die Wachleute von Westerbork zeigt der Historiker Frank van Riet, dass die Angehörigen des OD bei den Häftlingen verhasst waren und verachtet wurden; doch berichteten einige auch sehr viel positiver, beispielsweise, dass sogar Pisk, der Leiter des OD, mitunter Befehle der Lagerleitung sabotierte. Van Riet weist auf den Druck hin, unter dem die Mitglieder des Ordnungsdienstes standen. Lagerkommandant Gemmeker machte die OD-Leute für die Durchsetzung der Lagerordnung verantwortlich und bestrafte sie hart für Ausbrüche und Verstöße.[49]

Van Riet weist außerdem darauf hin, dass, obwohl es Pisk und einer Reihe anderer OD-Mitglieder gelang, bis zur Befreiung in Westerbork zu bleiben, sie dennoch bis zu den letzten Deportationen ständig um ihr Leben bangen mussten. Nach der Rücknahme der meisten Freistellungen wurden 1944 doch noch 164 OD-Leute aus Westerbork deportiert; lediglich 15 von ihnen überlebten. 32 Mitglieder des OD blieben im Lager zurück; das sicherte ihnen das Überleben.[50]

Ankunft

Nach ihrer Ankunft in Westerbork mussten die acht Untergetauchten zuerst registriert werden. Eine Prozedur, die bei großen Transporten Stunden dauern konnte, doch bei dem relativ kleinen Transport, mit dem Anne und ihre sieben Mitbewohner nach Westerbork kamen, wird es vermutlich ziemlich flott gegangen sein.[51] Vor den großen Deportationen 1942 und 1943 fand die Registrierung der Neuankömmlinge immer in Baracke 9 statt, der Theater- und Konzertbaracke. Als jedoch von 1944 an die Gruppen der Neuankömmlinge immer kleiner wurden, verlegte man die Registrierungen meist in die Verwaltungsbaracke Nummer 34, wo die Gefangenen ebenso auf Läuse kontrolliert wurden. Dies wird auch bei dem Transport, der die acht Untergetauchten nach Westerbork brachte, der Ablauf gewesen sein.[52] Zunächst standen alle Gefangenen in langen Reihen auf dem großen Appellplatz und warteten. Mitglieder des jüdischen OD schleusten sie dann durch die verschiedenen Abschnitte des Registrierungsverfahrens. Ihr gesamtes Gepäck wurde mitgenommen. Zuerst erstellte die Lagerverwaltung eine Eingangsliste, hier mussten der Personalausweis und die Bezugsstammkarten abgegeben werden. Die Häftlinge wurden in der Zentralkartei registriert und bekamen einen Lagerpass ausgehändigt (Abb. 54).[53]

Die Zentralkartei des Lagers war das wichtigste Verwaltungsinstrument für die Weiterleitung der Transporte, die Existenzberechtigung des Lagers unter deutscher Besatzung. Nur der Lagerkommandant und die Zentralstelle für jüdische Auswanderung hatten Zugang zu diesem System.[54] Auf den Karten der Zentralkartei wurden alle personenbezogenen Daten festgehalten: Lagergeschichte, eingereichte Anträge, Freistellungen, Einweisung ins Lagerkrankenhaus, Arbeit, Umzüge, Barackennummern und andere Informationen. Ein Kreuzchen rechts oben auf der Karte bedeutete, dass die Deportation aufgeschoben war, den Grund dafür notierte man auf der Rückseite der Karte. Straffälle hatten auf ihrer Karte ein rotes »H« für *Häftling*. Auf der Grundlage dieser Kartei wurden jeweils kurz vor der Abfahrt die Transportlisten zusammengestellt und die Karten der Häftlinge, die keinen Aufschub erhalten hatten, die sogenannten »Ungesperrten«, aussortiert. Durch die alphabetisch-lexikografische

Anordnung der Zentralkartei waren die Karten der Mitglieder einer Familie beieinander abgelegt. Und so wurden sie auch auf die Transportliste gesetzt, also alle acht Versteckten aus dem Hinterhaus zusammen.[55]

Ein wichtiger Teilbereich des Registrierungsverfahrens war das Anmeldebüro, die Antragstelle, die von dem deutschen Juristen Dr. Hans Ottenstein geleitet wurde. Ottenstein war einer der Juden, die bereits im Lager Westerbork lebten, bevor die Deutschen das Lagerkommando übernahmen; wegen seiner juristischen Kenntnisse hatte man ihm im Januar 1942 die Lagerleitung übertragen. Damit hatte er eine der einflussreichsten Stellen im Lager. Sein Büro organisierte nicht nur die Registrierung der Neuankömmlinge, sondern auch die Deportation in die Lager im Osten. Gefangene, die bestimmten Voraussetzungen entsprachen, etwa jüdische »Mischlinge«, Getaufte, solche, die in einer »Mischehe« lebten, im Besitz von Auswanderungspapieren für Palästina oder wegen ihrer »Unabkömmlichkeit« im Durchgangslager Westerbork waren, wurden auf Empfehlung Ottensteins von der Deportation freigestellt.[56]

In Ottensteins Büro hielt man auf Karteikarten fest, ob es gerechtfertigte Gründe für dieses Aufschieben der Deportation gab – die sogenannte Sperre (Abb. 55). Über dieses Büro konnten Häftlinge auch einen Antrag auf Aufhebung des Status als Straffall stellen.[57] Dann versuchte jemand beispielsweise nachzuweisen, dass er christlich getauft oder Halbjude war oder besondere Papiere besaß. Weil Straffälle in der Regel auf die nächste Deportationsliste gesetzt wurden, konnte es lebenswichtig sein, eine Sperre zu bekommen. Solange ein Antrag in Bearbeitung war, wurde der Antragsteller nicht deportiert: Er oder sie war dann gesperrt oder zurückgestellt bis auf weiteres.[58]

Den Abschluss des Registrierungsverfahrens der Familien Frank, van Pels und von Pfeffer bildete eine medizinische Untersuchung. Alle Männer und Frauen mussten sich entkleiden und wurden dann auf ansteckende Krankheiten und Kopfläuse untersucht. Anschließend bekamen sie einen Platz in einer der Baracken zugewiesen (Abb. 56). Die acht Untergetauchten kamen in Strafbaracke 67.[59] Schuhe und Kleidung, die sie abgeben mussten, steckte man in einen Jutesack mit ihren Namen. Als Ersatz erhielten sie einen blauen Overall mit einem eingesetzten roten Schulterstück, ein weißes Band mit einem S für »Straffall«, einen Judenstern und Holzschuhe. Die Männer bekamen dazu noch eine rot-blaue Mütze. Mit dieser Kleidung war jeder eindeutig als Straffall zu erkennen. Der OD eskortierte sie in die Strafbaracken, wo man ihnen schließlich den Schlafplatz zuwies.

Am nächsten Morgen wurden die Männer im Waschraum der Kaserne kahlgeschoren.[60] Auch Otto Frank, Hermann und Peter van Pels und Fritz Pfeffer mussten diese Prozedur über sich ergehen lassen und von nun an die rot-blaue Mütze tragen".[61] Auguste van Pels, Edith, Margot und Anne Frank behielten, wie die anderen Mädchen und Frauen, ihr Haar. Nur Frauen mit Kopfläusen, die bei der ärztlichen Untersuchung im Rahmen des Registrierungsverfahrens festgestellt worden waren, wurden kahlgeschoren und mussten anschließend eine mit Petroleum getränkte Mütze aufsetzen. Aus den verfügbaren Aussagen geht nicht hervor, ob dies bei Auguste, Edith oder den beiden Mädchen der Fall war.[62]

Der Alltag in der Strafbaracke

Wie sah das Leben für Anne Frank und ihre sieben Leidensgenossen in der Strafbaracke aus? Um den September 1944 herum waren diese Baracken mit vier- bis fünfhundert Menschen pro Baracke überbelegt. Die Baracke 67 teilten sich je zur Hälfte Männer und Frauen. Morgens und abends musste sich jeder beim Baracken- oder Saalleiter melden. Außerhalb der Arbeitszeit konnten Männer, Frauen und Familien ihre Stunden zusammen verbringen. In der Mitte der Baracke befand sich eine Essensausgabe, durch die man nach rechts beziehungsweise nach links in den Barackenteil für die Männer oder die Frauen gelangen konnte. Um zehn Uhr abends mussten alle Häftlinge wieder in ihrem eigenen Bereich sein, dann wurde die Tür zwischen den beiden Barackenteilen geschlossen und Viertel nach zehn ging das Licht aus.[63]

Am Kopfende der Baracken, in denen die Häftlinge schliefen, gab es einen Waschraum mit länglichen Waschbecken und darüber Wasserhähnen; die einzige vorhandene Toilette durfte ausschließlich nachts benutzt werden. Im Außenbereich befanden sich kleine rote Klohäuschen mit Sammeltoiletten (von den Häftlingen gelegentlich als »Eierschachteln« bezeichnet), »Nur für Männer« und »Nur für Frauen«; diese durften ausschließlich tagsüber benutzt werden. Rauchen war zwar verboten, aber insgeheim in den Klohäuschen im Freien doch gang und gäbe. Die Häftlinge schliefen in dreistöckigen Bettgestellen auf Strohmatratzen. Mitunter fehlten die Matratzen. Es gab viele Klagen über Flöhe in Socken und im Bettzeug. In der Mitte der Baracke standen Tische, an denen gegessen wurde. Aber es waren so viele Insassen, dass manch einer im Stehen essen musste.[64] Einigen Häftlingen mangelte es an grundlegenden Dingen wie Unterwäsche, Decken oder Toilettenartikeln. Silberbauer dagegen hatte den acht Untergetauchten aus dem Hinterhaus sehr viel Zeit gelassen, ihre Sachen zu packen.[65] Aber vielen anderen Häftlingen, die ebenfalls unerwartet festgenommen worden waren, fehlte es an allem.[66]

In ihrem Buch über die Erfahrungen jüdischer Häftlinge im Lager Westerbork kommt die Historikerin Eva Moraal zu dem Schluss, dass das tägliche Leben völlig verschieden wahrgenommen wurde. Wie der Alltag in Westerbork aussah, war sehr wesentlich eine Frage der Position, die man im Lager hatte. Auch der Status und die Privilegien, die Häftlinge genossen, hingen von verschiedenen Faktoren ab. Der wichtigste Unterschied in Westerbork war der zwischen den Neuankömmlingen – meist niederländischen Juden – und den großteils aus Deutschland geflüchteten Juden, die bereits vor den ersten Deportationen im Jahr 1942 in Westerbork interniert waren.[67]

Diese Alteingesessenen, zu denen auch die bereits erwähnten Ottenstein und Pisk gehörten, hatten oft schon früh wichtige Aufgaben übernommen, die ihnen Zugang zu Privilegien boten, etwa einem besseren Schlafplatz, besserem Essen und, am wichtigsten, vor allem einer guten Sperre, die sie vor der Deportation in den Osten schützte. Moraal beschreibt, wie sehr die Stellung des Einzelnen in der Lagerhierarchie Einfluss darauf hatte, wie ein Gefangener seine beziehungsweise ihre Gefangenschaft und die damit einhergehende Angst und Ungewissheit erlebte.

Straffälle standen auf der untersten Stufe der Lagerhierarchie. Bis auf wenige Ausnahmen hatten sie keinerlei Aussicht auf eine Sperre. Da diese Häftlinge in der Regel alle auf der Deportationsliste standen, hatten sie so gut wie keine Zeit, sich im Lager eine Existenz aufzubauen und damit eine bessere Stellung zu verschaffen. Dennoch sind einige Ausnahmen bekannt. Philip Mechanicus und Edgar Weinberg (Abb. 58 und 59) waren zwar beide Straffälle, aber es war ihnen durch ihre soziale Position und ihre Talente – Mechanicus als ein bekannter Journalist und Weinberg, weil er über ein großes technisches Wissen verfügte – gelungen, an einen guten Posten, der mit einer Sperre versehen war, zu kommen.[68]

Ob Otto Frank ebenfalls versucht hat, seinen S-Fall-Status loszuwerden – wie man die Verlegung aus der Strafbaracke im Lagerjargon bezeichnete – und dafür einen Antrag gestellt hat, ist nicht überliefert.[69] Er hätte es mit dem Hinweis auf seinen Status als Weltkriegsveteran versuchen können. Nach dem Krieg erwähnte Frank mehrfach, wie sich bei seiner Verhaftung in der Prinsengracht die Haltung von Oberscharführer Karl Joseph Silberbauer plötzlich änderte, als er erfuhr, dass Otto im Ersten Weltkrieg als Offizier in der deutschen Armee gedient hatte. Silberbauer habe ihm damals gesagt, dass er aufgrund dieser Tatsache Chancen hätte, nach Theresienstadt zu kommen, in ein Lager, in dem es sehr viel höhere Überlebenschancen gab. Doch als Otto Frank in Westerbork eintraf, kamen bereits nur noch Veteranen mit dem Verwundetenabzeichen – dem Beweis, dass sie an der Front verwundet worden waren – für Theresienstadt in Betracht. Da die Karten der Zentralkartei und der Antragstelle nicht erhalten sind, lässt sich nicht mehr überprüfen, ob Otto Frank doch versucht hat, für sich und seine Familie eine Verbesserung ihres Status zu erwirken.

Auch bei Fritz Pfeffer, der wie Otto Frank im Ersten Weltkrieg als Offizier auf deutscher Seite gekämpft hatte, lässt sich ein solcher Versuch nicht mehr zurückverfolgen. Aber in seinem Fall wäre es durchaus denkbar. Es gibt Beispiele von anderen S-Fällen, die noch kurz vor der Deportation am 3. September 1944 ihren Straffallstatus loswurden und in das »freie« Lager wechseln konnten oder am 4. September nach Theresienstadt geschickt wurden.[70] Allerdings waren durch die Verschärfung der Lagerordnung Anfang August 1944 diese Möglichkeiten für die Franks und die anderen Untergetauchten sehr begrenzt.

Arbeit bestimmte zu einem beträchtlichen Teil den Lageralltag in Westerbork (Abb. 57 und 60). Hier musste jeder Insasse zwischen 15 und 65 Jahren sechs Tage in der Woche arbeiten, zehn Stunden täglich.[71] Die S-Fälle mussten zusätzlich noch am Sonntagmorgen von sechs bis acht Uhr zum Strafexerzieren (die Männer) oder zur verpflichteten Körperertüchtigung (die Frauen) antreten.[72]

Eva Moraal erwähnt, dass die schwere Arbeit gerade für Heranwachsende wie Anne, Margot und Peter einen harten Bruch mit ihrem bisherigen Leben bedeutete, das sie vor Westerbork, in der Schule oder im Versteck, gewohnt waren.[73] Das galt besonders für Jugendliche, die wie die drei aus der Mittelschicht stammten und bisher keinerlei schwere körperliche Arbeit hatten verrichten müssen. Und die Arbeit war wirklich schwer. Edith, Margot und Anne Frank mussten »in den Batterien« arbeiten.[74] Das Zerlegen von Batterien für die Wiederverwertung war eine schmutzige und ungesunde Tätigkeit. Obwohl die Häftlinge, denen man diese Arbeit zugeteilt hatte, täglich zusätzlich eine Ration Milch erhielten, versuchten dennoch viele von ihnen, zu einer weniger anstrengenden Tätigkeit zu wechseln. Janny Brilleslijper, die den gleichen Arbeitsplatz hatte und mit Edith Frank und deren Töchtern in regelmäßigem Kontakt stand, berichtete Folgendes über ihren Arbeitsplatz:

»(...) Batterien mit Meißel und Hammer aufhacken und dann den Teer in den einen Korb werfen und den Kohlestab, den man herausholte, in den anderen Korb. Die Metallkappen mussten mit einem Schraubenzieher abgemacht werden und kamen in den dritten Korb.«[75] Dabei wurde man kohlrabenschwarz. Nach der Arbeit ging es, eskortiert vom OD, zu den Duschen. Die meisten Gefangenen besaßen keine Seife, um sich zu waschen.

Eine bessere Arbeit gab es in der Regel nur mit Beziehungen oder wenn man ein gutes Verhältnis zu jemandem vom OD hatte. Die damals dreißigjährige Rachel Frankfoorder, die beim Zugfahren mit einem gefälschten Personalausweis erwischt worden war, hatte das Glück, in Westerbork zum »Innendienst« eingeteilt worden zu sein (Abb. 61). Diese Arbeit war am beliebtesten, denn sie bedeutete, dass man Böden schrubben und die Toiletten putzen musste und außerdem, wenn ein Transport eintraf, an die neu eingetroffenen Häftlinge Holzschuhe und Overalls verteilte. Sie erinnert sich, dass ihr in der Strafbaracke auch der Familie Frank begegnet war und Otto Frank sie gebeten hatte, für Anne eine Arbeit in der Putzkolonne zu »organisieren«. Obwohl ihr Anne sympathisch war, sah sie wenig Möglichkeiten, ihr zu helfen:

> Otto Frank kam mit Anne zu mir und fragte, ob Anne mir helfen dürfe. Anne war sehr nett und fragte mich auch, ob sie helfen dürfe. Sie sagte: »Ich kann alles mögliche, ich bin doch so geschickt.« Sie war wirklich reizend, ein bisschen älter als auf dem Foto, das wir von ihr kennen, fröhlich und heiter. Die Entscheidung lag leider nicht bei mir, und ich schickte sie zur Barackenleitung. Mehr konnte ich in dieser Sache nicht tun.[76]

Anne arbeitete also weiterhin wie ihre Schwester und ihre Mutter in der Batterieabteilung. Welche Arbeiten den anderen Untergetauchten zugeteilt waren, ist nicht überliefert. Rose de Liema-van Gelder – deren Ehemann Sal später in Auschwitz ein guter Freund Otto Franks werden sollte (Abb. 62) – sagte in einem Interview, dass auch Otto Frank und Peter und Hermann van Pels zur Batterieverwertung eingeteilt worden waren.

> Wir saßen, nun es war so ein großer Raum wie der hier, und der war voller Batterien und Körbe *on top*, da mussten wir tagsüber arbeiten. Dann saßen wir dort oben... und zufällig saß dort auch die ganze Familie Frank, Otto, seine Frau, die Kinder, die van Pels', Peter und alle miteinander, und mein Mann und ich. Aber für mich waren diese Mutter und die Mädchen und diese Frau van Pels, ich sag mal, einfach andere Häftlinge und wir haben nie besonders über die Dinge gesprochen, die sie alle zusammen mitgemacht haben.[77]

Es wurden keine weiteren Nachweise gefunden, um diese Aussage zu bestätigen; auch aus Otto Franks eigenen Erklärungen geht nicht hervor, ob die Männer und Frauen in Westerbork dieselbe Arbeit verrichteten. Otto Frank äußerte sich lediglich einmal, jeder habe dort arbeiten müssen, und am Abend hätten sie frei gehabt.[78] Es konnte also nur ganz allgemein etwas über den Tagesablauf in Westerbork herausgefunden werden. Morgens um halb sechs wurden die Bewohner der Strafbaracke geweckt. Nachdem sie sich gewaschen, angezogen, Essen geholt und gefrühstückt hatten, mussten sie Viertel vor sieben in Blöcken von drei auf drei neben der Kaserne angetreten sein. Angeführt vom OD marschierten sie dann durch das Tor zu den Industriebaracken im »freien« Lager. Dort arbeiteten sie von sieben bis zwölf Uhr. Danach ging es wieder in Begleitung des OD in die Baracken zum Essenfassen (meist gab es Eintopf aus Rotkohl oder Steckrüben) und anschließend wurden sie wieder zurückgebracht, um von zwei bis sieben Uhr zu arbeiten.[79] Während der Arbeit waren Gespräche erlaubt, aber der OD achtete sehr streng darauf, dass es zu keiner Kontaktaufnahme mit Gefangenen aus einem anderen Lagerbereich kam. Um auszutreten, brauchte man eine Genehmigung.[80] Nach der Arbeit und dem Duschen (für diejenigen, die in den Batterien arbeiteten) wurde in der Strafbaracke Brot gegessen.[81]

Begegnungen in Westerbork

Otto Frank erinnerte sich, dass das Alltagsleben in Westerbork vor allem für die Kinder leichter wurde, denn hier konnten sie Kontakte zu anderen knüpfen.[82] Die Familie Frank traf in Westerbork verschiedene Bekannte wieder, ehemalige Nachbarn aus dem Viertel und Klassenkameraden ihrer Kinder. Bram Asscher, ein Mitschüler von Margot Frank auf dem Jüdischen Lyzeum, schrieb seiner Mutter am 25. August 1944 aus Westerbork (Abb. 63 und 64): »Mama, weißt du, dass Margot hier ist? Die Freundin von Trees. Du erinnerst dich doch bestimmt noch an sie, nicht wahr? Sie ist mit ihren Eltern und ihrer Schwester in der S. Sehr schade!«[83] Bram war zusammen mit seinem Bruder Jeannot in Westerbork. Beide Brüder schrieben ihrer Mutter und dem Stiefvater regelmäßig Briefe, beide überlebten die Lager. Ihre Mutter Stephanie Fischer hatte nach dem Tod ihres ersten Ehemanns (Brams Vater) einen nicht-jüdischen Mann geheiratet und bekam als in einer Mischehe Lebende eine Sperre, ihre Söhne aus erster Ehe jedoch nicht. In dem Brief dankt Bram seiner Mutter für die schöne Zahnbürste und andere Kleinigkeiten.

Bram war im »freien« Lagerbereich untergebracht und durfte alle zwei Wochen einen Brief oder zwei Karten schreiben und außerdem Päckchen erhalten. Als Straffällen war das den acht Untergetauchten verwehrt. Ohne Kontakte innerhalb oder außerhalb des Lagers konnten sie nichts zur Verbesserung ihrer Lage tun. Wegen der verschärften Regeln seit Anfang August konnten sie keinen Menschen außerhalb des Lagers über ihre Lage informieren, um sich beispielsweise Essenspakete schicken zu lassen, etwas, das häufig vorkam, um die einseitige Ernährung zu ergänzen. Sie konnten auch niemanden einschalten, um etwas gegen ihren Status als Straffall zu unternehmen. Aus dem Briefwechsel geht allerdings nicht hervor, ob Bram Margot, die demnach in einem anderen, abgetrennten Teil des Lagers lebte, mit eigenen Augen gesehen oder womöglich mit ihr gesprochen hat.

Auch eine andere Mitschülerin Margots, Bloeme Emden, die kurz nach den Franks im August 1944 als Straffall nach Westerbork ins Lager kam, erinnert sich, dass sie bereits bei der Ankunft die Franks erkannte. Sie standen am Tor und beobachteten, wie sie mit einer Reihe anderer Neuankömmlinge ins Lager kam:

> Bei den Leuten, die am Tor standen, um zu sehen, wer ankommt, stand auch die Familie Frank, komplett mit ihren beiden Kindern, die ich natürlich sofort erkannte, und sie mich. Und wir haben einander gegrüßt, und wir waren ein bisschen traurig, dass wir uns in dieser Situation treffen mussten (...). Und dann wurde man mitgenommen. Man hatte sich nichts zu sagen. Ich habe sie zwar regelmäßig getroffen, wir waren schließlich Klassenkameraden gewesen. Schulkameraden. Man war (...) eine Nummer geworden.[84]

Eine weitere Aussage eines Zeitzeugen über den Aufenthalt der Familie Frank in Westerbork stammt von Vera Cohn, die in Westerbork in der Registrierungsbaracke arbeitete. Sie erinnerte sich 1956 in einem Interview mit dem Journalisten Harold Berman, dass sie bei Otto Franks Anblick von der beherrschten Haltung Ottos und seiner Familie betroffen gewesen sei.

> Meneer Frank war ein gutaussehender Mann, höflich und kultiviert. Er stand stramm und aufrecht vor mir. Ruhig beantwortete er meine Routinefragen (...). Keiner aus der Familie zeigte

> irgendein Anzeichen von Verzweiflung (...). Beherrscht und ruhig standen sie um meinen Schreibmaschinentisch. Wie bitter und angstvoll die Gefühle auch gewesen sein mögen, Meneer Frank weigerte sich, seine Menschenwürde preiszugeben. Seine Frau und seine Töchter folgten seinem Beispiel.[85]

Dieses Zitat wird in Carol Ann Lees Biografien von Anne und Otto Frank angeführt, um die Stimmung und Haltung der Familie Frank in Westerbork lebendig werden zu lassen, aber die Aussage ist in mehrfacher Hinsicht problematisch. Cohn kannte die Franks nicht, bevor sie deren Daten erfasste, und außerdem erinnerte sie sich erst viel später mit zahlreichen Details an diese Begegnung. Zwar ist es denkbar, dass dies der Eindruck war, den sie bei der Registrierung der Franks gewonnen hatte, aber wir müssen dennoch die Möglichkeit in Betracht ziehen, dass sie Personen verwechselte und diese fast stereotype Charakterisierung einer Familie, die trotz aller »bitteren und angstvollen Gefühle« ihre »Menschenwürde« wahrte, erst nachträglich in ihre Erinnerungen einging. Letztlich muss man sich fragen, ob Cohn von den vielen Tausenden Menschen, die an ihr vorüberzogen, ausgerechnet die Franks im Gedächtnis behielt, die sie doch nicht weiter kannte und denen sie danach auch nicht mehr begegnen sollte.

Weitere Aussagen über die Franks unterscheiden sich teilweise sehr voneinander. Ronnie van Cleef erinnerte sich viele Jahre später, dass ihr die Familie Frank in den chaotischen Verhältnissen der Strafbaracke aufgelöst und entwurzelt vorgekommen sei. Sie seien sehr verschlossen gewesen und Anne Frank habe ständig am Arm des Vaters gehangen.[86]

Dem stehen Vera Cohns Äußerungen und auch die von Rosa de Winter-Levy gegenüber. Diese Aussagen machten die beiden gegenüber dem deutschen Journalisten Ernst Schnabel – der, wie bereits angeführt, in den 1950er Jahren als Erster systematisch Aussagen über Anne Frank sammelte. De Winter-Levy war mit ihrem Mann und ihrer

Tochter Judik in der Nähe von Arnhem untergetaucht; dort wurde sie verhaftet und anschließend nach Westerbork verbracht, kurz bevor die acht Untergetauchten aus dem Hinterhaus ankamen. De Winter-Levy wurde erst in Auschwitz eine enge Freundin von Edith Frank, erinnert sich aber, dass ihr die Franks bereits in Westerbork aufgefallen waren. Weil sie in Anne eine potenzielle Freundin für ihre eigene Tochter Judik sah, behielt sie das Mädchen genau im Blick. Sie erzählte Schnabel, welchen Eindruck die Familie auf sie gemacht hatte. Edith Frank, erklärte de Winter-Levy, sei in Westerbork »still und fast erstarrt« umhergewandert. »Auch Margot war schweigsam, aber Edith Frank war wie verstummt. Bei der Arbeit sprach sie kein Wort und am Abend wusch sie immer Wäsche, in schmutzigem Wasser, ohne Seife, aber musste sie ständig waschen. Annes Vater war ja auch still, aber das war eine beruhigende Stille.«[87] De Winter-Levy betont vor allem den Unterschied zu Anne, die in ihrer Erinnerung immer »glücklich und frei« in Westerbork herumspazierte, viele Kontakte mit anderen hatte und außerdem ständig mit Peter van Pels unterwegs war:

> Ich habe Anne Frank und Peter van Daan jeden Tag in Westerbork gesehen. Sie waren immer beisammen, und ich sagte oft zu meinem Manne: Schau' dir diese beiden schönen jungen Menschen an... Anne war schön in Westerbork, so strahlend, dass es sogar auf Peter überging. Sie war sehr blass in der ersten Zeit, aber von ihrer Zartheit und ihrem ausdrucksvollen Gesicht ging eine Anziehungskraft aus, so groß, dass sich Judy zuerst gar nicht an sie heranwagte. Vielleicht darf ich es nicht sagen, dass Annes Augen strahlten. Aber sie hatten einen Schein, verstehen Sie mich? Und sie war so frei in ihren Bewegungen und Blicken, dass ich mich oft fragte: Ist sie glücklich? Sie war glücklich in Westerbork, wenn es auch kaum zu begreifen ist, denn wir hatten es ja nicht gut im Lager.[88]

Es ist bemerkenswert, wie sehr sich diese Sichtweise von der vieler anderer Zeugen und von dem heraufbeschworenen Bild von Anne und Peter als »strahlendem« und möglicherweise verliebtem Pärchen unterscheidet. Das wirft die Frage auf, ob das Gesagte nicht vor allem eine Interpretation ist, die sie im Nachhinein auf ihre Erinnerungen projizierte, wie es vermutlich auch bei dem bereits erwähnten Zitat Vera Cohns der Fall war. Wohl unterscheidet sich de Winter-Levys Bericht von dem Cohns, weil feststeht, dass de Winter-Levy eine enge Bindung zu Edith Frank und deren Töchtern aufgebaut und schon lange, bevor Anne Franks Geschichte durch die Veröffentlichung des Tagebuchs bekannt wurde, in ihrem eigenen Auschwitz-Bericht über die Familie Frank davon berichtet hatte.[89]

Otto Frank sprach nach dem Krieg nicht viel über Westerbork, sehr wohl erinnerte er sich aber, dass die Ankunft im Lager für seine Töchter eine gewisse Erleichterung bedeutete. »Im Lager mussten wir alle arbeiten, doch am Abend hatten wir frei und konnten zusammen sein. Vor allem für die Kinder war es eine gewisse Erleichterung, nicht mehr eingesperrt zu sein und mit anderen Menschen sprechen zu können.«[90] Am Abend konnten junge Leute in Westerbork zwischen den Baracken herumspazieren, sich treffen und miteinander unterhalten. Es war Sommer und das Wetter war schön, und sogar in der Strafbaracke, wo den Straffällen der Zugang zu den Konzerten und zum Unterhaltungsprogramm, das im anderen Lagerbereich organisiert wurde, untersagt war, versuchten die Häftlinge, sich ein wenig zu amüsieren. In einem Interview im Jahr 1970 erinnerte sich Otto Frank daran, dass eine junge Jüdin abends in der Strafbaracke jiddische Lieder vortrug.[91] Auch Rose de Liema-van Gelder entsann sich, zusammen mit den Familien van Pels und Frank in der Strafbaracke Lieder gesungen zu haben.[92] Auch andere, die um dieselbe Zeit in der Strafbaracke von Westerbork lebten, betonen, wie wichtig die Musik gewesen sei. Frieda Brommet (besser unter ihrem späteren Ehenamen Frieda Menco bekannt) beispielsweise entsann sich, dass sie bei einem Kabarett in der Strafbaracke mitgemacht hatte (Abb. 65). Sie berichtet, wie sehr diese Unterhaltung den jungen Häftlingen dabei half, die Angst vor der Deportation für kurze Zeit zu verdrängen:

> Und ob mein Vater (...) sich darüber Gedanken machte, weiß ich nicht. Ich denke, wenn er mich in Westerbork so mit den ganzen Jungs herumspringen sah, und bei einer Art Kabarett mitmachen, und keinen Hunger mehr. Ich denke, dass er dachte: ach, lass sie doch. (...) Ein Glück, dass das noch möglich ist.[93]

Auch der bekannte Geiger Benny Behr, der seit dem 1. August 1944 mit den Franks in der Strafbaracke lebte, erinnert sich, dass er in dieser Baracke für die Häftlinge Violine spielte (Abb. 66). »Für die Kinder habe ich natürlich fröhliche Schullieder gespielt. Die Älteren wollten gelegentlich auch mal etwas Klassisches hören. Ich habe unter anderem Stücke von Kreisler gespielt. Und damit habe ich versucht, die Leute zu unterhalten«, berichtete er in einem Interview mit Willy Lindwer. Er betont auch, dass die Musik eine Ablenkung vor der ständigen Angst vor der Deportation bedeutete. »Man kann Westerbork am besten mit Begriffen wie ›Niedergeschlagenheit‹, aber auch ›hoffnungsvolle Erwartung‹ charakterisieren. Man sah den Gesichtern der Menschen an, dass sie auf der Deportationsliste standen, und man sah Menschen, die, mitunter vorläufig, vor der Deportation geschützt waren. Der eine hatte ein Lächeln, aber dem anderen war das Weinen näher als das Lachen. Wir hatten allesamt schreckliche Angst, vor allem vor den Transporten, die dienstagabends abfuhren.«[94]

Im Übrigen bleibt das Bild über den Aufenthalt der acht Untergetauchten in Westerbork in Nebel gehüllt. Über Fritz Pfeffer und die Familie van Pels sind so gut wie keine Zeugnisse erhalten. Auch die Zeitzeugen, die sich an die Franks erinnern, erwähnen die anderen vier Mitbewohner recht selten. Dieses Fehlen von Erinnerungen ist dem relativ kurzen Aufenthalt dieser acht Häftlinge in Westerbork geschuldet und ganz allgemein der Tatsache, dass sich in der Strafbaracke in sehr viel geringerem Maße eine echte Lagergemeinschaft entwickeln konnte als im übrigen Teil von Westerbork.[95]

»Diese furchtbare Verschickung«: Der Transport vom 3. September

Die Häftlinge, vor allem die Straffälle, mussten ständig damit rechnen, in den Osten deportiert zu werden. Jules Schelvis – der selbst kein Straffall war und bereits 1943 von Westerbork nach Sobibor gebracht worden war – nennt es »die Angst vor dem Unbekannten«.[96] Wie groß war die Angst der Untergetauchten aus dem Hinterhaus vor ihrer möglichen Deportation? Diese Frage ist kaum zu beantworten. Rose de Liema-van Gelder erinnert sich an eine Unterhaltung, bei der alle durcheinander redeten und vor allem Otto Frank sich optimistisch über den Ablauf des Krieges äußerte. De Liema zufolge war er fest davon überzeugt, dass die Befreiung nicht mehr lange auf sich warten lasse:

> Nun, Otto Frank, der hat meistens gesagt: »Ach, das ist bald vorbei, das kann doch nicht mehr lange dauern.« Aber ich sagte: »Wie können wir denn hierbleiben?« Wir haben nur gehofft, dass es bald zu Ende sein wird. Aber, ich meine, man hat nie darüber gesprochen, in der Art von: »Und jetzt schicken sie uns in ein anderes Lager, und jetzt dies und das, überhaupt nicht.« Plötzlich kommt da einer, der sagt: »Morgen geht ihr auf Transport, und pack schon mal deine Sachen«, und dann musste man seine Koffer packen. Aber über Todesgefahr haben wir in Westerbork nie gesprochen.[97]

Otto Frank schrieb später allerdings, dass er, obwohl er den Mut nicht hatte verlieren wollen, doch ziemlich große Angst vor einer Deportation hatte:

> Wir Älteren fürchteten allerdings doch, in die berüchtigten Vernichtungslager (...) deportiert zu werden. Leider geschah das auch am 3. September. Während dieser fürchterlichen Verschickung – drei Tage in verschlossenen Viehwaggons – war ich zum letzten Mal mit meiner Familie zusammen. Jeder von uns versuchte so tapfer wie möglich zu sein und den Kopf nicht hängen zu lassen. Nach der Ankunft in Auschwitz-Birkenau wurde ich von meiner Familie getrennt.[98]

Ob Otto Frank sich in diesem Augenblick über das Vernichtungslager im Klaren war oder ob er es erst im Nachhinein so formulierte, ist eine Frage, der später ausführlicher nachgegangen wird. Doch er muss, wie die anderen auch, Angst gehabt haben vor dem, was ihn und seine Familie in den Lagern erwartete.

Es sollte der letzte große Deportationstransport von Westerbork nach Auschwitz sein. Zu diesem Zeitpunkt befanden sich etwa 4000 Gefangene in Westerbork, von denen mindestens 1000 in den überfüllten Strafbaracken zusammengepfercht waren.[99] Der vorherige Transport nach Auschwitz war am 19. Mai 1944 abgegangen, und in den mehr als drei Monaten danach hatten sich die Strafbaracken allmählich wieder gefüllt.[100] Unter den Häftlingen herrschte die Hoffnung und Erwartung, dass es keine weiteren Transporte mehr geben würde und die Befreiung nahe sei.[101]

Anfang September erhielt Gemmeker aus Berlin den Befehl, den größten Teil der Lagerhäftlinge nach Auschwitz, Theresienstadt und Bergen-Belsen zu deportieren.[102] In dieser Zeit wurde in Auschwitz eine sehr große Zahl von Häftlingen aus allen Richtungen zusammengezogen, um sie als Zwangsarbeiter in andere Lager zu verfrachten.[103] Es wurde der letzte Transport aus den Niederlanden nach Auschwitz. Nahezu alle Häftlinge aus der Strafbaracke mussten mit, danach sollte die Strafbaracke aufgelöst werden.[104] Auch deshalb waren die acht Untergetauchten für den nächsten Zug nach Auschwitz vorgesehen, und der fuhr, nachdem sie 26 Tagen in Westerbork verbracht hatten, am Sonntag, dem 3. September 1944.

Dieser Transport war vermutlich eine hastig improvisierte Reaktion auf den raschen Vormarsch der Alliierten (Abb. 67 und 68). Am Vortag waren britische und amerikanische Truppen an mehreren Stellen in Belgien einmarschiert, was die Erwartung weckte, dass auch die Niederlande bald befreit würden. Am Dienstag, dem 5. September, der als »Toller Dienstag« in die Geschichte eingehen sollte, führte das Gerücht, dass die Alliierten im Anmarsch seien, in den gesamten Niederlanden zu spontanen Freudenbekundungen der Bevölkerung und zu Panik bei den deutschen Besatzern und niederländischen Kollaborateuren, von denen sich viele absetzten. Es gibt keine stichhaltigen Beweise, dass der Transport vom 3. September eine unmittelbare Folge der Panikstimmung war, die unter den Besatzungsbehörden angesichts des Vormarschs der Alliierten in dieser ersten Septemberwoche ausbrach. Aber es ist schon bemerkenswert, dass es sich dabei um den einzigen Transport aus Westerbork handelt, der jemals an einem Sonntag abfuhr, während alle anderen Transporte immer dienstags abgingen; zudem war Sonntag der Tag, an dem grundsätzlich nicht gearbeitet wurde. Darin lässt sich ein deutliches Anzeichen erkennen, dass die Räumung des Lagers eilig war und der Transport daher vorgezogen wurde.[105] Auf der Transportliste vom 3. September 1944 stehen 1019 Personen.[106] Diese Liste setzt sich aus verschiedenen Kategorien von Gefangenen zusammen: 149 »normale« Gefangene, 675 Häftlinge (Straffälle) und 195 Schutzhäftlinge.[107] Zu Letzteren gehörten Personen aus »Mischehen« oder »Halbjuden«, die eines Verbrechens verdächtigt wurden. Die Schutzhaftregelung ermöglichte es der deutschen Polizei, verdächtige Personen ohne Gerichtsbeschluss auf unbestimmte Zeit in Gewahrsam zu nehmen. Sie wurde bei denjenigen angewandt, die des Widerstands oder einer »antideutschen« Haltung verdächtigt wurden; die Deutschen nutzten diese Regelung aber auch, um »Halbjuden« und Paare aus »Mischehen« ohne Gerichtsverfahren in eines der Lager zu deportieren. In Westerbork saßen die Schutzhäftlinge mit den Straffällen in der Strafbaracke, aber jede Gruppe hatte einen eigenen Status und wurde vermutlich auch in einem separaten Waggon nach Auschwitz transportiert.[108]

Am Abend vor der Deportation verlas ein ODler in der Strafbaracke die Namensliste. Jeder musste sich melden, wenn sein oder ihr Name genannt wurde. Hans Goudsmit (Abb. 69), der zu dem Zeitpunkt ebenfalls in der Strafbaracke einsaß, schrieb in einem hinausgeschmuggelten Brief an seine Frau: »Samstagabend, 10 Uhr 2/9, Meine innig geliebten Schätzchen. Endlich ein Augenblick Zeit, euch zu melden, dass morgen mein Zug ins Ungewisse abfährt.«[109] Es war eine lange Liste, und das Verlesen dauerte eine ganze Weile. Henriëtte Sachs, die ebenfalls auf der Liste stand, berichtet in einem Interview, dass sie nach dem Hören ihres Namens die ganze Nacht vom 2. auf den 3. September wach geblieben sei, um mit den anderen auf den Transport zu warten. Sie erinnert sich, dass sie und ein paar andere »ein bisschen down beisammensaßen, ohne etwas zu sagen«, während andere dagegen gerade emotional auf die Nachricht reagierten, dass sie in den Osten deportiert werden sollten. »Manche waren völlig panisch, manche ließen es einfach über sich ergehen, ja, ein Dritter bricht dann in Tränen aus.«[110]

Am frühen Sonntagmorgen bekamen die Straffälle den Jutesack mit ihrer eigenen Kleidung zurück und mussten die Overalls und Holzschuhe zurückgeben. In langen Reihen liefen sie von der Strafbaracke zum wartenden Zug. Die verbliebenen Lagerinsassen durften die Baracken nicht verlassen. Pro Waggon wurden etwa 70 bis 75 Häftlinge eingeteilt. In jedem Waggon gab es einen Eimer mit Trinkwasser. Im Westerbork-Film sieht man auch, dass in jeden Waggon ein Abortkübel gestellt wurde.[111]

Der Zug bestand aus 16 Waggons für die Gefangenen und fünf Krankenwaggons (Abb. 70).[112] Wie ebenfalls im Film über Westerbork zu sehen ist, befanden sich im vorderen und im hinteren Teil in der Regel Personenabteile üblichen Standards für die deutschen Wachleute.[113] Die Bewachung und Verantwortung für den Transport lag wie bei allen aus Westerbork abfahrenden Zügen in der Zuständigkeit des Bremer Polizeibataillons 105, das zur Ordnungspolizei gehörte. Ein Leiter und eine gut bewaffnete Gruppe von 15 Männern begleitete den Häftlingszug.[114] Es wurden aber auch jüdische Häftlinge dazu eingeteilt, bestimmte Aufgabe zu übernehmen. Auf der Transportliste vom 3. September 1944 sind der Wagenleiter und der Sanitäter eines jeden Waggons namentlich genannt. Der Zugführer und sein Stellvertreter saßen in Waggon 3.[115] Der Wagenleiter musste der Wachmannschaft die genaue Gefangenenzahl samt der entsprechenden Waggonnummer weitergeben. Für die fünf Krankenwaggons waren zwei Ärzte eingeteilt.[116] Aus Janny Hamburger-Bolles (später Moffie-Bolle)[117] Aussagen vor dem Niederländischen Roten Kreuz (NRK) geht hervor, dass die Pflegerinnen für die Transporte den Krankenwaggons zugeteilt wurden. Sie trugen eine Rot-Kreuz-Armbinde und hatten ein Köfferchen mit Verbandszeug dabei.[118]

Obwohl die öffentliche Erinnerung an die Deportationen aus Westerbork stark vom Bild der Viehwaggons geprägt ist, fanden etwa 60 Prozent der Transporte aus Westerbork mit Passagierwaggons statt. Die beiden ersten Deportationszüge aus Westerbork wurden aus Güterwagen zusammengestellt, aber später, bis März 1943, sind die meisten jüdischen Gefangenen mit normalen Zügen in die Lager im Osten des Deutschen Reichs verbracht worden. Dabei handelte es sich um Wagen Dritter Klasse, die oft in schlechtem Zustand waren. Von Mitte März 1943 an verbot die Besatzungsmacht dann aber den Einsatz von Personenwagen für Deportationen nach Auschwitz und Sobibor, und die Gefangenen wurden wieder in Vieh- und Güterwaggons transportiert, mit einer Belegung von durchschnittlich 50 bis 60 Personen pro Wagen.[119]

Nachdem genau abgezählt worden war, wie viele Personen in den Waggons saßen, schloss der Ordnungsdienst die Waggontüren und verriegelte sie. Um elf Uhr morgens fuhr der Zug aus Westerbork ab.[120] Über das nahe gelegene Hooghalen ging es an Assen, Hoogezand-Sappemeer und Winschoten vorbei Richtung deutsche Grenze.[121] Am Grenzübergang wurde die niederländische Lokomotive mit Lokführer und Heizer abgekuppelt und durch eine Bereitschaftslok der Deutschen Reichsbahn ersetzt.[122] Von dort aus fuhr der Transport auf einem langen Umweg über Bremen, Hamburg, und weiter nach Osten Richtung Berlin, Breslau und Kattowitz, um schließlich in Auschwitz anzukommen.[123] Die KZ-Überlebende Rachel Frankfoorder berichtet, dass ein Mann polnischer Abstammung durch das kleine Gitterfenster im Waggon die Strecke beobachtete und seinen alten Wohnort Kattowitz erkannte.[124]

Die Fahrt dauerte zwischen 36 und 44 Stunden.[125] Die Menschen im Zug versuchten, die Zeit totzuschlagen und sich abzulenken. Der eine war in Gedanken versunken oder sprach einem nahen Angehörigen Trost zu. Ein anderer versuchte, sich in den überfüllten Waggons vor dem aggressiven Verhalten eines anderen Häftlings zu schützen.[126] In den Waggons gab es keine Fenster, nur einen Gitterrost oder ein Luftloch. Durch die Ritzen zwischen den Brettern sah man die Schienen. Die Gefangenen standen, saßen und schliefen eng zusammengepfercht. Der Kübel mit den Exkrementen stand unabgedeckt in einer Ecke und verbreitete einen unerträglichen Gestank. Die KZ-Überlebende Henriëtte van Bekkum-Sachs berichtet, der Mangel an Intimsphäre habe jeden gezwungen, immer wieder bis an seine Grenzen zu gehen.[127] Lenie de Jong-van Naarden (Abb. 71), die im selben Waggon mitfuhr wie die Franks, weiß noch genau, dass der Eimer schon bald überlief, es aber ein paar jungen Männern gelang, ihn durch einen Spalt zwischen den Türen zu entleeren.[128] Augenzeugen zufolge wurde der Kübel mit Trinkwasser nicht aufgefüllt und alle litten großen Durst.[129] Auf die dreitägige Fahrt bekamen die Häftlinge manchmal ein wenig Essen mit, in anderen Fällen gelang es meistens, sich selbst Verpflegung zu »organisieren«.[130] Rosa de Winter-Levy berichtet dagegen, dass irgendwo in Deutschland die Tür aufging und sie ein wenig Brot und Marmelade bekam.[131] Viele Zeitzeugen erklären, dass der Zug häufig stillstand. Manche berichten, dass die Türen während der ganzen Fahrt verriegelt blieben.[132] Wieder andere erinnern sich an deutsche Soldaten oder Wachpersonal, die während eines Aufenthalts die Türen entriegelten und den Häftlingen alle wertvollen Dinge wie Geld, Schmuck oder Füllfederhalter wegnahmen.[133] Einigen Gefangenen gelang es, während der Fahrt aus dem Zug zu springen, auch aus jenem Zug, in dem Anne und ihre Familie waren, konnten einige entkommen.[134] Noch auf niederländischem Territorium gelang mindestens sieben Personen aus dem Transport vom 3. September 1944 die Flucht. Drei von ihnen hatten in ihren Socken Werkzeug aus der Sägerei von Westerbork herausgeschmuggelt. Gleich nach der Abfahrt begannen sie, ein Loch in die Rückwand des Waggons zu bohren, bis es groß genug war, um mit der Säge eine größere Öffnung herauszusägen. Durch dieses Loch sprangen sie aus dem fahrenden Zug und sie schafften es, unterzutauchen.[135] Nach der Ankunft in Auschwitz-Birkenau musste sich der Waggonführer Salomon Tas – ein Kriminalbeamter, der in einer Mischehe lebte – für diese Flucht verantworten. Rica Rozenthal, der mit demselben Deportationszug angekommen war, berichtet, dass er »wirklich sehr schlimm geschlagen« worden sei.[136] Tas überlebte Auschwitz. Ein anderer erklärte, durch die Ernennung eines Waggonführers hätten die Deportierten weniger oft zu fliehen versucht. In seinem Waggon appellierte der Wagenleiter sogar an die Gefangenen: »Ich bin nun mal Waggonführer, versucht gar nicht erst zu fliehen, denn das kostet mich das Leben.«[137]

Für jeden Transport wurden neben einem Zug- und Waggonführer auch Zugärzte bestimmt.[138] Von den Medizinern Kropveld und Jacobsohn, den Zugärzten dieses Transports, sind keinerlei Zeugnisse überliefert, was sich in diesem speziellen Zug nach Auschwitz abspielte; aber Aussagen von Ärzten, die andere Deportationszüge begleiteten, vermitteln uns eine Vorstellung davon, was man von ihnen erwartete.[139] Der Amsterdamer Hausarzt Joël van der Kous, beispielsweise, war Zugarzt der Deportation vom 14. September 1943. Bei der Ankunft in Auschwitz wurde er von dem SS-Offizier, der für die Selektion verantwortlich war, zu eventuellen Kranken aus Westerbork befragt.[140] Ein anderer jüdischer Arzt, der im August 1943 nach Auschwitz deportiert wurde, berichtete nach dem Krieg: »Ein paar Mal wurde ich zu einem anderen Waggon gerufen, in dem sich Menschen nicht wohl fühlten. Zusammen mit drei weiteren Kollegen wurde ich zum Zugarzt ernannt und trug als Zeichen dieser Würde ein Band um den Arm; die ganze Sache hatte natürlich nicht die geringste Bedeutung.«[141] Der in Mischehe lebende Leo Maurits Muller, Leiter des Krankenwaggons im Zug nach Birkenau, hat keinen seiner Mitreisenden wiedergesehen.[142]

Schwerkranke wurden in eigenen Waggons untergebracht und von jüdischem medizinischem Personal versorgt. Janny Hamburger-Bolle (Abb. 72), eine jüdische Krankenpflegeschülerin, die man in Westerbork zur Versorgung der Kranken auf der Fahrt eingeteilt hatte, wurde von einem Kollegen beiseite genommen und eindringlich aufgefordert, nicht darauf einzugehen, denn die Kranken würden mit Sicherheit gleich bei der Ankunft in Auschwitz zusammen mit ihren Betreuern vergast. »Es war das erste Mal, dass ich von Vergasungen hörte. Ich bin erschrocken. ›Vergast‹, das hörte sich so irreal an. Aber mir lief es kalt den Rücken herunter.« Sie beschloss, aus dem ihr zugewiesenen Waggon zu springen, riss sich die Rot-Kreuz-Binde ab und schloss sich Max Hamburger, ihrem Mann, in einem anderen Waggon an. Den Inhalt ihres Verbandskastens verteilte sie während der Fahrt an ihre Schicksalsgefährten. Nach der Ankunft in Auschwitz gab es keine weiteren Kontrollen, ob jeder im richtigen Waggon saß.[143]

Es ist kaum möglich, ein Bild der verzweifelten Stimmung in den überfüllten Waggons zu vermitteln.[144] Lenie de Jong van Naarden erinnert sich an den Transport von Westerbork nach Auschwitz:

> Das war das einzige Mal, dass ich geweint habe, als unsere Nummer aufgerufen wurde und unser Name, dass wir uns für den Transport bereit machen mussten. Und das hatten wir schon gehört. Wohin? Niemand wusste es genau. Aber dass es das Ende unseres Lebens war, darauf musste man sich einstellen. Wir landeten zufällig im selben Viehwaggon wie die Familie Frank. Da waren ungefähr 70 Leute drin, mit einem Eimer, in dem wir unser Bedürfnis verrichten konnten. Und das war schrecklich. Es war ein dunkler Wagen, und an der Decke hatte jemand eine Blechdose mit einer Kerze aufgehängt, wodurch es doch Licht gab. (...) Es ist so schwer, Worte dafür zu finden, was sich in so einem Waggon abspielte, der mit einem Höllentempo fuhr (...). Die Menschen sind zu Tieren geworden, sie sind eingeklemmt, sie können nicht aufstehen, sie können sich aber auch nicht hinsetzen.[145]

De Jong-van Naarden erwähnt auch noch ein Detail in Bezug auf die Franks. Sie erzählt in einem Interview, dass Edith Frank mit einer kleinen Schere das rote Schulterstück, das in Westerbork das Kennzeichen der Straffälle war, von ihrem mitgeschmuggelten Overall abtrennte in der Hoffnung, ihn auch noch in Auschwitz tragen zu können. Sie ging wohl davon aus, dass man in Auschwitz wie in Westerbork zwischen Straffällen und »gewöhnlichen Häftlingen« unterscheiden würde und wollte so dafür sorgen, nicht gleich als Strafgefangene erkannt zu werden.[146]

Wissen und Erwartungen über den Massenmord

Die Zeitzeugenaussagen über diesen Transport von Westerbork nach Auschwitz verraten auch einiges über die Erwartungen, welche die jüdischen Häftlinge aus dem Lager in den Niederlanden an Auschwitz und die anderen Lager im Osten hatten. In Westerbork wussten viele der Juden nicht genau, wohin man sie bringen würde, geschweige denn, was sie dort erwartete.[147] Aber, dass es schwer würde, davon war man überzeugt. Trotzdem gab es einige, die sich erinnern, mehr Gewissheit und Kenntnis darüber gehabt zu haben, was dort zu erwarten war. Die bereits zitierte Bemerkung Otto Franks, er habe in Westerbork Angst vor dem »Vernichtungslager« gehabt, lässt vermuten, dass er zu diesem Zeitpunkt bereits wusste, was im besetzten Polen vor sich ging.[148] Und auch die jüdische Widerstandskämpferin Janny Brilleslijper und Sonja van Dam – Letztere (Abb. 73) war eine der Personen, denen es gelang, aus dem Deportationszug vom 3. September 1944 zu fliehen – erklärten in Interviews, sie hätten ein ziemlich realistisches Bild von Lagern wie Auschwitz gehabt.[149] »Wir wussten, dass Auschwitz ein *Vernichtungslager* war, und hatten keinen Zweifel, was uns erwartete«, berichtet Janny Brilleslijper.[150] Und Sonja van Dam sagte in einem Interview: »Wir wussten, dass wir allesamt nach Auschwitz kommen würden, das war alles bekannt. Es wurde gesagt, dass man in ein Arbeitslager käme, aber es waren Vernichtungslager.« Sie konnte nicht glauben, dass sie wirklich in ein Arbeitslager geschickt würden, denn von keinem, der vor ihnen deportiert worden war, kam je eine Nachricht zurück.[151]

Die Frage, ob Otto Frank und die hier zitierten Frauen 1944 tatsächlich über dieses Wissen verfügten oder ob sich bei ihnen späteres Faktenwissen unbewusst mit ihrer Erinnerung an die Deportation vermengte, lässt sich nur schwer beantworten. Darüber hinaus berührt es eine breitere historische Debatte über Wissen, Gerüchte und Vermutungen über den Massenmord an den Juden. In der im Jahr 2012 veröffentlichten Studie *»Wij weten niets van hun lot«. Gewone Nederlanders en de Holocaust* (Wir wissen nichts über ihr Schicksal. Normale Niederländer und der Holocaust) argumentiert der Historiker Bart van der Boom auf der Grundlage von Tagebuchuntersuchungen, dass jüdische wie nicht-jüdische Niederländer zwar viele Gerüchte über das, was in den Lagern vor sich ging, gehört hatten, es ihnen jedoch an konkretem »Wissen« fehlte. Die Erwartungen waren von Person zu Person verschieden, und obwohl viele Juden damit rechneten, die Lager nicht zu überleben, hatten nur wenige eine konkrete Vorstellung davon, was dort wirklich vor sich ging, nämlich fabrikmäßiger Massenmord.[152]

Van der Booms Buch wurde anfänglich positiv aufgenommen, doch schon kurz nach der Publikation heftig kritisiert.[153] Historiker wie Jaap Cohen, Remco Ensel, Evelien Gans und Guus Meershoek wandten ein, van der Boom verwende eine zu enge Definition von »Wissen« (weten) über den Holocaust, um den Kern seiner Aussagen nachvollziehbar zu machen. Seine Kritiker betonen, dass Informationen über den Holocaust über die illegale Presse, den englischen Rundfunk und andere Kanäle weit verbreitet gewesen seien. Meershoek beispielsweise führt an, dass prominente Widerstandskämpfer wie Koos Vorrink und Henk van Randwijk bereits früh von »Massenmord« sprachen und dieser Begriff auch häufig in Tagebüchern zu finden sei.[154]

Die Frage, was allgemein wirklich über den Massenmord in den Lagern bekannt war, erweist sich als schwierig zu beantworten und hängt von der verwendeten Definition von »Kenntnis« und »Wissen« ab. Literatur über die Verbreitung von Kenntnissen über den Genozid beweist beispielsweise, dass detaillierte Informationen hinsichtlich der ersten Phase des Völkermords, der Massenhinrichtungen durch Einsatzgruppen in Osteuropa, durch zahllose Briefe deutscher Frontsoldaten in Deutschland und auch außerhalb verbreitet wurden.[155] Das Naziregime verfolgte allerdings eine viel striktere Geheimhaltungspolitik hinsichtlich der Vernichtungslager. Diese Politik verhinderte aber nicht, dass viele Geschichten und Beschreibungen durchsickerten. Auf diese Weise erhielten die Alliierten gegen Kriegsende immer detailliertere Berichte von geflüchteten Häftlingen darüber, was sich in den Lagern abspielte, und auch englische und amerikanische Zeitungen berichteten regelmäßig über die Lager. Die deutsche Geheimhaltungspolitik führte zwangsläufig dazu, dass diese Informationen größtenteils über eine diffuse Gerüchteküche verbreitet wurden. Die Nachrichten und die gesicherten Erkenntnisse über Vernichtungslager und die dort angewandten Methoden blieben damit lücken- und bruchstückhaft. Dies ließ Raum für Zweifel, Unsicherheit und Verdrängung von Informationen, die einfach unvorstellbar waren.[156]

Auch die Untergetauchten aus dem Hinterhaus scheinen zum Zeitpunkt ihrer Verhaftung davon ausgegangen zu sein, dass den Juden nach ihrer Deportation die Ermordung bevorstand.[157] Das geht vor allem aus Anne Franks Tagebuch hervor, in dem sie beispielsweise am 3. Februar 1944 schreibt, dass die Untergetauchten es als »eine Tatsache« ansahen, »dass in Polen und Russland Millionen und Abermillionen ermordet und vergast worden sind«[158], und in der überarbeiteten Fassung ihres Tagebuchs – nachdatiert auf den 9. Oktober 1942, in Wirklichkeit nach dem 20. Mai 1944 notiert – schrieb Anne: »Wenn es schon in Holland so schlimm ist, wie werden sie dann erst in den fernen und barbarischen Gegenden leben, in die man sie schickt? Wir nehmen an, dass die meisten ermordet werden. Der englische Sender spricht von Vergasung; vielleicht ist das ja die schnellste Todesart.«[159]

Diese düsteren – und wie sich herausstellte ziemlich realistischen – Erwartungen der Untergetauchten lassen sich zumindest teilweise mit persönlichen Erfahrungen erklären. Wie in der Einleitung bereits kurz angesprochen wurde, hatten sie als aus Deutschland emigrierte Juden schon seit den Dreißigerjahren den nationalsozialistischen Terror aus nächster Nähe erlebt. Im November 1938 war Edith Franks älterer Bruder Julius einige Wochen ins KZ Sachsenhausen geschickt und nach einigen Wochen unter der Bedingung entlassen worden, möglichst schnell das Land zu verlassen. Auch Hermann van Pels' Vater war im November 1938 an seinem Wohnort Osnabrück verhaftet worden.[160] Fritz Pfeffer hatte, wie bereits berichtet, in Berlin das Novemberpogrom sogar mit eigenen Augen gesehen, miterlebt, wie in seiner eigenen Straße die Synagoge zerstört und Tausende seiner Mitbürger verhaftet wurden.[161]

Auch die großen Razzien im Februar und Juni 1941 spielten eine wichtige Rolle für die wachsende Gewissheit, dass die meisten Juden ihre Deportation nicht überleben würden. Zu den ersten Razzien kam es am 22. und 23. Februar 1941 nach Schlägereien zwischen niederländischen Nazis und jungen Juden. Als bei einem dieser Proteste eine Streife der Grünen Polizei in der Van Woustraat im Eiscafé Koco (Abb. 74), das zwei jüdische Flüchtlinge aus Deutschland betrieben, mit Ammoniak angesprüht wurde, schlugen die deutschen Besatzer mit der Verhaftung von 427 jüdischen Männern in und um den Waterlooplein zurück (Abb. 75–77). Von dieser Gruppe wurden die meisten ins KZ Mauthausen gebracht. Nur zwei von ihnen überlebten den Krieg. Die Razzia wurde zum unmittelbaren Auslöser des »Februarstreiks«, den die Amsterdamer Abteilung der Niederländischen Kommunistischen Partei (CPN) initiiert hatte und der am 25. und 26. Februar 1941 begann. In Amsterdam, und kurz darauf auch in Haarlem, Utrecht, in der Region Zaanstreek, Velsen und Hilversum, legten Arbeiter, Verkaufspersonal sowie städtische Bedienstete aus Protest gegen den verschärften antijüdischen Terror die Arbeit nieder. Der plötzliche Protest kam für die deutsche Besatzungsmacht völlig überraschend, und es wurde hart durchgegriffen. Während des Streiks verhaftete und misshandelte man allein in Amsterdam etwa 200 Beteiligte, vor allem streikende städtische Angestellte und eine Anzahl willkürlich festgenommener Kommunisten und Juden. Bis Anfang April kamen noch etwa 100 weitere Streikende dazu, die man ins Gefängnis steckte.[162]

Als Reaktion auf einen von einer niederländischen Widerstandsgruppe verübten Bombenanschlag, folgte am 11. Juni 1941 die zweite große Razzia, dieses Mal in Amsterdam-Zuid. Um einer Wiederholung des Februarstreiks zuvorzukommen, ordnete der Chef der Amsterdamer Sicherheitspolizei, Willy Lages, dieses Mal keine großangelegte Straßenrazzia an, sondern ließ von der niederländischen Polizei, unterstützt von der deutschen Ordnungspolizei, eine große Gruppe jüdischer Männer in ihren Wohnungen festnehmen, vor allem ehemalige

Bewohner aus dem jüdischen Werkdorp Nieuwesluis im Wieringermeerpolder, die man im März nach Amsterdam zwangsumgesiedelt hatte. Auch auf dem Merwedeplein wurde an diesem Abend vor den Augen der erschrockenen Nachbarn, unter ihnen auch die Familie Frank, eine Reihe jüdischer Männer festgenommen. Als sich herausstellte, dass viele der gesuchten Männer nicht zu Hause waren, griff sich die Polizei auf der Straße, in Kneipen und Sportvereinen, willkürlich Dutzende jüdischer junger Männer. Insgesamt wurden an diesem Abend mehr als dreihundert junge Männer in Amsterdam-Zuid verhaftet. Die meisten von ihnen landeten nach einem Zwischenaufenthalt im Durchgangslager Schoorl in Mauthausen.[163]

Damit war der Widerstand der Amsterdamer Bevölkerung gebrochen und es kam zu keiner neuen großen Protestaktion. Die Härte, mit der der Februarstreik niedergeschlagen worden war, hatte viele überrascht und große Angst gesät. Die Razzia am 11. Juni verstärkte dieses Gefühl noch weiter. Rian Verhoeven, die ein Buch über den Merwedeplein verfasste, schreibt, dass »ein Schatten« über das Viertel gefallen sei. Die Anwohner des Platzes überfiel eine große Furcht über das ungewisse Schicksal ihrer verschleppten jungen Nachbarn. Außerdem traf bereits nach wenigen Tagen ein Strom von Todesbenachrichtigungen bei den Familien ein – oft mit der Mitteilung, der Mann oder der Sohn sei »auf der Flucht erschossen« worden, was den Schluss zuließ, dass sehr viele der Festgenommenen im KZ Mauthausen ermordet worden waren.[164] Auch die Franks waren von dieser Razzia, die praktisch vor ihrer eigenen Haustür stattgefunden hatte, sehr betroffen. Die Polizei hatte viele ihrer Nachbarn und Bekannten mitgenommen, unter ihnen auch Karl Lewkowitz, den Sohn eines guten Bekannten von Otto Frank.[165] Otto Frank erklärte später, wie sehr ihn diese Razzia erschüttert hatte: »Es waren Freunde von mir darunter, junge Leute, die abgeführt wurden. Nach acht Tagen kam die Nachricht von ihrem Tod. Man wusste also genau, dass diese Menschen ermordet worden waren.«[166] Auch die Familie van Pels und

Fritz Pfeffer müssen die Auswirkungen dieser Razzia aus nächster Nähe miterlebt haben. Ein Vorzeichen für die Absichten der Nazis gab es bereits aus der Familie von Auguste van Pels (Abb. 78). Schon bevor sie 1942 im Hinterhaus untertauchte, hatte Auguste van Pels ihre jüngste Schwester Lotte im Nazi-Völkermord verloren. Lotte gehörte zu den gut 900 Juden aus der Region Düsseldorf und Wuppertal, die am 10. November 1941 in die weißrussische Stadt Minsk deportiert wurden, wo man sie wie tausende andere deutsche Juden ermordete.

Lotte hatte mit ihrem Ehemann Max Gutmann in Düsseldorf gelebt. Max und Lotte mussten sich am Morgen des 10. November beim Güterbahnhof Düsseldorf-Dehrendorf melden. Von dort fuhr um zehn nach halb elf ein langer Güterzug Richtung Essen und Wuppertal ab, wo noch weitere Juden zusteigen sollten.[167]

Dieser Transport markierte eine neue Stufe der nationalsozialistischen Judenverfolgung. Wie in Kapitel 3 näher erläutert wird, vermuten Historiker, dass Hitlers und Himmlers Entscheidung, alle europäischen Juden im Rahmen der »Endlösung der Judenfrage« zu ermorden, etwa im Oktober 1941 fiel. In den davorliegenden Monaten war die deutsche Offensive an der Ostfront in einen Vernichtungskrieg übergegangen. Während die Einsatzgruppen hinter den Linien der Ostfront in Russland und den Baltischen Staaten massenhaft jüdische Männer, Frauen und Kinder ermordeten, war die SS-Spitze mehr und mehr davon überzeugt, dass die zunehmend leereren Ghettos in Städten wie Riga und Minsk geeignete Orte wären, um Juden aus dem Deutschen Reich dorthin zu verbannen und sie anschließend zu ermorden. Im Winter 1941/1942 deportierten die Nazis Tausende Juden aus Deutschland, Österreich und dem Protektorat Böhmen und Mähren nach Minsk. Viele von ihnen wurden unmittelbar nach der Ankunft erschossen; nur zehn von ihnen sollten den Krieg überleben.[168]

Ein erhaltener, vom Hauptmann der Schutzpolizei Wilhelm Meurin verfasster vertraulicher Bericht über diesen Transport vermittelt einen Eindruck von den unmenschlichen Bedingungen, unter denen Lotte und Max nach Minsk gebracht wurden. Mit eiskaltem Zynismus rapportierte Meurin, dass die extremen Temperaturen von 18 Grad unter null, sowie der Mangel an Trinkwasser die deportierten Männer und Frauen erheblich geschwächt hatten:

> Die Juden waren um diese Zeit ziemlich weich, da der Zug unbeheizt liegengeblieben war und vor allem seit Einfahrt ins russische Gebiet keine Möglichkeit mehr gegeben war, Wasser zu fassen, weil dort das Wasser nur gekocht verwendet werden darf, ich anderseits aber keine Abkochmöglichkeit für fast 1000 Personen hatte und nicht bereits während der Fahrt schon Ruhr- oder Typhusanfälle im Zuge haben wollte.[169]

In Minsk angekommen, konnte, wie Meurin berichtet, ein Drittel der deportierten Männer und Frauen kaum mehr gehen, aber die lettische Hilfspolizei, die »noch frische Erfahrungen mit russischen Juden hatte« und »ein entsprechend deutliches tempobeschleunigendes Verhalten an den Tag legte«, trieb alle ins Ghetto.[170] Es ist nicht bekannt, ob Lotte und ihr Ehemann Max Gutmann unmittelbar nach der Ankunft ermordet wurden, ob sie den extrem schlechten Bedingungen im Ghetto erlagen oder bei einer der Massenhinrichtungen umgekommen sind, bei denen im Februar und März 1942 noch einmal Zehntausende Juden in Minsk erschossen wurden.[171]

Was Auguste 1942 genau über das Schicksal ihrer Schwester Lotte wusste, ist unbekannt. Es ist denkbar, dass ihr irgendwie zu Ohren gekommen war, dass Max und Lotte in Düsseldorf verhaftet und deportiert worden waren und sie daher auf jeden Fall ernsthaft in Erwägung zog, dass die beiden nicht überlebt hatten. Allerdings gibt es dafür keine Quellen, die dies belegen. Auch die Frage, welche Schlussfolgerungen sie zog, nachdem sie selbst in Westerbork gefangen war, lässt sich nur annäherungsweise beantworten. Auf jeden Fall werden die persönlichen Erfahrungen mit dem Naziregime die Erwartungen der acht Untergetauchten an »die Lager« stark beeinflusst haben. Auf der Grundlage der vorliegenden Quellen lässt sich nicht feststellen, dass sie wirklich »wussten«, was sie im besetzten Polen erwartete, sehr wohl aber, dass ihre Erwartungen überaus düster waren. Wahrscheinlich waren sie wie die anderen Juden in Westerbork zwischen Hoffnung und Verzweiflung hin- und hergerissen und werden zum Zeitpunkt ihrer Deportation nach Auschwitz noch mit großen Ängsten, Zweifeln und Unsicherheit gekämpft haben.[172]

»Das Leben war eine Hölle«

3 Auschwitz

Auschwitz und der Völkermord an den europäischen Juden

In der Nacht vom 5. auf den 6. September 1944 traf der Zug in Auschwitz-Birkenau ein. Drei Tage und zwei Nächte hatten die Menschen eng aneinander gedrängt verbracht.[1] Dieser Transport war einer der drei Züge aus den Niederlanden, die an der Rampe ankamen – einem Gleis mitten im KZ Auschwitz-Birkenau.[2] Wegen der zentralen Rolle von Auschwitz beim Massenmord an den europäischen Juden und weil alle acht Untergetauchten dort zumindest eine gewisse Zeit interniert waren, wird dieses Lager hier ausführlich behandelt.[3] Um die Lagererfahrungen der Untergetauchten richtig einordnen zu können, ist es wichtig, sich eingehender mit der Entwicklung und Organisation des Lagersystems zu beschäftigen, das zwar oft als »Auschwitz« bezeichnet wird, in Wirklichkeit jedoch aus mehreren, einige Kilometer voneinander entfernten Lagern bestand. Außerdem ist es unmöglich, sich ein genaueres Bild der Verhältnisse zu machen, in die Anne und ihre Gefährten aus dem Hinterhaus gerieten, ohne eine Reihe von Entwicklungen im Holocaust genauer zu erläutern.

Seit die Familie Frank im Sommer 1942 untergetaucht war, stand die Verfolgung der Juden zunehmend im Zeichen von Massenmord und Völkermord, beziehungsweise, in der Terminologie der Nationalsozialisten, im Zeichen der *Endlösung*. Im Frühjahr 1942 begannen die Nationalsozialisten mit der systematischen und massenhaften Deportation von Juden aus Deutschland und den besetzten Gebieten in die Vernichtungslager. Auschwitz entwickelte sich zum größten deutschen Konzentrations- und Vernichtungslagerkomplex. Im November 1943 war der Auschwitz-Komplex so umfangreich geworden, dass er organisatorisch in drei Lager aufgeteilt wurde: Auschwitz I (das Basis- oder Stammlager), Auschwitz II (Auschwitz-Birkenau) und Auschwitz III. Letzteres bestand aus dem Arbeitslager Monowitz in unmittelbarer Nähe der Niederlassung des Chemiekonzerns IG Farben und mehr als 40 kleineren Lagern und Außenlagern, die zu anderen Industrieunternehmen gehörten und von denen die meisten innerhalb eines Radius von zehn Kilometern um Auschwitz herum lagen.[4] Während der Kriegsjahre dienten Auschwitz I und II nicht nur als Vernichtungslager, sondern immer mehr auch als Sammelstelle für Häftlinge, die von dort als Arbeitssklaven in die Außenlager von Auschwitz III weitergeschickt wurden.[5]

Wie die meisten anderen Konzentrationslager unterstand der gesamte Auschwitz-Komplex direkt der SS, zunächst der Inspektion der Konzentrationslager (IKL) und seit März 1942 dem Wirtschafts-Verwaltungshauptamt (WVHA), der SS-Organisation, die unter dem Kommando von SS-Obergruppenführer Oswald Pohl stand und für die Verwaltung und wirtschaftliche Ausbeutung der Konzentrationslager verantwortlich war. Der SS-Kommandant, die SS-Offiziere, SS-Ärzte und SS-Wachen hatten das Sagen. Gewalt, Hinrichtungen, Missbrauch, Korruption und Selbstbereicherung waren an der Tagesordnung. Auschwitz steht inzwischen als Synonym für den nationalsozialistischen Völkermord an den Juden Europas.[6]

Als die Untergetauchten aus dem Hinterhaus dort ankamen, war SS-Sturmbannführer Richard Baer Lagerkommandant von Auschwitz. Im Juli 1944 hatte er SS-Obersturmbannführer Rudolf Höß abgelöst, unter dessen Leitung sich Auschwitz zu einem der Zentren des Massenmords an den europäischen Juden entwickelt hatte (Abb. 79). Höß verließ Auschwitz im November 1943, um als Chef der Amtsgruppe D I für das WVHA in Berlin zu arbeiten. Im Mai 1944 kehrte er dann zurück, um die »Aktion Höß« (auch bekannt als »Ungarn-Aktion«) zu leiten: den Massenmord an 430.000 ungarischen Juden.[7]

Moralische Grenzen gab es im Auschwitz-Komplex nicht mehr. Das zeigte sich etwa am Missbrauch von Häftlingen für medizinische Experimente. In Auschwitz-Birkenau leitete der Lagerarzt Josef Mengele von der Deutschen Forschungsgemeinschaft (DFG) finanzierte Menschenversuche mit eineiigen Zwillingen und Zwergwüchsigen. Dafür rekrutierte er unter den Häftlingen mehrere Medizinexperten, die ihm assistieren mussten. Es handelte sich oft um höchst grausame

Experimente, bei denen Häftlingen giftige Injektionen verabreicht oder sie absichtlich mit tödlichen Krankheiten infiziert wurden, um den Krankheitsverlauf zu analysieren. Das berüchtigtste Forschungsfeld Mengeles betraf Zwillinge, die zusammengenäht wurden, denen man Flüssigkeiten in die Augen träufelte und die den verschiedensten weiteren menschenverachtenden Experimenten ausgesetzt wurden.

Aber Mengele war nicht der einzige Arzt in Auschwitz, der Menschenversuche durchführte. Johann Paul Kremer, der ursprünglich nach Auschwitz abgeordnet war, um die SS-Mannschaft medizinisch zu versorgen, experimentierte mit unterernährten Häftlingen; sie wurden zunächst nach ihrem Gesundheitszustand befragt und anschließend mit einer tödlichen Injektion ermordet und seziert. Auch Carl Clauberg, der mit seinen Forschungen in Auschwitz-Birkenau begann, bekam im Stammlager Auschwitz Zugang zu Block 10, um Frauen mit experimentellen Injektionen zu sterilisieren.[8]

Auschwitz I war in einer ehemaligen polnischen Militärkaserne in der Nähe des kleinen Dorfs Oświęcim untergebracht, das auf Deutsch Auschwitz genannt wird. Über dem großen Eingangstor zum Lager prangte als zynischer Leitspruch »Arbeit macht frei«, um den Eindruck zu erwecken, dass es sich hier um ein Arbeitslager handelte (Abb. 80).[9] Der Reichsführer-SS Heinrich Himmler hatte verfügt, in allen Grenzregionen nach geeigneten Standorten für den Bau von Konzentrationslagern für politische Gegner zu suchen. Am 27. April 1940 entschied er sich für Auschwitz, um dort politische Gefangene aus Oberschlesien und Südpolen zu inhaftieren.[10] Himmler erteilte dem bereits erwähnten damaligen SS-Hauptsturmführer Rudolf Höß den Auftrag, diese Entscheidung als Lagerkommandant umzusetzen. Am 14. Juni 1940 traf der erste Transport mit polnischen Häftlingen ein. Dem folgten große Gruppen von Häftlingen, die fast alle beim Umbau des Lagers eingesetzt wurden, wobei den bereits vorhandenen Baracken ein zusätzliches Stockwerk aufgesetzt wurde.[11]

Anfangs sind es vor allem polnische Kriegsgefangene und politische Gefangene aus Deutschland gewesen, die nach Auschwitz deportiert wurden. Nach dem deutschen Angriff auf die Sowjetunion am 22. Juni 1941 kamen noch Zehntausende russische Kriegsgefangene hinzu. Wie in anderen Konzentrationslagern gab es auch in Auschwitz ein System, um die Häftlinge durch verschiedene Arten von Dreiecken, die sogenannten Winkel, die an der Lagerkleidung angebracht wurden, voneinander zu unterschieden (Farbtafel I unten). Politische Gefangene, in Auschwitz größtenteils aus Polen, bekamen einen roten Winkel; *Berufsverbrecher* – Kriminelle – einen grünen Winkel; *Asoziale* – eine Kategorie, die für diverse Häftlingsgruppen, bestehend aus aufgegriffenen Arbeitslosen, Prostituierten, Sinti und Roma, galt – einen schwarzen Winkel. Die Zeugen Jehovas bekamen einen lila und Homosexuelle einen rosa Winkel. Juden, in späteren Kriegsjahren die große Mehrheit in Auschwitz, bekamen anfangs einen auf dem Kopf stehenden roten und einen gelben Winkel, die zusammen einen Davidstern bildeten. Später kam noch ein rechteckiger gelber Streifen dazu, und von 1944 an trugen die jüdischen Häftlinge aus Durchgangslagern gar keinen Winkel mehr.[12]

Der Angriff auf die Sowjetunion markiert einen wichtigen Wendepunkt im Völkermord an den Juden und anderen Minderheiten. Die Operation Barbarossa war als ein totaler Vernichtungskrieg konzipiert. Das Heer wurde dabei von SS-Einsatzgruppen und von speziellen Polizeibataillonen unterstützt, die hinter der Front Feinde des Dritten Reichs eliminieren sollten.[13] In den Anweisungen, die sie bekamen, wurden der Bolschewismus und das Judentum als untrennbar miteinander verbundene Einheit dargestellt, womit in dieser ersten Phase der jüdische Völkermord legitimiert wurde. An SS und Polizei ergingen Anweisungen, russische Juden in »Partei- und Staatsstellungen« zu erschießen und Pogrome zu fördern. Bis Ende 1941 waren bei Massenexekutionen bereits eine halbe Million jüdische Männer, Frauen und Kinder und nicht-jüdische Sowjetbürger ermordet worden.[14]

Erste Experimente mit Zyklon B, dem extrem giftigen Blausäuregas, fanden in Auschwitz I im August 1941 statt. Um den 5. September 1941 wurden damit zum ersten Mal größere Gruppen russischer Kriegsgefangener ermordet.[15] Unter Historikern herrscht Dissens, ob diese Vergasung russischer Kriegsgefangener 1941 als Generalprobe für den Völkermord an den europäischen Juden zu sehen ist.

Der Historiker Franciszek Piper ist der Meinung, die Vergasung russischer Kriegsgefangener zeige, dass Auschwitz bereits zu diesem Zeitpunkt in Himmlers Plan, die europäischen Juden auszurotten, eine entscheidende Rolle zugedacht war.[16] Historiker wie Christopher Browning, Mark Mazower, Yitzhak Arad und Nikolaus Wachsmann weisen jedoch überzeugend nach, dass der Holocaust nicht vorsätzlich geplant war, und argumentieren, der Einsatz von Zyklon B sei 1941 noch selten und alles andere als systematisch gewesen. Erste systematische Vergasungen gab es in Auschwitz I zwischen Ende März und Anfang April 1942; erst 1943 wurde Auschwitz-Birkenau zum Zentrum des Völkermords.

Wachsmann betont, das NS-Regime habe, als es diese Mordaktionen im Lauf des Jahres 1941 beschloss, damit noch nicht die Entscheidung für sofortigen Massenmord an den europäischen Juden getroffen. Diese ersten Vergasungen sind im Zusammenhang mit dem Versuch der SS zu sehen, das sogenannte Euthanasieprogramm in den Konzentrationslagern unter der Bezeichnung Aktion 14f13 wieder aufzunehmen.[17] Dies führte zu Experimenten mit verschiedenen Mordmethoden. Dennoch waren diese Lager, Wachsmann zufolge, bis 1942 nicht dafür gebaut und ausgestattet, Juden massenhaft zu töten.[18]

Um den Oktober 1941 sieht Mazower einen Wendepunkt. Bis dahin verfolgte das NS-Regime eine Politik, mit der man Juden zur Emigration zwingen wollte. Diese Strategie wurde nun endgültig durch eine Politik des Massenmords ersetzt. Yitzhak Arad nennt drei Schlüsselmomente: Die Entscheidung, die jüdische Bevölkerung der Sowjetunion auszurotten, fiel Anfang August 1941; im Oktober folgte der Beschluss, die etwa 2,3 Millionen polnischen Juden zu töten, gefolgt von einer dritten Verfügung Mitte Dezember, die jüdische Bevölkerung in ganz Europa zu ermorden.[19]

Diese divergierenden Auffassungen sind das Ergebnis unterschiedlicher Interpretationen der Genese des systematischen Massenmords. Während Historiker wie Franciszek Piper meinen, der Völkermord sei das Ergebnis eines vorsätzlichen Masterplans gewesen, betonen Wissenschaftler wie Nikolaus Wachsmann, Yitzhak Arad und Christopher Browning im Gegenteil, die systematische Ermordung der europäischen Juden sei eher das Resultat eines langwierigen Entwicklungsprozesses gewesen, bei dem Improvisation und lokale Initiativen eine wichtige Rolle spielten. Die meisten Historiker sind sich darin einig, dass durch den Angriff auf die Sowjetunion die antisemitische Politik eine bis dahin ungekannte Radikalität erreichte. Man scheint sich allerdings einig zu sein, dass im zweiten Halbjahr 1941 die endgültige Entscheidung fiel, die europäischen Juden massenhaft zu ermorden.[20] Auf der Wannseekonferenz, die am 20. Januar 1942 stattfand, trafen sich auf Reinhard Heydrichs Initiative hin eine Reihe hochrangiger Vertreter der wichtigsten Ministerien, Regierungsbehörden und NS-Organisationen, um sich über die Umsetzung und Aufgabenverteilung bei den Deportationen zu verständigen. Das Hauptziel war jedoch schon damals klar: Die europäischen Juden sollten in den besetzten Ostgebieten zusammengetrieben und ermordet werden, entweder direkt oder als Folge der »Vernichtung durch Arbeit«.[21] Im Herbst 1941 nahmen die Planungen für den Massenmord an den gut zwei Millionen Juden im Generalgouvernement, dem besetzten Teil Polens, weiter Gestalt an. Eine Reihe von Vernichtungslagern entstand, zuerst in Chelmno und danach, unter dem Decknamen »Aktion Reinhard«, auch in Belzec, Sobibor und Treblinka.[22] Unter höchster Geheimhaltung wurden technische Experten aus dem Generalgouvernement geholt, die zuvor am geheimen Euthanasieprogramm

T4 mitgearbeitet hatten und hier ein System von Gaskammern aufbauen sollten.[23] In diesen »Reinhard-Lagern« wurden mindestens 1,7 Millionen Juden ermordet. Nur wenige Juden wurden am Leben gelassen, um bei den Ermordungen mitzuhelfen. Im November 1943 wurde die »Aktion Reinhard« beendet und die Vernichtungslager wurden aufgelöst.[24]

Sechs Tage nach der Wannseekonferenz informierte Himmler den Inspekteur der Konzentrationslager, Richard Glücks, über die getroffenen Vereinbarungen und seine Entscheidung, eine große Anzahl Juden und Jüdinnen in die Konzentrationslager zu schicken. Dafür wurden zwei Lager angewiesen: Auschwitz und Majdanek, letzteres ein Lager in der Nähe der ostpolnischen Stadt Lublin.[25]

Auschwitz-Birkenau – oder auch Auschwitz II – lag etwa drei Kilometer nordwestlich vom Stammlager Auschwitz I bei Brzezinka (Birkenau), einem kleinen Dorf. Hier wurde im Herbst 1941 mit dem Bau eines gigantischen Lagers begonnen, in dem zunächst zehntausende russische Gefangene untergebracht werden sollten. Es waren auch sowjetische Kriegsgefangene und Zwangsarbeiter, die Auschwitz-Birkenau erbauen mussten.[26] So gut wie keiner von ihnen überlebte die schwere Arbeit und die unmenschlichen Bedingungen, unter denen gearbeitet werden musste. Nachdem so gut wie alle von der ersten Gruppe russischer Kriegsgefangener an den Folgen von Unterernährung und Erschöpfung gestorben waren, brachten die Nazis 10.000 Juden als Arbeitssklaven nach Birkenau, um dort die Arbeiten der Russen fortzusetzen. Nach dem Beschluss zur Ermordung der europäischen Juden passte man die Anlage des Lagers entsprechend dieser Neuausrichtung an. Unter Höß wurde die »Vernichtung« der Juden bei gleichzeitiger Selektion von Arbeitskräften zum Hauptzweck des Lagers.

Von Anfang Juli 1942 an wurden die Insassen jedes eintreffenden jüdischen Transports zuerst selektiert. In den Worten von SS-Untersturmführer Heinrich Kinna, der im Dezember 1942 über die

Selektionen in Auschwitz einen Bericht vorlegte, war Folgendes die Aufgabe: »Beschränkte, Idioten, Krüppel und kranke Menschen müssen in kürzester Zeit durch Liquidation zur Entlastung des Lagers aus demselben entfernt werden.«[27] Seine Formulierung spiegelt die Entmenschlichung der jüdischen Häftlinge im Denken der SS wider. In Birkenau selektierten SS-Ärzte die arbeitsfähigen Juden; der Rest ging in die Gaskammer. Das waren vor allem Kranke, Alte, Schwangere und Frauen mit kleinen Kindern.[28] Himmler sah in den jüdischen Häftlingen nicht nur ein »Problem«, das durch Massenmord gelöst werden musste, sondern auch potenzielle Sklaven für die deutsche Industrie. Der größte Teil dieser deportierten Juden müsse – so ordnete er an – jung und arbeitsfähig sein. Aber die Transporte durften auch einen kleinen Anteil von Juden enthalten, etwa zehn Prozent, die nicht zur Arbeit fähig waren. Was ihnen bevorstand, war sonnenklar.[29] Um September 1942 herum waren die meisten von ihnen ermordet. Von all diesen Deportierten, insgesamt 11.172 Personen, haben lediglich 25 Männer und zwei Frauen den Krieg überlebt.[30]

Karl Bischoff, der Leiter der Zentral-Bauleitung der Waffen-SS und Polizei Auschwitz, erteilte im Herbst 1941 den Auftrag zum Bau eines großen Krematoriums, weil die Lagerleitung erwartete, dass die große Anzahl von Juden, die jetzt als Häftlinge nach Birkenau kommen sollten, die extremen Lebens- und Arbeitsbedingungen des Lagers nicht überleben würden.[31] Lagerkommandant von Auschwitz-Birkenau war zunächst Fritz Hartjenstein, der im Mai 1944 von Josef Kramer abgelöst wurde.[32] Im Frühjahr 1942 ließ die Lagerleitung in zwei leer stehenden Bauernhöfen Gaskammern errichten, um die eintreffenden Juden umgehend zu ermorden. Vermutlich wurde bereits Anfang Mai 1942 in Birkenau damit begonnen, geschwächte und damit arbeitsuntaugliche Häftlinge zu selektieren.[33]

Die erste Gaskammer in Birkenau, Bunker I (von der SS wegen der unverputzten roten Backsteine auch als das »kleine rote Haus« bezeichnet) wurde vermutlich Mitte oder Ende Mai 1942 in Betrieb genommen.[34] Bunker II (das »kleine weiße Haus«) war vermutlich Ende Juni oder Anfang Juli einsatzbereit. Nach Bunker I und II erfolgte zwischen März und Juni 1943 noch der Bau von Krematorien und Gaskammern II bis V.[35]

Im Mai 1942 befand sich Auschwitz-Birkenau also noch im Aufbau, übernahm aber, nachdem es inzwischen zum Vernichtungslager umgerüstet worden war, die mörderische Arbeit von Auschwitz I. Im Herbst 1942 wurden die Vergasungen im Lagerkrematorium von Auschwitz I eingestellt. Für die SS bedeutete die Verlegung der massenhaften Vergasungen nach Birkenau eine Lösung der praktischen Probleme des Massenmords. Es war einfacher, die ausgesuchten Häftlinge direkt in Birkenau umzubringen, statt sie ins Hauptlager weiterzuschicken, um sie dort vergasen zu lassen. Abgesehen davon, dass es effizienter war und das Krematorium in Auschwitz I nicht für so viele Leichen ausgerüstet war, fielen die Vergasungen in den Gaskammern von Birkenau – die teilweise unterirdisch angelegt waren – weniger auf als in der oberirdisch gelegenen Gaskammer von Auschwitz I, wo das Schreien der Häftlinge während ihrer Ermordung bei den anderen Häftlingen große Beunruhigung auslöste.[36]

In Birkenau wurde seit Anfang August 1942 zusätzlich ein eigenes Frauenlager eingerichtet. Der Riesenkomplex bestand aus den Lagerteilen BI und BII (später sollte ein weiterer, nie fertiggestellter Teil BIII errichtet werden), die jeweils wieder in kleinere Lagereinheiten unterteilt waren. Die Lagerteile BIa und BIb bildeten das Frauenlager. Daneben brachte man Frauen im Laufe der Zeit auch in der Quarantänebaracke BIIa unter, sowie in BIIb, dem Teil für Familien, die aus Theresienstadt gekommen waren, und dem separaten Teil des Lagers als Frauenlager Teil BIIc.[37] Die Notwendigkeit, in Auschwitz eine eigene Frauenabteilung einzurichten, war eine Folge der nationalsozialistischen Politik, die Sklavenarbeit durch jüdische Häftlinge noch weiter auszubauen. Ein erstes Frauenlager hatte man bereits im Frühjahr 1942 in Auschwitz I eingerichtet. Es war durch eine Mauer von dem der Männer getrennt. Der große Zustrom von Frauen, die im Lauf der zweiten Kriegshälfte nach Auschwitz kamen, wurde in Block 1 bis 10 des Stammlagers eingewiesen. Ungefähr die Hälfte aller weiblichen Häftlinge in Auschwitz arbeitete für das Lager selbst. Weil Frauen Tätigkeiten im Lager, auf den Feldern und bei der Viehzucht verrichten mussten, konnten große Gruppen von Männern an anderer Stelle beschäftigt werden, beispielsweise beim weiteren Ausbau des Lagers und in der deutschen Rüstungsindustrie.[38]

Mitte August 1942 wurde beschlossen, einen Großteil der weiblichen Häftlinge in Birkenau im gerade fertiggestellten Sektor BIa unterzubringen.[39] Die Frauen zogen in 30 Baracken ein (15 Bracken waren gemauert und 15 aus Holz errichtet), die ursprünglich als Pferdeställe dienten. 1943 baute man fünf weitere Holzbaracken zwischen die Reihe mit den gemauerten Baracken und dem Bereich für Latrinen und Waschbaracken.[40] Seit Ende des Sommers 1942 gewann Birkenau immer mehr an Bedeutung für den organisierten Massenmord. Nach der Auflösung der »Reinhardlager« Belzec, Sobibor und Treblinka im Lauf des Jahres 1943 und der Einstellung der Deportationen nach Majdanek wurden in Birkenau Krematorium II bis V fertiggestellt, die vier großen Krematorien und Gaskammern, die die bereits bestehenden Gaskammern in Bunker I und II ergänzten. Mit sechs Gaskammern war Auschwitz-Birkenau nun das Zentrum des Massenmords an den europäischen Juden.[41]

Ein Lager im Aufbau

Seit Anfang 1942 wurde der Auschwitz-Komplex immer wichtiger für den geplanten Massenmord an den europäischen Juden. Zwischen März 1942 und November 1944 brachten die Nationalsozialisten dort mehr als eine Million Juden um.[42] Die erste Gruppe von Juden, die im Mai 1942 den neuen Gaskammern in Birkenau zum Opfer fiel, kam aus Ostoberschlesien, dem Generalgouvernement sowie dem »Protektorat Böhmen und Mähren« (Abb. 83). Im Laufe dieses Monats trafen aus verschiedenen Städten Oberschlesiens Juden ein, die als arbeitsuntauglich galten.[43] Am 17. und 18. Juli 1942 machte Heinrich Himmler einen Inspektionsbesuch im Auschwitz-Komplex und beobachtete dort im nahezu fertiggestellten Auschwitz-Birkenau eine Vergasung niederländischer Juden, die mit dem ersten Transport vom 15. Juli 1942 nach Auschwitz gebracht worden waren (Abb. 84).[44]

1943 begann eine neue Phase in der Geschichte des Konzentrationslagers. Einerseits nahm die Zahl der Judentransporte nach Auschwitz in diesem Jahr enorm zu, andererseits verringerte sich die Zahl der Häftlinge im Lager aufgrund der extremen Lebens- und Arbeitsbedingungen, der ausgeübten Gewalt und wegen des systematischen Mordens. Doch im Lauf dieses Jahres geriet die SS unter Druck, die Bedingungen im Lager zu verbessern, denn der Wert der Sklavenarbeit für die Kriegsindustrie war zu einem immer bedeutenderen Faktor geworden.[45] Beispielsweise verbesserte man die ärztliche Versorgung von Kranken durch den Bau neuer Krankenbaracken und den Einsatz von mehr Häftlingen, die vollausgebildete Ärzte waren. Zusätzliche medizinische Geräte kamen zum Einsatz und der Medikamentenvorrat wurde aufgestockt; für einige Patienten verbesserte sich die Ernährungslage durch Lebensmittelpakete, die nicht-jüdische Häftlinge erhalten durften.

Obwohl solche Veränderungen einzelnen Häftlingen zugutekamen, verbesserte sich die allgemeine Situation nur wenig. Viele der neuen Hygienemaßnahmen wurden durch die zunehmende Überbelegung, die eine direkte Folge der wachsenden Nachfrage nach Sklavenarbeitern war, wieder zunichtegemacht. Die Krankenstationen hatten auch weiterhin mit systematischen Mängeln, Vernachlässigung und Misshandlungen zu kämpfen.[46] Außerdem ließen die notwendigen Umbauten lange auf sich warten. So wurde etwa in Birkenau 1944 in einer Reihe von Baracken damit begonnen, Wasch- und Baderäume einzurichten, die aber bei der späteren Liquidierung des Lagers noch immer nicht fertiggestellt waren.[47]

Im Frühjahr 1943 beendete Himmler die »Aktion 14f13«, das Euthanasieprogramm der SS, bei dem man Häftlinge, die nicht mehr in der Lage waren zu arbeiten, ermordete. Die Lagerkommandanten wurden angewiesen, von nun an mit Ausnahme von Juden und psychisch Kranken alle nicht mehr arbeitsfähigen Häftlinge von der Selektion auszunehmen. Von August 1943 an wurden nur noch jüdische Häftlinge selektiert.[48] Die allgemeine Sterberate ging vorübergehend zurück. Insgesamt hatten Häftlinge im Herbst 1943 etwas größere Überlebenschancen. Doch das galt nicht für Juden, die im Jahr 1943 in Auschwitz und Majdanek die größte Häftlingsgruppe stellten. Registrierte Juden überlebten in diesen Lagern noch immer kaum länger als ein paar Monate, denn die Einstellung der SS ihnen gegenüber hatte sich nicht geändert. Dass jüdische Häftlinge aufgrund der extremen Arbeitsbedingungen massenhaft sterben würden, blieb ein bewusst einkalkuliertes Element der Verfolgungspolitik, deren Ziel, wie bereits früher erwähnt, nicht allein der Genozid war, sondern die auch auf Produktionserwägungen beruhte.[49] Himmler war stolz auf die Arbeit der KZ-Häftlinge, aber die Sklavenarbeit in den Lagern war viel weniger produktiv, als er behauptete. Viele der Gefangenen konnten nicht als Arbeitskräfte eingesetzt werden, weil sie an Krankheiten litten oder weil es keine Arbeit für sie gab. Als die SS im Frühjahr 1944 den Zustand der Häftlinge statistisch erfasste, galt mehr als ein Viertel der Häftlinge in Auschwitz als zu schwach oder zu krank, um irgendeine Arbeit zu verrichten. Und die Mehrheit der in der Produktion beschäftigten Insassen war viel schwächer als ein normaler Arbeiter es wäre. Hinzu kam, dass man Anfang 1944 auf Anordnung des Reichsministeriums für Ernährung und Landwirtschaft die Verpflegungsrationen für KZ-Häftlinge noch weiter reduzierte.[50]

Am 18. September 1942 war das Prinzip der »Vernichtung durch Arbeit« in den Konzentrationslagern auf einige weitere nicht-jüdische Gruppen, auf Sinti und Roma sowie russische und ukrainische

Häftlinge ausgedehnt worden.[51] Ende Februar 1943 wurden große Gruppen von Roma nach Auschwitz-Birkenau deportiert und in einem speziellen »Zigeunerlager« in Sektor BIIe untergebracht. Auch in diesem Lager war die Situation abgrundtief schlecht. Als eine Typhusepidemie ausbrach, stellt man das »Zigeunerlager« unter Quarantäne. Die Kranken wurden vergast. Auch Gruppen nichtregistrierter Roma wurden gleich nach der Ankunft ermordet, wenn sich unter ihnen Typhuskranke befanden. Himmler hatte bereits im Sommer 1943 die Liquidierung des »Zigeunerlagers« beschlossen; umgesetzt wurde dieser Befehl erst am 2. August 1944, an dem alle verbliebenen Häftlinge ermordet wurden.[52] Von den 245 Sinti und Roma, die am 19. Mai 1944 von Westerbork nach Auschwitz-Birkenau deportiert worden waren, überlebten nur 30 die Lager.[53]

Im Frühjahr 1944 lief die Vernichtungsmaschinerie im Auschwitz-Komplex auf vollen Touren. Und immer noch trafen Deportationszüge ein, vor allem aus Frankreich, den Niederlanden, der Slowakei, Griechenland, Italien und Ungarn. Im Sommer 1944 erreichte das Morden in Birkenau seinen Höhepunkt. Gleichzeitig zwang die SS mehr Häftlinge als je zuvor zur Arbeit in der Kriegsindustrie.[54]

Kurz nach dem Massenmord an den ungarischen Juden zwischen Mai und Juli 1944 änderten sich der Charakter und die Funktionsweise des Auschwitz-Komplexes ein weiteres Mal. Auschwitz wurde jetzt zur Sammelstelle für große Häftlingstransporte verschiedener Nationalitäten, die von hier aus als Zwangsarbeiter weiter in Konzentrationslager in Deutschland geschickt wurden.[55] So transportierte man von Mitte August 1944 an tausende polnische und ungarische Frauen von Auschwitz nach Bergen-Belsen, um sie von dort nach wenigen Tagen oder Wochen in die Außenkommandos anderer Lager zu verlegen; dort mussten sie zum Beispiel in Flugzeugfabriken arbeiten.[56]

1944 war die Mehrheit dieser Häftlinge aus den Hauptlagern Auschwitz I und II auf viele kleinere Lager außerhalb des Stammlagers, etwa Gleiwitz und Bismarckhütte, verteilt worden, wo man ständig neue Arbeitskräfte benötigte.[57] Die Stammlager fungierten inzwischen überwiegend als riesige Umschlagplätze. Als die Sowjetarmee im Sommer 1944 von Osten her vorrückte und den Lagern im besetzten Polen immer näher kam, wurden mehr und mehr Häftlinge als Sklavenarbeiter in Lager nach Deutschland deportiert.[58] In dieselbe Zeit fallen Versuche der Nationalsozialisten, die Spuren des Massenmords in Auschwitz auszulöschen.[59] Nach Anfang November 1944 gab es in Birkenau keine Vergasungen mehr, die Gaskammern und Krematorien wurden demontiert und gesprengt. Mit dem Näherrücken der Roten Armee begannen im Januar 1945 die großen Räumungstransporte aus Auschwitz. 58.000 Männer und Frauen, darunter auch Peter van Pels, wurden zu den sogenannten Todesmärschen gezwungen. Sie sollten den Deutschen weiterhin als Arbeitskräfte für die Kriegsindustrie dienen. Überlebende Häftlinge wurden auf Fabriken und Industrieanlagen in Deutschland verteilt.[60] SS-Wachleute begleiteten die Todesmärsche zu den neuen Lagern, und die Lagerleitung suchte das Weite.[61] Eine kleine Gruppe von »marschunfähigen« Häftlingen blieb in den Krankenbaracken zurück. Einer von ihnen war Otto Frank. Er überlebte als Einziger der Untergetauchten aus dem Hinterhaus.

Funktionshäftlinge

Die Überwachung in Auschwitz lag in Händen der SS, doch zur Aufrechterhaltung der inneren Ordnung wurden, wie in Westerbork und vielen anderen Lagern, Häftlinge eingesetzt. Wie bereits erwähnt, beruhte das System der Konzentrationslager auf extremer Ungleichheit des Status' unterschiedlicher Häftlingsgruppen. Dieses System führte zu einer differenzierten Hierarchie, in der auf den verschiedensten Ebenen Häftlinge Befehlsgewalt gegenüber Mithäftlingen hatten, die sogenannten »Funktionshäftlinge« oder »Kapos«. Ein Häftling, der die Funktion des Lagerältesten bekleidete, unterstützte beispielsweise den SS-Lagerführer. Und auf niedrigerer Ebene assistierte der

Blockälteste — eine Funktion von Häftlingen, die es bei den Männern wie bei den Frauen gab — dem SS-Blockführer. Janny Brilleslijper schreibt, die Blockältesten waren »die Obrigkeit, der Bürgermeister eines Blocks, der für eine gerechte Verteilung der Dinge zu sorgen hatte, und die gerechte Verteilung sah so aus: Erst ich, dann ich, dann ich und du ein bisschen und du ein bisschen und dann der Rest vom Block«.[62]

Die Blockältesten bildeten mit den anderen Funktionshäftlingen eine kleine Lagerelite, die aufgrund ihrer privilegierten Stellung im Vergleich zu den gewöhnlichen Häftlingen, von denen ein Großteil starb oder kaum überleben konnte, einen gewissen Luxus und Komfort genoss. Angehörige dieser Elite »waren die Halbgötter des Lagers«, wie Nikolaus Wachsmann in seinem Übersichtswerk *KL. Die Geschichte der nationalsozialistischen Konzentrationslager* schreibt.[63] Sie hatten Zugang zu Waren, Macht und Privilegien und bekamen sogar die Möglichkeit, unter strengsten Auflagen Sport zu treiben und sich zu entspannen. Diese Kapos blieben zwar der Lager-SS unterstellt, aber dennoch konnte ihre privilegierte Stellung im Lager den Unterschied zwischen Leben und Tod bedeuten.

Es war ein hierarchisches System, in dem die Lager-SS Häftlinge auswählte, die sie für am besten geeignet hielt, Befehle zu befolgen und auszuführen, beziehungsweise andere Häftlinge damit zu beauftragen. Indem die SS eine kleine Minderheit von Häftlingen zu Mittätern bei der Unterdrückung der restlichen Gefangenen machte und die Gegensätze zwischen den Häftlingen begünstigte, hoffte die Führung der SS, den Druck auf das eigene Personal zu verringern und zugleich einen eventuellen Widerstand der Häftlinge im Keim ersticken zu können. Anfangs bevorzugte die SS dafür deutsche Häftlinge. Das entsprach dem ideologischen Weltbild der Nationalsozialisten, nach dem die Deutschen als den anderen Völkern überlegen galten. Doch es gab auch praktische Gründe. Befehle und Anweisungen konnten am einfachsten in der Muttersprache weitergegeben werden. Obwohl viele Überlebende später betonten, die SS habe speziell Berufsverbrecher zu Funktionshäftlingen ernannt, weist Nikolaus Wachsmann darauf hin, dass dies in der Praxis nur selten der Fall war. Ganz im Gegenteil, die SS bevorzugte in vielen Lagern politische Gefangene; außerdem war der Großteil der von den Nationalsozialisten als Berufsverbrecher bezeichneten Häftlinge in Wirklichkeit nicht wegen organisierter Kriminalität festgenommen worden, sondern viel häufiger wegen kleinerer Vergehen. Weil Juden in der Lagerhierarchie auf der untersten Stufe standen, bekamen sie anfangs nur selten leitende Funktionen. Dennoch setzte die SS innerhalb der ausschließlich jüdischen Lagerbereiche im Laufe der Zeit immer öfter auch Juden als Funktionshäftlinge ein.[64] Der Begriff Kapo, gelegentlich auch »Capo« geschrieben, hat vermutlich eine Verbindung mit dem französische *caporal* (Korporal) oder dem italienischen *capo* (Chef, Aufseher, Boss).[65] Mit diesem Begriff wurden neben Häftlingen, die für Räume, Abteilungen und Baracken zuständig waren, auch solche Häftlinge bezeichnet, die zur Unterstützung der SS als Hilfswachen eingesetzt wurden.[66] Abel Herzberg (Abb. 85) beschreibt in seiner Erzählung »Der Kapo« anhand seiner eigenen Erlebnisse im KZ Bergen-Belsen – das im Weiteren noch besprochen wird – wie Häftlinge auf diese Weise zu Komplizen des Völkermords gemacht wurden. Weil es die Funktion eines Kapos so treffend und allgemeingültig beschreibt, wird er bereits hier zitiert:

> Der Kapo ist der Gefangene, der zum Vorarbeiter, zum Bewacher, zum Antreiber seiner Mithäftlinge angestellt wird. Manchmal auch zum Spion, doch dazu bedarf es häufig keines besonderen Auftrags. Dazu wird ein guter Kapo, der weiß, was von ihm verlangt wird, von selbst. Seine Aufgabe ist es, den Druck, den der Nazi auf seine Opfer auszuüben wünscht, weiterzugeben. Sein Lohn ist ein besserer Schlafplatz, ausreichendes Essen, das Recht des Vortrittes, sich die Kleidung Verstorbener anzueignen oder

> sie auf andere – verhohlene – Weise zu stehlen. Der terminus technicus hierfür ist *organisieren.* Darüber hinaus wird ihm das unschätzbare Glück zuteil, schlagen zu dürfen, so hart und so häufig, wie es ihm beliebt, und er muss nicht befürchten, dass zurückgeschlagen wird. Er darf und muss Befehle erteilen. Einwände werden *niedergeschmettert.* So wird er also gekauft und zudem wird erreicht, dass unter dem Heer von Gefangenen eine privilegierte Klasse entsteht, wodurch jeder – zumindest denkbare – einhellige Widerstand im Keime erstickt wird und erst gar nicht aufkommen kann. Die Deutschen wussten, dass es trotz allen Hasses in vielen Menschen etwas gibt, das sich vor Bevorzugung beugt und diese anerkennt. Es passte in jeder Hinsicht in ihr System, das konsequent auf den Untertanen, auf den Knecht im Menschen zählte.[67]

Manchmal waren Kapos für große Arbeitskommandos verantwortlich, häufiger jedoch für kleinere Kommandoeinheiten.[68] In seinem in der Nachkriegszeit verfassten Häftlingsbericht »Ich blieb in Auschwitz« geht der niederländisch-jüdische Arzt und Psychiater Eddy de Wind (Abb. 86) ausführlich auf die großen Ungleichheiten ein, die im Lager herrschten. De Wind hatte sich 1942, kurz nach Abschluss seines Medizinstudiums freiwillig gemeldet, um als Arzt im Krankenhaus des Durchgangslagers Westerbork zu arbeiten, nachdem seine Mutter dorthin gebracht worden war. Trotz der Versicherung, er und seine Mutter würden in Westerbork bleiben können, landete er Mitte September 1943 doch in Auschwitz und begann auch dort wieder in der Krankenbaracke zu arbeiten. In seinem Bericht beschreibt er die Lagerhierarchie als ein System, in dem jeder abreagierte, was er selbst von oben einstecken musste. »So lief das bei den Nazis überall: SS-Männer brüllten jeden an, auch Blockälteste. Die brüllten und schlugen, auch die Polen, die sich wiederum noch Schwächere suchten, die sie anbrüllen konnten (...). Wie eine Billardkugel, die zur Ruhe kommt, wenn sie gegen eine andere Kugel prallt, kamen die Truppen zur Ruhe, indem sie die Gefangenen anbrüllten und schlugen.«[69] Zur Lagerprominenz gehörten auch die Häftlinge, die in der Krankenabteilung arbeiteten. In »Ich blieb in Auschwitz« beschreibt Eddy de Wind, dass ihm bereits bei der Ankunft auffiel, wie sich die Häftlinge, die sich als Hilfsärzte eine Stellung als Lagerprominente hatten sichern können, von den anderen unterschieden:

> Männer in weißer Montur vor der Tür. Sie sahen gut aus. Auf dem Rücken des Kittels befand sich ein roter Streifen, auch an den Hosennähten. Das mussten die Ärzte sein. Sie würdigten die Neuankömmlinge so gut wie keines Blickes, aber Hans[70] bemerkte, dass ihr nicht vorhandenes Interesse einen anderen Grund hatte als bei den Tausenden da draußen: Bei den Arbeitssklaven war es die Müdigkeit, die tiefe Erschöpfung, die jede geistige Anstrengung unmöglich machte. Bei diesen gut aussehenden Menschen war es so etwas wie Arroganz. Sie waren schließlich die Lagerprominenz.«[71]

Eine Sonderstellung in Ausschwitz hatten die etwa 2200 Häftlinge, die gezwungenermaßen zum Sonderkommando gehörten. Dieses Sonderkommando bestand aus kräftigen, männlichen, überwiegend jüdischen Häftlingen, die von der Lagerleitung ausgesucht worden waren, um sie bei der Vergasung ihrer Mithäftlinge zu unterstützen. Die Mitglieder des Sonderkommandos lebten alle zusammen in einem eigenen Lagerbereich und wurden dazu gezwungen, jüdische Häftlinge in die Gaskammer zu treiben und hinterher die Leichen herauszerren. Andere Mitglieder des Sonderkommandos durchsuchten die Leichen nach Wertgegenständen. Sie brachen den Leichen die Goldzähne heraus, um sie zu Goldbarren einzuschmelzen, und sie schnitten den Ermordeten das Kopfhaar ab, um es in der Textilindustrie zu verwerten. Anschließend mussten sie die Leichen begraben oder, nachdem die Krematorien in Betrieb genommen waren, zum Verbrennen in die Öfen schleppen.[72]

Als »Gegenleistung« für ihre Dienste erhielten sie zusätzliche Essensrationen und andere Privilegien, außerdem knüpften sie durch ihre Zusammenarbeit mitunter persönliche Beziehungen zu den SS-Wachen. Wegen ihrer engen Einbindung in den Völkermord wurden sie von vielen Häftlingen mit Abscheu und Verachtung betrachtet. Nach dem Krieg betonten jedoch mehrere Historiker und Überlebende, dass das Leben im Sonderkommando großteils eine »choiceless choice« gewesen sei, eigentlich sei ihnen keine Wahl geblieben.[73]

Niemand meldete sich freiwillig, und wer sich weigerte, den erschoss man umgehend. In der Regel wurden die Mitglieder des Sonderkommandos nach wenigen Monaten selbst ermordet, es gelang nur wenigen von ihnen, zu überleben. Wie der Einzelne mit seiner Position umging, war von Person zu Person verschieden. Während die meisten keine andere Möglichkeit sahen, als für einen möglichst reibungslosen Ablauf der Vergasungen zu sorgen und der SS keinen Anlass für eine Bestrafung zu bieten, wagte dennoch gelegentlich einer aus dieser Gruppe den Widerstand. Im August 1944 gelang es zum Beispiel einem Mitglied des Sonderkommandos, dem Griechen Alberto Errera, die Ermordung einer Gruppe von Juden aus Lodz mit dem Fotoapparat zu dokumentieren (Abb. 87). Versteckt in der Gaskammer von Krematorium V in Birkenau hielt er fest, wie das Sonderkommando eine große Zahl von Leichen in offenen Gruben verbrannte. Die Filmrolle wurde aus dem Lager geschmuggelt und die Fotos vom polnischen Widerstand in bearbeiteter Form heimlich verbreitet. Erst nach dem Krieg entdeckte man die Originale.[74]

Am 7. Oktober 1944 rebellierte eine Gruppe von Mitgliedern des Sonderkommandos während einer Selektion zur Verlegung in ein anderes Lager, weil sie davon ausgingen, in diesem Fall von den

Deutschen ermordet zu werden. Sie griffen die SS-Männer mit Hämmern, Steinen, Äxten und Eisenstangen an und steckten das Krematorium in Brand. Der kurz aufgeflammte Aufstand scheiterte. Aus Zeitmangel war die Aktion unzureichend vorbereitet gewesen und die Aufbegehrenden wurden auch nicht vom Widerstand im übrigen Lager unterstützt. Dem Großteil dieser Häftlinge gelang zunächst die Flucht, aber die meisten von ihnen wurden in den darauffolgenden Wochen bei groß angelegten Vergeltungsaktionen von der SS gefasst und anschließend ermordet. Dennoch verdeutlicht dieser Aufstand recht eindringlich, dass das Bild von den jüdischen Häftlingen als passive Opfer nicht der Wirklichkeit entspricht, denn die Häftlinge brachten selbst unter den extremen Bedingungen von Auschwitz noch die Kraft auf, sich dem Völkermord zu widersetzen.[75] Außerdem zählen die wenigen überlebenden Mitglieder des Sonderkommandos zu den wichtigsten Zeugen der Massenmorde in Auschwitz, die aufgrund ihrer Nähe zu den Mordtaten detaillierte Beschreibungen des nationalsozialistischen Genozids überliefern konnten, die in anderen Zeugnissen fehlen.[76]

Die Untergetauchten in Auschwitz: Ankunft, Selektion, Registrierung

Die Familie Frank und ihre Mitgefangenen aus dem Hinterhaus trafen also in einer Übergangsphase ein, als Auschwitz von einem Lager, in dem alles dem Massenmord untergeordnet war, zu einem Lager wurde, in dem der Sklavenarbeit größere Bedeutung zugemessen wurde.[77] Der am 3. September 1944, einem Sonntag, aus Westerbork abgefahrene Deportationszug, in dem die Familien Frank und van Pels sowie Fritz Pfeffer saßen, traf in der Nacht vom Dienstag auf Mittwoch, dem 5. auf den 6. September, an der Rampe von Auschwitz-Birkenau ein.[78] Einige der Überlebenden, die im selben Zug nach Auschwitz transportiert wurden, haben noch immer starke Erinnerungen an den Augenblick der Ankunft. Lenie de Jong-van Naarden berichtet:

> Irgendwann fing der Zug an, langsamer zu fahren und blieb stehen. Ich weiß wirklich nicht mehr, ob es morgens oder abends war, als wir ankamen. Die Türen wurden aufgeschlagen. Sofort ertönte ein lautes Geschrei über Lautsprecher. Da standen lauter uniformierte Polizisten und Soldaten. Alle fielen aus den Viehwagen übereinander hin: Tote, Kranke, Kinder. Das Geschrei aus den Lautsprechern sagte uns, dass wir das Gepäck zurücklassen und uns mit unserem Handgepäck aufstellen müssten, Frauen auf die eine Seite, Männer auf die andere, und los. Es war menschenunwürdig, wie sie uns bewachten, mit Peitschen, mit Hunden, am besten wäre man tot umgefallen. Aber wenn man das nicht tat, musste man sich eben bewegen.[79]

Es war dunkel, die Scheinwerfer leuchteten grell, man hörte Geschrei und Hundegebell.[80] Alles sollte schnell gehen. Die Häftlinge mussten ihr Gepäck zurücklassen, einigen gelang es dennoch, ein paar Kleinigkeiten bei sich zu behalten. Die Leichen der Häftlinge, die den Transport nicht überlebt hatten, blieben ebenfalls zurück und wurden später zum Verbrennen ins Krematorium gebracht.[81] SS-Wachen mit Hunden und Stöcken trennten Männer und Frauen voneinander und teilten sie in lange Kolonnen ein, jeweils Blöcke von fünf mal fünf (Abb. 88). SS-Offiziere hatten alles im Blick. Es ging so schnell, dass kaum Zeit zum Abschiednehmen blieb. Hier sah Otto Frank seine Familie zum letzten Mal.[82]

Nach der Trennung folgte die Selektion von »Arbeitsfähigen« und »Arbeitsunfähigen« durch einen der Lagerärzte von Auschwitz-Birkenau (Abb. 89). Kinder und ältere Personen, von denen man annahm, dass sie nicht mehr arbeiten könnten, wurden von den anderen getrennt, die als arbeitsfähig eingestuft wurden, und gingen direkt in die Gaskammer. Für diese Selektionen gab es keine feststehenden Kriterien, die Regeln wurden immer wieder geändert. Aber für Kinder bis zu 15 Jahren und Erwachsene über 50 endete die Selektion in der Regel sofort in der Gaskammer. Auch Mütter mit unmündigen minderjährigen Kindern wurden, unabhängig von ihrem Alter, direkt ins Gas geschickt, ebenso schwangere Frauen.[83] Drei der acht Untergetauchten aus dem Hinterhaus waren also bereits bei der Ankunft in Auschwitz hoch gefährdet, denn Anne Frank war 15 Jahre, Otto Frank und Fritz Pfeffer beide 55 Jahre alt. Die achtzehnjährige Margot Frank und der siebzehnjährige Peter van Pels hätten die Selektion – genau wie Edith Frank (44 Jahre), Auguste van Pels (43 Jahre) und Hermann van Pels (46 Jahre) – auch unter strengeren Kriterien wahrscheinlich überstanden.

Die meisten Überlebenden, die mit demselben Deportationszug aus Westerbork ankamen, erinnern sich an diese Selektion als chaotisch. Erst im Nachhinein hörten sie von Häftlingen, die bereits länger in Auschwitz waren, dass man einen Teil der Neuankömmlinge selektiert hatte, um sie umgehend zu ermorden. Ronnie van Cleef (Abb. 90) erinnert sich an diese Situation als völlig irreal, jenseits des Vorstellbaren. »Und dann kam die Selektion, von der wir nichts kapiert haben, zum Glück eigentlich. Dort stand Mengele und deutete – er sagte nichts, er deutete: Rechts, das waren wir, die jüngeren und in seinen Augen die gesündesten Menschen. Die anderen, die älteren Leute und die Kinder, gingen nach links. Wir verstanden nicht, was da passierte, und glaubten, die sähen wir bald wieder.«[84] Alle Überlebenden dieses Transports nennen Josef Mengele als den verantwortlichen SS-Lagerarzt für diese Selektion.[85] Und dennoch ist es fraglich, ob an diesem Abend Mengele tatsächlich Dienst hatte. Der österreichische ehemalige Häftling und Historiker Hermann Langbein weist auf den Prozess des »memory displacement« hin, eine Verschiebung der Erinnerungen, die bei vielen Zeugenaussagen über Mengele und andere ikonische Kriegsverbrecher auftrete. Wegen der großen Aufmerksamkeit, die Mengele in der Rezeption von Auschwitz bekam, wurde er viel bekannter als seine Kollegen. Das führte dazu, dass Überlebende ihre Erlebnisse mit anderen Ärzten und SS-Wachen auf Mengele projizierten, obwohl es in manchen Fällen gar nicht möglich war. »Mehrmals hörte ich Äußerungen, Mengele hätte ihnen dies und jenes angetan, obwohl zu der Zeit, als das Geschilderte geschah, Mengele noch nicht in Auschwitz war.«[86]

Am 4. September 1944 war Mengele zwar bereits in Auschwitz, doch das heißt keineswegs, dass nicht auch hier derselbe Projektionsprozess stattgefunden haben könnte. Deshalb formulieren einige Zeugen, sie »nehmen an«, dass es Mengele gewesen sein muss. »Da stand, glaube ich, Mengele. Wissen tue ich es nicht, er hat sich nicht vorgestellt«, stellt Rachel Frankfoorder fest.[87] Obwohl Mengele an diesem Tag durchaus Dienst gehabt haben könnte, wird es von keiner bekannten offiziellen Quelle bestätigt. In seinem Buch *Ärzte im Dritten Reich* zeigt der Historiker Robert Jay Lifton, dass in Auschwitz mehrere Lagerärzte tätig waren, die sich in Zweiergruppen bei der Selektion, dem »Rampendienst«, abwechselten. Ihr Vorgesetzter war nicht Mengele, sondern der Standortarzt Eduard Wirths (Abb. 91), der seit 1943 unter direkter Aufsicht des Lagerkommandanten für die Selektionen verantwortlich war. Wirths unterstand ein Stab aus verschiedenen Lagerärzten, außerdem sorgte er dafür, auch selbst regelmäßig an Selektionen teilzunehmen, eine Aufgabe, die ihm so wichtig war, dass er ihr Vorrang vor anderen einräumte.[88]

Die Selektion wurde hastig durchgeführt und stützte sich allein auf flüchtige Eindrücke des diensthabenden Lagerarztes. In Absprache mit Himmler und dem Lagerkommandanten entschied Wirths meist bereits im Voraus, wie viele Personen in etwa durch die Selektion gehen mussten und wer von ihnen sofort getötet werden sollte.[89] In Auschwitz wurden in der Regel zwischen 10 und 30 Prozent der Häftlinge als Sklavenarbeiter selektiert, im Durchschnitt also 20 Prozent.[90]

Aus dem Transport vom 3. September 1944, dem Zug, in dem Anne und ihre Familie aus Westerbork nach Auschwitz gebracht wurden, überlebte also ein viel größerer Teil der Deportierten die Selektion unmittelbar bei der Ankunft.[91] Auf der Transportliste stehen 1019 Personen, von denen 672 die Selektion überstanden haben, also mehr als 65 Prozent.[92] Auch alle acht Untergetauchten überlebten diese erste direkte Todesgefahr, sogar Otto Frank und Fritz Pfeffer, die aufgrund ihres Alters eigentlich nicht den Selektionskriterien entsprachen. Da es bei diesem Transport noch weitere Beispiele gibt von Männern, die über 50 Jahre alt waren und diese erste Selektion überlebten, darf angenommen werden, dass die Kriterien inzwischen wegen des größeren Bedarfs der Kriegsindustrie an Arbeitssklaven weniger streng gehandhabt wurden.[93]

347 Männer, Frauen und Kinder aus diesem Transport wurden dennoch sofort in die Gaskammer geschickt. Sie mussten selbst dorthin laufen. Für Behinderte standen Lastwagen bereit.[94] Auch Mütter mit Kindern, die nicht laufen konnten, fuhren in diesen Lastwagen zu den Gaskammern. Ronnie van Cleef erinnert sich: »Hinter Mengele kamen wir zu einem großen Feld mit Heereslastwagen. Dort standen wir in zwei Reihen. Die linke Reihe wurde mit Heereslastwagen direkt zu den Gaskammern gebracht. Das ging in Windeseile. Gerade eben noch standen Suze und Tante Bloeme neben mir. Ich griff nach der Hand des Babys und einen Moment später... Weg war die Tante! Weg war meine kleine Nichte!«[95] Einer der Überlebenden des Transports erinnert sich an Lautsprecherdurchsagen, dass man im Lastwagen mitfahren könne, wenn man müde oder krank sei. Daraufhin gingen einige Leute zu dem Lastwagen, der als »Bus« diente.[96]

Von diesem Zeitpunkt an waren die Männer und Frauen endgültig voneinander getrennt. Die 400 Männer und 249 Frauen gingen etwa anderthalb Kilometer von der Rampe zur Zentralsauna. Dabei handelte es sich um ein Backsteingebäude, in dem die Neuankömmlinge registriert, geschoren und desinfiziert wurden, danach bekamen sie ihre Häftlingsnummer eintätowiert.[97] »Die Sauna spielte im Lager eine überaus wichtige Rolle. Alles geschah in diesem Komplex (...)«, berichtet ein niederländischer Häftling.[98] Auf der Freifläche vor diesem Gebäude warteten die Häftlinge den Rest der Nacht, bis das erniedrigende Ritual der Registrierung begann.[99]

Dieses Verfahren verlief folgendermaßen: Zuerst mussten sich die Häftlinge in alphabetischer Reihenfolge aufstellen. Ein Häftling des Aufnahmekommandos schrieb dann die Namen auf eine Eingangsliste und nummerierte sie. Alle Neuankömmlinge bekamen einen Zettel mit einer Nummer. Dann betraten sie das Gebäude der Zentralsauna, wo sie sich im ersten Raum ausziehen und ihre letzten Habseligkeiten abgeben mussten. Häftlinge, die versuchten, noch etwas zu behalten, wurden von den Wachen verprügelt. Ronnie van Cleef erinnert sich, dass sie zum Zeitpunkt der Ankunft ihre Tage hatte und sich deshalb weigerte, sich nackt auszuziehen, woraufhin ihr ein Wachmann auf den Kopf schlug und brutal die Unterhose herunterzog. »Damals dachte ich, das ist das Ende. Das war schrecklich schwer für mich, aber ich sah, dass er es bei anderen auch tat. Ja, ich kann es nicht beschreiben, wie erschüttert wir waren.«[100]

Völlig nackt mussten die Frauen nun zum nächsten Raum weitergehen, wo an Tischen Häftlinge des Aufnahmekommandos saßen. Sie füllten für jeden Neuankömmling ein vorgedrucktes Formular aus, in dem die persönlichen Daten, äußere Kennzeichen und die gerade erhaltene Nummer registriert wurden. Ronnie van Cleef berichtet, dass ihr anschließend diese Nummer auf den linken Unterarm tätowiert wurde: »Weibliche polnische Gefangene tätowierten einem dann die Nummer auf den Arm. Einige machten das ganz ordentlich, bei anderen tat es sehr weh. Die pfuschten herum, dann wurde eine neue Nummer darübergestochen, und als Folge gab es eine Entzündung, einen dicken Arm.«[101]

Die gesamte Körperbehaarung wurde abrasiert, Geschlechtsteile und Achseln wurden mit einem Desinfektionsmittel behandelt. Einige Frauen erinnern sich, dass ihnen zuerst die Kopfhaare kurz geschnitten und sie erst später kahlgeschoren wurden.[102] Danach betraten die Häftlinge einen Raum mit Duschen, in dem unangenehm heißes bis eiskaltes Wasser strömte, gelegentlich auch heißer Dampf zur Desinfektion. Die Dusche war für viele die erste Gelegenheit, ihren Durst zu löschen.[103]

Ronnie van Cleef beschreibt weiter, wie anschließend ein Wachmann auftauchte und die Frauen mit einem Wasserschlauch abspritzte:

> Dann kam plötzlich ein Mof[104], ein SS-Mann, mit einem Holzbein, das werde ich nie vergessen, er hatte unter dem Knie einen Stock. Der Kerl war nicht bei Verstand, er nahm einen langen Schlauch und fing an, uns abzuspritzen, es machte ihm ein schreckliches Vergnügen. Wir wurden so bespritzt, dass wir nicht wussten, wohin wir uns hindrehen sollten. Wir riefen noch Sachen wie: Kerl, geh weg, denn wir dachten, was wird noch alles passieren, der Mann hatte nun mal Spaß daran. Endlich hörte er auf, wir waren schon ganz zermürbt. Es gab nichts, um sich abzutrocknen, deshalb trockneten wir uns, so gut es eben ging, an den Gardinen ab. [105]

Es gab weder Handtücher noch Seife, und auch andere Häftlinge beschreiben, dass sie sich an der Luft trocknen mussten, in dem zugigen Gebäude oder draußen. Ronnie berichtet, dass die Häftlingsgruppe nackt ins Freie laufen musste, wo ihnen ein paar Kleidungsstücke zugeworfen wurden. 1943 und 1944 ersetzte man die vorgeschriebene gestreifte Häftlingskleidung durch gebrauchte Kleider, weil es inzwischen keine Häftlingskleidung mehr gab. Die Frauen bekamen irgendwelche Kleidungsstücke und, wie die meisten berichten, keine Unterwäsche.[106] Auf den Rücken waren manchmal mit roter Farbe Streifen gemalt.[107] Leny Boeken-Velleman (Abb. 92), eine der Überlebenden des Transports vom 3. September, erinnert sich, dass auf ihrer Kleidung rote Farbe war. »Ich bekam eine Art schwarzen Sack, der wie ein Kleid aussah, mit einem großen weißen Quadrat, das auf den Rücken aufgenäht war. Auf diese weiße Stelle war mit roter Farbe eine große Fläche gemalt. Stell dir vor, du wolltest flüchten, dann wärst du schnell zu erkennen und hättest eine deutlich sichtbare Zielscheibe auf dem Rücken.«[108]

Außerdem erhielten die Frauen dazu noch Holzschuhe oder abgetragene Schuhe. Sie stammten aus den sogenannten Kanada-Depots, den Effektenlagern, in denen das Gepäck der neu eingetroffenen Häftlinge aufbewahrt und von einer Gruppe von Funktionshäftlingen durchsucht wurde; diese Häftlinge wurden von den anderen bald als Kanada-Kommando bezeichnet, eine zynische Referenz an das relativ reiche Land Kanada (Abb. 93).[109] Von den Männern weiß man nicht genau, ob sie Häftlingskleidung bekamen, denn dazu äußerten sie sich in den Zeugenaussagen nicht eindeutig.[110] Der KZ-Überlebende Sal de Liema erinnert sich, dass er in Auschwitz I eine gestreifte Jacke und eine gestreifte Hose trug.[111] Männliche Häftlinge hatten in Auschwitz I meist ein Paar Holzschuhe oder Sandalen.[112] Nach dem langen Registrierungsverfahren wurden die Häftlinge in Baracken untergebracht und damit begann die Quarantänezeit.

Auschwitz war das einzige Lager, in dem die Häftlingsnummern zur Identifizierung auf den Körper tätowiert wurden. Allein von Otto Frank kennen wir die genaue Nummer; seine Häftlingsnummer war B 9174. Die Nummer, die Fritz Pfeffer beziehungsweise Hermann und Peter van Pels bei der Registrierung auf den linken Unterarm tätowiert wurde, liegt zwischen B 9276 und B 9294.[113] Im Prinzip musste die Nummer auch auf der Kleidung getragen werden: auf Höhe der linken Brustseite der Jacke und, bei den Männern, an der Außennaht des rechten Hosenbeins.[114] Allerdings stellte sich heraus, dass diese Vorschrift nicht immer durchzuhalten war, wie spätere Zeugenaussagen und die wenigen erhaltenen Fotos aus den letzten Monaten des Jahres 1944 zeigen. Weil offizielle Häftlingskleidung fehlte, trugen viele Häftlinge zufällig zusammengesuchte Kleidungsstücke. Eva Geiringer, Otto Franks spätere Stieftochter, die von Mai 1944 bis zur Befreiung in Auschwitz-Birkenau interniert war, erinnert sich, dass sie keine Nummer auf der Kleidung trug und sie außerdem, nach einer Selektion oder wenn die Häftlinge einer der häufig vorkommenden Desinfektionen unterzogen wurden, regelmäßig fremde Kleidungsstücke zugeworfen bekam.[115]

Der Aufnahme ins Lager folgte in der Regel eine Quarantänezeit in den dafür vorgesehenen Bereichen des Lagers und der Baracken. Erst nach Ablauf der Quarantänezeit wurden die Häftlinge Arbeitskommandos zugeteilt oder in andere Lager weitergeschickt.[116] Im Prinzip diente die Quarantäne dazu, die Ausbreitung ansteckender Krankheiten zu verhindern. Die Häftlinge dagegen erfuhren sie vor allem als Mittel, mit dem sie dem Lagerregime unterworfen werden sollten.[117] Die Quarantäne wirkte sich destruktiv auf die Psyche der Häftlinge aus. Einige von ihnen wurden völlig apathisch, andere begingen Selbstmord, etwa, indem sie sich in den unter Hochspannung stehenden Elektrozaun warfen. Auch die kombinierte Quälerei aus sinnloser Arbeit und wenig Kalorien kostete viele Häftlinge nach sehr kurzer Zeit das Leben. Oft waren die Quarantäneblocks überfüllt. Sie dienten auch dazu, die Schwachen von den Starken zu trennen. Deshalb fanden auch während der Quarantänezeit regelmäßig Selektionen für die Gaskammer statt. Die Isolierung konnte wenige Tage, aber auch bis zu acht Wochen dauern.[118]

Bereits bei ihrer Ankunft wurden die Häftlinge von den Schreien und von der brutalen Gewalt völlig überwältigt. Zu Beginn verstanden sie oft kein Wort der ihnen auf Polnisch oder Jiddisch zugeschrienen Kommandos der Kapos.[119] Sie mussten stundenlang Appell stehen, das Essen war schlecht, und sie waren der Willkür von Blockführern und Blockältesten ausgeliefert. Zusammen mit dem Ende der Quarantäne und der Einteilung in eines der Arbeitskommandos folgte auch die Verlegung in eine andere Baracke. Je nach Kommando fanden sie dort unterschiedliche Bedingungen vor. Wie sich dies auf die acht Gefährten aus dem Hinterhaus auswirkte, wird im Folgenden beschrieben, so gut es die Quellen erlauben.

Stammlager: Die Männer in Auschwitz I

Alle Männer aus dem Transport vom 3. September 1944, die bei der Ankunft in Birkenau die Selektion überlebt hatten, gingen nach der Registrierung zu Fuß nach Auschwitz I.[120] Dort wurden sie im Quarantäneblock 8 untergebracht. Eddy de Wind, einen jungen Arzt, der seit September 1943 in Auschwitz war und nach einiger Zeit eine Stelle in der Krankenversorgung bekommen hatte, schreibt, es sei »ein schmuddeliger, abgewohnter Quarantäneblock« gewesen.[121] Die Häftlinge schliefen auf dreistöckigen Pritschen, oft zwei oder mehr Personen in einem Bett. Der Quarantäneblock war überbelegt. Nur der Blockälteste und andere privilegierte Häftlinge hatten ein eigenes Zimmerchen mit Tisch, Stuhl und Bett. Auch während der Quarantäne musste jeder arbeiten. Die meisten waren zum Straßenbau oder in der Kiesgrube eingeteilt, wo sie Kies auf Karren laden und wegbringen mussten, um damit Straßen zu befestigen.[122] Dabei handelte es sich um eine Schwerstarbeit, die den ganzen Tag andauerte. Viele zogen sich dabei Verletzungen und Blessuren zu. Die Kapos und Wachleute traten und schlugen die Häftlinge, wenn sie meinten, die Arbeit gehe nicht schnell genug voran. Otto Frank sprach nach dem Krieg davon, dass er zu einem Kommando eingeteilt gewesen sei, das Kies schleppen musste. In einer Erklärung für seinen Mithäftling Joseph Spronz fasste Otto Frank seine eigenen Erfahrungen kurz zusammen: »Da ich selbst einige Zeit in einem Kieskommando war, wusste ich über die dort verlangte schwere Arbeit gut Bescheid und die damit oft verbundenen Misshandlungen.«[123] Der sachliche Ton, der auch für viele andere Erklärungen Otto Franks typisch ist, lässt wenig Aufschluss zu, was er dort tatsächlich erdulden musste. Für weitere Informationen zur Quarantänezeit der Untergetauchten können wir auf andere Zeitzeugenberichte zurückgreifen. Eddy de Wind beschreibt, dass er kurz nach seiner Ankunft in Auschwitz zum Straßenbau eingeteilt wurde und zusammen mit 15 weiteren Häftlingen mit Gurtband und Stahldraht einen Kieswagen zwischen der Kiesgrube und dem Lager ziehen musste. »Jetzt zog auch er, war selbst ein Rädchen in einer solchen fünfzehnrädrigen Maschine, und wenn er mal nicht kräftig genug zog, bekam er einen Tritt von dem Polen hinter ihm.«[124] Mit dem Kies mussten andere Häftlinge dann die Straßen befestigen.

Herman van Pels in der Gaskammer ermordet

Die Quarantänezeit der Männer aus dem Transport vom 3. September endete Anfang Oktober 1944 mit zwei Selektionen, wobei eine weitere Gruppe männlicher Häftlinge, die man für Schwerarbeit nicht mehr für geeignet hielt, in der Gaskammer ermordet wurde. Diese Selektionen brachten schließlich auch Hermann van Pels den Tod. Als erstes wurden die Häftlinge selektiert, die krankheitshalber oder wegen einer Verletzung der Arbeit fernbleiben durften – die sogenannte Blockschonung –, kurz darauf erfolgte eine zweite Selektion unter den jüdischen Kranken der Krankenbaracke.[125] Fritz Simon, der ebenfalls mit dem Transport vom 3. September gekommen war, erinnert sich, wie diese Selektionen vor sich gingen:

> Während meiner Zeit haben zwei Selektionen stattgefunden (...). Bei der ersten Selektion wurden alle Menschen herausgesucht, die Blockschonung hatten, d.h. die wegen irgendeines Leidens von der Arbeit für einige Tage dispensiert waren. (...) Diese so selektierten kamen in einen besonderen Block und wurden nach zwei Tagen offenbar zur Vergasung nach Birkenau verladen. Die zwei Tage waren schrecklich für diese Menschen, da sie genau wussten (sic), was ihnen bevorstand. Auch hierbei wurden die Mischehen schließlich wieder herausgesucht, nachdem sie zunächst die Todesangst durchgemacht hatten. Die zweite Selektion fand in ähnlicher Art statt, nur wurde hierbei in erster Linie das Krankenhaus leergemacht.[126]

Die Selektion unter den Kranken in der Krankenbaracke in Block 9 wurde von Eddy de Wind beschrieben, der inzwischen im Krankenrevier als Arzt tätig war.[127] Er beschreibt, wie er im Krankenbau Herman Frijda kennenlernte, einen renommierten Amsterdamer Professor für Volkswirtschaft, der wie die acht Untergetauchten aus dem Hinterhaus mit dem Transport vom 3. September 1944 in Auschwitz angekommen und zu einem Kieskommando zur Arbeit im Straßenbau abkommandiert worden war (Abb. 94). Diese Aussage ist hier besonders interessant, nicht nur, weil Frijda ein Bekannter Otto Franks und der Vater von Margots Schulfreundin Jetteke Frijda war,[128] sondern auch, weil Frijda unter mehr oder weniger den gleichen Umständen der harten Arbeit erlegen sein muss wie Hermann van Pels. Eddy de Wind erinnert sich wie folgt an Frijda: »Der alte Herr war mit dem letzten Transport aus Holland gekommen (...) In Auschwitz war er fürs Straßenbaukommando eingeteilt worden. Das Wagenziehen von früh bis spät hatte er nur wenige Wochen ausgehalten, sodass er ins Krankenhaus musste.«[129]

Der holländische Arzt de Wind berichtet weiter, dass er von allen Häftlingen, von denen er annahm, dass sie länger als zwei Wochen im Krankenblock bleiben würden, die Nummer notieren musste. Die SS verwendete danach die Krankenakten, um über die Selektion zu entscheiden. Weil de Wind vorhersah, dass diese Kranken ins Gas müssten, beriet er sich mit seinem französischen Kollegen, ob es möglich wäre, Frijda noch zu retten – der »wegen seiner freundlichen, bescheidenen Art (...) bei den Ärzten rasch beliebt« war. Es erwies sich als unmöglich. »Zu behaupten, er wäre gesund, war ausgeschlossen, denn dann hätte man ihn auf der Stelle entlassen müssen, und der Mann konnte keine 100 Meter weit laufen.« Am nächsten Tag kamen Lastwagen, um die Selektierten unter dem Vorwand, sie würden in der Weberei von Birkenau, einem leichten Arbeitskommando, eingesetzt, abzuholen und in die Gaskammer zu bringen. Aus Angaben des Roten Kreuzes und verschiedener

Zeitzeugen wissen wir, dass Herman Frijda am 3. Oktober 1944 vergast wurde.[130]

Am selben Tag wurden auch die Männer vergast, die bei der zweiten Selektion am Ende der Quarantäne für arbeitsunfähig erklärt worden waren. Mit ziemlicher Sicherheit gehörte auch Hermann van Pels zu dieser Gruppe. Bei Nachkriegsrecherchen über sein weiteres Schicksal ging man zunächst davon aus, dass er unmittelbar nach Ankunft in Auschwitz-Birkenau vergast worden sei.[131] Später bestimmte das Niederländische Rote Kreuz (NRK) mithilfe der »Methode der kollektiven Rekonstruktion« sein Todesdatum als 15. März 1945. Dabei ging man von der Hypothese aus, dass Hermann van Pels zu der Gruppe von Häftlingen gehörte, die nach der Quarantäne bis 1. Oktober 1944 noch das Konzentrationslager Stutthof erreicht hat. Dann würde sein Todesdatum zwischen dem 1. Oktober 1944 und dem 9. Mai 1945 liegen, dem Tag der Befreiung Stutthofs.[132] Auf diese Weise wurde für mehrere Vermisste der Transportliste vom 3. September 1944 der 15. März 1945 als Todesdatum bestimmt. Doch Hermann van Pels steht offensichtlich nicht auf der Liste des Transports nach Stutthof am 26. Oktober 1944, womit im Grunde die Möglichkeit ausgeschlossen ist, dass er die Selektion vom 3. Oktober überlebt hat.[133]

Zu Hermann van Pels' Schicksal sind nur wenige summarische Aussagen überliefert (Abb. 95). In einer Erklärung sagt der Mithäftling Fritz Simon, er habe »Hermann van Pels aus Amsterdam, Z. Amstellaan 34« nach den zwei Selektionen am Ende der Quarantänezeit nicht mehr gesehen.[134] Otto Frank erklärte wiederholt, van Pels sei nach einer Selektion am 5. Oktober 1944 vergast worden, obwohl er Blockschonung oder Stubendienst hatte.[135] Hermann van Pels hatte sich bei der schweren Arbeit im Straßenbau an der Hand verletzt und war auf eigenen Wunsch einige Tage von der Arbeit freigestellt worden. Dann wurde ihm eine Selektion zum Verhängnis. Danuta Czech erwähnt in ihrem *Kalendarium*, einer Chronik der Ereignisse des gesamten Lagers Auschwitz, den 2. Oktober 1944 als Datum einer Selektion von 101 Männern aus der Quarantäne.[136] Wir wissen, dass noch weitere Häftlinge des Transports vom 3. September 1944 an diesem Tag, dem 3. Oktober 1944, gestorben sind.[137] Es ist so gut wie sicher, dass sie an diesem Tag zusammen mit Hermann van Pels in einer der Gaskammern von Auschwitz-Birkenau umgebracht wurden. Hermann war damals 46 Jahre alt.

Niemand kann sagen, wie die Vergasung von Hermann van Pels, Herman Frijda und der übrigen Männer aus der Quarantänebaracke genau vor sich ging, aber die Beschreibung Filip Müllers (Abb. 96), eines slowakischen Juden, der bereits im April 1942 nach Auschwitz-Birkenau gekommen war, vermittelt uns eine Vorstellung davon. Müller war dem Sonderkommando zugeteilt und sollte bis zur Befreiung des Lagers durch die Sowjetarmee überleben. In seinen Memoiren schildert er bewegend (leider undatiert) die Vergasung einer Vielzahl von Häftlingen, die er als Angehöriger des Sonderkommandos aus nächster Nähe miterlebte. Damit ist er in der Lage, uns einen Eindruck von den Umständen zu vermitteln, unter denen auch Hermann van Pels ermordet wurde.

> Nach einer Weile vernahm ich aus der Gaskammer durchdringende Schreie, Poltern gegen die Tür, aber auch Gejammer und Gestöhne. Die Menschen fingen an zu husten, ihr Gehuste wurde von Minute zu Minute stärker. Es zeigte an, dass das Gas begonnen hatte, seine Wirkung zu entfalten. Der anfänglich anschwellende und unüberhörbar werdende Lärm ließ von Minute zu Minute nach und ging bald in ein vielstimmiges, dumpfes Röcheln über, das hin und wieder noch von Gehuste übertönt wurde. Das tödliche Gas war in die Lungen der Menschen gedrungen und rief dort rasch eine Lähmung des Atemzentrums hervor. (...) Nach der Öffnung der Gaskammer wurde zuerst befohlen, die herausgefallenen Leichen und dann die hinter der Tür liegenden

> wegzuschaffen, um den Zugang freizumachen. Dabei wurde den Toten die Schlaufe eines Lederriemens um eines ihrer Handgelenke gelegt und zugezogen, um sie so in den Lift zu schleifen und nach oben ins Krematorium zu befördern. Als hinter der Tür etwas Platz geschaffen war, wurden die Leichen mit Wasserschläuchen abgespritzt. Damit sollten Glaskristalle [sic!], die noch herumlagen, neutralisiert, aber auch die Leichen gesäubert werden. (...) Die Leichenträger hatten Mühe, die Toten auf dem Leichenhaufen auseinanderzuzerren, obwohl sie noch warm und noch nicht erstarrt waren. Viele hatten den Mund weit aufgerissen, auf den Lippen der meisten war eine Spur von weißlichem, eingetrocknetem Speichel zu erkennen. Manche waren blau angelaufen, und viele Gesichter waren von Schlägen fast bis zur Unkenntlichkeit entstellt. Sicher hatte auch das unterirdische Labyrinth, zu dem die Gaskammer geworden war, dazu geführt, dass die Menschen in panischer Angst im Dunkeln herumirrten, gegeneinanderstießen, übereinander fielen und aufeinander herumtrampelten, so dass es zu diesem Tohuwabohu von verhedderten Leichen gekommen war. [138]

Von diesen Details bekamen Otto Frank, Fritz Pfeffer und Peter van Pels vermutlich nichts mit, hörten aber zweifellos bald, dass Hermann für die Gaskammer selektiert worden war. Otto Frank erzählte Ernst Schnabel nach dem Krieg, dass Peter gesehen habe, wie sein Vater mit einer Gruppe von Männern zur Gaskammer abmarschiert sei.[139] Eine vergleichbare Erklärung lässt sich in einem Interview mit Otto Frank in der deutschen Zeitung *Welt am Sonntag* vom 4. Februar 1979 nachlesen, in dem steht, dass Otto und Peter in der Gruppe der selektierten Männer auch Hermann van Pels sahen.[140]

Es ist bitter zu wissen, dass die Morde vom 3. Oktober die letzte große Vergasungsaktion in Auschwitz sein sollten. Vier Tage später, am 7. Oktober, rebellierten Angehörige des Sonderkommandos und zerstörten dabei eines der Krematorien. Dieser Aufstand wurde rasch niedergeschlagen. Angesichts der vorrückenden Roten Armee stellte die SS etwa Ende Oktober, Anfang November 1944 die Vergasungen im Lager ein. In der Absicht, das Ausmaß der Massenvernichtung zu verschleiern, begann das Lagerkommando im November, die Gaskammern und Krematorien demontieren zu lassen.[141]

Päckchen

Die Männer, die die Selektion bei der Ankunft überlebten, blieben nach der Quarantänezeit in Auschwitz I und wurden dort verschiedenen Arbeitskommandos zugeteilt. Außer zum bereits erwähnten Straßenbau wurden sie auch zur Arbeit in der Sandgrube eingeteilt, zum Schlachthofkommando oder sie mussten ins Kartoffelschälkommando.[142] Wieder andere wurden an Privatunternehmen ausgeliehen, die Sklavenarbeiter aus Auschwitz einsetzten, beispielsweise das auf Kanalbau spezialisierte Kommando Petersen oder die HUTA, die Hoch- und Tiefbau Aktiengesellschaft mit Sitz in Kattowitz, wo die Häftlinge im Betonbau arbeiten mussten. Auschwitz und andere Lager boten den Nazis ein Riesenpotenzial an Sklavenarbeit, das der deutschen Wirtschaft zugutekommen sollte.

Wofür Fritz Pfeffer eingeteilt wurde, wissen wir nicht. In den Zeugnissen von Überlebenden lassen sich keine Angaben über seine Gefangenschaft in Auschwitz finden. Wir wissen lediglich, dass er in derselben Gruppe wie Hermann und Peter van Pels registriert ist.[143] Wie die anderen aus dem Transport musste er ungefähr bis zum 1. Oktober 1944 in Quarantäne. Erst danach gab es in Auschwitz wieder Selektionen, Vergasungen und Deportationen, letztere unter anderem nach Stutthof.[144] Pfeffer steht jedoch nicht auf der Liste des Transports von Auschwitz nach Stutthof,[145] und es bleibt unklar, wann genau er aus Auschwitz verlegt wurde –höchstwahrscheinlich jedenfalls nicht bereits am 1. Oktober. Der Überlebende Aron Gross berichtet, am oder um den 11. November 1944 sei ein Deportationstransport von

Auschwitz über Neuengamme ins Außenlager Braunschweig (Lager Büssing-NAG) abgefahren.[146] In Neuengamme sollen 30 jüdische Ärzte und Zahnärzte ausgestiegen sein. Von diesem Transport konnte allein die Karteikarte des Arztes Isaac Chatt wiederaufgefunden werden; ohne Datumsangabe, nur seine Häftlingsnummer: 64976. Weil Fritz Pfeffers Häftlingsnummer 64971 bekannt ist und wir von einigen anderen Häftlingen mit etwas höheren beziehungsweise niedrigeren Häftlingsnummern das Datum ihrer Ankunft kennen, nämlich 10. und 18. November – können wir daraus ableiten, dass Pfeffer an einem dieser Tage in Neuengamme eingetroffen sein muss.[147]

Über Peter van Pels' Lagererfahrungen in Auschwitz wissen wir ein wenig mehr, was vor allem – wie später noch ausführlich dargelegt wird – den Berichten Otto Franks zu verdanken ist, mit dem er bis zu ihrem Abschied im Januar 1945 viel Kontakt hatte. Mit den anderen Männern aus dem Transport vom 3. September 1944 war er im Quarantäneblock 8 untergebracht. Das einzige weitere Zeugnis über Peter van Pels in Auschwitz stammt von Max Stoppelman, einem Bekannten Otto Franks.[148] Nach seiner Quarantänezeit wurde Peter van Pels in Block 2 verlegt, wo Stoppelman inzwischen den Posten des Stubenältesten – des Barackenführers – innehatte. Otto war in eine andere Baracke eingeteilt und damit von Peter getrennt worden.[149] Stoppelman erinnerte sich nach dem Krieg, dass ihn Peter eines Tages auf Französisch angesprochen hatte – offensichtlich, weil er Stoppelman für einen Franzosen hielt. »Er stellte sich auf Französisch vor, worauf ich die Bemerkung machte: ›Sie sprechen Französisch wie ein Holländer‹, worauf er sich als Peter und ich mich als Stoppelman vorstellte.« Obwohl sie sich während ihrer Amsterdamer Zeit nie gesehen hatten, stellte sich bald heraus, dass Peter Stoppelmans Mutter kannte, denn sie war die jüdische Hauswirtin von Jan und Miep Gies, die ihr geholfen hatten, eine Adresse zum Untertauchen zu finden. »Als erstes erzählte er, dass er von Jan und Miep gehört hatte, dass bei meiner Mutter noch alles in Ordnung sei. Ich habe ihm gesagt, dass er nach Möglichkeit in meiner Nähe bleiben solle, und dass ich versuchen würde, ihm zu helfen, alles durchzustehen.« Dadurch entstand gleich eine Beziehung und, obwohl sich Stoppelman nicht erinnert, dass sie viel über das gesprochen hätten, was Peter in Amsterdam durchgemacht hatte, nahm er ihn doch als Stubenältester bis zur Evakuierung von Auschwitz unter seine Fittiche. Danach verloren sie sich aus den Augen.[150]

Auf der Transportliste vom 3. September 1944 ist Peter van Pels als Metallarbeiter registriert. Viele Gefangene nahmen an, bei der Deportation in ein Arbeitslager kämen sie mit einem handwerklichen oder auch anderen Beruf für eine qualifizierte Arbeit in Betracht und könnten damit ihr Leben retten.[151] Weil ein erlernter Beruf die Chance auf ein besseres Leben erhöhte, dichtete man sich Berufe an: Maurer, Schreiner oder Bankangestellte. Auch bei den Arbeitsselektionen gaben Häftlinge oft einen nützlichen Beruf an, um ihre Überlebenschancen zu vergrößern; deshalb ist es wahrscheinlich, dass sich Peter anfangs als Metallarbeiter registrieren ließ.

Ob er in Auschwitz zunächst tatsächlich als Metallarbeiter eingeteilt war, ist nicht bekannt. Von Otto Frank und Max Stoppelman wissen wir aber, dass es Peter in Auschwitz nach einer gewissen Zeit gelang – möglicherweise mit Stoppelmans Hilfe, der als Stubenältester den nötigen Einfluss hatte –, einen guten Posten zu bekommen und dass er später auf seiner Karteikarte in der Lagerregistratur von Mauthausen als Tischler eingetragen ist.[152] Otto Frank sagte in einem Interview nach dem Krieg: »Peter hatte das Glück, eine Arbeit in der Poststelle des Lagers zu bekommen. Sie war für die SS-Leute und die nicht-jüdischen Häftlinge eingerichtet worden, die Post und Päckchen bekamen.«[153] Was diese Stelle für seine Bewegungsfreiheit und seine Stellung bedeutete, lässt sich kaum hoch genug einschätzen. Das geht aus den Erinnerungen Max Rodrigues Garcias hervor, eines jungen Amsterdamer Juden, der nach Auschwitz deportiert worden war und dessen Geschichte Ähnlichkeiten mit dem aufweist, was über Peter van Pels bekannt ist (Abb. 97). Nach einiger Zeit im Krankenrevier wurde Rodrigues Garcia in der Paketstelle eingesetzt, wo die Päckchen für Häftlinge eintrafen. Juden durften keine Päckchen bekommen, aber viele politische und andere nicht-jüdische Häftlinge. Die Männer in der Paketstelle mussten die an tote Häftlinge adressierten Päckchen öffnen und den Inhalt durchsuchen. Dabei konnten sie ohne allzu große Mühe vieles davon beiseiteschaffen. Rodrigues Garcia beschreibt, wie er am unteren Ende der Lagerhierarchie als Schuhputzer anfing, sich aber schnell in den »Prominentenblock« hocharbeitete. In diesem Block waren die Häftlinge mit einer guten Stelle und Macht untergebracht; sie bekamen eine eigene Kammer und konnten sich alles Mögliche organisieren. Auch die Arbeitsbedingungen in der Paketstelle waren lockerer: Die Häftlinge mussten nicht Appellstehen und hatten größere Bewegungsfreiheit. In seinem Buch erklärt Rodrigues Garcia, welche Vorteile dieser Posten mit sich brachte:

> Die Päckchen, deren Empfänger verstorben waren – diese unzähligen Päckchen für die unzähligen Toten –, standen uns zur freien Verfügung, und dadurch hatte jeder, der in unserem Kommando eingeteilt war, automatisch eine mächtige und einflussreiche Stellung. Jeden Tag sortierten wir den Inhalt der Päckchen der Toten: Kuchen kamen in eine Tonne, Salamis in eine andere, Margarine hier, Schmalz (Hühner- oder Gänseschmalz – meist von den Polen) und andere verderbliche Waren in Gläsern kamen dorthin. Kekse hatten noch ein anderes Fach. Das meiste Gemüse wurde umgehend in die Küche gebracht, ein Teil davon in die tägliche Lagersuppe geworfen. Die wohlschmeckenderen Dinge wurden immer für die Kommando-Arbeiter zurückbehalten, die ihrerseits die Nazi-Lagerverwalter wie gewünscht mit Nachschub versorgten. Ich sah, wie meine Kollegen regelmäßig zwischen der Paketstelle und ihrem eigenen Block hin und her liefen. Mir dämmerte bald, dass sie sich selbst mit einem Teil der Reste versorgten, und

sie taten dies in aller Offenheit, als ob diese Praxis nicht nur hingenommen, sondern von ihnen auch erwartet würde. (…) Mein Körper wurde rasch fülliger. Ich fühlte mich gut, gesund und stark. Die Abszesse meiner Lungen- und der Blinddarmentzündung heilten aus, sie waren Vergangenheit. Ich war nun tagsüber gut gekleidet und nachts lag ich warm, ich hatte sogar Zigaretten.«[154]

Rodrigues Garcia kam davon wieder zu Kräften, wurde gut genährt. Am Vorabend der Evakuierungstransporte im Januar 1945 sorgten er und seine Kameraden für warme Kleidung und sammelten für die Wachleute auf flachen Karren Vorräte zum Mitnehmen.[155]

Obwohl wir nicht wissen, ob es Peter van Pels ebenfalls in den Prominentenblock geschafft hat, schildert Rodrigues Garcia anschaulich die Bedingungen, warum Peter im Januar 1945 in relativ gutem Zustand sein konnte und es ihm auch möglich war, den kranken Otto Frank zu besuchen und ein wenig zu betreuen.[156] Sogar die Arbeiter der Paketstelle, die in der Hierarchie ganz unten standen, hatten – wie wir von Rodrigues Garcia wissen – Zugang zu warmer Kleidung und Nahrung und verfügten über eine vergleichsweise große Bewegungsfreiheit.[157]

Überleben in Auschwitz

Wie sich später noch zeigen wird, hatte Peters gute Stelle auch für Otto Frank wichtige Auswirkungen. Otto überlebte als Einziger der acht Untergetauchten die Lager und hinterließ daher auch mehr Spuren seiner dortigen Erlebnisse. In das Notizheft, das Otto Frank unmittelbar nach der Befreiung des Lagers zu führen begann (Farbtafel I), schrieb er die Namen unzähliger Mitgefangener, denen er in diesen Monaten begegnete.[158] Er war, neben anderen, mit Philip Felix de Jong (Lenie de Jong-van Naardens Ehemann), mit Hans Goudsmit, Hans Bruck, Nico Pimentel und Hans Citroen in Stube 8a des Quarantäne-Blocks 8 untergebracht.[159] Der Raum befand sich im ersten

Stock eines der ehemaligen Kasernengebäude von Auschwitz I.[160] Dort verbrachte Otto Frank viel Zeit mit Hermann und Peter van Pels und mit Fritz Pfeffer.[161] Auch Sal de Liema lebte in diesem Block.[162]

Das tägliche Leben bestand vor allem aus harter Arbeit. Während der Quarantänezeit arbeitete Otto Frank zunächst im Kommando Kiesgrube. Zu seinen Leidensgefährten dort gehörte der Ungar Joseph Spronz (Abb. 98). Zur Unterstützung eines Antrags auf Invalidenrente für Spronz erklärte Otto Frank nach dem Krieg, er kenne die harte Arbeit in der Kiesgrube und die damit einhergehenden Misshandlungen aus eigener Erfahrung.[163] Nach der Kiesgrube wurde er dem Kommando Straßenbau zugeteilt.[164] Ob dies unmittelbar nach der Quarantänezeit war, ist unklar. Andere Häftlinge aus Block 8, die nach ihrer Entlassung aus der Quarantäne im Straßenbau arbeiten mussten, kamen in Block 2 unter.[165] Jeden Tag marschierten die Häftlinge in Begleitung von SS-Leuten zur Arbeit unter freiem Himmel außerhalb des Lagers. Am Morgen und nach der Rückkehr von der Arbeit mussten sie zum Zählappell antreten.

Als wegen Frosts die Arbeiten im Straßenbau eingestellt wurden, bekam Otto Frank nach eigenem Bekunden eine bessere Arbeit, nämlich im Kartoffelschälkommando.[166] Und er zog in Baracke 5 um. Die Arbeit in der Kartoffelschälerei hat Spronz beschrieben, der dort ebenfalls einige Zeit beschäftigt war: Die Kartoffeln wurden in großen Kisten geliefert, gewaschen, und nur die großen geschält. Der Rest kam in der Schale zusammen mit Steckrüben, Roter Bete und Futterrüben in die Kartoffelmühle. Diese Zutaten bildeten die Grundlage für die »Suppe«, das Standard-Häftlingsessen in Auschwitz und den anderen Lagern. Die Schäler konnten sich davon heimlich etwas abzweigen und bekamen so auch ein paar Vitamine zugeführt. Ein weiterer wichtiger Aspekt dabei war, dass diese Tätigkeit im Sitzen und in einem Gebäude ausgeführt wurde. Die Häftlinge arbeiteten grundsätzlich lieber im Haus, weil sie dort vor Regen und Kälte geschützt waren und die Arbeit im Allgemeinen auch weniger anstrengend war als im Freien.[167]

Durch die Arbeit war es möglich, sich einen Prämienschein (Abb. 99) zu verdienen, eine Art Gutschein im Wert von einer Reichsmark, der in der Kantine gegen einen Tabakgutschein, die sogenannte Raucherkarte, eingetauscht werden konnte. In der Sammlung des Anne Frank Hauses befindet sich eine Raucherkarte für die Häftlingskantine von Auschwitz I des Häftlings B9174 (Otto Frank) aus Block 5a (Abb. 100).[168] Block 5a war das erste Stockwerk von Block 5. Soweit wir wissen, handelt es sich bei dieser Karte um das einzige Originaldokument Otto Franks aus seiner Haftzeit in Auschwitz.[169] Ob Otto Frank derlei Karten verwendete, um selbst Zigaretten rauchen zu können, ist jedoch fraglich. Machorkas, russische Zigaretten von schlechter Qualität, waren in Auschwitz ein wichtiges Zahlungs- und Tauschmittel.[170] Derartige extra Entgelte für Häftlinge gab es häufiger. Nur jüdische Häftlinge kamen schwer an sie heran. Aber in Auschwitz existierte ein weit verbreiteter Schwarzhandel, dessen Hauptakteure Kapos, andere Funktionshäftlinge und Häftlinge waren, die man wie Peter in ein Kommando mit Privilegien eingeteilt hatte.[171]

Obwohl Otto Frank häufig interviewt wurde, äußerte er sich nach dem Krieg nur selten detailliert zum Alltag im Lager. Aber wir haben verschiedene Berichte von Dritten, die darüber Auskunft geben. Ein gutes Beispiel ist die Religion, und welche Rolle sie für Otto Frank spielte. Wir wissen, dass er im Gegensatz zu seiner Frau Edith vor dem Untertauchen nur selten die Synagoge besuchte und für Religion nur wenig übrighatte; aber wir wissen auch, dass er sich seit 1945 zunehmend für die liberale jüdische Gemeinde engagierte. Hanneli Goslar, Annes Freundin aus Kindertagen, die selbst aus einem orthodoxen Elternhaus stammte, erinnert sich, dass Otto Frank ihr erzählte, wie er in Auschwitz versucht habe, jüdische Rituale beizubehalten: »Die Franks besuchten uns freitags oft, um den Sabbat mit uns zu feiern. Otto erzählte mir nach dem Krieg, dass sie in Auschwitz mit anderen jüdischen Häftlingen den Kiddusch, den Segen, der zu Beginn des Sabbats vor der Hauptmahlzeit gesprochen wird, rezitieren wollten, aber niemand den Spruch auswendig kannte. Doch Otto Frank hatte den Kiddusch bei uns so oft gehört, dass er als Einziger diesen Segensspruch auf Hebräisch aufsagen konnte.«[172]

Ein anderer wichtiger Bericht stammt von Sal de Liema, der 1995 als Achtzigjähriger von dem Dokumentarfilmer Jon Blair über sein Leben in Auschwitz und sein Verhältnis zu Otto Frank interviewt wurde. »Das Leben war eine Hölle«, fasst er die Zeit zusammen, die er und Otto Frank in Auschwitz durchmachten, und er beschreibt detailliert die unmenschlichen Haftbedingungen, das gewalttätige Wachpersonal und die äußerste Not und den Mangel an allem im Lager.[173] Die Häftlinge stritten sogar um Papierfetzen, mit denen sie sich den Hintern wischen konnten. »Ich kann Ihnen eines sagen: Das Lager Auschwitz war vermutlich der sauberste Ort auf der ganzen Welt. Man fand dort kein Fetzchen Papier auf dem Boden, denn wenn irgendwo eines herumlag, kämpften wir darum, nur um uns damit abzuwischen, denn wir hatten nichts, womit wir uns den Hintern abwischen konnten.«[174]

De Liema berichtet auch, wie er sich mit Otto Frank anfreundete und ihn mit der Zeit »Papa Frank« nannte. Etwa eine Woche, nachdem Otto Frank und de Liema mit demselben Transport vom 3. September 1944 aus Westerbork in Auschwitz angekommen waren, begegneten sich die beiden Männer. Anfangs sprachen sie über nichts anderes als die Schrecken des Lagers, etwa die Leichenverbrennungen und den quälenden Hunger, doch schon bald vereinbarten Sal und Otto, dieses Thema von nun an auszuklammern:

> Die enge Beziehung zu Otto Frank entstand, nachdem ich über eine Woche hier war. Alles, worüber die Leute redeten, waren natürlich die Krematorien, und nichts zu essen und nichts anzuziehen ... Aber es hat nichts gebracht, darüber zu reden. Es hat alles nur noch schlimmer gemacht. Und dann fand Mister Frank mich, und ich fand Mister Frank und wir sagten: »Wir müssen

> damit aufhören, denn das macht uns verrückt, wenn wir immer nur über Essen und Kleider reden. (...) An dem, was mit unserem Körper passiert, können wir nichts ändern« – denn wir wussten, dass unsere Körper jeden Tag schwächer wurden –, »aber lass uns versuchen, unseren Verstand zu retten«.[175]

Um mit dem enormen psychischen Druck und der permanenten Angst fertig zu werden, führten Otto und Sal Gespräche über Kunst und Kultur:

> Sagen wir mal: Erinnerst du dich an die Melodie der 9. Sinfonie von Beethoven? Und dann fingen wir an, sie uns vorzusingen. Nur, um diese Angst loszuwerden, um einmal eine Weile an etwas anderes zu denken. Wir sprachen über van Gogh, über Rembrandt: »(...) Bist du schon einmal im Rijksmuseum gewesen?« (...) und ich glaube, das hat wirklich geholfen.[176]

Wie wichtig es war, den eigenen »Verstand zu retten« beweisen auch andere Zeitzeugenberichte aus Auschwitz. Fast alle Überlebenden beschreiben, dass viele Häftlinge den Kampf ums Überleben aufgaben und sich nur noch lethargisch und apathisch durch das Lager bewegten. Der spätere Schriftsteller Primo Levi (Abb. 101), ein italienischer Jude, der in Auschwitz-Monowitz interniert war, beschreibt einen solchen Gefangenen als ausgemergelte Gestalt »mit gebeugter Stirn und gekrümmten Schultern, von dessen Gesicht und Augen man nicht die Spur eines Gedankens zu lesen vermag«.[177]

In Auschwitz und einigen anderen Lagern bezeichnete man solche Häftlinge als Muselmann. Im Deutschen steht der Begriff für »Muslim« und ist vermutlich ein Hinweis auf die äußerliche Ähnlichkeit der Häftlinge, die sich vor Erschöpfung nicht mehr auf den Beinen halten konnten, mit der gebückten Gebetshaltung von Muslimen.[178] »Die ›Muselmänner‹ waren lebende Tote«, schreibt der

Historiker Nikolaus Wachsmann. »Entkräftet, apathisch und ausgehungert, und sie hatten alles verloren. Ihre Körper bestanden nur noch aus Knochen und Haut voller Geschwüre und Schorf. Sie konnten kaum noch gehen, denken oder reden und starrten mit einem hohlen, leeren Blick vor sich hin.« Weil sie kaum mehr in der Lage waren, zu arbeiten oder Befehle auszuführen, wurden die Muselmänner bei den Selektionen als erste herausgegriffen und in der Gaskammer ermordet. Andere Häftlinge hielten sich meist von ihnen fern, aus Furcht, mit ihnen in Verbindung gebracht und auch ins Gas geschickt zu werden.[179]

Der Muselmann sollte nach dem Krieg zu einem der wichtigsten Symbole für die Schrecken der Lager werden und für die Häftlinge war er die ultimative Verkörperung der Angst. Mit ihren Gesprächen über Musik und Museen suchten Sal de Liema und Otto Frank zu verhindern, den Kampf ums Überleben aufzugeben und selbst zum Muselmann zu werden.

Sal de Liemas Berichte beweisen, wie schwer dieses Vorhaben war. Außer Hunger, der Gefährdung durch Krankheiten und Kälte waren die Häftlinge ständiger Gewalt, Herabwürdigungen und Misshandlungen durch die Wachmannschaften ausgesetzt. Außerdem gab es auch unter den Häftlingen Zank und Streit. Auch hier bleibt Otto Frank in seiner Aussage darüber ziemlich summarisch, und wir sind auf andere Zeugen angewiesen. Miep Gies, beispielsweise, erinnert sich, dass Otto Frank sie nach dem Krieg bat, ihn zu einem Schuhgeschäft in der Leidsestraat zu begleiten. Er sagte ihr, dass er den Geschäftsinhaber in Auschwitz kennengelernt und bei einer Auseinandersetzung ins Gesicht geschlagen habe. »Als Otto das Geschäft betrat, erkannte der Besitzer ihn sofort wieder und lief auf ihn zu. Nach kurzem Zögern umarmten sich die beiden Männer.« Auf Miep Gies' spätere Frage, was denn der Grund für ihren Streit gewesen sei, erläuterte Frank: »In den Lagern geriet man manchmal wegen unwichtiger Kleinigkeiten aneinander.«[180]

Doch vor allem die Wachen und Kapos stellten eine ständige Bedrohung dar. Aus Sal de Liemas Beschreibungen geht deren Willkür und extreme Brutalität deutlich hervor. Er erinnert sich an das Leben in Auschwitz als einen ständigen Kampf ums Überleben. De Liema führt beispielsweise aus, dass den Kapos beim Eskortieren der Häftlinge zu ihrer täglichen Arbeit ausdrücklich die Botschaft mitgegeben wurde, sie bräuchten am Ende des Tages nur 240 der 250 Männer mit zurücknehmen und sollten zehn von ihnen töten; was auch regelmäßig geschah. Einmal wurde de Liema Zeuge, wie ein Mann, mit dem er auf dem Heimweg war, von einem Wachmann urplötzlich von hinten erschossen wurde.[181]

De Liema erinnert sich auch, dass er mit einer Gruppe anderer Häftlinge, darunter Otto Frank, an einem eiskalten Tag nackt in einen glühend heißen Duschraum getrieben wurde. Zwei Bewacher drängten die Häftlinge mit Peitschen in den Raum voll heißem Dampf. Dort war es so heiß und stickig, dass de Liema in Ohnmacht fiel und sich nur mit Hilfe seiner Freunde auf den Beinen halten konnte:

> Das Wasser war so heiß, es war unglaublich. In den ersten 10 bis 15 Sekunden hat es uns nicht viel ausgemacht, weil wir alle durchgefroren waren. (...) Aber nach vielleicht 10 Sekunden wolltest du da raus, weil es so heiß war. Aber da standen zwei deutsche Soldaten mit einer Peitsche, und es ging zu wie im Zirkus. (...) Offenbar bin ich in Ohnmacht gefallen. Das haben sie mir später erzählt, ich selbst hatte es nicht gemerkt. Es war nur für ein paar Minuten, aber sie fühlten, dass es gefährlich war, dass ich in großer Gefahr war. Denn wenn sie jemanden auf dem Boden fanden, warfen sie ihn einfach ins Feuer.[182]

Danach mussten die Häftlinge nackt durch die Kälte wieder zu ihren Baracken zurückrennen. Auch beim Appell mussten sie stundenlang in der Kälte stehen, manchmal sogar nackt. De Liema hat den

Sadismus der Wachleute und eine Bemerkung nicht vergessen, die einer der Wachmänner bei einem Appell ihm gegenüber fallen ließ:

> Wir waren gerade von der Arbeit zurückgekommen und ich stand im Schnee, nackt. Wir standen dort Appell (...) da kam ein deutscher Soldat auf mich zu, er hatte seinen Pelzmantel an, und der sah mich an und sagte: »Kalt, was?« Es ist kalt. Ich antwortete nicht. Ich sah ihn nur an. Und er sagte: »Weißt du, du wirst das nicht überleben, und das weißt du auch. Aber selbst wenn du es überleben solltest – und ich werde schon dafür sorgen, dass das nicht passiert – wird dir keiner glauben, was wir mit euch gemacht haben, keiner.«[183]

Ein anderes Mal wurden de Liema, Otto und andere Häftlinge aufgefordert, nur in Unterhosen, wie die Frösche zu hüpfen. Dabei fielen die Häftlinge ständig um, worauf die Wachen mit der Peitsche zuschlugen, um sie wieder auf die Beine zu bringen.[184]

Otto Frank erlebte mehrere solcher Situationen. Er erzählte Ernst Schnabel, dass er bei der Arbeit, beim Kartoffelschälen, so sehr geprügelt wurde, dass sein Widerstand gebrochen war. Am nächsten Tag, einem Sonntag, konnte er nicht die Kraft aufbringen, aufzustehen.[185] Seine Gefährten machten ihm Mut und holten einen niederländischen Arzt herbei, der beim Transport vom 3. September 1944 einer der Zugärzte gewesen war. In einer Fernsehdokumentation des Südwestfunks ergänzte Otto die Geschichte noch:

> Ich war in Auschwitz eines Tages sehr down und konnte nicht mehr. Ich bin geschlagen worden, und das hat mich sehr, sehr auch moralisch beeindruckt. Es war ein Sonntagmorgen und da habe ich gesagt: »Ich kann nicht aufstehen.« Und da haben meine Kameraden, alles Holländer natürlich, ich war ja schließlich doch Deutscher unter Holländern, aber ich bin vollkommen

> aufgenommen worden von den anderen, gesagt: »Das geht nicht, du musst aufstehen, sonst bist du verloren!« Und dann sind sie zu einem holländischen Arzt gegangen, der mit dem deutschen Arzt zusammengearbeitet hat, und dieser holländische Arzt kam zu mir in die Baracke. Er hat gesagt: »Steh auf und komme morgen früh an die Krankenbaracke. Ich werde mit dem deutschen Arzt sprechen, dass du aufgenommen wirst.« Und so ist es gekommen, und dadurch bin ich auch gerettet worden.[186]

Dieser niederländische Arzt hieß Samuel Kropveld (Abb. 102), und er sorgte mit dem anderen Arzt – in Wirklichkeit war es kein deutscher Kollege, sondern der tschechische Arzt Fischer – dafür, dass Otto Frank am nächsten Tag ins Krankenrevier eingeliefert wurde. Kropveld erklärte am 4. März 1948:

> (...) [S]o habe ich dort den Vater von Anne Franck (sic) kennengelernt, der unglaublich schmutzig und völlig verlaust auf einem Dachboden lag. »Doktor, hilf mir doch«, hieß es, und ich bin zu dem tschechisch-jüdischen Kollegen Fischer gegangen, um ihn um Rat zu fragen. Fischer war Neurologe und war bereit, Franck zur psychischen Beobachtung aufzunehmen. Dieser Franck wurde aufgenommen und in eine Ecke gesteckt, wo er noch lag, als die Russen ihn befreiten. Er wirft mir heute noch vor, dass ich ihm das Leben gerettet habe.«[187]

Der letzte Satz – »Er wirft mir heute noch vor, dass ich ihm das Leben gerettet habe« – steht in schroffem Gegensatz zu Otto Franks Aussage, er sei durch die Hilfe seiner Kameraden und den Aufenthalt im Krankenrevier »gerettet« worden und habe wie durch ein »Wunder« das Glück gehabt, Auschwitz zu überleben.[188]

Abschied

Irgendwann zwischen Anfang November und dem 21. November 1944 wurde Otto Frank in die Krankenbaracke von Auschwitz aufgenommen.[189] Er landete im Hospitalblock 19.[190] Trotz des Mangels an Medikamenten und fehlender ärztlicher Versorgung war es damals weniger gefährlich, ins Lagerkrankenhaus zu kommen als früher. Noch kurz zuvor waren Kranke in den Gaskammern ermordet worden, aber von Anfang November 1944 an wurde in Auschwitz niemand mehr vergast. In der Krankenbaracke erging es Frank relativ besser als vorher, denn er musste nicht arbeiten und während es draußen minus 20 Grad fror, konnte er sich im Haus aufhalten. Er tat sein Möglichstes, dort auch bleiben zu können.[191] Damit brach der Kontakt zu dem inzwischen ebenfalls erkrankten und unter schwerer Diarrhöe leidenden Sal de Liema ab. De Liema erinnert sich, dass ihm der betreuende niederländische Arzt Elie Cohen dringend von einem Besuch Otto Franks in der Krankenbaracke abriet, weil er den Freund anstecken könnte. Deshalb sahen sie sich erst nach dem Krieg wieder.[192]

In der Krankenbaracke freundete sich Frank mit dem bereits erwähnten Joseph Spronz an, einem ungarischen Juden.[193] Dort erzählte Spronz Otto Frank von seinen Herzproblemen, die er sich bei der schweren Arbeit im Steinbruch zugezogen hatte, und er zeigte ihm Verletzungen an Auge und Nase von den harten Schlägen, die ihm ein Kapo ins Gesicht versetzt hatte.[194] Kurz nach der Befreiung schrieb Otto seiner Cousine Milly Stanfield, dass er sich daran erinnere, wie zwei Mithäftlinge, die beide nicht überlebt hatten, im Krankenblock an Weihnachten Violine und Cello gespielt hatten.[195]

Die meiste Unterstützung erhielt Otto Frank von Peter van Pels. Peter war durch seine Arbeit in der Paketstelle in gutem körperlichem Zustand, und durch diese Position konnte er auch Freunden helfen. Während Ottos Zeit im Krankenrevier, seit November 1944, besuchte Peter ihn fast jeden Tag. »Peter (...) hat wie ein Sohn alles getan, um mir zu helfen. Täglich brachte er mir zusätzliche Nahrung (...) Er konnte nie lange bleiben. Wir unterhielten uns nie über ernste Dinge, und er sprach nie über Anne. Ich hatte nicht den Eindruck, dass er viel reifer geworden war«, erinnert sich Otto später.[196] Das Zitat spiegelt die Mischung aus Dankbarkeit und Kritik, mit der Otto nach dem Krieg in der Regel über Peter sprach, aber es sagt auch viel über Peters Stellung aus, denn seine Arbeit in der Paketstelle erlaubte es ihm offensichtlich, sich frei im Lager zu bewegen und leicht an zusätzliche Lebensmittel zu kommen, die er mit Otto Frank teilte. Damit sorgte Peter dafür, dass Otto bis zur Evakuierung des Lagers überleben konnte.[197]

Mitte Januar 1945 mussten sich Otto und Peter voneinander verabschieden. Nach den großen Deportationen seit Herbst 1944 waren Anfang 1945 noch etwa 67.000 Häftlinge im Lagerkomplex Auschwitz verblieben. Als die Rote Armee immer näher rückte, begann die SS die totale Evakuierung des Lagers vorzubereiten.[198] Nach diesen Plänen sollten die Gefangenen auf Fußmärschen in den Westen kommen und von dort mit dem Zug die Lager tief im Inneren des Deutschen Reichs erreichen. Als Mitte Januar 1945 die Sowjetarmee kurz davor war, das gut 60 Kilometer entfernte Krakau zu erobern, begann die Räumung von Auschwitz, mit Ausnahme der Krankenbaracken.[199]

Die Häftlinge hörten einige Tage vorher von der Evakuierung,[200] die mit einer weiteren Selektion verbunden war. Nur Häftlinge, die arbeitsfähig schienen und die in der Lage waren, mehrere Dutzend Kilometer am Tag zu marschieren, mussten mit auf den Marsch. Trotzdem meldeten sich auch viele Geschwächte und Kranke, aus Angst, sonst ermordet zu werden.[201] Weil die russische Offensive eine Woche früher als erwartet kam, schlich sich ein gewisses Chaos und eine gewisse Laxheit bei der Überwachung der Häftlinge ein. Deshalb gelang es einigen von ihnen, noch zusätzliche Kleidung und Lebensmittel aus einem aufgebrochenen Depot mitzunehmen.[202]

Wer für die Evakuierung in Frage kam, musste zum Appell antreten, Baracke für Baracke. Ihr Weg führte an den Küchen vorbei, wo sie eine Essensration mit auf den Weg bekamen. Zwischen dem 17. oder 18. und 21. Januar 1945 brachen insgesamt 56.000 Häftlinge mit diesen Todesmärschen zu verschiedenen Lagern in Deutschland auf.[203] In diesen Tagen lag eine dicke Schneedecke und es herrschte klirrende Kälte. Die Kleidung der Häftlinge war für dieses bitterkalte Winterwetter völlig unzureichend.

Peter van Pels gehörte zu der Häftlingsgruppe, die ins Konzentrationslager Mauthausen in Österreich gebracht wurde. Wie Otto Frank berichtete, schätzte Peter seine Chancen gut ein und wollte mit den Häftlingen, mit denen er zusammengearbeitet hatte, auf den Evakuierungstransport gehen.[204] Ende der 1970er Jahre berichtete Otto Frank dem amerikanischen Journalisten Arthur Unger, dass ihn Peter van Pels kurz vor der Räumung von Auschwitz in der Krankenbaracke besucht habe:

> Die Deutschen mussten Auschwitz verlassen und evakuierten alle Häftlinge. Zum Glück war ich im Krankenhaus. Im sogenannten Krankenhaus: Es war keine Behandlung, die wir dort erhielten. Es war nur so, dass man nicht geschlagen wurde und nicht draußen sein musste. Es waren 20 Grad unter null, und ich tat alles, um drinnen zu bleiben. Peter war wohlgenährt und hatte eine gute Ausgangsposition. Er war jung. Peter sagte: »Alle Leute, mit denen ich zusammenarbeite, gehen, also gehe ich auch, ich werde es schaffen.« Ich sagte: »Peter, versteck dich. Du kannst dich hier im Hospital verstecken, im oberen Stock oder sonstwo.« Aber er wollte nicht, und deshalb ist er umgekommen.[205]

In seinen Beschreibungen nach dem Krieg nennt Otto Frank Peters Entscheidung einen fatalen Fehler und bezeichnet ihn sogar als naiv. »Peter war ein sehr lieber Junge, wirklich ein herzensguter Mensch. Aber er war nicht besonders klug«, sollte er dem später noch hinzufügen.[206]

Auch Samuel Kropveld bestätigt, dass es eine echte Option war, sich in der Krankenbaracke zu verstecken. Aber aus seiner Erklärung geht auch hervor, dass die Häftlinge gute Gründe hatten, sich nicht auf dieses Risiko einzulassen. Kropveld, der wie Peter mit den »gesunden« Häftlingen mitmarschierte und in die Lager Mauthausen oder Melk kommen sollte, sagt in seinem Lagerbericht, er habe ernsthaft in Erwägung gezogen, in Auschwitz zu bleiben. »Bei der Evakuierung habe ich zuerst überlegt, ob ich nicht versuchen sollte zu bleiben. Ich hatte schon einen richtigen Plan gemacht und beriet mich mit dem Chef (...), doch der sagte mir, dass, wer dabliebe und krank sei, bestimmt nicht am Leben gelassen würde. Es war keine große Kunst, sich zu verstecken (...), aber als ich dann überlegte, dass es schiefgehen und der Laden hier hochgehen würde, habe ich mich dem Evakuierungstransport angeschlossen.«[207] Es ist anzunehmen, dass Peter ähnliche Gerüchte gehört hatte und auch in Anbetracht seiner relativ guten Kondition davon ausging, dass seine Überlebenschancen größer wären, wenn er sich den anderen anschließen würde.

Otto Frank blieb mit den anderen Kranken in der Krankenbaracke zurück. Kurz nach seiner Befreiung hielt er in seinem Notizbuch eine Reihe von wichtigen Daten fest. Am 16. Januar steht: »›SS‹ geht fort«. Nach der Räumung von Auschwitz, die tatsächlich zwischen dem 17. und dem 21. Januar 1945 erfolgte, blieb der Krankenblock, in dem Otto Frank sich aufhielt, unangetastet. Er und etwa 8000 andere schwache und kranke Häftlinge blieben in Auschwitz zurück. Niemand hätte sagen können, ob man sie befreien oder doch noch ermorden würde.[208] Nachdem die letzten SS-Männer mit den Häftlingen abmarschiert waren, bewegten sich die Zurückgebliebenen auf der Suche nach Nahrung vorsichtig durch das Lager. Otto Frank erinnerte sich später daran:

> Als die Deutschen fort waren, waren wir allein. Die Leute aus dem Hospital und noch etliche andere. Und dann fanden wir ganz viel

> zu essen, Keller voller Vorräte, die der SS gehört hatten, nur Wasser gab es nicht, weil alles eingefroren oder kaputt war. Doch in der Umgebung waren Seen. Wir gingen hin, brachen Stücke aus dem Eis und schmolzen es.[209]

Auch Joseph Spronz erinnert sich daran, wie sich die zurückgebliebenen Häftlinge organisierten, um möglichst viel Wasser in die Küche zu bringen. »Jeder Patient, der sich noch bewegen konnte, schleppte Wasser in die Küche. Wir tranken nur abgekochtes Wasser, aber schwarzen Kaffee gab es reichlich, dank der Vorräte, die wir gefunden hatten.«[210]

Wie bereits oben dargelegt, war Otto davon überzeugt, dass er den Holocaust nur darum überlebt hat, weil er in der Krankenbaracke geblieben ist und um jeden Preis dort bleiben wollte, statt sich wie andere auf die Evakuierung des Lagers vorzubereiten.[211] Weitere ehemalige Häftlinge, wie Eddy de Wind, teilten diese Überzeugung. Sie haben überlebt, weil sie im Krankenrevier geblieben und den Todesmärschen entronnen sind.[212]

Doch was in vielen Zeitzeugnissen als wohlüberlegte Entscheidung zwischen Aufbrechen oder dem Versuch zu bleiben dargestellt wird, war am Ende doch ein Lotteriespiel. In Wirklichkeit hatten die Häftlinge keine Ahnung, was ihnen bevorstand und konnten sich, sofern sie überhaupt eine Wahl hatten, lediglich auf vage Gerüchte und ihr Gefühl verlassen. Der niederländische Arzt Elie Cohen schreibt, dass er und einige andere sich niemals hätten vorstellen können, zu Fuß weiter zu müssen. Dass es »Fußtransporte« gab, war ihnen durchaus bekannt, denn eine Reihe von Niederländern war zu Fuß von Lublin nach Auschwitz gekommen. Doch trotz dieser Information konnten sie nicht glauben, dass es den Deutschen gelingen könnte, in kurzer Zeit tausende von Menschen »ins Reich« zurückzubringen. An dem Abend, als die Männer bereitstanden und Eddy de Wind sich von seinen Mithäftlingen verabschiedete, sagte er zu

Elie Cohen: »Ich weiß nicht, wer es richtig macht, ihr oder ich, aber ich glaube nicht, dass ich den Transport überleben würde, und deshalb gehe ich das Risiko ein, hier zu bleiben. Nach dem Krieg wird sich zeigen, wer recht hat.«[213]

Nachträglich stellte sich heraus, dass es tatsächlich Pläne gab, alle im Lager Zurückgebliebenen zu ermorden.[214] Am 26. Januar, als Otto Frank mit einigen anderen Häftlingen dabei war, einen zugefrorenen Teich aufzuhacken, um an Wasser zu kommen, tauchte plötzlich eine Gruppe von SS-Männern auf, die alle Häftlinge antreten ließen, um sie zu exekutieren.[215] In einem Brief vom 8. Juni 1945 an seine Mutter beschrieb Otto Frank, wie er Ende Januar nur knapp dem Tod entronnen war. »Am 26. waren wir durch die S.S. herausgeholt, um ermordet zu werden, aber die S.S. wurde abgerufen bevor es möglich war – es geschah ein Wunder.«[216]

Auch im Notizbuch von Otto Frank findet sich eine kurze Erwähnung dieses Ereignisses: »26.I Apell.«[217] Dieses Ereignis wird auch von Justus Philips, Joseph Spronz und Eddy de Wind beschrieben.[218] In *Ich blieb in Auschwitz* beschreibt Eddy de Wind, wie er von einem Mithäftling hörte, dass sie nur knapp mit dem Leben davongekommen waren:

> Um drei Uhr nachmittags kam ein SS-Trupp, die Schweine vom Vernichtungskommando, ganz in Schwarz und bis an die Zähne bewaffnet. Sie sind in die Blocks gegangen und haben mit ihren Gewehrkolben alle nach draußen gescheucht. Der arme alte Zlobinsky hat eine riesen Kopfverletzung davongetragen. Sogar Schwerstkranke standen draußen. Sie wurden von Pflegern und anderen Kranken, die noch laufen konnten, gestützt. Dann hieß es, dass wir wieder reindürfen. Sie wollten Wagen holen, um uns zu einem Zug zu bringen. Wenn sie uns rufen würden, sollten wir sofort antreten. Anschließend sind sie nach Birkenau und haben dort dasselbe getan. Viele dort haben es nicht mehr aus ihren

> Betten geschafft. Mit fast tausend Kranken aus Birkenau sind sie dann Richtung Auschwitz marschiert. Als sie ein paar Hundert Meter jenseits des Lagers waren, kam ein Wagen, und Rufe wurden laut. Da sind die SS-Männer in den Wagen gesprungen und wurden nicht mehr gesehen.[219]

Die Häftlinge sind um Haaresbreite dem Tod entronnen, weil der Vormarsch der Roten Armee den deutschen Rückzug zu blockieren drohte und die SS mit einem Mal andere Prioritäten setzte. Am nächsten Tag, dem 27. Januar 1945, wurde Auschwitz von der Roten Armee befreit. Nach heftigen Luftkämpfen und verzweifelten Versuchen der Wehrmacht, die Rote Armee an der Sola aufzuhalten, erreichte die 60. Armee der sowjetischen Ersten Ukrainischen Front die Tore von Auschwitz, wo sie 8000 erheblich geschwächte im Lager Verbliebene vorfand (Abb. 103). »Ruski«, schrieb Otto Frank zu diesem Datum später in sein Notizbuch.[220] An das Eintreffen der russischen Soldaten erinnerte er sich später nur noch wenig. Er war inzwischen sehr schwach und konnte sich später nur noch an »schneeweisse« Pelzmäntel erinnern und an seine riesengroße Erleichterung, endlich befreit zu sein. Dass es Soldaten der von ihm mit Argwohn betrachteten Sowjetunion waren, der er misstraute, spielte für ihn in diesem Augenblick keine Rolle. »Es waren gute Menschen, unsere Befreier. Es war uns gleichgültig, ob sie Kommunisten waren oder nicht. Wir interessierten uns nicht für Politik, sondern für unsere Befreiung.«[221]

Der russische Kameramann Alexander Woronzow, der zu einem Filmteam der Roten Armee gehörte, das dokumentieren sollte, was sich im Lager abgespielt hatte, schrieb später über das, was er dort vorgefunden hatte:

> Die Frauen weinten, und es soll nicht geleugnet werden, die Männer weinten auch. Überall im Lager waren auf dem Boden Berge aufgetürmt. Manche bestanden aus gesammelten

> Kleidungsstücken, andere aus Töpfen, wieder andere aus menschlichen Kiefern. Ich glaube, dass nicht einmal die Befehlshaber unserer Armee eine Ahnung von dem Ausmaß der Verbrechen hatten, die in diesem größten aller Lager begangen worden waren. Die Erinnerung daran hat mich mein Leben lang begleitet. Das alles war das Ergreifendste und Schrecklichste, was ich während des Krieges je gesehen und gefilmt habe. Die Zeit hat keine Macht über diese Erinnerungen. Sie hat die schrecklichen Dinge, die ich gesehen und gefilmt habe, nicht aus meinem Gedächtnis löschen können.[222]

20 Wochen und vier Tage war Otto Frank Häftling in Auschwitz. Bei seiner Befreiung wog er nur noch 52 Kilo.[223] Am 2. Februar 1945 wurde er in die Krankenstation in Block 18 verlegt, wo er von dem polnischen Rot-Kreuz-Arzt Józef Bellert, der sich um die Häftlinge kümmerte, versorgt wurde. Obwohl es im Lager kaum Medikamente oder medizinische Geräte gab, versuchten Bellert und seine Kollegen, die Häftlinge möglichst gut zu betreuen.[224] Nach einiger Zeit erholte sich Otto Frank ein wenig. Es war der Beginn eines lange dauernden Wiederherstellungsprozesses, seiner Repatriierung und auch seiner Suche nach Informationen über seine Frau, seine Töchter und die anderen mit ihnen Untergetauchten.[225]

»Man brauchte ihr keinen Mut zu machen, denn den gab es nicht.«

4 Edith, Anne und Margot Frank und Auguste van Pels in Auschwitz-Birkenau

Das Lagerleben: Hunger, Kälte, Selektionen

Wie die Männer mussten auch die Frauen des Transports vom 3. September 1944 nach der Registrierung in Auschwitz-Birkenau zunächst in Quarantäne. Es ist schwierig, genau herauszufinden, was Auguste van Pels, Edith Frank und ihre Töchter in Birkenau durchgemacht haben und wann sie sich in welchen Bereichen des Lagers aufhielten, zumal es in den letzten Monaten des Jahres 1944 auch ständig interne Verlegungen gab.[1] Anita Mayer-Roos, die zur selben Zeit in Auschwitz-Birkenau inhaftiert war, berichtete, sie habe in Birkenau innerhalb des Frauenlagers mindestens sechsmal umziehen müssen, bevor sie am 26. Oktober 1944 mit einem Transport ins Außenlager nach Libau gebracht wurde.[2]

Die wenigen erhaltenen Unterlagen der Lagerverwaltung bieten einen gewissen Einblick in die Quarantänebedingungen von Birkenau. Beispielsweise scheint sich die Lebensmittelversorgung im September 1944 ein wenig gebessert zu haben. Damit die Arbeitskräfte im Lager wieder zu Kräften kommen sollten, stellte ein Lagerarzt am 10. September 1944 den schriftlichen Antrag, den 1122 Frauen, die sich damals im Abschnitt BIIa in Quarantäne befanden, zweimal wöchentlich zusätzlich Wurst und Brot auszugeben.[3] Außerdem forderte er für die Frauen in den Baracken 5 und 6 1000 Stück Seife an.[4] Zwar sind zu diesen Anträgen keine Entscheidungen bekannt, aber sie erhellen doch administrative Abläufe.

Bloeme Emden, die zur selben Zeit wie die Familie Frank in diesem Lager inhaftiert war, erinnert sich an den »umfassenden Kreislauf«, die Aufnahmeprozedur, die Neuankömmlinge durchlaufen mussten, nachdem die Männer von den Frauen getrennt worden waren:

> Man wurde vorangetrieben, eine lange Strecke. Am Ende stand ein Mann, der sagte: »So oder so.« Eine der Frauen, die ich kennengelernt hatte, sagte: »Meine Cousine und das Kind, die waren doch eben noch da, wo sind die nur?« Einer von denen in

den gestreiften Anzügen, die uns herausprügelten, war ein Holländer, ebenfalls ein Häftling, aber das wussten wir ja nicht ... der sagte zu ihr: »Ach, die sind schon tot.« Dann... ich war an dieser Ecke, ich war auch grade erst achtzehn, da kamen wir in einen Raum, wo uns die Haare abrasiert wurden, am ganzen Körper, und dann hat man uns eine Nummer auf den Arm tätowiert. Und danach mussten wir uns ausziehen, und die ganzen Kleider wurden auf einen Haufen geschmissen, und die Schuhe auch, und dann gingen wir unter die Dusche. (...) Naja, wenn man dann aus der Dusche kam, konnte man unmöglich seine Kleider wiederfinden, also musste man sich was von dem Haufen nehmen und ein Paar Schuhe suchen. Und dann wurde man weitergetrieben. Nicht gehen. Weitergetrieben, zu der Baracke, in der wir dann untergebracht waren. Dreistöckige Holzgestelle, die Platz für zehn Frauen boten. Also dreißig Frauen pro Einheit. Wenn nicht genug Platz war, mussten eben mehr rein. Das Entsetzen, das einen da überfällt ... Das Grüppchen Freundinnen aus dem Gefängnis, die schliefen alle im selben Bett. Und am Ende waren wir eine Gruppe von dreizehn Frauen, von denen ich die jüngste war, die zwei ältesten waren zwanzig Jahre älter als ich. Fünf von ihnen sind in Auschwitz gestorben.[5]

Edith, Margot, Anne und Auguste landeten mit den anderen Frauen aus dem Transport vom 3. September 1944 in der Quarantänebaracke 29.[6] Dort blieben sie über die etwa achtwöchige Quarantänezeit, bis Ende Oktober 1944 die Selektionen für Libau, Kratzau und Bergen-Belsen begannen.[7] Diese Quarantänebaracken waren 1941 von russischen Kriegsgefangenen gebaut worden. Sie hatten kein Fundament, der Boden bestand aus gestampfter Erde, einer dünnen Zementschicht oder losen Steinen.[8] Die Baracken maßen 36 mal 11 Meter und waren mit Steinmauern in etwa 60 zwei mal zwei Meter große Nischen unterteilt, in denen jeweils drei übereinander liegende Pritschen aus Holz zum Schlafen dienten.[9] Die Pritschen waren mit Stroh, auf dem eine Pferdedecke lag, bedeckt.

Überlebende betonen die Beengtheit in den Baracken. Nirgendwo war genug Platz, um sich hinsetzen zu können, und manchmal mussten zehn bis zwölf Frauen in Wechselschichten in einer einzigen Koje schlafen.[10] Ein junges Mädchen, das kurz nach der Befreiung vom Roten Kreuz befragt wurde, berichtete über die Quarantänebaracke: »Drinnen waren Kojen. Zwei übereinander, wobei es in der ersten sehr dunkel war. Für jede Koje bekamen wir zwei Strohsäcke und fünf dünne Decken. Eigentlich sollten wir zu fünft in einer Koje schlafen, aber es waren zu viele Leute da, deshalb schliefen wir zu zehnt in einer Koje.«[11]

Dieses Bild wird von Frieda Brommet und Ronnie van Cleef bestätigt, die zur selben Zeit wie Edith, Anne und Margot in Baracke 29 ankamen. Sie schliefen nebeneinander und erinnern sich, dass Anne, Margot und Edith auf der überfüllten Pritsche direkt über ihnen lagen. Frieda beschreibt es wie folgt: »Man lag zu acht, und dazu eine am Fußende. Dann lagen wir wie die Löffelchen aneinander. Und wenn sich eine umdrehte, dann mussten sich alle umdrehen. Und die es am schwersten hatte, lag unten, an den Füßen, denn die bekam die Füße von allen ab. Und über uns schliefen die Frank-Frauen: Edith, Margot und Anne.« Kontakt zu den Franks hatten Ronnie und Frieda zu dem Zeitpunkt noch nicht. »Man sprach kaum mit jemandem«, berichtet Frieda Brommet in einem Interview der Zeitzeugenbefragung dem Anne Frank Haus. Erst später, als sie zusammen im Krätzeblock lagen – der Krankenbaracke, in der die Gefangenen mit Krätze untergebracht wurden –, sollten sie mehr Zeit miteinander verbringen.[12]

Aus den Zeitzeugenberichten geht hervor, dass die Gruppe der niederländischen Häftlinge nach der Quarantänezeit im Großen und Ganzen beisammenblieb.[13] Ronnie van Cleef bezeichnete es als die »holländische Baracke«. Rosa de Winter-Levy, die ebenfalls in Baracke 29 eingewiesen wurde, betont dagegen, dass in der Baracke nicht nur Niederländerinnen hausten, sondern bei ihrer Ankunft schon etwa fünfhundert französische, ungarische und polnische Frauen dort untergebracht waren, zu denen die circa 200 Niederländerinnen noch hinzukamen.[14]

Schon bald lernten die Frauen das harte Lagerregiment kennen. Einige Zeitzeuginnen erklären, dass sie während der ersten Quarantänetage weder Essen noch etwas zu trinken bekamen.[15] Außerdem mussten sie noch arbeiten.[16] Diese Arbeit war nicht nur extrem schwer, sondern auch völlig sinnlos. Sie mussten den ganzen Tag lang Grassoden stechen und auf einen Haufen werfen, Sand und Steine schleppen, ohne irgendeinen Nutzen. Lenie de Jong-van Naarden erinnert sich, dass sie in Auschwitz ständig arbeiten musste, »immer Steine von einer Seite auf die andere schleppen, und eine andere Schicht musste sie wieder zurückholen«.[17] Sie trugen die Steine im Schoß ihres Kleids oder, zur Strafe, mit ausgestreckten Armen.[18] Den Frauen, die zum Stubendienst eingeteilt waren und tagsüber in der Baracke bleiben durften, um zu putzen oder Essen zu holen, ging es viel besser; doch wie schon in Westerbork bekam man diese begehrten Posten nur mit Glück und guten Beziehungen.[19]

Edith, Margot, Anne und Auguste überlebten die Quarantänezeit. Wie die meisten Frauen mussten sie Schwerarbeit verrichten. Auch Rosa de Winter-Levy beschreibt, dass die Frauen Ziegelsteine und schwere Grassoden schleppen mussten. Zweimal am Tag mussten die Frauen zum Appell antreten, um gezählt zu werden, eine Quälerei für alle.[20] Der Morgenappell begann um 4 Uhr, der Abendappell dauerte oft bis tief in die Nacht. Während dieser endlosen Exerzierübungen brachen viele Frauen zusammen. Dann mussten eigens zusammengestellte Häftlingstrupps zwischen den Reihen durchgehen und die leblosen Körper wegschleppen.

Die jüdischen Frauen lebten in ständiger Angst vor Selektionen, die in Birkenau meist beim Appell und bei der Rückkehr der Arbeitskommandos stattfanden, aber auch in der Krankenbaracke und in den Bädern.[21] Eine niederländische Überlebende kann sich noch erinnern, dass jeden Monat, manchmal auch alle zwei Wochen oder sogar alle zwei Tage, Selektionen stattfanden.[22] Auf die Frage, wie ihr Gemütszustand gewesen sei, sagt Bloeme Emden: »Oft waren wir sehr düsteren Gefühlen, Ängsten ausgeliefert. Aber man gewöhnt sich an Todesangst. Ja, man gewöhnt sich an die Angst vor dem Tod. Aber man kann nicht tagein, tagaus in Todesangst leben. Ich nannte das gelassen. Vielleicht wurde man gleichgültig.«[23]

Das Essen bestand aus »Kaffeewasser«, Ersatzkaffee, wässriger Suppe aus Kartoffeln oder verdorbenem Gemüse, Brot und manchmal dazu ein wenig Wurst, Käse oder Margarine. Weil Juden keine Lebensmittelpakete bekommen durften, waren sie die ersten, die an Krankheiten infolge des Hungers starben. Wie bei anderen Lagerroutinen war man auch bei der Essensausgabe Einschüchterungsversuchen ausgeliefert, beispielsweise Schlägen. Häftlinge, die als weibliche Kapos von der Lagerleitung, hauptsächlich von Block- und Stubenältesten, benannt worden waren, behielten das für die Häftlinge bestimmte Essen oft für sich zurück.[24]

Von Zeit zu Zeit mussten die Frauen zur Entlausung in die Zentralsauna, wo ihre Kleider und Decken desinfiziert wurden und sie beliebige andere Kleidungstücke zurückbekamen.[25] Eine der Frauen aus dem Transport vom 3. September 1944 verlor bei einer solchen Entlausungsaktion in der Zentralsauna ihr Wollkleid, das sie unmittelbar davor für drei Brotrationen und zwei Rationen Margarine gekauft hatte.[26] Auch Bloeme Emden berichtet in einem Interview, dass es »einen regen Handel Brot gegen Kleider« gegeben habe.[27]

Überwachung und Gewalt im Frauenlager

In Auschwitz-Birkenau bekamen es die weiblichen Häftlinge auch mit Wachmännern zu tun, aber im Alltagsleben waren es überwiegend Frauen, die für die Bewachung verantwortlich waren. Lange haben diese Frauen in der Geschichtsschreibung relativ wenig Beachtung gefunden. Zwar sorgten die Nachkriegsprozesse gegen berüchtigte Aufseherinnen wie Ilse Koch und Irma Grese für Aufsehen, aber zu einer strukturellen Analyse ihrer Rolle im System der Konzentrationslager kam es erst in jüngerer Zeit. Wissenschaftlerinnen wie Elissa Mailänder, Kathrin Kompisch und Wendy Lower wiesen nach, dass Frauen in der nationalsozialistischen Gewaltausübung eine viel wichtigere Rolle spielten, als oft angenommen worden war.[28] Nicht zuletzt dank dieser Forschungsarbeiten wurde das stereotype Bild der Rolle der Frau im Dritten Reich als passiv und untergeordnet weitgehend widerlegt. Die Wissenschaftlerinnen wiesen außerdem nach, dass die Frauen zwar nie die gleichen Karrierechancen hatten wie die Männer, ihnen aber dennoch viel Raum für Eigeninitiative und selbstständiges Handeln blieb.[29] Und in einigen Lagern, etwa in Ravensbrück und Auschwitz, bekamen Frauen innerhalb des Verwaltungsapparats der Konzentrationslager neue Karrieremöglichkeiten, die ihnen sogar Zugang zu Führungspositionen ermöglichten.[30]

Dies galt insbesondere für das große Frauenlager in Auschwitz-Birkenau. An der Spitze der weiblichen Kapos des dortigen Frauenlagers stand die österreichische Oberaufseherin Maria Mandl (Abb. 104). Mandl hatte bereits in den Konzentrationslagern Lichtenburg und Ravensbrück Erfahrungen gesammelt und kam im Oktober 1942 als Nachfolgerin von Johanna Langefeld nach Auschwitz-Birkenau. Lagerkommandant Rudolf Höß hatte Langefeld seit ihrem Amtsantritt in Auschwitz Steine in den Weg gelegt und sie als nicht tatkräftig genug denunziert.[31] Doch die Versuche von Höß, die Leitung des Frauenlagers an sich zu ziehen, fanden wenig Widerhall bei Heinrich Himmler, der meinte, dass ein »Frauenlager auch von einer Frau geführt« werden solle.[32]

Mandl brachte mit ihrer Erfahrung aus früheren Lagern die Härte und Unbarmherzigkeit mit, die den Vorstellungen von Rudolf Höß entsprachen. Allerdings war er vom Organisationstalent dieser Frau nicht besonders beeindruckt. Deshalb wurde für die

Schutzhaftlagerführung eine weiblich und männlich besetzte Doppelspitze eingerichtet, in der von August 1943 an neben den Aufseherinnen ein männlicher Schutzhaftlagerführer, Franz Hößler, für die tägliche Routine im Frauenlager zuständig war.[33]

Doch trotz des Machtkampfes mit Höß behielt Mandl eine weitgehende Autonomie. Höß gab ihr für Selektionen und Strafen freie Hand, und auch formal lag die Leitung des Frauenlagers in der Hand der SS-Oberaufseherin. Mandl war wegen ihrer Grausamkeit berüchtigt und bekam in Auschwitz den Spitznamen »das Biest«. Sie führte ungefähr 170 Aufseherinnen, die ihrerseits von Kapos und Blockältesten unterstützt wurden.[34] Weil Häftlinge deren Namen oft nicht kannten und nur wenige Aufseherinnen angeklagt wurden, ist es schwer, sich ein genaues Bild davon zu verschaffen, wer diese Frauen eigentlich waren, die Anne, Margot und Edith in Auschwitz bewachten. Abgesehen von Mandl haben wir tatsächlich bis heute nur Wissen über einige wenige andere, berüchtigte weibliche Aufseherinnen. Zum Beispiel über Elisabeth Volkenrath, die bei den Selektionen für die Gaskammer mitwirkte und für die Brotverteilung im Lager zuständig war.[35] Eine andere berüchtigte Aufseherin war Irma Grese, die als Assistentin von Lagerarzt Mengele unter dem Spitznamen »Blonder Todesengel« für ihre Grausamkeit gegen Häftlinge bekannt war.

Offenkundig ist jedenfalls, dass die weiblichen Häftlinge in Auschwitz-Birkenau ständiger Demütigung und Gewalt ausgesetzt waren. Rosa de Winter-Levy beschreibt, wie sich die Frauen bei der Ankunft unter den schamlosen Blicken der männlichen Wachen entkleiden mussten und dann am ganzen Körper rasiert wurden:

> Nachdem wir unsere Namen angegeben haben, müssen wir uns im Beisein der SS ganz ausziehen, wir stehen nackt da, werden in einer Reihe aufgestellt und von polnischen Frauen, die dafür eingeteilt wurden, komplett kahlrasiert. Zwischen ihnen laufen

> ständig die SS-Kommandanten mit einer großen Bulldogge durch; wir zittern vor Angst, Erschöpfung und Scham. Wir sind hier Zielscheibe des Gespötts, stundenlang. Eines der Tiere, anders kann ich sie nicht bezeichnen, reißt einem Mädchen, das neben mir steht, die Tücher vom Leib. Ich gebe ihr ein Zeichen, sich hinter mich zu stellen. Damit kann sie sich den spähenden Augen der SS-Vandalen so weit wie möglich entziehen.[36]

Wie die Männer wurden auch die Aufseherinnen und weiblichen Funktionshäftlinge oft gewalttätig. Rosa de Winter-Levy erinnert sich, dass die stellvertretende Blockälteste die Häftlinge am ersten Morgen in Birkenau mit Stockhieben aus den Betten jagte, um sie zum Morgenappell zu treiben, wo sie stundenlang nebeneinander stehen mussten, um »gezählt« zu werden. Am nächsten Tag sah Rosa, wie eine andere Gefangene, die wie sie die genauen Abläufe im Lager noch nicht kannte, auf der Straße, deren Betreten für Häftlinge verboten war, durchs Lager ging. Plötzlich stand eine Aufseherin vor ihr, mit der Peitsche in der Hand, und schrie sie auf Deutsch an. Als die Niederländerin, die kein Deutsch verstand, nicht umgehend auf den Befehl reagierte, wurde die Aufseherin wütend. »Sie befiehlt ihr, sich hinzuknien, schlägt erbarmungslos mit der Peitsche zu und tritt sie so sehr, dass die Gefangene blutüberströmt liegenbleibt. Später mussten wir sie zur Ambulanz (eine andere Bezeichnung für die Krankenbaracke) tragen, wo sie ihren Verletzungen erlegen ist.«[37]

Auch Rosa sollte den Prügeln nicht entgehen. Nachdem sie bereits eine Weile im Lager waren, wurden die Frauen ein weiteres Mal in einem Duschraum entlaust und bekamen dann, nachdem alle fast einen Tag lang nackt dagestanden hatten, wieder Kleidung ausgeteilt. Rosa und ihre Tochter, die beide Fieber und Durchfall hatten, konnten sich kaum damit bedecken. Rosa war es nicht gelungen, mehr als nur ein zerrissenes Kleid zu ergattern. Obendrein bekamen sie noch eine Kollektivstrafe von den Wachen, weil einige der Frauen versucht hatten, sich der Entlausung zu entziehen. Deshalb mussten sich alle hinknien und mit erhobenen Händen einen Ziegelstein stemmen. Rosa hielt es nicht mehr aus und bat den männlichen Blockführer um ein Hemd:

> Ich knie in meinem zerrissenen Kleid ganz vorn, er sieht meinen nackten Bauch. Ich bitte um ein Hemd. Er schlägt mich mit der Peitsche und sagt höhnisch: »Scheiß egal, nackter Bauch, kannst verrecken.« Dann baut er sich vor uns auf, den Revolver auf uns gerichtet: »Ich hab Lust zum Schießen.« Bis tief in die Nacht müssen wir so stehen. Es ist furchtbar.[38]

Lenie de Jong-van Naarden und Bloeme Emden, die in Auschwitz viel Umgang miteinander hatten und zu einer Gruppe niederländischer Frauen gehörten, erinnern sich nicht nur an das erschöpfende Appellstehen, an den Hunger, die Kälte und die miserablen Hygienebedingungen im Lager, sondern auch an die Gewalttätigkeiten. Laut Bloeme Emden wurde dort »fürchterlich viel geschlagen«. Auch sie wurde einmal von einer der Aufseherinnen, vermutlich einer Kapo, außergewöhnlich erbarmungslos zugerichtet. »Die hat mich so brutal geschlagen, dass mein Trommelfell geplatzt ist. Dadurch hatte ich jahrelang ein eiterndes Ohr.«[39]

Obwohl sie sich nicht daran erinnern kann, dass Anne und Margot ähnliches widerfuhr, war diese Art von Gewalt an der Tagesordnung. So erfahren wir von Bloeme, dass ein SS-Mann eine Freundin von ihr, Anita, einmal verprügelt und sie darüber so wütend wurde, dass sie den Mann, der sie misshandelt hatte, fast mit der Schaufel, die sie in den Händen hielt, angegriffen hätte. »Das hätte sie garantiert das Leben gekostet, wenn Leni sie nicht am Arm gepackt und zu Boden gezwungen hätte. Wieder ein Leben gerettet. So! Das sind Situationen, die man gar nicht beschreiben kann.« Lenie de Jong-van Naarden erinnert sich, dass es ihrer kleinen Gruppe im Allgemeinen gelang, sich

Misshandlungen zu entziehen, indem sie dicht beisammenblieben und sich gegenseitig möglichst davon abhielten, in Schwierigkeiten zu geraten. Trotzdem bekam sie kurz nach ihrer Ankunft einen heftigen Schlag auf den Kopf, als sie beim Kahlscheren losprustete. »Ich hatte sehr langes Haar, es war mit vielen Nadeln hochgesteckt, und bei der, die neben mir saß – bei Annie[40] – war es genauso, und vor lauter Nervosität lachten wir alle beide los. Und da hab ich mir doch glatt einen Schlag auf den Kopf eingefangen, das war das erste Mal, dass ich geschlagen wurde, weil ich lachte.«[41]

Und obwohl es ihr wichtig ist zu betonen, dass sie durch den Schutz, den ihr die Gruppe bot, von der Gewalt »wenig merkte«, beweist ihr Interview doch, dass ständig die Gefahr einer extremen Bestrafung drohte. »Man musste unbedingt, wenn man links gehen sollte, dann *musste* man auch links gehen, und auf keinen Fall rechts. Man hat Leute einfach erschossen, schon gleich am Anfang. Die haben irgendwas falsch gemacht, oder was weiß ich.«[42]

Die Häftlinge waren ständig mit dem Tod konfrontiert. Rosa de Winter-Levy hält in ihrem Bericht fest, dass Frauen, die zu fliehen versuchten, im Lager an einem Galgen aufgehängt wurden, um die anderen Häftlinge abzuschrecken. »Es ist ein grauenhafter Anblick. Wir müssen daran vorbeigehen und hinsehen.« Aus den Berichten von Frauen, die zur selben Zeit wie Auguste, Edith, Anne und Margot in Birkenau waren, geht hervor, dass sich vor allem die Ankunft einer großen Gruppe ungarischer Kinder, die direkt nach ihrer Ankunft in den Gaskammern ermordet wurden, unauslöschlich einprägte. Rosa de Winter-Levy erinnert sich, dass sie nach einem Arbeitstag nach Birkenau zurückkam und dort »einen ganzen Transport ungarischer Kinderchen« sah. »Doch, oh Schreck, sie müssen sich ausziehen und nackt im Regen stehen, bis sie hineingeholt werden. Die armen Kinder denken, dass sie in ein Badehaus kommen, aber sie werden dort vergast und verbrannt.«[43] Erst dabei wurde ihr klar, dass in den Krematorien massenhaft Leichen verbrannt wurden. Sie erzählte

Ernst Schnabel auch, dass Anne die ungarischen Kinder ebenfalls gesehen hatte. »Und sie (Anne) weinte auch, als wir an den ungarischen Kindern vorbeimarschierten, die schon einen halben Tag nackt im Regen vor den Gaskammern warteten, weil sie noch nicht an der Reihe waren. Und Anne stieß mich an und sagte: ›Sieh doch. Die Augen ...‹«[44] Auch Lenie de Jong-van Naarden war Zeugin der Ankunft der kleinen Ungarn: »Und wenn man dann so eine Menge Kinder Hand in Hand laufen sah. Nein, das war nicht, wirklich nicht, mit anzusehen, Kinder, die in die Gaskammer gingen.«[45]

In der »holländischen Baracke«: Edith, Anne und Margot Frank und Auguste Pels

In dieser Welt von Hunger, Krankheit, Gewalt und Tod mussten Edith, Anne, Margot und Auguste versuchen zu überleben. Aufgrund der verschiedenen Zeitzeugenberichte können wir uns ein Bild davon machen, was sie dort durchzustehen hatten. So wie bei den anderen Frauen begann ihr Lagerleben mit der Registrierung und dem Einstechen einer Zahl. Die Nummern, die Edith Frank und ihre beiden Töchter bei der Registrierung auf den linken Unterarm eintätowiert bekamen, liegen zwischen A 25109 und A 25116.[46] Danach mussten sie in Block 29 des Frauenlagers in Quarantäne.[47]

Dort hatten einige Frauen noch regelmäßig Kontakt mit Edith, Anne und Margot Frank. I. Salomon erklärte in einem Bericht an das Rote Kreuz, dass sie in Block 29 untergebracht war, wo sie auf strohbedeckten Holzpritschen schlafen musste. In ihrer kurzen Schilderung erwähnt sie auch, dass Frau Frank und ihre Töchter über ihr schliefen.[48] Auch andere erinnern sich noch an Edith, Margot und Anne Frank in dieser Baracke.[49] In Birkenau bildeten Bloeme Emden und Lenie de Jong-van Naarden mit einem Dutzend weiterer niederländischer Frauen eine verschworene Gemeinschaft. Bloeme und Lenie hatten ebenfalls Kontakt zu Anne, Margot und Edith, obwohl die drei nicht richtig zu dieser niederländischen Frauengruppe gehörten.

Bloeme schildert Anne, Margot und Edith als »untrennbare Dreieinigkeit«.[50]

Wieder andere Zeitzeugen berichten, dass Anne und Margot im Krätzeblock landeten – der Baracke für Häftlinge mit Krätze. Nicht lange nach ihrer Ankunft brach eine Scharlachepidemie aus. Daher mussten Ronnie van Cleef und kurz darauf auch Frieda Brommet in die Krankenbaracke. Nach einigen Wochen wurden auch sie in den Krätzeblock verlegt, wo sie Margot und Anne Frank vorfanden.[51]

Um diese Holzbaracken, in denen jeweils vier Patienten, zwei an zwei, auf den Holzpritschen schliefen, stand eine hohe, breite Steinmauer. Die Kranken, die hier weitgehend ihrem Schicksal überlassen wurden, waren auf ihre Mithäftlinge angewiesen. Mirjam Blitz betont, wie isoliert der Krätzeblock lag:

> Der Krätzeblock war ein Albtraum, so schmutzig und so schmierig, dass es mich angewidert hat, wenn ich hineingeschmuggelt wurde. Dort lagen oft Niederländerinnen, und weil man im Krätzeblock von allem isoliert war und moralische Unterstützung von außen brauchte, ging ich manchmal mit ein paar Mädchen hinein.[52]

Nachdem ihre Töchter in der Krätzebaracke lagen, musste sich Edith etwas einfallen lassen, um ihnen zu helfen. Zusammen mit Frieda Brommets Mutter und unterstützt von Lenie de Jong-van Naarden grub Edith irgendwo an einer der Barackenwände ein Loch, um den Kindern ein wenig Essen bringen zu können.[53] Frieda erinnert sich, wie sie durch das Loch extra Brot bekamen:

> Und in der Zeit, in der Ronnie und ich dort zusammen waren, da waren meine Mutter und Frau Frank, Edith, so eine Art Paar. Weil sie zusammen Sachen gestohlen hatten, die sie ... Sie haben gemeinsam ein Loch gegraben. Diese Baracken, die waren aus Holz

> und sie standen auf Sand, deshalb konnte man unter der Holzwand ein Loch graben. Und eigentlich hat das meine Mutter gemacht. Sie hat ein Loch gegraben, und eines Tages kam meine Mutter und sie konnte durch das Loch auch sprechen, und sie sagte, sie rief damals: »Frieda! Frieda!« (...) und sagte: »Frau Frank und ich sind die einzigen, die noch hier im Lager sind. Wir haben uns versteckt, denn die Gruppe ist auf Transport gegangen. Aber wir wollten bei euch bleiben. Und wir haben ein bisschen Brot gestohlen, das stecke ich jetzt durch das Loch und das müsst ihr zu viert teilen.« Und zu viert, das war mit Margot und Anne. (...) Ich konnte nicht zu dem Loch, dafür war ich zu krank, denn ich hatte damals auch Typhus. Und dann hat Ronnie, die hat es angenommen und hat es verteilt, unter uns vieren.[54]

Auch Lenie de Jong-van Naarden beschreibt, wie verzweifelt die Lage für Edith, Margot und Anne in Auschwitz war. Vor allem Ediths Kummer über ihre kranken, hungrigen Töchter, denen sie nicht helfen konnte, hat sich ihr ins Gedächtnis eingebrannt: »Und wenn man das sieht, Worte ... die bringen hier überhaupt nichts. (...) Man brauchte ihr keinen Mut zu machen, denn den gab es nicht.«[55]

Ronnie van Cleef erklärte, sie habe sich im Krätzeblock in gewissem Sinne »sicher« gefühlt, weil dort gerade unmittelbar vor ihrer und Frieda Brommets Ankunft eine Selektion stattgefunden hatte. Ob Margot und Anne diese Selektion mitgemacht haben, ist nicht klar, weil sich ihr Aufenthalt im Krätzeblock nicht sicher datieren lässt. Als Ronnie van Cleef und Frieda Brommet in den Krätzeblock verlegt wurden, sahen sie Anne und Margot zusammen in einem Bett liegen. Ronnie van Cleef wurde nach ihrer Genesung wieder in die »holländische Baracke« zurückverlegt.[56] Das war kurz vor dem Abtransport der weiblichen Häftlinge nach Libau und Kratzau am 26. Oktober 1944.[57] Es ist also unklar, wie lange Anne und Margot im Krätzeblock bleiben mussten. Frieda Brommet weiß nur, dass sie von allen vier Mädchen am längsten in der Baracke blieb. »Nun, irgendwann mussten auch Ronnie und vielleicht auch Anne und Margot dort weg. Nur ich war damals so krank, dass ich als einzige zurückblieb.«[58] Eine andere Zeugin des Schicksals von Edith, Anne und Margot ist Rosa de Winter-Levy. Sie erinnert sich, dass Anne mit dem Leid und dem Schmerz ihrer Mitgefangenen mitfühlte und über das, was sie sah, weinen musste:

> Und sie war es auch, die bis zuletzt sah, was ringsum geschah. Wir sahen schon längst nichts mehr. (...) Aber Anne war ohne Schutz, bis zuletzt. (...) Sie weinte. Und Sie können nicht wissen, wie früh schon die meisten von uns mit ihren Tränen am Ende waren.[59]

Zeugenaussagen über die vierte Gefährtin aus dem Hinterhaus, die nach Auschwitz-Birkenau deportiert wurde, Auguste van Pels, sind kaum zu finden. Was wir von ihrem Schicksal wissen, lässt sich nur in groben Zügen aus den wenigen erhaltenen überlieferten Verwaltungsunterlagen ableiten. Auguste van Pels' Häftlingsnummer in Auschwitz muss zwischen A 25195 und A 25203 liegen. Die Frauen vom Transport vom 3. September 1944 kamen in die Baracke 29 und blieben zum größten Teil bis zu den Selektionen für Kratzau, Libau und Bergen-Belsen zusammen. Allein Anita Mayer-Roos erinnert sich, dass Auguste van Pels in dieser Baracke war.[60] Rosa de Winter-Levy erklärte später, sie habe Auguste van Pels nach ihrer Ankunft nicht mehr gesehen, nicht im Lager und nicht in Baracke 29.[61] Aus der Liste der Häftlingsnummern von Bergen-Belsen ist ersichtlich, dass Auguste van Pels mit demselben Transport wie Anne und Margot Frank von Auschwitz nach Bergen-Belsen deportiert wurde.[62]

Noch ein Abschied: Die Abfahrt von Anne, Margot und Auguste

Am 26. Oktober 1944 wurden etwa 100 Frauen selektiert. Später stellte sich heraus, dass 50 von ihnen nach Libau (Schlesien) und 50 nach Kratzau (Tschechien) zur Arbeit in der Kriegsindustrie mussten.[63] Unter ihnen waren Ronnie van Cleef, Bloeme Emden und Rose de Liema-van Gelder. Nahezu alle Frauen aus dem Transport vom 3. September 1944, die noch am Leben waren, wurden nach Libau beziehungsweise Kratzau deportiert. Auch Rosa de Winter-Levys Tochter Judik musste mit nach Kratzau.[64] Rosa selbst selektierte man nicht, sie musste mitansehen, wie ihre Tochter weggeführt wurde. Es ist nicht bekannt, ob Edith, Anne und Margot Frank bei dieser Selektion am 26. Oktober 1944 anwesend waren. Möglicherweise wurden sie wegen ihres schlechten Gesundheitszustands nicht dazu verpflichtet, aber vielleicht lagen Anne und Margot noch im Krätzeblock und waren damit von vornherein von der Selektion ausgenommen.[65] Obwohl Bloeme Emden davon ausgeht, sie hätten tatsächlich noch im Krätzeblock gelegen, erinnert sich Frieda Brommet, dass Anne und Margot zusammen mit Ronnie van Cleef kurz vor der Selektion aus der Krankenbaracke entlassen worden waren.

Vier Tage darauf, am 30. Oktober 1944, gab es nach dem Abendappell unter den verbliebenen Frauen eine weitere Selektion, die in der Nähe der Zentralsauna stattfand. Dort warteten bereits hunderte andere Frauen, die am Vortag mit einem Transport aus Theresienstadt eingetroffen waren. Diese Frauen mussten stundenlang nackt ausharren, um dann vom Lagerarzt untersucht zu werden. Auch kranke Frauen, die potenziell als arbeitsfähig galten, zog man heraus, um sie vorübergehend nach Bergen-Belsen zu bringen.[66] Bei dieser Selektion war die Unterscheidung obsolet geworden, die man beim Transport aus Westerbork zwischen den verschiedenen Häftlingskategorien gemacht hatte. Rachel Frankfoorder und die Schwestern Brilleslijper

(Abb. 105 und 106) wurden trotz ihres Status als Schutzhäftlinge ebenfalls deportiert, um unter denselben Bedingungen wie die anderen Häftlinge zu arbeiten. Einige von ihnen setzte man später auch in Außenkommandos der Lager Buchenwald und Flossenbürg ein.[67]

Rosa de Winter-Levy schrieb im August 1945 in ihrem Bericht *Aan de gaskamer ontsnapt!*, dass Anne und Margot bei dieser Selektion vom 30. Oktober 1944 dabei waren und ihre Mutter Edith Frank allein zurückblieb.[68] Der gemeinsame Kummer über ihre Kinder brachte Rosa und Edith einander noch näher. »Wir trösten uns gegenseitig und werden Freundinnen, wir bereiten uns auf das Schlimmste vor.«[69] Als Rosa de Winter-Levy ihre Lagererfahrungen niederschrieb, war Anne Franks Tagebuch noch nicht entdeckt worden und sie erwähnte Ediths Töchter noch nicht namentlich. In einem späteren Interview mit Ernst Schnabel erläutert sie ihre Erinnerung an Anne und Margots Selektion genauer:

> Wieder Blocksperre, aber diesmal mussten wir nackt auf dem Appellplatz warten, und es dauerte sehr lange. Und dann mussten wir einzeln hintereinander in die Baracke gehen, und drinnen war ein Scheinwerfer aufgestellt, und da stand der Arzt, und wir mussten ins Licht treten. Aber diesmal sahen wir, er suchte sehr viele aus, alle die nicht ganz krank oder alt waren, und da wussten wir, sie kommen weg und die Alten und Kranken werden doch noch vergast. Vor uns stand eine Frau, die war sechzig, aber sie sagte, vierzig sei sie, und sie durfte mit nach Belsen fahren. Dann kam ich dran, und ich machte mich auch zehn Jahre jünger, und ich rief dem Arzt zu: Ich bin neunundzwanzig! Und ich habe noch nie Durchfall gehabt! Aber er winkte mit dem Daumen und schickte mich zu den Alten und Kranken. Dann kam Frau Frank – und sie kam auch gleich zu uns herüber. Und dann kamen die beiden Mädchen an die Reihe: Anne und Margot. Und Anne hatte ihr Gesicht, sogar unter dem Scheinwerfer noch, und sie stieß

> Margot an, und Margot ging aufrecht ins Licht, und da standen sie einen Augenblick, nackt und kahl, und Anne sah zu uns herüber, mit ihrem ungetrübten Gesicht und gerade, und dann gingen sie. Was hinter dem Scheinwerfer war, war nicht mehr zu sehen. Und Frau Frank schrie: Die Kinder! O Gott...[70]

Die mehr als tausend selektierten Frauen wurden in eine Baracke gesperrt, bis der Transport am nächsten Tag, dem 1. November 1944, abfuhr.[71]

»Edith Frank wird krank« – Edith Franks Tod

Rosa de Winter-Levy beschreibt, wie Edith und sie nur knapp der Vergasung entkamen. Die beiden kurz aufeinander folgenden Selektionen für Kratzau und Bergen-Belsen, bei denen zuerst Rosas Tochter Judik und danach Anne und Margot von ihren Müttern getrennt wurden, sollten noch einmal die noch leistungsfähigen Arbeitskräfte von den bereits zu schwachen trennen. Die nicht-selektierten Frauen, wie Rosa de Winter-Levy und Edith Frank (Abb. 107), wurden in eine Baracke in BIIb – dem B-Lager – gesperrt und zwei Tage später nach BIIa verlegt, in das A-Lager, den Bereich, wo die Krankenbaracken lagen, offenbar, um in Kürze ermordet zu werden. »Wir, die 50 Zurückgebliebenen, wissen, was mit uns passieren wird, wir werden wohl durch den Schornstein gehen. Es herrschte eine schreckliche Stimmung, weinende, jammernde Frauen, entsetzlich! Ich bin wie versteinert.«[72]

Ein SS-Mann, der die Gruppe abholte, teilte ihnen jedoch mit, dass noch einige Häftlinge zu leichten Arbeiten nach Deutschland gebracht würden, woraufhin Rosa wieder ein wenig Hoffnung schöpfte. An diesem Mittag bekamen sie »gute Suppe mit Fleisch darin« und zwei Tage später verließen sie das Lager BIIb mit einigen 100 Frauen in der Erwartung, dass auch sie mit dem Zug in ein anderes Arbeitslager fahren würden. Doch nach ein paar Kilometern Fußmarsch stellte sich heraus, dass kein Zug bereitstand, sondern sie zur Zentralsauna kamen, wo bereits hunderte von Frauen aus Theresienstadt warteten. Dort sahen sie auch männliche Häftlinge, die nackt in der Eiseskälte im Freien stehen mussten. »Am nächsten Morgen liegen die meisten von ihnen halb oder ganz erfroren auf dem Boden. Sie werden von den SS-Banditen auf Karren geworfen und zu den Krematorien, von denen es mehrere gibt, gefahren, um dort verbrannt zu werden.«[73]

Im Gebäude der Zentralsauna mussten die Frauen wieder ihre Kleidung ausziehen, wieder gab es eine Selektion. Wieder kamen Edith und Rosa nicht durch. »Dann, ganz plötzlich, stehe ich vor dem SS-Mann. Er sieht mich unter der scharfen Lampe durchdringend an, ein Schlag auf meinen Kopf, ich habe wieder die falsche Karte gezogen. Eine Prozession von Frauen geht weiter. Jetzt gehöre ich zum Ausschuss. Bin ich denn schon so abgemagert? schießt es mir durch den Kopf.«[74]

Die selektierten Frauen mussten jetzt separat stehen, bewacht von SS-Männern, während ihre Nummern aufgeschrieben wurden. Zwei Frauen in Ediths und Rosas Gruppe konnten in diesem Moment die Anspannung nicht mehr ertragen, sprangen aus dem Fenster des Zentralsauna-Gebäudes und stürzten sich in den Elektrozaun. In dieser Nacht wurden Rosa, Edith und die anderen selektierten Frauen in den Krätzeblock gebracht. »Dort gibt es kein Licht, deshalb müssen wir im Dunkeln einen Schlafplatz suchen. Edith und ich halten uns aneinander fest und kriechen irgendwo bei einer Frau unter die Decke. Uns ist kalt und wir sind todmüde. Mäuse und Ratten rennen über uns, die Frauen heulen und weinen, man hält es kaum aus. An Schlaf ist nicht zu denken, wir haben alle den gleichen Gedanken: Morgen schlägt unsere letzte Stunde.«[75]

Und doch kam noch eine Rettung in letzter Minute. Am nächsten Morgen stürzte die Blockälteste – die Gefangene, die für den Block verantwortlich war – »in Eile und nervös« in die Baracke und rief einzelne Nummern auf, darunter die von Rosa und Edith. »Nichts wie raus hier, zum Block 4a, dort müssen wir zum Appell. Wir wissen nicht, was das bedeutet.« Das wurde jedoch schnell klar, als sie zehn Minuten nach ihrem Aufbruch sahen, wie ein Lastwagen vor dem Block hielt, den sie gerade verlassen hatten. »(Und) zu unserem großen Schrecken werden die, die dort zurückgeblieben waren, auf den Wagen gesetzt und zum Krematorium gefahren. Also wir, 150 Frauen, sind vorläufig gerettet, das haben wir vermutlich der Blockältesten zu verdanken.«[76]

Auch drei andere Niederländerinnen, die in derselben Selektion für die Gaskammer ausgewählt worden waren, Sientje de Zwarte, Dina Malka Wajnsztok und Klara Kneiberg, entkamen ganz ähnlich der Gaskammer. Sientje und Klara gehörten zu der Gruppe um Edith und Rosa, die im allerletzten Augenblick im Schonungsblock landete. Dina Malka Wajnsztok wurde zwar abgeführt, um vergast zu werden, warf sich aber beim Marsch zur Gaskammer in einem unbewachten Moment in ein tiefes Erdloch und wartete, bis es dunkel wurde. Als die Dunkelheit hereinbrach, rannte sie in eine Baracke, wo man sie stillschweigend aufnahm.[77]

Inzwischen waren Edith Frank und Rosa de Winter-Levy durch die vielen gemeinsamen Erlebnisse enge Freundinnen geworden und blieben unzertrennlich. Rosa schildert, wie sie beide versuchten, im Schonungsblock zu überleben, was jedoch aufgrund von Trinkwassermangel, schlechter Hygiene und Ungeziefer immer schwerer wurde. »Wochen vergehen, ich fühle mich miserabel, ich habe immer noch Durchfall. Brot gibt es jetzt genug, wir können kaum etwas essen, aber wir sind durstig, und es gibt kein Wasser. Morgens waschen wir uns im Schnee. Das Ungeziefer, vor allem die Kleiderläuse, plagen uns schrecklich.«

Aus Rosa de Winter-Levys detaillierten Beschreibungen können wir uns ein Bild davon machen, wie sich Edith Frank in den letzten Wochen ihres Lebens gefühlt und was sie gesehen haben muss: voller Verzweiflung und ständigen Demütigungen durch die Aufseher ausgesetzt. Rosa berichtet etwa, wie sie eines Tages einen Eimer stahl und zum Waschraum ging, um Trinkwasser zu holen. Im Waschraum sah sie eine Polin ein dick mit Margarine und Fleisch belegtes Brot essen. »Ich starre mit offenem Mund darauf und spüre meine Augen groß werden. Plötzlich dreht sich die Frau um und schreit: ›Was willst du, Schmuckstück?‹ Ich stottere: ›Wasser holen.‹ ›Ist kein Wasser‹, brüllt sie mich an und stößt mich zu Boden, den Eimer hinterher. Weinend komme ich heraus, Edith erwartet mich. ›Was ist los?‹ Ich schluchze: ›Ich habe ein Brot mit Fleisch gesehen! Du kannst dir vorstellen, was das bedeutet.‹«[78]

Um sie herum starben ständig Menschen, die zu krank waren, um sich weiterzuschleppen. Rosa schildert, wie eine kranke junge Frau, die so fiebrig war, dass ihre Notdurft den Kack- und Pinkeleimer verfehlte, vor ihren Augen von einem KZ-Wächter totgeschlagen wurde. Und es dauerte nicht lange, bis auch Edith so krank war, dass sie in die Krankenbaracke aufgenommen werden musste. »Edith wird krank, hat hohes Fieber. Ich möchte, dass sie zur Ambulanz geht. Aber die Angst, vergast zu werden, ist groß, denn jede Woche kommt Dr. Mengele in die Krankenbaracke, um die Frauen auszusuchen, die in seinen Augen zu mager sind, um weiterzuleben. Trotzdem bringe ich Edith hin. Sie hat 41° und wird sofort ins Revier (die Krankenbaracke) aufgenommen. Auch ich werde schwächer, obwohl ich mich weiterschleppe.«[79]

In der Zwischenzeit wurde Rosa in einen anderen Teil des Lagers verlegt, wo sie eine Reihe von Selektionen über sich ergehen lassen musste und wieder arbeitsunfähig erklärt wurde. Zwischenzeitlich litt sie mehr und mehr an Durchfall. »Mir ist schwindlig, und ich kann mich kaum noch auf den Beinen halten. Mit Mühe schleppe ich mich auf mein Bett.« Am 1. Dezember kam Rosa dann ebenfalls mit 40 Grad Fieber in die Krankenbaracke. Von dort brachte man sie in den Block 18 – die Baracke für Durchfallpatienten. Ein polnischer Häftling, der als Arzt Dienst tat, stellte die Diagnose: »Völlig geschwächt, erfrorene

Füße, Durchfall.« In der Baracke traf Rosa eine Niederländerin, mit der sie sich anfreundete und die ihr unter den schwierigen Bedingungen ihrer Krankheit zur Seite stand. Außerdem gab es, »wo man hinsah, Elend«, so beschreibt sie die Situation in ihrem Buch. »Viele Frauen und junge Mädchen sterben um uns herum, sie sterben meist sehr gelassen, völlig erschöpft.« Und während sie selbst alles daransetzte, wieder zu Kräften zu kommen und zugleich versuchte, im Durchfallblock zu bleiben, um nur nicht wieder in das eiskalte Arbeitslager zurückzumüssen, sah sie eines Tages, wie ihre Freundin Edith Frank in ihre Baracke gebracht wurde. »Eines Morgens kommen neue Patienten. Plötzlich erkenne ich Edith, sie kommt von einer anderen Krankenstation. Sie ist nur noch ein Schatten ihrer selbst. Ein paar Tage darauf stirbt sie, völlig entkräftet.«[80] Rosa de Winter-Levy überlebte Auschwitz um ein Haar. Am 22. März 1945 begegnete sie Otto Frank in Kattowitz, wo beide auf ihre weitere Rückkehr in die Niederlande warteten, und sie konnte ihm als erste berichten, dass Edith am 6. Januar 1945 – zehn Tage vor ihrem 45. Geburtstag – gestorben war. Otto machte einen kurzen Eintrag in sein Notizbuch mit der Meldung, dass Edith am 6. Januar 1945 an Hunger und Erschöpfung gestorben war. Rosa erzählte ihm auch, dass seine Töchter von Auschwitz in ein anderes Lager verlegt worden waren.[81] Auch eine andere Lagergenossin, Betje Jakobs (Abb. 108), konnte Ediths Tod bezeugen. Am 2. August 1945 teilte sie den Mitarbeitern des Niederländischen Roten Kreuzes mit, dass sie Edith »dort in meiner Nähe (hatte) sterben sehen: Frau Frank aus Amsterdam, wo ihr Ehemann die Opekta-Gesellschaft hatte.«[82]

»Ich glaube, dass ich Margot nicht außerhalb des Betts gesehen habe.«

5 Anne und Margot Frank sowie Auguste van Pels in Bergen-Belsen

Von Auschwitz nach Bergen-Belsen

Am frühen Mittwochmorgen des 1. November 1944 verließen etwa 1000 Frauen in einem endlos langen Güterzug von der Rampe in Auschwitz-Birkenau das Lager. In jeden der Güterwaggons waren ungefähr 70 Frauen gepfercht.[1] Die meisten von ihnen stammten aus Ungarn und Polen, aber es waren auch Französinnen, Belgierinnen und Niederländerinnen dabei, darunter Anne und Margot Frank sowie Auguste van Pels. Man hatte ihnen Brot, ein Stück Wurst oder Käse und ein bisschen Margarine für die Fahrt mitgegeben.[2] Ein Zeitzeuge erwähnte ein paar Töpfe oder Eimer mit Wasser, sprach von Türen, die sich gelegentlich öffneten und dass sie dann auf den Bahnsteigen frisches Wasser bekamen.[3] Die Frauen wussten nicht, wohin die Fahrt ging.[4] Einige von ihnen waren erleichtert, Auschwitz hinter sich zu lassen und hofften anderswo auf bessere Bedingungen. Janny Brilleslijper äußerte sich später dazu: »In unseren Augen konnte es nicht schlimmer werden. Nichts konnte schlimmer sein als Auschwitz.«[5] Margot und Anne Frank waren zum ersten Mal seit der Deportation ohne ihre Mutter Edith, die in Auschwitz-Birkenau zurückbleiben musste, und ganz auf sich allein gestellt.[6]

Wie Rosa de Winter-Levys Bericht zeigt, gingen die selektierten Häftlinge davon aus, dass alle älteren und schwächeren Frauen, die zurückgeblieben waren, vergast worden seien. Dass Edith Frank – genau wie Rosa de Winter-Levy – diesem Schicksal entronnen war, konnten die Schwestern nicht wissen. In Bergen-Belsen waren sie mit Auguste van Pels zusammen, daher ist anzunehmen, dass Anne und Edith mit Auguste auch im selben Deportationszug in den Westen transportiert worden sind.

Die Fahrt in den Güterwaggons dauerte drei Tage und zwei Nächte.[7] Wegen der Bombardierungen durch alliierte Flugzeuge stand der Zug bei Fliegeralarm regelmäßig stundenlang still. Die Frauen in den Waggons waren sich vollkommen selbst überlassen. »Niemand konnte seine Bedürfnisse lange zurückhalten, also gab es Gestank,

Elend und Geschrei unter den Leuten (...) Wir schliefen auch manchmal, aber meistens war keine Rede davon.«[8] Rachel Frankfoorder, die im selben Transport war, erinnert sich, dass sie »einen Brocken Brot, ein Stückchen Margarine und ein Stückchen Ziegenkäse« mitbekommen hatten.[9] Am Mittwoch, dem 3. November 1944, öffneten sich bei der Ankunft an der »Rampe«, einer Verladerampe in der Nähe von Bergen, die Türen. Man »fiel« gewissermaßen aus dem Zug auf den Bahnsteig.[10] Tote wurden in den Waggons zurückgelassen. Die Frauen hatten Hunger und Durst. Gegen die Kälte half ihre Kleidung nur wenig, die Temperatur lag bei etwa sieben Grad Celsius.[11]

Sie mussten sich in Blöcken von fünf mal fünf aufstellen. Bewacht von Soldaten mit Gewehren und Hunden marschierten sie in Kolonne etwa sieben Kilometer bis zum Lager Bergen-Belsen. Der Weg führte durch den Wald und an Feldern vorbei. Trotz Kälte, Hunger und Durst waren einige Frauen von der Schönheit der Umgebung überrascht.[12] Jetzt, nachdem sie wussten, dass ihr Ziel Bergen-Belsen war, schöpften einige auch Hoffnung, denn Bergen-Belsen war als »gutes« Lager bekannt, als Vorzugs- und Erholungslager.[13] »Bergen-Belsen, wo wir schließlich ankamen, sah sehr schön aus«, erinnert sich Rachel Frankfoorder. »Die Natur war prächtig, besonders nach dem tristen Grau von Auschwitz.«[14] Doch wie die anderen Frauen aus Auschwitz sollte auch Rachel Frankfoorder bald feststellen, dass ihr die »sicher schlimmste Zeit« erst noch bevorstand.[15]

Bergen-Belsen: Kriegsgefangenenlager, Austauschlager und Konzentrationslager

Bergen-Belsen hatte eine Sonderstellung im deutschen System der Konzentrationslager. In erster Linie war es kein Arbeits- oder Vernichtungslager. Es gab keine Gaskammern. Das Lager unterstand – wie Auschwitz und andere SS-Lager – der Verantwortlichkeit des Wirtschafts-Verwaltungshauptamtes (WVHA). Die Historikerin Alexandra-Eileen Wenck unterscheidet in ihrer Studie über

Bergen-Belsen eine Reihe von aufeinanderfolgenden Nutzungen des Lagers im Verlauf des Krieges. Es diente als Kriegsgefangenen- und Austauschlager und wurde im Lauf der Zeit zu einem Sammel- und Durchgangslager für Arbeitssklaven, außerdem zu einem Ort, an den die Nazis Juden brachten, um sie dort an den Folgen der Überbelegung, der unzureichenden Einrichtungen, an Hunger und Krankheiten sterben zu lassen.[16]

Beim KZ Bergen-Belsen handelte es sich ursprünglich um ein weitflächiges Truppenübungsgebiet für die Panzertruppen der Wehrmacht sowie um einen Kasernenkomplex in der Lüneburger Heide in der Nähe der kleinen Orte Bergen und Belsen. Die etwa 30 Baracken auf dem Gelände waren von und für die Bauarbeiter errichtet worden, die in der zweiten Hälfte der 1930er Jahre den Kasernenkomplex hochzogen. Im Juni 1940 änderte die Wehrmacht die Bestimmung dieser Baracken und nutzte sie zur Unterkunft für etwa 600 französische und belgische Kriegsgefangene. Den ganzen Krieg über diente ein Bereich des Lagers als Kriegsgefangenenlager, einen anderen Bereich beanspruchte weiterhin die Wehrmacht für sich. Im Juni 1941 erweiterte man das Lagergelände um eine große Freifläche, auf der im Juli 1941 mehr als 21.000 sowjetische Kriegsgefangene untergebracht wurden.[17] In diesem sogenannten Russenlager lebten die Kriegsgefangenen unter freiem Himmel, in Erdlöchern und Laubhütten unter erbärmlichen Bedingungen. Die Sterberate im Lager war enorm. Innerhalb eines Jahres starben ungefähr 14.000 russische Kriegsgefangene an den Folgen von Hunger, Kälte und ansteckenden Krankheiten wie Ruhr und Typhus.[18]

Im April 1943 übernahm die SS einen großen Teil des Kriegsgefangenenlagers von der Wehrmacht, um dort das »Aufenthaltslager« Bergen-Belsen für diejenigen jüdischen Häftlinge einzurichten, die gegen deutsche Zivilinternierte im Ausland, gegen deutsche Kriegsgefangene, gegen Devisen oder Waren eingetauscht werden sollten. SS-Obersturmbannführer Adolf Haas, der vorher das Kommando im

Konzentrationslager Niederhagen-Wewelsburg innehatte, wurde mit der Leitung beauftragt. Unter Haas' Kommando wurde Bergen-Belsen um Baracken, Sanitäranlagen und ein Krematorium erweitert und von einem etwa fünfhundertköpfigen Baukommando aus Häftlingen, die aus Buchenwald, Natzweiler und anderen Lagern kamen, errichtet. Die meisten von ihnen fanden dabei den Tod.

Von Juli 1943 an trafen die ersten jüdischen Häftlinge in Bergen-Belsen ein.[19] Das Austauschlager bestand aus verschiedenen Teillagern, die durch hohe Stacheldrahtzäune voneinander getrennt waren, um jeglichen Kontakt zwischen den verschiedenen Häftlingslagern zu verhindern.[20] Letztlich wurde von all diesen »Austauschjuden« aus ganz Europa nur eine relativ kleine Gruppe, etwa 2500 Häftlinge, tatsächlich ausgetauscht; unter ihnen waren etwa 200 niederländische Juden aus dem sogenannten Sternlager.[21]

Das Sternlager (Abb. 109) war ein Teillager des Austauschlagers und bestand aus etwa 18 Baracken. Die Bezeichnung Sternlager spielt auf die dortige Lagerordnung an, die es den Häftlingen erlaubte, eigene Kleidung, aber mit aufgenähtem Judenstern zu tragen. Im Sternlager waren zahlreiche aus den Niederlanden stammende jüdische Häftlinge untergebracht, von denen man die meisten zwischen Januar und September 1944 mit acht verschiedenen Deportationstransporten aus Westerbork dorthin gebracht hatte.[22]

Im Sternlager lebten die Familien zusammen. Zwar schliefen Männer und Frauen, wie zuvor in Westerbork, in getrennten Baracken, aber es war ihnen tagsüber gestattet, miteinander zu kommunizieren. Die Häftlinge im Sternlager durften sporadisch Post oder Päckchen erhalten. Erwachsene und Kinder ab sechzehn Jahren mussten in der Regel im Schuhkommando arbeiten (zur Verwertung des Leders von alten Schuhen)[23] oder im Kartoffelkommando (das heißt, Kartoffeln schälen). Wieder andere waren einem Kommando zugeteilt, das Baumstrünke ausgraben oder andere schwere Geländearbeiten verrichten musste. Die Ernährungslage war im gesamten Lager schlecht, anfangs allerdings noch ein wenig besser als in anderen Lagern. Gelegentlich lieferte das Rote Kreuz Lebensmittelpakete aus. Da Bergen-Belsen als Austauschlager fungierte, waren die Lebensbedingungen hier insgesamt zunächst besser als in anderen Konzentrationslagern. Viele Häftlinge kamen mit einem normalen Zug mit ihrem Gepäck aus Westerbork an und durften manchmal einige persönliche Dinge behalten. Einzelnen gelang es, ein Tagebuch zu führen.[24] In den hinterlassenen Tagebüchern von Abel Herzberg und Renata Laqueur kann man nachlesen, wie der Austausch von Häftlingen zwar die Hoffnung am Leben erhielt, aber auch zu Verzweiflung führen konnte.[25] Die meisten niederländischen Zeugnisse über Bergen-Belsen stammen von Überlebenden aus dem Sternlager. Doch nach dem Sommer 1944 verschlechterten sich die Bedingungen auch dort.

Als sich die deutschen Kriegsaussichten im Frühjahr 1944 massiv eintrübten, wandelte sich auch der Charakter von Bergen-Belsen.[26] Unzählige jüdische Häftlinge wurden nach Deutschland zur Zwangsarbeit in der Kriegsindustrie gebracht, sehr viele von ihnen nach Bergen-Belsen.[27] Außerdem reservierte die SS vom Frühjahr 1944 an einen weiteren Teil des Lagers für kranke Häftlinge aus verschiedenen anderen Konzentrationslagern. Daraufhin kamen allein im März 1944 tausende von geschwächten Männern in das neu eingerichtete Männerhäftlingslager, das die zynische Bezeichnung Erholungslager bekam. Nach ihrer »Erholung« sollten die Häftlinge wieder als Arbeitskräfte eingesetzt werden. Doch die medizinische Versorgung war völlig unzureichend und als Folge davon die Sterberate hoch.[28]

Im Sommer 1944 wurde Bergen-Belsen auch zur Durchgangsstation für tausende Frauen auf dem Weg von Lagern in den besetzten Gebieten Osteuropas zu Außenlagern im deutschen Westen. Auf einer Freifläche in der südwestlichen Ecke des KZ baute man Anfang August 1944 ein Lager mit etwa 18 großen Zelten auf. Diese Zelte waren für die Insassen gedacht, die seit Mitte August 1944 mit den großen Deportationszügen eintrafen. Bei den Ankömmlingen handelte sich um polnische und ungarische Frauen, vor allem aus Auschwitz-Birkenau, die später zur Zwangsarbeit in andere Lager weitergeschickt werden sollten. Die Ankunft weiterer Transporte zeichnete sich ab, als im September auf dem Appellplatz des Sternlagers Baracken errichtet wurden.[29] Von Mitte August bis Anfang November 1944 trafen ungefähr 8000 Frauen aus Auschwitz in Bergen-Belsen ein, 3000 allein in den ersten Novembertagen.[30] Die weiblichen Häftlinge wurden teilweise noch am Ankunftstag, andere erst nach einigen Tagen oder Wochen auf deutsche Betriebe oder Außenkommandos anderer Lager, die für die deutsche Industrie produzierten, verteilt. Die Frauen schliefen in den Zelten auf verschmutztem und verlaustem Stroh. Es gab kein Licht, oft auch kein Wasser. Die Latrine war nichts weiter als ein gefährliches Loch im Boden; es gab nur eine Stange zum Festhalten.[31] Das Zeltlager lag direkt neben den Schießständen der Wehrmacht; ständiges Schießen begleitete den Tag. Vom Sternlager aus konnten der Ausbau des Lagers und die eintreffenden Transporte beobachtet werden.[32] Renata Laqueur, die seit März 1943 Häftling im Sternlager war, schrieb am Montag, dem 28. August 1944, in ihr Tagebuch:

> In der vorigen Woche kamen 1000 Frauen aus ... Auschwitz. Vorsorglich hatte man den Weg abgesperrt, um zu verhindern, dass wir sie zu Gesicht bekämen. Wir sahen sie doch, diese jammervollen Menschen, teilweise mit kahlgeschorenem Haar, barfuß und in eine baumwollende Joppe gekleidet. Jüdinnen sollen es sein, »Flintenweiber« (weibliche russische Gefangene, Partisanen), politische Häftlinge, Polinnen oder so. Niemand von uns weiß es.[33]

Auch die Frauen, die mit dem Transport vom 1. November von Auschwitz-Birkenau in Bergen-Belsen ankamen, unter ihnen auch Anne und Margot Frank, wurden zunächst in den Zelten des Durchgangslagers untergebracht. Kurz nach ihrer Ankunft, am 7. November, verheerte ein Sturm das Zeltlager, und die Frauen mussten in eine Baracke gleich neben dem Sternlager umziehen.[34] Je näher die Rote Armee nach Westen vorstieß, umso voller wurde es in Bergen-Belsen.

Die Lebensbedingungen im Lager in der Heide verschlechterten sich unterdessen immer weiter. Unter Lagerkommandant Josef Kramer (Abb. 110), der am 2. Dezember 1944 von Auschwitz nach Bergen-Belsen versetzt worden war, um den wegen Korruption angeklagten Haas zu ersetzen, verschärfte sich das strenge Regiment noch weiter. Der damals 39-Jährige konnte bei seiner Ankunft in Auschwitz 1942 bereits auf acht Jahre Erfahrung in sechs verschiedenen Konzentrationslagern zurückblicken.[35] Kramer brachte einige Aufseher und Aufseherinnen aus Auschwitz mit nach Bergen-Belsen, ebenfalls ein Grund, weshalb die Misshandlungen im Lager zunahmen. Zweimal am Tag mussten die Häftlinge auf dem Appellplatz antreten, um gezählt zu werden. Diese Zählappelle waren fürchterlich und konnten Stunden dauern. Wenn jemand in Ohnmacht fiel und sich die Zahl der Häftlinge dadurch änderte, begann das Zählen von vorn.[36]

Alle Überlebenden, die in dieser Zeit in Bergen-Belsen waren, betonen, wie unbeschreiblich kalt der Winter damals war. Den ganzen Januar 1945 gab es Schneeschauer und starken Frost.[37] Andere Erschwernisse trugen zur weiteren Verschlechterung der Lebensverhältnisse bei. Bergen-Belsen, wo lange Zeit relativ gute Bedingungen geherrscht hatten, war inzwischen überfüllt, sogar im Sternlager schliefen die Häftlinge zu zweit in einem Bett, das heißt, sechs Menschen in einem Drei-Etagen-Gestell.[38] Auch die Essensrationen wurden zunehmend kleiner. Suze Polak berichtete, damals habe die Verpflegungsration pro Tag aus einem Achtel Kommissbrot und einem halben Liter wässriger Suppe bestanden. Am Ende gab es nur noch alle drei Tage ein Stück Brot.[39] Ansteckende Krankheiten wie Typhus brachen aus. Weil sich die SS immer mehr zurückzog, waren die

Häftlinge den Kapos und den Aufseherinnen ausgeliefert. Tausende starben in diesen letzten Wochen an Krankheiten, an Unterkühlung, Hunger und Erschöpfung.[40]

Eine berüchtigte Aufseherin, die häufig in den Zeugnissen von Überlebenden auftaucht, war der bereits erwähnte blonde Todesengel Irma Grese (Abb. 111). Stundenlang ließ sie Gefangene stehen oder knien, außerdem mussten sie dabei Steine hoch über ihrem Kopf halten. Sie war für ihr hartes Zuschlagen berüchtigt.[41] Nicht nur im Frauenlager, wo Margot, Anne und Auguste van Pels untergebracht waren, sondern sogar im Sternlager mussten die Häftlinge täglich Appell stehen.

Freda Silberberg, die zur selben Zeit wie Anne und Margot im Frauenlager einquartiert war, hat grauenhafte Erinnerungen an einen Appell an Silvester 1944, der die ganze Nacht lang dauerte. Sie betont, dass das sinnlose Abzählen der Häftlinge im Grunde darauf abzielte, alle zu erschöpfen, damit möglichst viele von ihnen den Appell nicht überlebten:

> In Bergen-Belsen musste in der Silvesternacht '44–'45 das ganze Lager Appellstehen. Die ganze Nacht. In der Kälte, und es hat geschneit. Man musste dort stehenbleiben, sie haben sogar Kranke aus dem Krankenhaus, dem sogenannten Revier, geholt. Auch diese mussten alle Appellstehen. Deshalb wirst du dir bestimmt vorstellen können, wie viele Menschen in dieser Nacht, in dieser eisigen Kälte, gestorben sind. Das war es, was sie gemacht haben, in Bergen-Belsen. Genau damit haben sie versucht, uns loszuwerden. Ich weiß nicht, wie wir es überlebt haben und wie ich es überlebt habe. Kannst du dir das vorstellen? Die ganze Nacht![42]

Ganz allgemein behandelten die Aufseher in Bergen-Belsen die Häftlinge barbarisch, sie zielten auf deren völlige Entmenschlichung ab. Freda Silberberg erinnert sich:

> Die Aufseher (...) waren kalt, kalt! Sie haben uns verprügelt. Sie wollten, dass wir drinnen bleiben, und wenn wir rausgingen, haben sie uns verprügelt. Alle waren dieselben barbarischen, grausamen Leute. Ich weiß nicht, woher sie die hergeholt hatten. Man hat ihnen beigebracht, dass wir Untermenschen sind, dass wir kein Recht hätten, zu leben, damit sie mit uns machen können, was sie wollen. Sie haben uns nicht wie menschliche Wesen behandelt. Weißt du, wir waren nur ein Objekt, zum Vernichten da. Das war's, nichts weiter. Man war kein Mensch mehr, man existierte nicht mehr als Mensch.[43]

Abel Herzberg, der seit Januar 1943 im Sternlager von Bergen-Belsen war, macht in seinen in der Nachkriegszeit geschriebenen Aufsätzen den Versuch, die Grausamkeit der Aufseher und Aufseherinnen genauer zu ergründen. »Es ist von größter Bedeutung zu wissen, was das für ein Mensch war, dieser Josef Kramer, oder der Scharführer Heinz und Fritz und Rau und Lübbe oder der Sturmführer X oder N.«[44]

Herzberg suchte die Erklärung nicht in intrinsischer Bosheit oder ideologischen Überzeugungen, sondern im »ganz normalen« menschlichen Verhalten und einem daraus resultierenden Nihilismus. »Scharführer X ist... nichts. Er ist leer. Man hat ihm Idealismus zugedacht. Er besitzt ihn nicht. Man hat ihm eine Meinung zugeschrieben. Er entbehrt ihrer. Man meinte, bei ihm zumindest Vaterlandsliebe oder Begeisterung für die National zu entdecken. Er hat keine Spur davon.«[45] Dieser »ganz normale Mann« war für Herzberg weder gut noch schlecht, sondern wurde von dem trivialen Wunsch nach einem guten Leben angetrieben, von Ängsten und einem schlechten Gewissen. Die Wachen waren nach Herzbergs Meinung weniger gewissenlos als vielmehr Menschen, die ihre mangelnde Überzeugung und ihr schlechtes Gewissen mit »Scheinsicherheiten« zu beschwichtigen suchten, die durch Tatkraft und Grausamkeit bestätigt werden:

> Und so folgt auf den ersten Tropfen Blut Grausamkeit auf Grausamkeit, immer größer, immer grimmiger. Man meinte, dass der Scharführer X gewissenlos sei. Wäre es nur wahr, dann wäre er weniger grausam geworden. Es ist alles aus dem Nichts entstanden. Denn am Anfang war nicht die Überzeugung, sondern der Mangel an Überzeugung, und dieser Mangel hat eine ständig wachsende Unsicherheit genährt, die durch eine ständig wachsende Scheinsicherheit übertüncht werden musste. Das Geschwür begann sich auszubreiten. (...) Und so wurde Sturmführer N oder Scharführer X, der in seinen Kinderjahren so spät erst stubenrein, als Junge so ängstlich, als Schüler so mittelmäßig und als Mann so ganz gewöhnlich war, allmählich und noch ehe er es selbst begriff zum Massenmörder. [46]

Herzberg analysiert auch die Aufseherinnen in Bergen-Belsen. In seiner Erzählung »Das SS-Weib« unternimmt er dies anhand einer Aufseherin, der er den Spitznamen »die blonde Irmy« gibt. Herzberg hatte diese Frau, die »nicht mit Irma Grese zu verwechseln ist« und die sich niemals vor Gericht hatte verantworten müssen, schon oft beobachtet und war fassungslos über ihre Launenhaftigkeit. Er beschreibt, wie diese »blonde Irmy« zärtliche Gefühle überkamen, wenn im Frauenlager ein Baby geboren wurde und sie der Mutter versprach, sie werde das Kind retten, »solltet ihr alle vergast oder totgeschossen werden, dann rette ich diesen Kleinen«.[47]

Diese Aufseherin unterhielt sich auch oft in fast freundlichem Ton mit den Häftlingen. »Über Stöffchen und Schürzchen, Höschen und Strümpfchen, Knöpfchen und Schläufchen, über Kinder und Dinge, über die man nur hinter vorgehaltener Hand spricht oder an die man denkt, wenn man scheinbar über etwas anderes schwatzt.« Doch von einer zur nächsten Sekunde konnte sie auch wieder überaus grausames und schreckliches Verhalten an den Tag legen:

Hatte die blonde Irmy genug geschwatzt, brach sie ab: »So, jetzt geh' ich mal ins Frauenlager, ein bisschen prügeln.« Sie sprach's, sie tat's. Neben unserem Lager lag ein Zeltlager mit polnischen und aus Konzentrationslagern in Polen wegtransportierten Frauen. Darunter waren auch Niederländerinnen, die uns in manchen unbewachten Augenblicken das eine oder andere durch den Stacheldraht zuriefen, wodurch wir wussten, dass das Inferno noch weitaus tiefere Dimensionen umfasste als die unsere. Irmy stieg darin hinab, und wenn sie wieder daraus emporstieg und erneut in unseren Baracken erschien, dann konnte sie sich bitter beklagen: Sie hatte von der Prügelei ja solche Schmerzen in ihrem Arm.«[48]

Margot und Anne Frank sowie Auguste van Pels in Bergen-Belsen

Mit den »tieferen Dimensionen des Infernos« meinte Herzberg hier das Frauenlager, in dem am 3. November 1944 auch die aus Auschwitz deportierte Auguste van Pels mit Margot und Anne Frank strandete. In einer langen Kolonne passierten sie mit ungefähr 1000 anderen Frauen aus dem Transport die Schießstände der Wehrmacht und betraten in der südwestlichen Ecke das Lager, direkt neben der Freifläche, auf der die Zelte errichtet waren.[49] Das ständige Schießgeräusch war furchterregend. Anita Lassker erinnert sich, dass sie ein Schild mit der Aufschrift »Zu dem Schießstand« entdeckte und befürchtete, gleich erschossen zu werden.[50] Bei der Ankunft im Lager wurden die Frauen gezählt und registriert. Jedes Lager hatte sein eigenes Registrierungssystem, deshalb bekamen die Häftlinge in Bergen-Belsen wieder neue Häftlingsnummern. Aus Bergen-Belsen selbst sind keine Registrierungsdaten erhalten, aber das Niederländische Rote Kreuz konnte aus Transportlisten, die aus anderen Lagern erhalten blieben, rekonstruieren, dass die Häftlinge dieses Transports Nummern zwischen 7270 und 7360 bekamen.[51] Aufgrund dieser

Rekonstruktion wissen wir auch, dass Auguste van Pels die Nummer 7306 zugeteilt wurde. Rachel Frankfoorder, die mit demselben Transport wie Anne und Margot Frank nach Bergen-Belsen kam und mit ihnen in dieselbe Baracke eingewiesen wurde, erhielt die Nummer 7356.[52] Bei der Ankunft im Zeltlager gab es für jeden Häftling eine Pferdedecke und einen Blechnapf oder einen kleinen Topf.[53] Es war sehr kalt und goss in Strömen. In eine Decke gewickelt mussten die Frauen stundenlang warten. Janny Brilleslijper erinnert sich, dass sie hier Anne und Margot, in Decken gehüllt, seit Westerbork zum ersten Mal wiedersah. Kurz danach fand sie auch die beiden anderen Mädchen, die sie aus Westerbork kannte, die Schwestern Annelore und Ellen Daniel (Abb. 112). »Es ist vielleicht ein Schwestern-Komplex, dass uns die Mädchen Frank und auch die Schwestern Daniëls [sic!] aufgefallen sind. Schwesternpaare oder Mütter und Schwestern versuchten immer, zusammen zu bleiben. Das Zusammengehörigkeitsgefühl in diesem Moment, dieses Gefühl, oh, die zwei gibt es auch noch, das hatten die beiden Mädchen auch. Wir empfanden fast so was wie mütterliche Gefühle für sie, weil sie zehn Jahre jünger waren als wir.«[54]

Fast alle Frauen waren krank, und durch die Aufregungen und die Übermüdung von der Reise hatte sich ihr Zustand verschlechtert. Als allmählich die Nacht hereinbrach, bekamen sie eine Art Suppe. Danach wurden sie in Gruppen von vier- bis fünfhundert Frauen in die Zelte geschickt. Es war chaotisch, es wurde gedrängelt und gestoßen, um in die Zelte zu kommen, in die es hereinregnete und in denen es viel zu wenig Platz gab. Alle Häftlinge lagen kreuz und quer durcheinander auf schmutzigem Stroh. Viele Frauen litten an der Ruhr. Nachts war es so gut wie unmöglich, durch die Menschenmassen den Zeltausgang zu finden, um auf die Latrine zu gehen. Am nächsten Morgen mussten dann alle um sechs Uhr zum Appell angetreten sein.

In der vierten Nacht nach der Ankunft von Anne, Margot und Auguste, am 7. November 1944, erhob sich ein heftiger Novembersturm und brachte die überfüllten Zelte zum Einsturz. Wir wissen nicht, wie Anne und Margot es erlebten, aber es gibt mehrere Zeugenberichte, die einen Eindruck davon vermitteln, was in dieser Nacht geschah. Renata Laqueur, beispielsweise, schrieb in ihr Tagebuch: »In der letzten Woche riss der Herbststurm einige der Zelte fort, und die Frauen lagen zunächst unter freiem Himmel, einige ohne Kleider und Decken, schutzlos der Kälte und dem Regen ausgeliefert.«[55] Ruth Wiener, die seit Januar 1944 mit ihrer Mutter und ihren Schwestern im Sternlager einquartiert war (Abb. 113 und 114), schrieb am 7. November 1944 in einen kleinen Kalender, den sie von zu Hause mitgebracht hatte: »Sturm. Die Zelte werden umgeweht.«[56]

Abel Herzberg, der ebenfalls ein in Bergen-Belsen verfasstes Tagebuch publizierte, machte sich am 8. November 1944 ausführliche Notizen über die Ankunft der großen Frauengruppe aus Auschwitz und über die Schrecken der Sturmnacht. Durch die Ankunft dieser Gruppe begriff nun auch er, dass das, was sich in diesem KZ im besetzten Polen abgespielt hatte, die Gräuel des Austauschlagers in Bergen-Belsen bei weitem übertraf. Selbst noch beim Niederschreiben fiel es Herzberg schwer, die Berichte über Selektionen und Vergasungen zu glauben:

> Soweit wir erfahren konnten, kamen die Frauen aus Auschwitz. Sie wurden von ihren Männern getrennt. Auch ihre Kinder wurden ihnen weggenommen. Wir hören die schrecklichsten Geschichten. Die Kinder und alle, die als »arbeitsunfähig« betrachtet wurden, sollen vergast worden sein. Es ist nicht möglich, man kann solch ein Greuel nicht glauben. Hier jedoch sind nur Frauen, und es sind geeignete Arbeitskräfte (...). Man hat ihnen alles abgenommen. Wortwörtlich alles. Und besitzen sie außer dem, was sie anhaben, nichts. Sie wohnen hier in Zelten, schlafen auf dem Boden auf Stroh. Die Novemberstürme haben eingesetzt, mit Regen, Hagel, Schnee und einer alles durchdringenden Kälte. Der Sturm hatte gestern mittag die Zelte zerfetzt, so daß die Frauen

> ohne jeglichen Schutz im strömenden Regen standen. In aller Eile wurden für sie der Lagerschuppen des Schuhkommandos und ein großes Küchenzelt bereitgestellt. Der Zeltboden steht allerdings unter Wasser, zehn Zentimeter hoch. Man kann sich im übrigen keine Vorstellung davon machen, welche Auswirkungen das Unwetter hier hat.[57]

Nach dem verheerenden Sturm gab es im Lager eine Reihe größerer Verlegungen. Eine Gruppe von Frauen aus dem Sternlager zog in neue Baracken, und die Frauen aus dem Zeltlager zogen in Baracken des ehemaligen Sternlagers.[58] Anne und Margot kamen in das sogenannte Kleine Frauenlager auf dem Gelände, das ursprünglich zum Sternlager gehört hatte. Als weitere Transporte eintrafen, wurden die Grenzen dieses Frauenlagers immer weiter auf Kosten des Sternlagers verschoben. Ruth Wiener notierte am 20. Dezember 1944 in ihren Kalender: »Anne und Margot Frank im anderen Lager!«[59] Dabei handelt es sich um das einzige zeitgenössische Dokument, das die Anwesenheit von Anne und Margot Frank in Bergen-Belsen bezeugt. Ruth Wiener kannte die beiden Schwestern aus der Amsterdamer Liberalen Jüdischen Gemeinde und vom Jüdischen Lyzeum. Gesprochen hat sie die beiden in Bergen-Belsen nicht, wohl aber gesehen. Sie erinnert sich auch, dass jeder eintreffende Transport Aufregung mit sich brachte: »Wer war mitgekommen? Niederländer?« Dann ging sie immer hin, um selbst nachzusehen. Zwar waren Begegnungen am Zaun verboten, kamen aber regelmäßig vor.[60]

Im Kleinen Frauenlager kamen Anne, Margot und Auguste van Pels in eine überfüllte Baracke. Rachel Frankfoorder erinnert sich, Anne und Margot, die sie in Westerbork kennengelernt hatte, in Bergen-Belsen wiedergesehen zu haben, dort jedoch ohne Vater und Mutter:

> Ihre Eltern waren nicht da. Nach ihnen fragte ich auch nicht, weil man eigentlich wusste ... angesichts der eigenen Erfahrung mit

> Eltern, Brüdern und so weiter, ja, man vermutet etwas, mehr nicht. Die Mädchen Frank waren fast unkenntlich dadurch, dass ihnen die Haare abgeschnitten waren, sie waren viel kahler als wir, warum das so war, weiß ich nicht. Und sie froren, genau wie wir alle. Es war Winter, und man hatte keine Kleidung. Die besten Voraussetzungen, krank zu werden. Sie waren besonders schlimm dran.[61]

Ellen Daniel weiß noch, dass sie und ihre Schwester Annelore, die ebenfalls mit dem Transport aus Auschwitz-Birkenau am 1. November 1944 eintrafen, mit einer Gruppe von Niederländerinnen in derselben Baracke unterkamen. Unter extrem schwierigen Lebensverhältnissen suchten sie nach Möglichkeiten, sich gegen Hunger, Kälte und Apathie zu wehren:

> Wir lebten in einer großen Baracke mit einigen Niederländerinnen zusammen. Und wir hatten nichts zu tun. Wir saßen den ganzen Tag auf unserem Bett herum oder sind ein bisschen hin und her gelaufen. Aber Sie wissen schon, kaum Kleidung, die Kälte, und Taschentücher, so etwas gab es dort nicht, man nahm das Mantelfutter, um sich die Nase zu putzen. (...) Ich weiß eigentlich nicht einmal mehr genau, wie wir geschlafen haben. Meine Schwester und ich in einem Bett, und in einem anderen Bett ein anderes Schwesternpaar, und ich weiß nicht, da war noch eine, die ich gut kannte, die ich dort kennengelernt habe, weil wir beieinander schliefen, wir hatten eine extra Decke. Und diese extra Decke, die haben wir aufgeribbelt. Dann hatte man Faden, und (...) jemand hatte ein Messer, und aus einem Brett aus der Pritsche haben wir Stricknadeln geschnitzt, und damit habe ich Socken gestrickt. Ich saß also auf meinem Bett in Bergen-Belsen und strickte Socken.[62]

Seit dem Frühjahr 1944 verwandelte sich Bergen-Belsen mehr und mehr in ein Lager, in das die Nazis kranke Häftlinge zum Sterben schickten, und Anfang 1945 verschlechterte sich die Lage durch die enorme Zunahme von Deportationen aus anderen Lagern noch mehr (Abb. 115, 116 und 117). Noch nie in der Geschichte der Konzentrationslager, schreibt Nikolaus Wachsmann, seien so viele Häftlinge »an Krankheit, Hunger und Erschöpfung krepiert wie in Bergen-Belsen im März 1945«. Von den 45.500 Häftlingen, die sich in diesem Monat in Bergen-Belsen befanden, kamen gut 18.000 um.[63]

Fast alle Überlebenden betonen, dass die Häftlinge in Bergen-Belsen völlig auf sich selbst gestellt waren. »Man hatte keine Regelmäßigkeit«, sagt Annelore Daniel, »und man (lebte) wie eine Art Sklave: Wenn man ›musste‹, ging man nach draußen. Wir hatten sehr wenig zu essen, und ich hatte inzwischen auch schon Ruhr. Ich hatte ein schlimmes Geschwür am Arm und es ging mit einem damals sowieso schon bergab. Und dann hieß es wieder mal, Appell stehen, dann war man wieder in der Baracke, und dann haben wir uns wieder mal unterhalten oder so, ja, mit diesen Freundinnen. Aber es war ein sehr eintöniges Leben.«[64] Cato Polak, die wie Annelore Daniel zur selben Zeit wie Anne und Margot im Frauenlager von Bergen-Belsen untergebracht war, bestätigt das Fehlen einer richtigen Lagerorganisation.[65] Sie erinnert sich, dass die Häftlinge nicht arbeiteten, sondern nur herumsaßen, dass es kalt war und an manchen Tagen überhaupt kein Essen gab.

Ellen Daniel berichtet, dass die verheerende Kombination von Langeweile, Chaos, Hunger, Krankheit und Kälte vielen ihrer Mitgefangenen in Bergen-Belsen den Durchhaltewillen nahm. Im Grunde handelt es sich dabei um denselben Prozess, der bereits im Kapitel über Auschwitz beschrieben wurde und der ein Verhalten auslöst, für das man bei den männlichen Häftlingen die Bezeichnung »Muselmann« geprägt hatte.[66] Aber Ellen Daniel versuchte, um jeden Preis zu verhindern, selbst in diese Abwärtsspirale zu geraten und suchte mit ihrer Schwester Annelore ständig nach Möglichkeiten, sich zu beschäftigen, an zusätzliche Nahrung zu kommen und Schutz vor der Kälte zu finden:

> Im Nachhinein kann man es auch sehen, die Leute, die nicht überlebt haben, es war auch eine Art Resignation, die diese Menschen ergriffen hatte. Ich will nicht sagen, dass ich eine geborene Kämpferin bin, ganz sicher nicht, aber irgendwie, man muss den Willen haben, leben zu wollen. Und wir hatten natürlich das Glück, dass wir zu zweit waren, und was die eine nicht gemacht hat, das machte die andere. Ich habe gestrickt, während meine Schwester versuchte, irgendwo ein Stück Steckrübe zu organisieren.[67]

Bei Anne und Margot Frank, die inzwischen beide sehr schwach waren, sah Ellen Daniel jedoch die Kraft weiterzukämpfen allmählich schwinden. In einem Interview im Jahr 1995 macht sie sich mit einer gewissen Bitterkeit Gedanken über den Kontrast zwischen dem öffentlichen Bild von Anne Frank und ihrer eigenen Erinnerung an das völlig geschwächte und verzweifelte Mädchen, das sie in Bergen-Belsen erlebt hatte. »Tja, und die berühmte Anne Frank war auch bei uns in der Baracke, die lag woanders, mit ihrer Schwester im selben Bett. Und das Einzige, woran ich mich von ihr erinnere, ist, dass sie den ganzen Tag dalag und weinte und dass sie nichts tun wollte und nichts tun konnte, aber das darf man ja über Anne Frank nicht sagen.«[68]

Ellens jüngere Schwester Annelore ergänzt noch, dass Margot und Anne Frank in der Baracke die ganze Zeit unzertrennlich mit Auguste van Pels zusammen waren. Zuerst dachte Annelore, Auguste van Pels sei die Mutter der beiden Mädchen. Außer der Tatsache, dass Auguste und die Frank-Schwestern ständig zusammengluckten, erinnert sie sich vor allem an deren mittlerweile apathischen und verzweifelten Zustand. Die drei reagierten inzwischen kaum noch auf ihre Mithäftlinge, so die Daniel-Schwestern. »Wir hatten überhaupt keinen Kontakt mit ihr. Denn (...) sie war immerzu bei Mevrouw van Pels (...), das war eine Einheit, die haben mit keinem gesprochen.[69]

Rachel Frankfoorders Aussagen und die der Schwestern Janny und Lientje Brilleslijper zeichnen ein etwas anderes Bild. Frankfoorder erinnert sich, dass die beiden Mädchen in Bergen-Belsen sichtlich schwächer wurden, aber den Kampf nicht aufgaben. »Trotzdem gingen sie jeden Tag an den Zaun des sogenannten freien Lagers in der Hoffnung, etwas zu bekommen. Sie gingen sehr entschlossen. Ich bin fast sicher, dass sie jemanden trafen, den sie kannten.« Diese Vermutung erwies sich, wie später noch zu besprechen sein wird, tatsächlich als richtig, denn Anne hatte herausgefunden, dass ihre Schulfreundin Hanneli Goslar im Sternlager war.[70]

Auch die Schwestern Brilleslijper hatten mit Anne und Margot Kontakt. Die beiden hatten es geschafft, in Bergen-Belsen einen der – auch hier sehr begehrten – Posten in der Krankenpflege zu bekommen. Als eine SS-Aufseherin in ihre Baracke kam und fragte, ob es unter den Häftlingen Krankenschwestern gebe, meldeten sich Janny und Lientje, obwohl ihre Erfahrung in nichts weiter als einem kurzen Erste-Hilfe-Kurs bestand.[71] In dieser Funktion versuchten sie, ihren Bekannten und Freundinnen nach Möglichkeit beizustehen. Zu dieser Gruppe gehörten auch Anne und Margot Frank. In den Erinnerungen der Schwestern Brilleslijper erscheinen beide auch weniger passiv als in dem weiter oben von den Daniel-Schwestern beschriebenen Bild.[72] Lientje Brilleslijper erinnerte sich 1951:

> Von November 1944 bis März 1945 sahen wir uns sehr oft. Natürlich hatten Anne und Margot auch kleine Streitereien miteinander, wie alle anderen Schwestern. Eines Tages kam Anne aufgeregt zu uns und flüsterte: »Dort drüben in dem kleinen Block gibt es süße Suppe. Wir gehen was organisieren.« Margot war wütend, dass Anne ihr kleines Geheimnis verraten hatte. Aber

1 Die Fassade des Bürogebäudes in der Prinsengracht 263 (Mitte), um 1947.

2 Das Brautpaar Otto und Edith Frank-Holländer mit ihren Hochzeitsgästen am 12. Mai 1925. Otto feiert am selben Tag seinen 36. Geburtstag.

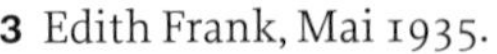

3 Edith Frank, Mai 1935.

4 Otto Frank, Mai 1936.

5 Margot und Anne in Aachen, Oktober 1933.

6 Nazis hissen am Frankfurter Rathaus die Hakenkreuzfahne, 13. März 1933.

7 Opekta-Reklame

8 Ansichtskarte vom Merwedeplein in Amsterdam aus den dreißiger Jahren. Die Franks wohnten im Haus Nummer 37.

9 Familie Frank auf dem Merwedeplein, Mai 1941. Es ist das letzte bekannte Foto der ganzen Familie.

10 Otto und die Helfer, Oktober 1945. Von links nach rechts: Miep Gies, Johannes Kleiman, Otto Frank, Victor Kugler und Bep Voskuijl.

11 Jan Gies, Anfang der 1940er Jahre.

12 Johannes Voskuijl, Dezember 1940.

13 Edith und ihr Bruder Walter in den zwanziger Jahren.

14 Rosa Holländer-Stern, Ediths Mutter, Ende der dreißiger Jahre.

15 Die zerstörte und in Brand gesteckte Aachener Synagoge, 10. November 1938.

16 Ein zerstörtes Geschäft in Berlin, 10. November 1938.

17 Dr. Arthur Seyss-Inquart, Österreicher, von Hitler zum Reichskommissar der besetzten Niederlande ernannt.

18 Seit September 1941 waren diese Schilder im Straßenbild zu sehen.

19 »Für Juden verboten«. Der Strand von Zandvoort, Frühjahr 1941.

20 Freibad in Krimpen aan de Lek mit dem Schild »Für Juden verboten«.

21 Ein Schild mit dem Text »Verboten für Juden« am City-Kino in Amsterdam, 2. Januar 1941.

22 Vom 3. Mai 1942 an sind Juden ab sechs Jahren verpflichtet, einen Judenstern sichtbar auf ihrer Kleidung zu tragen.

WALTER H. BIERINGER
Chairman

WILLY NORDWIND
Vice-Chairman

HASKELL COHN
Secretary

B. M. SELEKMAN
Treasurer

BOSTON COMMITTEE FOR REFUGEES

COOPERATING WITH NATIONAL REFUGEE SERVICE, INC.
24 PROVINCE STREET, BOSTON, MASS.
TELEPHONE, CAPITOL 8425

MAURICE KRINSKY
Executive Secretary

November
17th
1 9 4 1

Miss Augusta Mayerson, Acting Director
Migration Department
National Refugee Service
165 West 46th Street
New York, N. Y.

RE: FRANK, Otto and Edith
Amsterdam, Holland
Case # A-23007

Dear Miss Mayerson:

Mr. Julius Hollander was in to see us today with reference to your letter of November 12, 1941. He wished us to send you this supplementary information which we believe will have great bearing on the arrangements which are to be undertaken by the Strauss'.

Mr. Hollander pointed out that there are five persons involved in this immigration problem, rather than the original four. Apparently Mrs. Rosa Hollander, the mother of Mrs. Frank, 74 years of age, and who has been living with the Franks since April 1939, was never mentioned in the arrangements for the immigration of the entire family group.

Mr. Hollander also wanted us to point out to you that instead of two minor children of 10 years of age being involved, actually the ages of Margot and Anne Frank are, respectively, 15 and 12.

Inasmuch as the aforementioned facts will necessitate a change in the financial plans by the Strauss', Mr. Hollander wants us to call these things to your attention.

In order to meet this changed situation, Mr. Hollander authorized us to say that he and his brother will pay $2,500.00 for the immigration of the entire family group. This information we know changes the contents of our letter of October 21, 1941.

Mr. Hollander, or his brother Walter, are quite anxious to talk over the entire Frank situation with you. Both men are employed at unusual hours during the week, and it appears that the only time available for a conference with you would be on a Saturday morning. Could you, by chance, inform us in a day or so whether Mr. Walter or Mr. Julius Hollander can see you at your office Saturday, November 22, 1941, at a convenient hour?

Please accept our thanks for your willingness to cooperate with this family group, and count on our continued cooperation in their behalf.

Sincerely yours,
Maurice Krinsky
Executive Secretary

MK:BC

SERVING BOSTON AND GREATER NEW ENGLAND AREAS

23 Brief des Boston Committee for Refugees vom 17. November 1941 über die Emigrationsversuche der Familie Frank.

9867 1075

Zentralstelle für jüdische Auswanderung Amsterdam
Adema v. Scheltemaplein 1
Telefoon 97001

Heinrich Schussheim
Amsterdam
Parnassusweg 26 hs.
12.2.1910

OPROEPING!

U wordt hiermede bevolen aan den onder politie toezicht staande werkverruiming in Duitschland deel te nemen en heeft U zich dientengevolge op

15 JULI 1942 om 1·50 uur

aan het Centraal Station, Amsterdam, te bevinden.

Als bagage mag medegenomen worden:

1 koffer of rugzak
1 paar werklaarzen
2 paar sokken
2 onderbroeken
2 hemden
1 werkpak
2 wollen dekens
2 stel beddengoed (overtrek met laken)
1 eetnap
1 drinkbeker
1 lepel en
1 pullover

en eveneens marschproviand voor 3 dagen en de voor die tijd geldige distributiekaarten.

Niet medegenomen mogen worden:

Waardepapieren, deviezen, spaarbankboekjes enz., waardevoorwerpen allerlei soort (goud, zilver, platina) - met uitzondering van de trouwringen - levend huisraad.

Wanneer U aan deze oproeping geen gevolg geeft, wordt U met maatregelen van de Sicherheitspolizei gestraft.
Dit schrijven geldt als reisvergunning en geeft U tegelijkertijd het recht de genoemde trein kosteloos te benutten.

In opdracht
get. Wörlein
SS-Hauptsturmführer

V

K 372

4922

24 Dieser »Aufruf« ging an arbeitsfähige Juden. Darauf stand genau angegeben, was man mitnehmen durfte, etwa einen Arbeitsanzug und Essen für drei Tage.

25 Die »Helfertreppe« der Büroetage zum Raum mit dem Bücherschrank, 1954.

26 Auguste und Hermann van Pels, Juli 1941.

27 Peter van Pels, 1942.

28 Klassenfoto der Israelitischen Elementarschule in Osnabrück. Peter van Pels sitzt in der dritten Reihe, der Zweite von links, in der Klasse von Lehrer Abraham Trepp, 1934.

29 Fritz Pfeffer mit seinem Sohn Werner, um 1937. Es gelingt, Werner mit einem »Kindertransport« nach Großbritannien zu schicken. Werner überlebt den Krieg und geht in die Vereinigten Staaten. Dort nimmt er den Namen Peter Pepper an.

30 Charlotte Kaletta, 1930er Jahre.

31 Synagoge in der Passauer Straße in Berlin, in der Nähe von Fritz Pfeffers Wohnhaus, 1930er Jahre.

32 Ein englischer Polizist spricht mit fünf jüdischen Mädchen aus Nazi-Deutschland. Sie kamen am 12. Dezember 1938 mit dem Schiff in Harwich (England) an.

33 Die rückwärtige Front der Prinsengracht 263. Anne und ihre Mitbewohner waren im zweiten und dritten Stock untergebracht. Das oberste Fenster zeigt den Dachboden des Hinterhauses.

34 Der Bücherschrank hinter dem die Tür zum Hinterhaus verborgen ist, 1954.

35 SS-Oberscharführer Karl Joseph Silberbauer. Er leitete am 4. August 1944 die Verhaftung der acht Untergetauchten und ihrer Helfer Kleiman und Kugler.

36 Die Zentralstelle für jüdische Auswanderung am Adama van Scheltemaplein 1 in Amsterdam.

37 1945, kurz nach Kriegsende erscheint Rosa de Winter-Levys kleines Buch *Aan de gaskamer ontsnapt!* Darin berichtet sie auch vom Tod Edith Franks in Auschwitz.

38 Rosa de Winter-Levy mit Otto und Fritzi Frank, Schweiz, 1950.

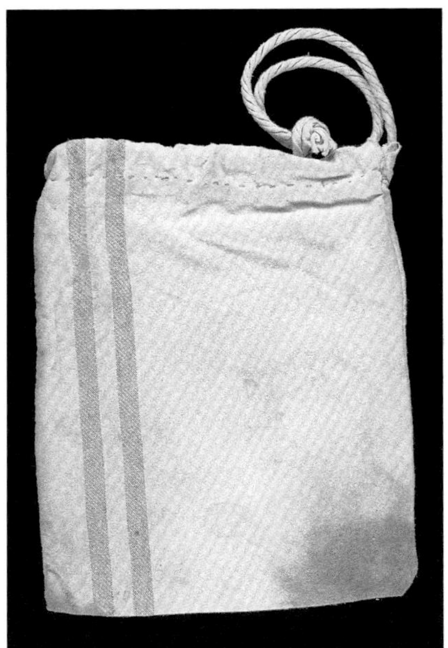

39 Aus Lagerkleidung genähter Beutel, in dem Otto Frank seine Habseligkeiten, darunter das rote Notizbuch, während seiner Rückreise in die Niederlande aufbewahrte.

40 *Het Achterhuis* (Das Hinterhaus), die erste Ausgabe von Anne Franks Tagebuch in niederländischer Sprache, erschien am 25. Juni 1947. Buchdesigner Helmut Salden gestaltet den Umschlag: eine Sonne, die hinter dunklen Wolken verschwindet.

41 Hanneli Goslar mit ihrer kleinen Schwester Gabi, 1941.

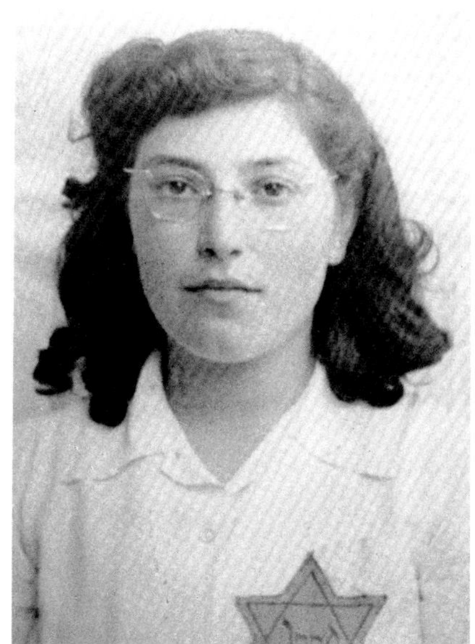

42 Bloeme Emden, ca. 1942.

43 Eine Gruppe verhafteter Juden, Amsterdam, 20. Juni 1943.

44 Am 20. Juni 1943 fand eine der letzten großen Razzien in Amsterdam statt. Dieses Foto wurde in der Nähe des Merwedeplein aufgenommen, wo die Familie Frank wohnte.

45 Das Amsterdamer Untersuchungsgefängnis an der Weteringschans, nach dem Krieg.

46 Jacob Swart.

47 Die Hauptstraße durch das Lager Westerbork. Entlang dieser Straße verlief die Bahnlinie und die Züge fuhren von der sogenannten »Rampe« zum Konzentrations- und Vernichtungslager im Osten.

48 Lagerkommandant SS-Obersturmführer Albert Konrad Gemmeker, Dezember 1942.

49 Transport aus Westerbork, wahrscheinlich Herbst 1942. Die beiden Männer mit Mütze und Latzhose gehören zum Jüdischen Ordnungsdienst.

Lagerkommandantur
Lager Westerbork.

Lager Westerbork, den 10.August 1944.

Lagerbefehl Nr.87.

1.)Betrifft: Sperrstunde.

Ab 11.August 1944 wird die Sperrstunde auf 22.00 Uhr verlegt. Demzufolge ist das Licht in den Baracken um 22.45 Uhr zu löschen. Lagerinsassen,die vom Nachtdienst kommen oder zum Nachtdienst gehen oder von der Spätschicht kommen,haben das Licht so schnell wie möglich, längstens aber nach 20 Minuten zu löschen.

1.)Betreft: Spertijd.

Met ingang van 11 Augustus 1944 wordt de spertijd op 22 uur vastgesteld.Derhalve moet het licht in de barakken om 22.45 uur uitgeschakeld worden.Kampingezetenen, die van hun nachtdienst thuiskomen of zich naar hun nachtdienst begeven of van de avondploeg thuiskomen,dienen het licht zoo snel mogelijk, echter uiterlijk na 20 minuten,uit te draaien.

2.)Betrifft: Häftlinge.

Ab sofort wird für Häftlinge jeglicher Postverkehr verboten.Ausserdem werden Besuche von Häftlingen im Krankenhaus und Besuche von Häftlingen durch Lagerinsassen in den Strafbaracken ab sofort verboten. Die Lagerinsassen haben sich jeden Verkehrs mit Häftlingen mit Ausnahme von dienstlichen Anlässen zu enthalten. Lagerinsassen, die Häftlingen Postverkehr ermöglichen oder in anderer Form Verbindung mit Häftlingen aufnehmen, werden unverzüglich als Häftlinge in die Strafbaracke eingewiesen. Unter dieses Verbot fällt auch das Abgeben von Lebensmitteln oder Gebrauchsgegenständen auf unmittelbarem oder mittelbarem Wege. Dem OD ist es ausdrücklich verboten, Lebensmittel, Gegenstände oder Post für Häftlinge entgegenzunehmen.
Selbstverständlich fallen unter die vorstehenden Verbote auch die in Bar.51 einsitzenden Häftlinge oder Lagerinsassen.Jeder Versuch, sich mit Insassen der Strafbaracken oder der Bar.51 in Verbindung zu setzen, wird als Beihilfe zur Flucht bei Insassen dieser Baracken angesehen und je nach Lage des Falles mit der oben angedrohten oder einer schwereren Strafe belegt.
Da es unvermeidlich ist, dass während der Arbeitszeit Häftlinge mit Lagerinsassen zusammenarbeiten, haben die Dienst- und Gruppenleiter besonders auf die Einhaltung dieser Anordnungen zu achten und, wenn sie selbst eine Bestrafung vermeiden wollen, rücksichtslos Uebertretungen dieser Verbote zu melden.

2.)Betreft: Strafgevallen.

Met onmiddellijke inwerkingtreding wordt ieder postverkeer voor strafgevallen verboden. Bovendien is het bezoek van strafgevallen in het ziekenhuis en het bezoek van kampingezetenen aan strafgevallen in de strafbarakken van nu af aan verboden. De kampingezetenen dienen zich van ieder verkeer met de strafgevallen - tenzij uit hoofde van hun dienst - te onthouden.Kampingezetenen,die postverkeer voor de strafgevallen mogelijk maken of op andere wijze zich met strafgevallen in verbinding stellen, worden onverwijld zelf als strafgevallen naar de strafbarak overgebracht. Onder dit verbod valt evenzeens het afgeven van levensmiddelen of gebruiksvoorwerpen langs directen of indirecten weg. Het is den O.D.uitdrukkelijk verboden, levensmiddelen,voorwerpen of post voor strafgevallen in ontvangst te nemen.
Het spreekt vanzelf, dat onder de bovenstaande verbodsbepalingen ook die strafgevallen of kampingezetenen vallen, die zich in barak 51 bevinden.Iedere poging,om zich met bewoners van de strafbarakken of van barak 51 in verbinding te stellen wordt als medeplichtigheid aan ontvluchting der bewonders van deze barakken beschouwd en naar gelang van de ernst van het geval gestraft met de boven bedreigde of met een zwaardere straf.
Daar het niet te vermijden is, dat gedurende de arbeidstijd strafgevallen en kampingezetenen tezamen werken, moeten de dienst- en groepenleiders speciaal op de handhaving van deze bepalingen letten en - willen zij zelf niet bestraft worden - zonder consideratie overtredingen van deze verbodsbepalingen melden.

Der Lagerkommandant,

[signature]

SS-Obersturmführer.

50 Lagerbefehl 87.

51 Arthur Pisk.

52 Jüdische Gefangene in Westerbork kurz vor ihrer Deportation.

53 Ein Zug mit Gefangenen steht im Durchgangslager Westerbork abfahrtbereit.

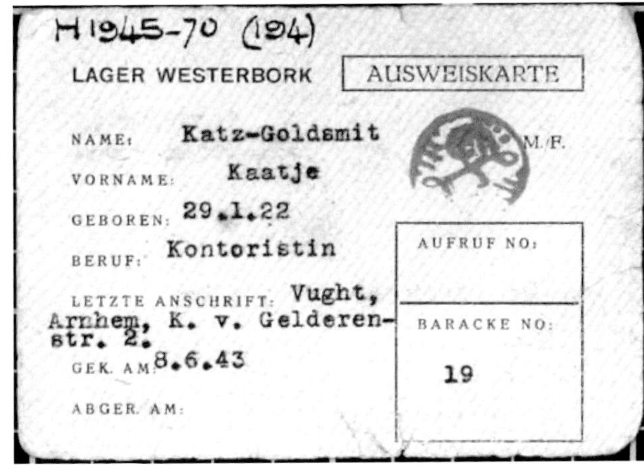

H 1945-70 (194)

LAGER WESTERBORK AUSWEISKARTE

NAME: Katz-Goldsmit M./F.

VORNAME: Kaatje

GEBOREN: 29.1.22

BERUF: Kontoristin

LETZTE ANSCHRIFT: Vught, Arnhem, K. v. Gelderen-str. 2.

GEK. AM: 8.6.43

ABGER. AM:

AUFRUF NO:

BARACKE NO: 19

54 Lagerpass von Kaatje Katz-Goldsmit von 1943.

LAGER WESTERBORK | LEGITIMATIEBEWIJS

NAAM: Stertzenbach M./V.

VOORNAAM: Werner

GEBOREN: 4.4.09

BEROEP: Maurer

AANGEK. VAN:

OP: 26.2.41

VERTR. OP:

150/61

OPROEP NO:

BARAK NO: 21

HANDTEEKENING:

BED NO:

GROEP: Bautechnischer Dienst

FUNCTIE: Dienstbereich 7

BIJZONDERHEDEN:

zurückgestellt
alter Lagerinsasse

Deze kaart steeds bij U te dragen en bij vertrek uit het kamp af te geven

55 Lagerpass des Häftlings Werner Sterzenbach. Die Karte enthält auch Sterzenbachs Sperre. Er ist von der Deportation »zurückgestellt«, weil er den Status Alter Lagerinsasse hat, was bedeutet, dass er bereits vor dem 15. Juli 1942 im Lager war.

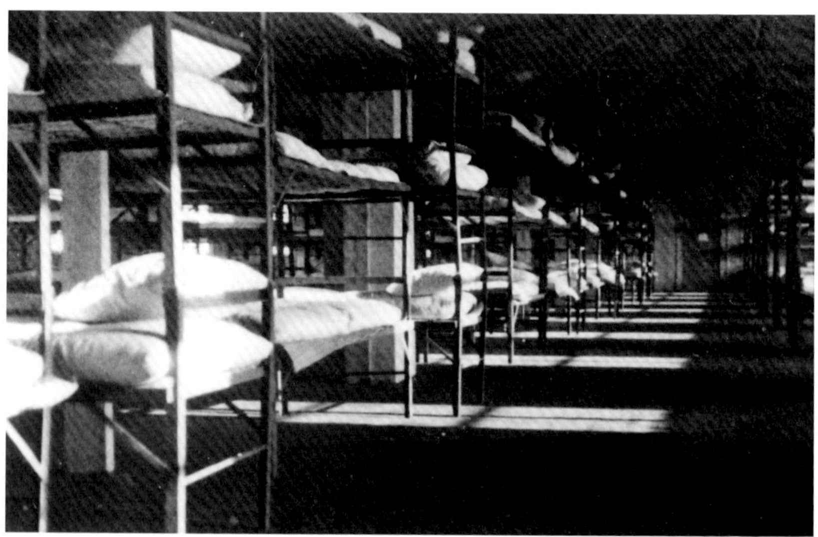

56 Innenansicht einer Baracke in Westerbork.

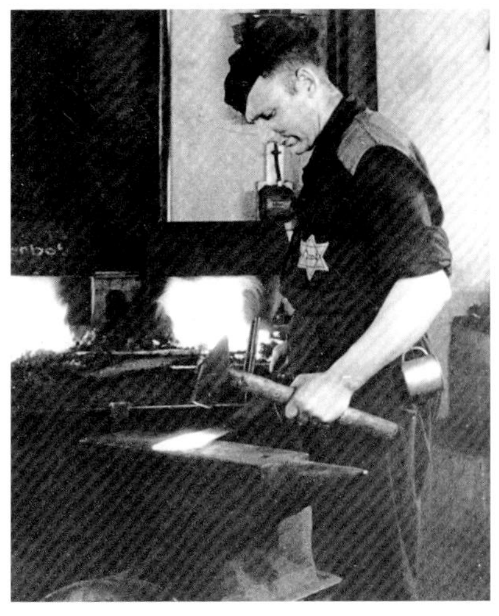

57 Strafgefangener bei der Arbeit in der Schmiede im Durchgangslager Westerbork.

58 Der Autor und Journalist Philip Mechanicus, 1930er Jahre.

59 Edgar Weinberg in Westerbork. Still aus dem Film, der im Auftrag des Lagerkommandanten Gemmeker im Frühjahr 1944 von dem Häftling Rudolf Breslauer gedreht wurde.

60 Gefangene beim Batterienspalten in Westerbork.

61 Rachel Frankfoorder zu Beginn des Krieges.

62 Rose und Sal de Liema bei ihrer Hochzeit am 20. Dezember 1942. Die Corsagen dienten dazu, die Sterne auf der Kleidung zu verdecken.

63 Bram Asscher und Trees Lek, kurz nach dem Krieg.

Nur die Linien beschreiben!

Nur die Linien beschreiben!

Antwort-Briefbogen anbei.

64 Der Brief, den Bram Asscher am 25. August 1944 seiner Mutter schrieb.

65 Frieda Brommet, um 1940.

66 Benny Behr spielt Geige für Kinder in Westerbork.

5 Judentransport aus den Niederlanden – Lager Westerbork Blatt 7

am 3. September 194 . Haeftlinge

Nr.	Name	Vorname	Geb.-Datum	Beruf
3o1.	Engers	Isidor	3o.4. 93	Kaufmann
3o2.	Engers	Leonard	13.6. 2o	Landarbeiter
3o3.	Franco	Manfred	1.5. o5	Verleger
3o4.	Frank	Arthur	22.8. 81	Kaufmann
3o5.	Frank	Isaac	29.11.87	Installateur
3o6.	Frank	Margot	16.2. 26	ohne
3o7.	Frank	Otto	12.5. 89	Kaufmann
3o8.	Frank-Hollaender	Edith	16.1. oo	ohne
3o9.	Frank	Anneliese	12.6. 29	ohne
31o.	v.Franck	Sara	27.4. o2	Typistin
311.	Franken	Abraham	16.5. 96	Landarbeiter
312.	Franken-Weyand	Johanna	24.12.96	Landbauer
313.	Franken	Hermann	12.5. 34	ohne
314.	Franken	Louis	1o.8. 17	Gaertner
315.	Franken	Rosalina	29.3. 27	Landbau
316.	Frankfort	Alex	14.11.19	Dr.i.d.Oekonomie
317.	Frankfort-Elzas	Regina	11.12.19	Apoth.-Ass.
318.	Frankfoort	Elias	22.1o.98	Schneider
319.	Frankfort	Max	2o.8. 21	Schneider
32o.	Frankfort-Weijl	Hetty	25.3. 24	Naeherin
321.	Frankfort-Werkendam	Rozette	24.6. 98	Schriftstellerin
322.	Frijda	Herman	22.6. 87	Hochschullehrer
323.	Frenk	Henriette	28.4. 21	Typistin
324.	Frenk	Rosa	15.3. 24	Haushalthilfe
325.	Friezer	Isaac	1o.3. 2o	Korrespondent
326.	Fruitman-Vlessche-drager	Fanny	24.1. o3	ohne
327.	Gans	Elie	24.1o.o3	Betriebleiter
328.	Gans-Koopman	Gesina	2o.12.o5	Maschinenstrickerin
329.	Gans	Kalman	6.3. 79	Diamantbearb.
33o.	Gans-Nord	Klara	12.5. 13	Naeherin
331.	Gans	Paul	27.9. o8	Landbauer
332.	v.Gelder	Abraham	9.11. 78	Metzger
333.	V.Gelder-de Jong	Reintje	22.1o.81	ohne
334.	v.Gelder	Alexander	27.8. o3	Kaufmann
335.	v.Gelder-Visch-schraper	Clara	12.4. 12	ohne
336.	v.Gelder-Raphael	Hendrika	17.3. 77	ohne
337.	v.Gelder	Henny	15.5. 18	Neheirn
338.	v.Gelder	Simon	19.5. 19	Landarbeiter
339.	v.Gelderen	Johanna	22.5. 1o	Verkaeuferin
34o.	v.Gelderen	Karel	25.8. 99	Kapellmeister
341.	Gerson	Alexander	1.5. 69	ohne
342.	Gersons-Hartog	Kaatje	9.9. 94	ohne
343.	Ginsberg	Arthur	24.3. 27	Baecker
344.	Ginsberg	Benjamin	7.9. 93	Kaufmann
345.	Ginsberg-Rosen	Rosa	1o.6. 97	ohne
346.	Glowinski	Israel	3.5. 94	Stepper
347.	Glowinski-Streep	Sara	31.12.91	Naeherin
348.	Gobets	Zadok	6.3. 79	Diamantarb.
349.	Godschalk	Bernar	26.9. 15	Kaufmann
35o.	Goldberg	Hans	6.6. 1o	Pelzsortierer

67 Transportliste vom 3. September 1944 mit den Namen der Familie Frank.

Blatt - 12 -
Judentransport aus den Niederlanden - Lager Westerbork

am 3.9.44 194 4

Häftlinge

551. Oppenheimer-Levy	*Juliana	22.2.69	ohne
552. Orlow-Polak	Elise	8.4.13	Stenotypistin
553. Pijpeman	Philip	13.4.91	Kaufmann
554. v. Pels	Clara	27.5.20	Kinderpflegerin
555. van Pels	Hermann	31.3.98	Tech. Fachmann
556. van Pels-Roettgen	Auguste	29.9.00	ohne
557. van Pels	Peter	8.11.26	Metallarb.
558. Pfeffer Dr.	Fritz	30.4.89	Zahnarzt
559. Pino	Mietje	17.10.91	Dipl. Pflegerin
560. Polak	Hans	2.4.16	Student
561. Polak	Herman J.	13.7.04	Techniker
562. Polak-Wessel	Carolina	8.8.21	Krankenpfleg.
563. Polak	Juda	19.1.67	Betriebsleiter
564. Polak-de Hond	Femina	24.5.05	ohne
565. Polak-Dresser	Keetje	19.12.71	ohne
566. Polak	Marianne	30.11.24	Kontoristin
567. Polak	Samson	1.1.05	[illegible]
568. Polak	Samuel	24.12.09	Gärtner
569. Polak-Mykels	Elly	24.10.09	Gymnastiklehrerin
570. Polak	Therese	21.1.37	ohne
571. Pozener	Fritz	1.11.40	ohne
572. Pozener	Joseph	4.9.08	Gymnastiklehrer
573. Pozener-Goudsmit	Esther	9.8.09	ohne
574. v. Praag-Sulsman	Mathilde	11.9.16	Kontoristin
575. Premselaar	Aaron	27.12.25	Elektriker
576. Premselaar	Vetje	16.12.26	Näherin
577. Premselaar-Brant	Johanna	4.1.03	ohne
578. Premselaar	Louis	13.3.93	Handelsagent
579. Premselaar-Speijer	[illegible]	19.12.97	ohne
580. Prins	Leo	8.1.06	Textilfachmann
581. Prins	Martijn	1.11.30	Kontorist
582. Querido	Sophie	10.7.07	Büroangest.
583. Ratoet	David	3.12.08	Kutscher
584. v. Rijn	Henriette	13.8.12	ohne
585. v. Rijn-Gosedrijver	Ida	29.11.73	ohne
586. v. Rijn	Philip	12.4.64	ohne
587. Reindorp-Wenk	Anna	25.12.80	ohne
588. Reisner	David	8.2.99	Metallsortierer
589. Reisner-Grünberg	Jenny	7.4.01	ohne
590. Reisner	Herbert	11.7.27	Konditor
591. Ritmeester	Barbara	6.6.33	ohne
592. Ritmeester	Isaac	24.8.35	ohne
593. Ritmeester	Levy	16.6.94	Kaufmann
594. Ritmeester-de Valence	Dientje	17.6.01	ohne
595. Rodrigues Ferreira	Aaron	20.6.07	Polsterer
596. Rodrigues Ferreira-Andagt	Betje	24.3.04	Näherin
597. Rodrigues	Salomon	2.6.78	Lehrer
598. Rodrigues	Salomon	23.12.12	Matratzenmacher
599. v. Rood-Speijer	Willem	14.12.09	Kaufmann
600. v. Rood-Speijer-Bester	Esther	17.12.12	ohne

68 Transportliste vom 3. September 1944 mit den Namen der Familie van Pels und von Fritz Pfeffer.

69 Johan (Hans) Goudsmit, um 1920.

70 Das Schild des Zuges, der zwischen Westerbork und Auschwitz fuhr. Es besagt auch, dass keine Waggons in Auschwitz zurückbleiben dürfen und der Zug als Ganzes nach Westerbork zurückfahren musste.

71 Ein Detail des Personalausweises von Lenie de Jong-van Naarden.

72 Janny Bolle als Krankenpflegeschülerin im Nederlands Israëlitisch Ziekenhuis (NIZ) im Jahr 1942.

73 Sonja Wagenaar-van Dam, um 1940.

74 Logo des Eiscafés Koco, 1939. Das Eiscafé Koco wurde später zum Zentrum der Amsterdamer Razzien und des Februarstreiks.

75 Am 22. und 23. Februar 1941 werden 427 jüdische Männer in der Nähe des Waterlooplein in Amsterdam willkürlich verhaftet. Sie werden mit Gewalt zusammengetrieben und ins Konzentrationslager Mauthausen abtransportiert.

76 und **77** Razzia auf dem Jonas Daniël Meijerplein in Amsterdam, 22.–23. Februar 1941.

78 Die Familie Röttgen. Vermutlich ist das Mädchen ganz rechts Auguste und das rechts neben der Mutter stehende Mädchen Lotte, um 1910.

79 Von links nach rechts: Richard Baer, Josef Mengele und Rudolf Höß, 1944.

80 Das Tor von Auschwitz I, mit den Schriftzug »Arbeit macht frei« (Nachkriegsaufnahme).

- 6 -

Land		Zahl
A.	Altreich	131.800
	Ostmark	43.700
	Ostgebiete	420.000
	Generalgouvernement	2.284.000
	Bialystok	400.000
	Protektorat Böhmen und Mähren	74.200
	Estland - judenfrei -	
	Lettland	3.500
	Litauen	34.000
	Belgien	43.000
	Dänemark	5.600
	Frankreich / Besetztes Gebiet	165.000
	Unbesetztes Gebiet	700.000
	Griechenland	69.600
	Niederlande	160.800
	Norwegen	1.300
B.	Bulgarien	48.000
	England	330.000
	Finnland	2.300
	Irland	4.000
	Italien einschl. Sardinien	58.000
	Albanien	200
	Kroatien	40.000
	Portugal	3.000
	Rumänien einschl. Bessarabien	342.000
	Schweden	8.000
	Schweiz	18.000
	Serbien	10.000
	Slowakei	88.000
	Spanien	6.000
	Türkei (europ. Teil)	55.500
	Ungarn	742.800
	UdSSR	5.000.000
	Ukraine 2.994.684	
	Weißrußland ausschl. Bialystok 446.484	
	Zusammen: über	11.000.000

81 Liste der jüdischen Bevölkerung in Europa. Dokument der Wannseekonferenz, Januar 1942.

82 Reinhard Heydrich, um 1942.

83 Häftlinge in Auschwitz-Birkenau, kurz nach der Befreiung im Januar 1945.

84 Heinrich Himmler auf Inspektionsbesuch in Auschwitz-Monowitz, 18. Juli 1942.

85 Abel Herzberg als junger Mann, um 1913.

86 Eddy de Wind in den dreißiger Jahren.

87 Eines der Fotos, die Alberto Errera im August 1944 heimlich von den Gaskammern aus aufnahm. Errera war Mitglied des Sonderkommandos in Auschwitz.

88 Nach Ankunft in Auschwitz-Birkenau werden Männer und Frauen auf dem Bahnsteig voneinander getrennt.

89 Die Selektion von Häftlingen auf dem Bahnsteig in Auschwitz-Birkenau.

90 Ronnie van Cleef, um 1940.

91 SS-Standortarzt Eduard Wirths.

92 Leny Velleman, Anfang der vierziger Jahre.

93 Jüdische Häftlinge sortieren die Besitztümer neu angekommener Juden im sogenannten Kanada-Depot.

94 Herman Frijda, Professor der Volkswirtschaft (und Rector Magnificus) der Universität von Amsterdam, 1921.

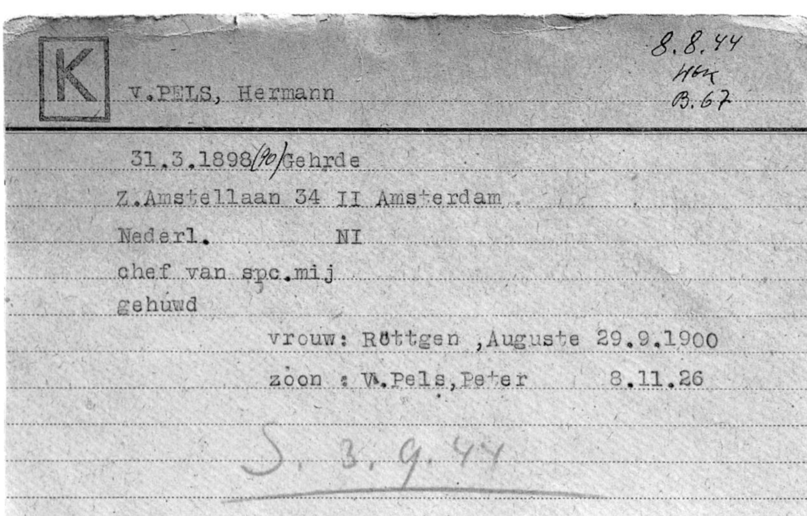

K

V.PELS, Hermann

8.8.44
B.67

31.3.1898(90)Gehrde
Z.Amstellaan 34 II Amsterdam
Nederl. NI
chef van spc.mij
gehuwd
vrouw: Röttgen ,Auguste 29.9.1900
zoon : V.Pels, Peter 8.11.26

S. 3.9.44

95 Hermann van Pels' Registrierungskarte aus der Kartothek des Judenrats.

96 Filip Müller, nach dem Krieg.

97 Max Rodrigues Garcia, 1946.

98 Joseph Spronz und Otto Frank, 1975 oder 1976.

Prämienschein über RM. 1.—

Konzentrationslager Auschwitz

D. St.

KL/101 - 8. 44/500.000

99 Prämienschein von 1 Reichsmark.

Raucherkarte 1944-45

Häftlingskantine I.

Auschwitz

Häftl.-Nr. B. 9174 Block 5a

II	II	II	II	II
30.—5.	6—11.	12.—17.	18.—23.	24—28.

100 Raucherkarte von Otto Frank aus Auschwitz.

101 Primo Levi, 1950er Jahre.

102 Samuel Kropveld

103 Russische Soldaten unterhalten sich kurz nach der Befreiung von Auschwitz mit Kindern, Januar 1945.

104 Maria Mandl, 1945.

105 Lientje Brilleslijper, vor dem Krieg.

106 Janny Brilleslijper mit ihrem Ehemann Bob Brandes.

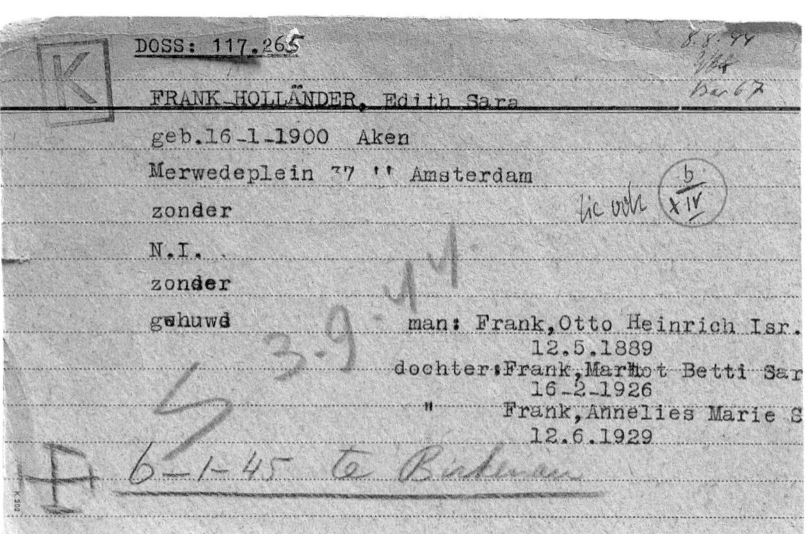
DOSS: 117.265

8.8.44

FRANK-HOLLÄNDER, Edith Sara

geb.16-1-1900 Aken

Merwedeplein 37 '' Amsterdam

zonder

N.I.

zonder

gehuwd man: Frank,Otto Heinrich Isr.
12.5.1889
dochter: Frank,Margot Betti Sar
16-2-1926
" Frank,Annelies Marie S
12.6.1929

3.9.44

6-1-45 te Birkenau

107 Edith Franks Registerkarte, ausgestellt vom Judenrat.

108 Betje Jakobs, um 1940.

109 Das Sternlager von Bergen-Belsen, nach der Befreiung.

110 Festnahme von Josef Kramer, Kommandant des Lagers Bergen-Belsen, durch britische alliierte Truppen, 15. April 1945.

111 Irma Grese und Josef Kramer, April 1945.

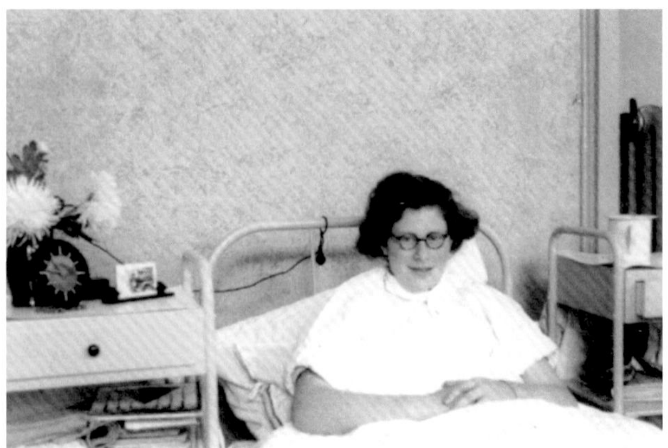

112 Annelore Daniel während ihrer Rekonvaleszenz im Sanatorium in Santpoort, 1945–1948.

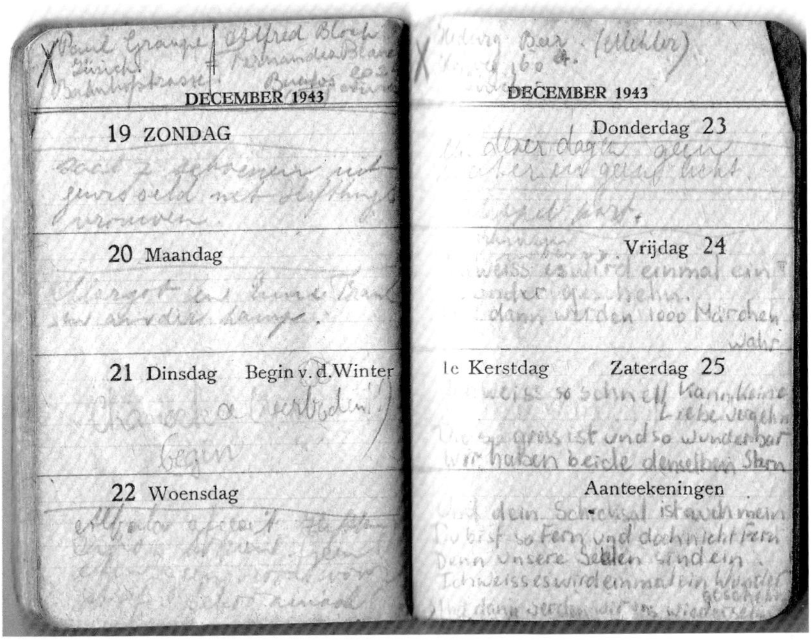

113 Zwischen 1943 und 1945 notiert Ruth Wiener alles Mögliche in ihrem Kalender. Am 20. Dezember 1944 schreibt sie: »Margot und Anne Frank in einem anderen Lager«. (Der Kalender stammt aus dem Jahr 1943, aber Ruth Wiener verwendete ihn auch für Tagebucheinträge in den Jahren 1944 und 1945.)

114 Ruth Wiener (links) mit ihren Schwestern, 1930er Jahre.

115 Ein Teil des Konzentrationslagers Bergen-Belsen, kurz nach der Befreiung, im April 1945.

116 und **117** Konzentrationslager Bergen-Belsen, nach der Befreiung.

118 Nanette Blitz auf dem Jüdischen Lyzeum, Dezember 1941

119 Martha van Collem, 1943.

uw vrouw in Birkenau had
gesproken, wat hun erg opfleur-
de, omdat zij weinig hoop bij
de selectie hadden gehad. Deze
selectie hadden hun van uw
vrouw gesplitst. In Januari
gingen Margot en Anne naar
het Schonungsblock, waar ik
nog bij hun was. Toen kw[…]in
ep een grote verhuizing,
waarna ik hun niet meer
gesproken heb, ik weet
echter, dat 't meisje hier dat iemand
hun in Februari nog gesproken
heeft.

Ik herinner mij U
nog een beetje. Wat bezoek
betreft zijn deze alleen op
de aangewezen uren en deze
zijn Zondag. Maandag. Donder-
dag van 3–4

In de hoop U hiermee van
dienst te zijn geweest ein-
dig ik met de hartelijke
groeten

Nanny Blitz

120 Brief (Rückseite) Nanette Blitz an Otto Frank, 31. Oktober 1945.

C R Rebling Brilleslijper
Prinsengracht 579
Tel 34019

Amsterdam 11 Nov
1945

Verklaring

Hiermede verklaar ik dat Margot en Anne Frank in het schonungsblock nr. 19 in Bergen-Belsen Häftlingenlager omstreeks eind Februari begin Maart (1945) zijn overleden. Ik was zelf ook gevangen in hetzelfde kamp in Block no 1 en was met bovengenoemde meisjes bevriend.

C R Rebling Brilleslijper

Amsterdam 13 Jan 46.

Hiermede verklaar ik dat Anne Frank en Margot Frank bij mij in het kamp Bergen Belsen zijn overleden waar ik als verpleegster in bl. 1° werkzaam was

M Brandes Brilleslijper
Amstel 101 Amsterdam (C.)

121 und **122** Erklärungen von Rebekka »Lientje« Rebling-Brilleslijper, 11. November 1945, und Janny Brandes-Brilleslijper, Januar 1946. Auf Otto Franks Bitte bestätigen sie, dass Anne und Margot in Bergen-Belsen gestorben sind.

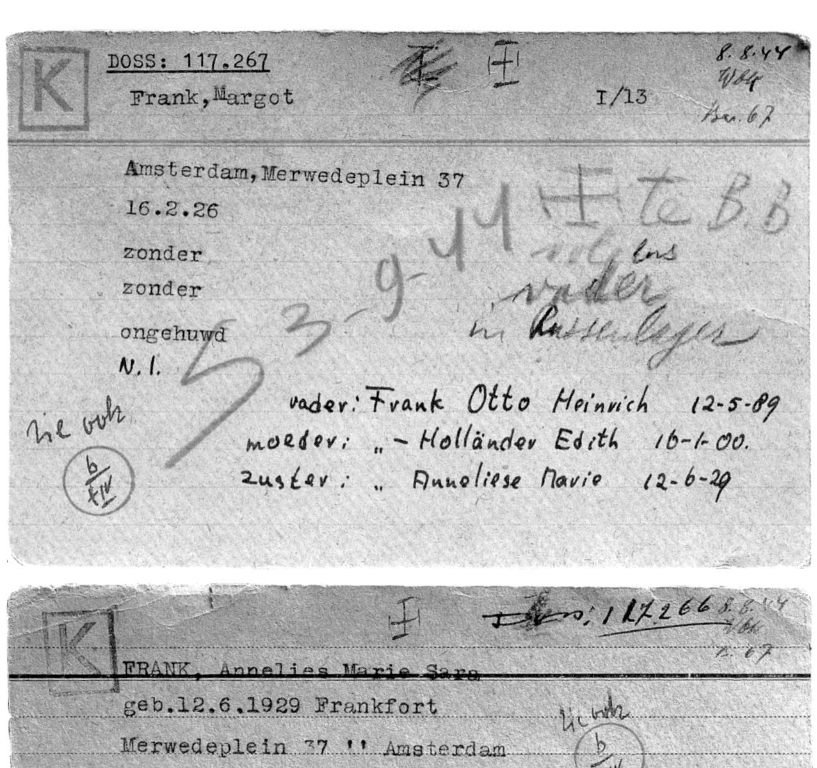

DOSS: 117.267

Frank, Margot I/13

Amsterdam, Merwedeplein 37

16.2.26

zonder

zonder

ongehuwd

N.I.

vader: Frank Otto Heinrich 12-5-89

moeder: " - Holländer Edith 16-1-00.

zuster: " Anneliese Marie 12-6-29

3-9-44

FRANK, Annelies Marie Sara

geb. 12.6.1929 Frankfort

Merwedeplein 37 '' Amsterdam

zonder

N.I.

zonder

ongehuwd

ouders; Frank, Otto Heinr. Isra.
12-5-1889
Holl änder, Edith Sara
16-1-1900

zuster: Frank, Margot Betti Sara
16-2-1926

3-9-44

123 und **124** Die Registrierungskarten von Margot Frank (oben) und Anne Frank (unten) aus der Registratur des Judenrats.

125 Hermann Grossmann, 1947.

K

V.Pels geb.Röttgen, Auguste

8.8.44
WGK
B.67

29.9.1900 Buer
Z.Amstellaan 34 II, Amsterdam
Nederl. NI
zonder
gehuwd
man : van Pels, Hermann 31.3.98(90)
zoon : " ,Peter 8.11.26

S 3.9.44

126 Auguste van Pels' Karteikarte aus der Registratur des Judenrats.

127 Bei der Räumung des Konzentrationslagers Dachau müssen Häftlinge mit auf einen »Todesmarsch«, Januar 1945.

128 Max Moszkowicz, 1941.

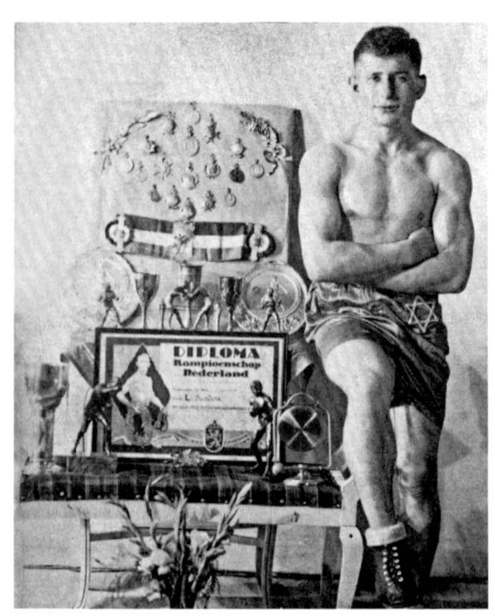

129 Leen Sanders, etwa 1938.

130 Häftlinge bei der Arbeit im Steinbruch des KZ Mauthausen.

131 Franz Ziereis

132 Der Haupteingang von Mauthausen, kurz nach der Befreiung im Mai 1945.

133 Häftlinge in einer Baracke in Mauthausen, einen Tag nach der Befreiung, am 6. Mai 1945.

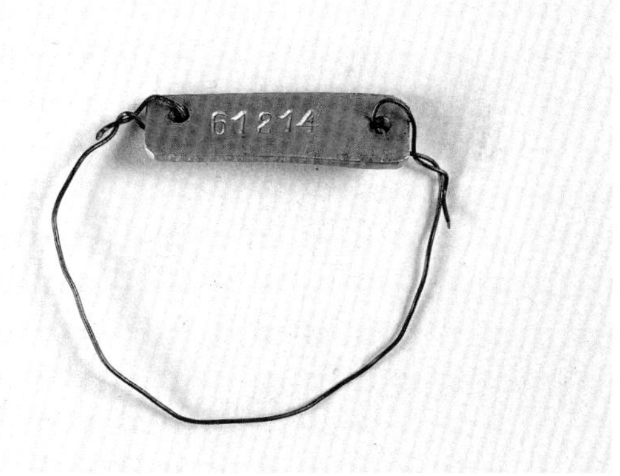

134 Kennmarke Mauthausen.

Konzentrationslager Mauthausen
Verwaltung

Gef. Az. 14/2 /43/Bü

An die

Politische Abteilung des
Konzentrationslagers Mauthausen.

Der gesamte Nachlaß des oben angeführten Verstorbenen ist am ....

an .... abgesandt worden.

Der Gefangenen-Eigentumsverwalter IV:

....
SS-Unterscharführer.

Verfg.!
Zum Personalakt!
K.-L. Md. am

H.A

25. Jan. 1945 – 29.1.45 – 11.4.45

Benachrichtigung an die hiesige Effektenkammer zum Versand des Nachlasses an die Angehörigen. — 281 43

Tischler

E 119162 NL Jude

Dvm. 135.177

van Pels
Peter
6.11.26 Osnabrück
led.
Amsterdam Amstellaan?
Zuider-Amsterdam 44
ohne Niederl.
Vater
Hermann w o

3.9.4 Au

25.1.45 KLM
NL Jude

173
schlank
oval
grün
ger.
voll
anl.
gut
schw.
holl. engl.
dtsch.

tät.

135 und **136** Peter van Pels' Karteikarte aus der Registratur des KZ Mauthausen. Auf der Vorderseite stehen seine persönlichen Daten, auf der Rückseite als sein Beruf »Tischler«. Außerdem sind die Orte vermerkt, an denen er inhaftiert war.

137 Häftlinge beim Appell im Lager Melk.

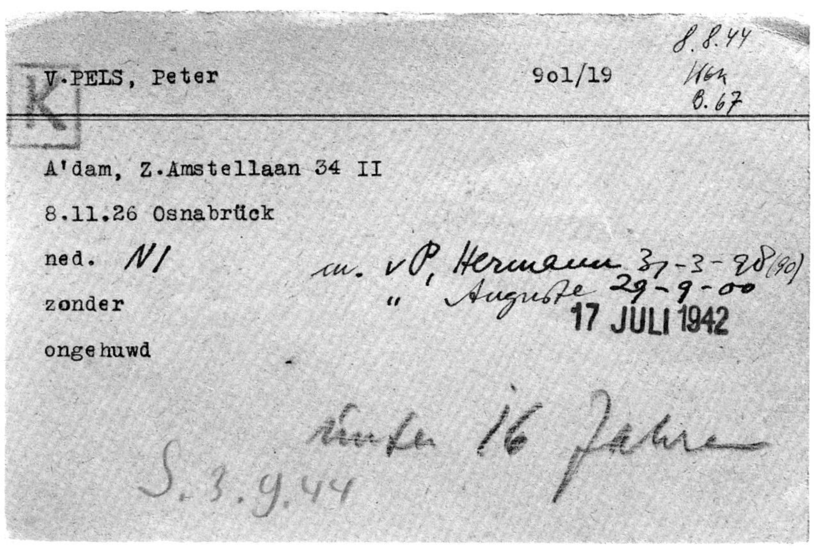

8.8.44

V.PELS, Peter 901/19

A'dam, Z.Amstellaan 34 II

8.11.26 Osnabrück

ned.

zonder

ongehuwd

m. v P, Hermann 31-3-98 (90)

" Auguste 29-9-00

17 JULI 1942

unter 16 Jahre

S. 3.9.44

138 Die Karteikarte von Peter van Pels aus der Registratur des Judenrats.

139 und **140** Häftlinge im Konzentrationslager Neuengamme müssen schwere Zwangsarbeit verrichten.

141 Max Pauly.

142 Erkennungsmarke Neuengamme.

143 Krankenbaracke in Neuengamme.

144 Aus den Lagerakten von Neuengamme: Ein Heft mit Namen von Häftlingen, die zwischen dem 17. Dezember 1944 und dem 19. Januar 1945 gestorben sind. Fritz Pfeffer starb am 20. Dezember 1944.

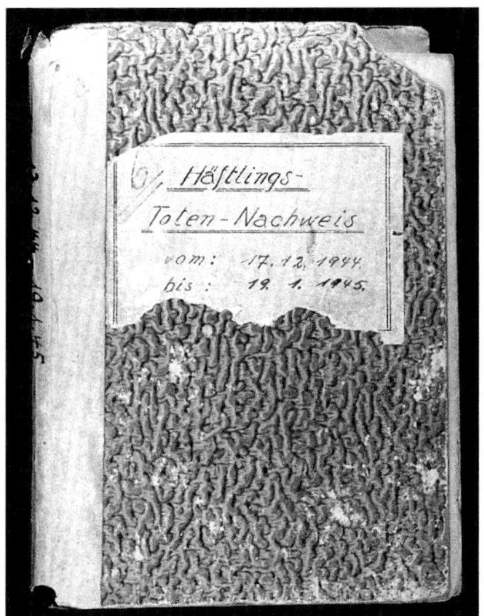

145 Totenbuch Neuengamme, der »Häftlings-Toten-Nachweis«.

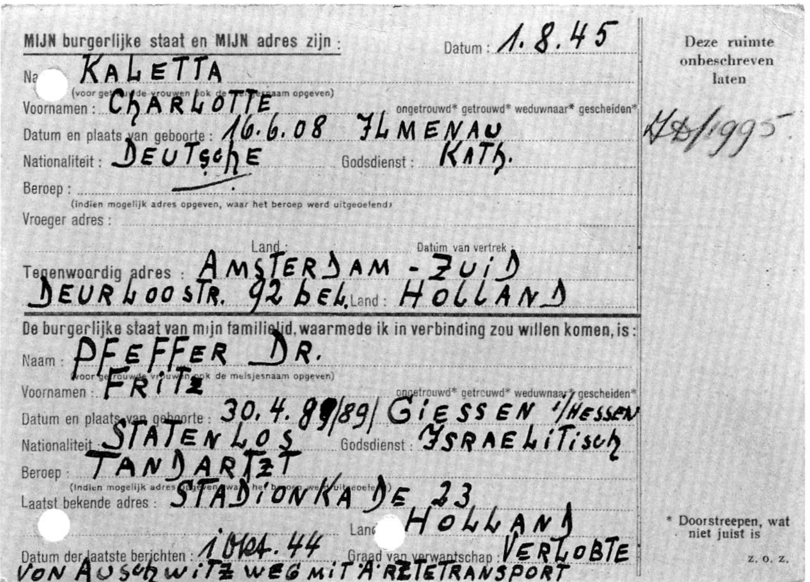

MIJN burgerlijke staat en MIJN adres zijn: Datum: 1.8.45

Naam: KALETTA

(voor getrouwde vrouwen ook de meisjesnaam opgeven)

Voornamen: CHARLOTTE ongetrouwd* getrouwd* weduwnaar* gescheiden*

Datum en plaats van geboorte: 16.6.08 ILMENAU

Nationaliteit: DEUTSCHE Godsdienst: KATH.

Beroep: —

(indien mogelijk adres opgeven, waar het beroep werd uitgeoefend)

Vroeger adres:

Land: Datum van vertrek:

Tegenwoordig adres: AMSTERDAM-ZUID DEURLOOSTR. 92 bel. Land: HOLLAND

De burgerlijke staat van mijn familielid, waarmede ik in verbinding zou willen komen, is:

Naam: PFEFFER DR.

(voor getrouwde vrouwen ook de meisjesnaam opgeven)

Voornamen: FRITZ ongetrouwd* getrouwd* weduwnaar* gescheiden*

Datum en plaats van geboorte: 30.4.89/89/ GIESSEN i/HESSEN

Nationaliteit: STATENLOS Godsdienst: ISRAELITISCH

Beroep: TANDARTZT

(Indien mogelijk adres opgeven, waar het beroep werd uitgeoefend)

Laatst bekende adres: STADIONKADE 23

Land: HOLLAND

Datum der laatste berichten: 1 Okt. 44 Graad van verwantschap: VERLOBTE

VON AUSCHWITZ WEG MIT ÄRZTETRANSPORT

Deze ruimte onbeschreven laten

HD/1995

* Doorstreepen, wat niet juist is

z. o. z.

146 Mit dieser Karte versuchte Charlotte Kaletta, vom Roten Kreuz Informationen über Fritz Pfeffer zu erhalten.

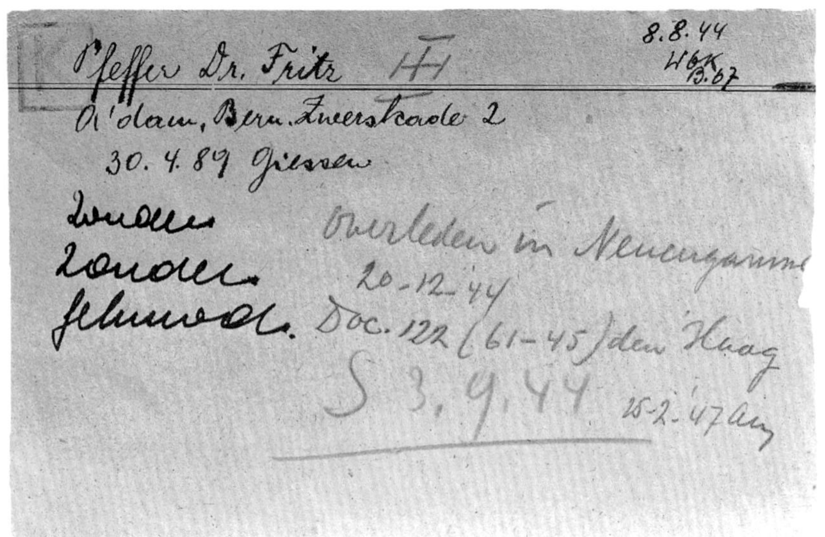

8.8.44

Pfeffer Dr. Fritz

A'dam, Bern. Zweerskade 2

30. 4. 89 Giessen

Overleden in Neuengamme

20-12-44

Doc. 122 (61-45) den Haag

S 3.9.44

15-2-47

147 Die Karteikarte für Fritz Pfeffer der Verwaltung des Jüdischen Rats Amsterdam

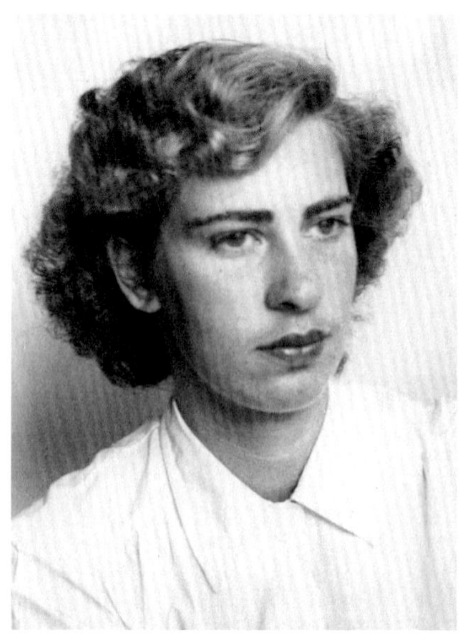

148 Eva Geiringer, 1945.

149 Otto und Fritzi Frank. August 1954.

150 Die Monowai, das Schiff, mit dem Otto von Odessa nach Marseille fuhr.

151 Diese *carte de rapatrié* (»Repatriierungskarte«) erhält Otto Frank nach seiner Ankunft in Frankreich. Sie diente als vorläufiger Personalausweis. Otto gibt die Adresse von Jan und Miep Gies als seine Adresse in den Niederlanden an.

IRMA SPIELMANN, geb. 10-4-'94 Wenen, Tsj. Slow. nation. Weggevoerd Westerborg 23-3-'43. Wie weet iets van dit transport? Spielmann, Scheldestr. 181 III, Zuid.
MARGOT FRANK (19 j.) en **ANNA FRANK** (16 j.), in Jan. op transp. vanuit Bergen-Belzen. O. Frank, Prinsengracht 263, tel. 37059.
Mijn man **ALFRED v. GELDEREN** (Oct. 1942 uit Westerb.) en kinderen **DORA ROSA** en **FREDERIK MARTHIJN** (24-7-1942 uit Westerb.) Marianne v. Gelderen—Engelander, Jozef Israëlkade 126 II.
FRANCISCUS JOHANNES MAAS geb. 19-10-'23,

152 Im August 1945 veröffentlicht Otto Frank eine Anzeige in der Zeitung *Het Vrije Volk*. Er sucht nach Menschen, die ihm etwas über Margot und Anne berichten können.

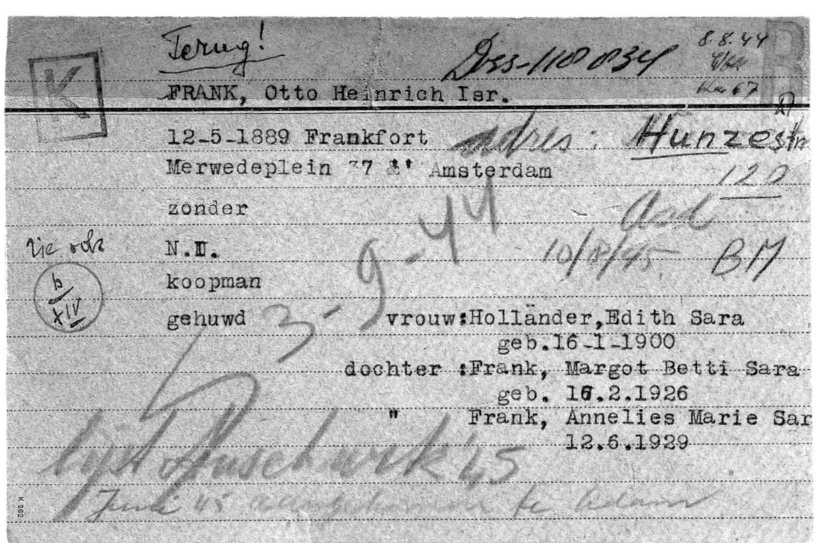

Terug!

FRANK, Otto Heinrich Isr.

12-5-1889 Frankfort

Merwedeplein 37 II Amsterdam

zonder

N.I.

koopman

gehuwd vrouw:Holländer,Edith Sara
geb.16-1-1900
dochter :Frank, Margot Betti Sara
geb. 16.2.1926
" Frank, Annelies Marie Sar
12.6.1929

153 Die Registrierungskarte von Otto Frank aus der Registratur des Judenrats.

Das rote Notizbuch, das kurz nach der Befreiung in Auschwitz in den Besitz von Otto Frank kam.

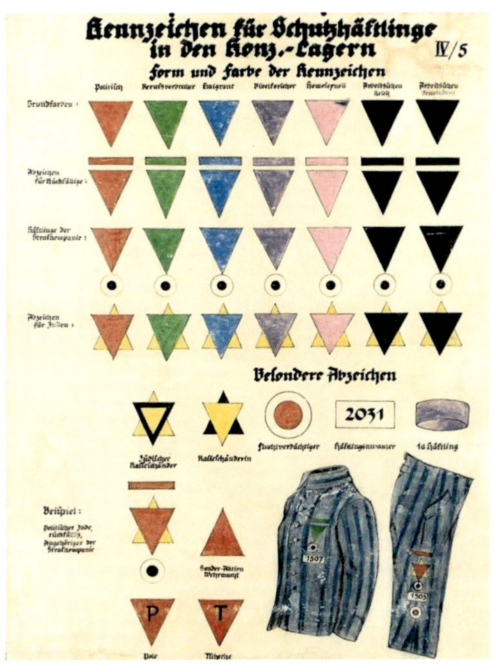

I Verzeichnis der Kennzeichen, mit denen unterschiedliche Gruppen von Gefangenen in den Konzentrationslagern markiert wurden, 1936.

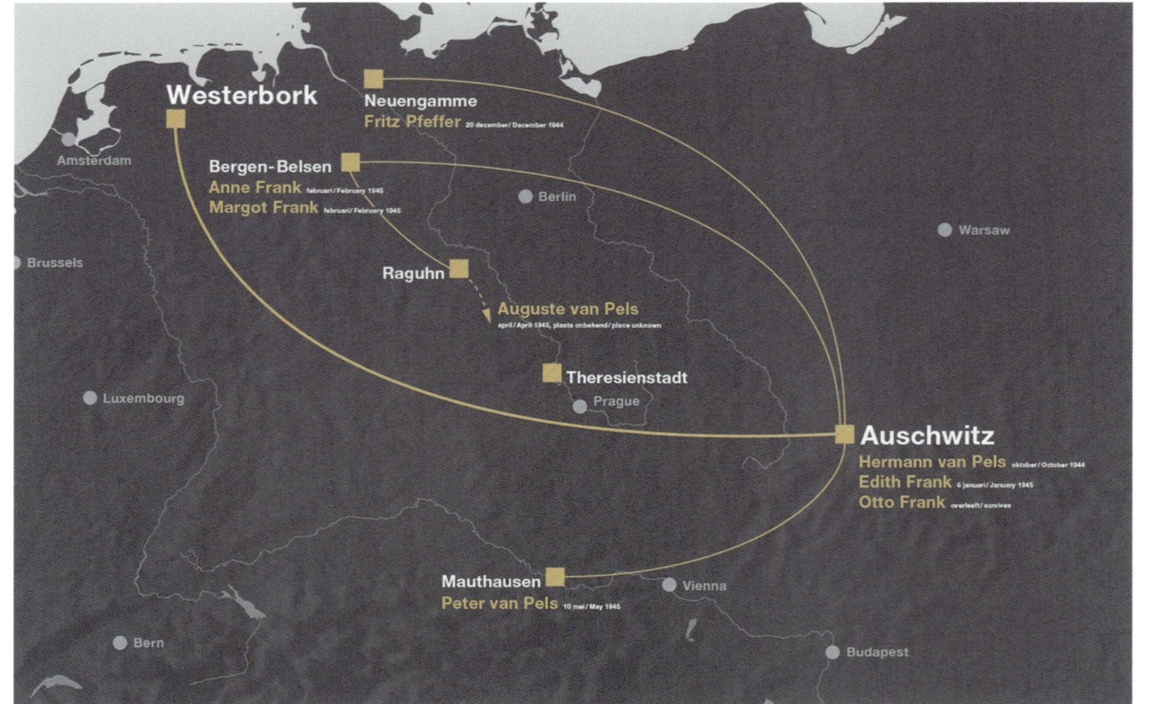

II Der Weg der Untergetauchten durch die deutschen Konzentrationslager mit Todesdaten.

III Lager Westerbork, 1942

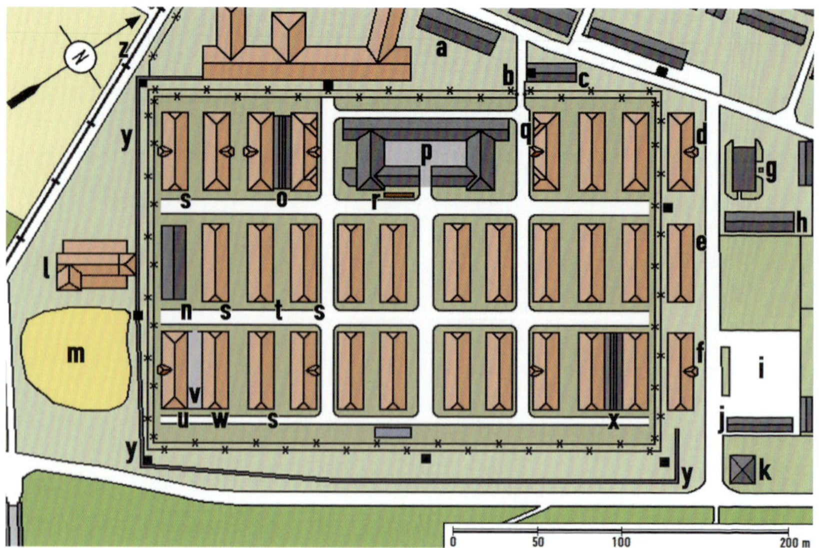

IV Das Konzentrationslager Auschwitz I (»Stammlager«), Häftlingslagerbereich, Ausbaustand August 1944

a Schutzhaftlagerführung
b Lagertor
c Blockführerstube
d SS-Kranrevier
e Verwaltung
f Lagerkommandantur
g Krematorium 1 und Gaskammer
h politische Abteilung (Gestapo)
i Kfz-Abstellplatz
j Hauptwache
k Wohnhaus des KL-Kommandanten
l Magazin (ehem. Theater)
m Exekutionsstätte (Kiesgrube)
n Wäscherei für die SS
o Postbaracke
p Häftlingsküche
q Häftlingsschreibstube im Block 24
r Sammelgalgen
s Häftlingskrankenbau (HKB)
t HKB / Tötung von Häftlingen mit Phenolinjektionen
u Block 11 (»Todesblock«) Strafbunker Lagergefängnis
v im Hof Erschießungswand/Galgen
w Block 10 – Versuchsstation für »medizinische« Forschungen
x Wäschebaracke
y Sichtschutzwand
■ Nebengleis für Häftlingstransporte
** Wachturm
Stacheldrahtzaun, doppelt um das Häftlingslager, elektronisch geladen

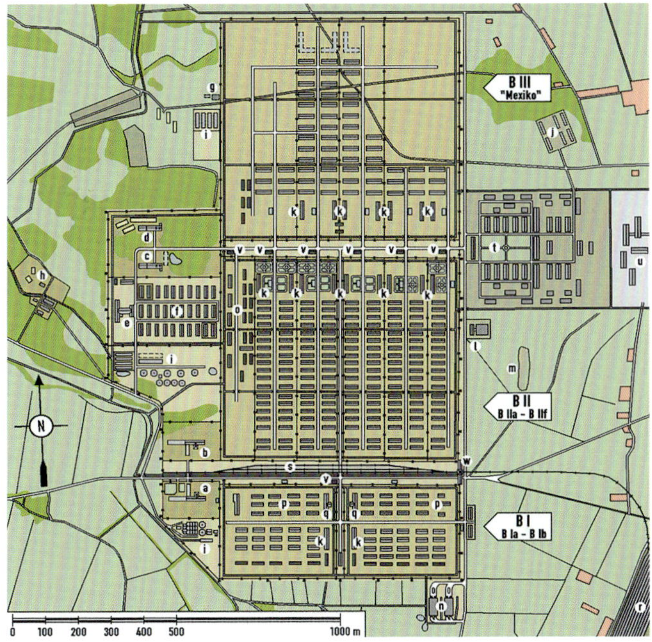

V Das Konzentrations- und Vernichtungslager Auschwitz II (Birkenau), Ausbaustand August 1944

a Gaskammer/Krematorium 2
b Gaskammer/Krematorium 3
c Gaskammer/Krematorium 4
d Gaskammer/Krematorium 5
e Bad/Entwesungsanlage (»Sauna«)
f Effektenlager (»Kanada«)
g 1. prov. Gaskammer (»Rotes Haus«)
h 2. prov. Gaskammer (»Weißes Haus«)
i Kläranlage
j Zwinger für Diensthunde
k Küchenbaracke
l Wasserwerk
m Kiesgrube
n Kartoffellager
o Männer Häftlingskrankenbau
p Frauen Häftlingskrankenbau
q Entwesungsanlage
r Bahnhof Ausschwitz
s »Rampe«
t Lagerkommandantur/SS-Kaserne
u Lazarett
v Blockführerstube
w Hauptwache/Lagertor

Stacheldrahtzaun (teilw. elektrisch geladen)
Verbrennungsgruben/Scheiterhaufen
Massengrab
Entwässerungsgraben

Belegung der Lagerblöcke

B I sowj. Kriegsgefangene/Männerlager bis August 1942, dann bis Januar 1945 Frauenlager
B II wechselnd belegte Blockabschnitte bis Januar 1945: u.a. Zigeuner-(Familien)lager, Theresienstädter Familienlager, Männerlager, Männer-Quarantänelager, ungarische Juden (bes. Frauen)
B III bis Oktober 1944 Lager für jüdische Häftlinge (bes. Frauen aus Ungarn)

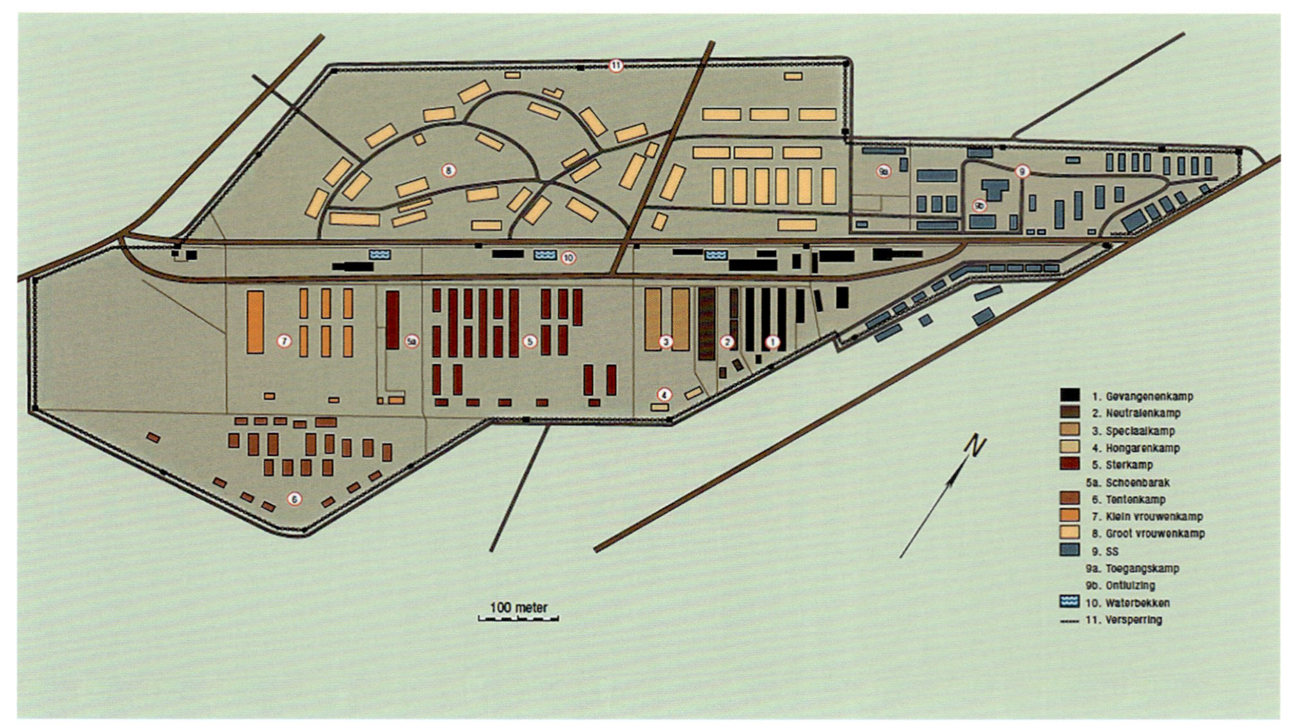

VI Konzentrationslager Bergen-Belsen

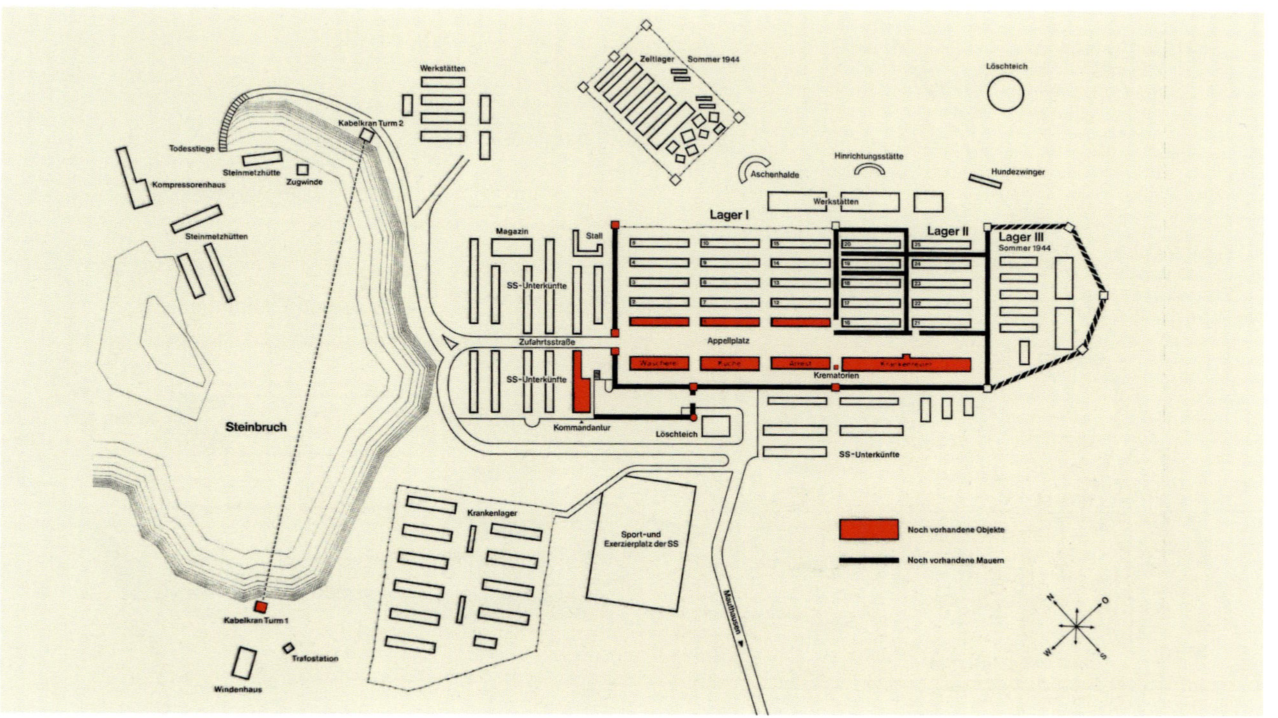

VII Konzentrationslager Mauthausen

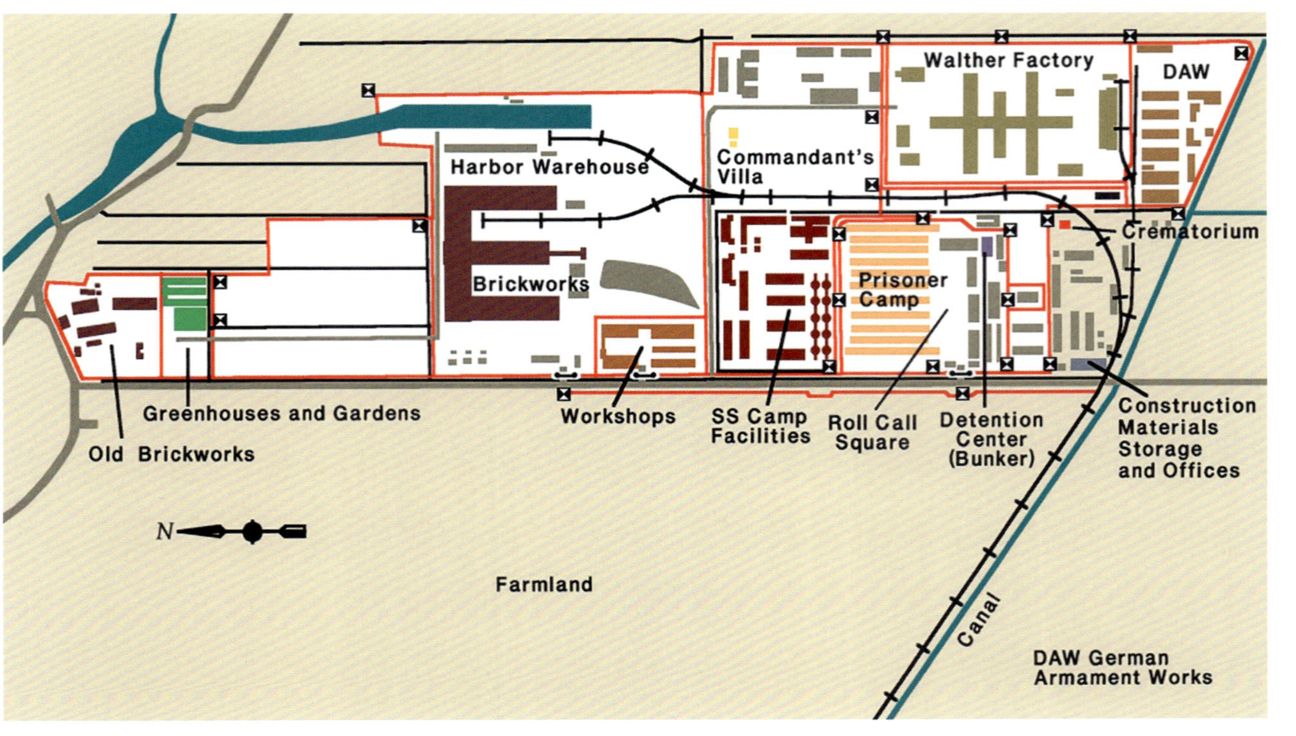

VIII Konzentrationslager Neuengamme

so war Anne nun mal: gutmütig, sehr spontan, impulsiv, überempfindlich und offenherzig. Sie sagte immer, was sie dachte.[73]

Janny Brilleslijper entsinnt sich, dass sie in den Tagen nach dem Sturmchaos im Zeltlager nach Bekannten suchten. Schließlich fanden sie Anne und Margot in einer der Kasernen. Hier unterscheidet sich Janny Brilleslijpers Erinnerung von der Annelore Daniels, die betont, die Schwestern Frank und Auguste van Pels hätten sich in Bergen-Belsen von den anderen ferngehalten und kaum mit ihren Mithäftlingen gesprochen. Janny Brilleslijper berichtet dagegen, dass sie und Lientje die Frank-Schwestern unter ihre Fittiche nahmen und mit einigen weiteren niederländischen Häftlingen, darunter Auguste van Pels und den Schwestern Daniel, eine feste Gruppe bildeten, die alles gemeinsam unternahm und füreinander sorgte.

Im Dezember organisierten sie sogar ein gemeinsames »Fest« auf ihrer Etagenpritsche und feierten gleichzeitig Chanukka, Nikolaus, Weihnachten und Silvester. Jede »sparte« dafür ein wenig Brot, »alles zusammengeschnorrt«, und leistete einen kleinen Beitrag. An diesem Abend »saßen alle zusammen in einer Steinbaracke oben auf den Betten und haben gesungen«.[74] Auch Jannys Schwester Lientje erinnert sich daran. »Dieses ›Fest‹ ließ uns alle für ein paar Augenblicke das unbeschreibliche Elend unseres Zustands vergessen. Wir, das waren Anne, Margot, die Daniel-Schwestern, meine Schwester und ich.«[75]

In Janny Brilleslijpers Erinnerung wurden die niederländischen Häftlinge am Tag darauf von einem betrunkenen Aufseher, dem unter dem Namen »roter Müller« bekannten SS-Rottenführer, angegriffen. Es ist eine der wenigen Zeugenaussagen, die über eine direkte Konfrontation zwischen den Schwestern Frank und SS-Aufsehern berichtet:

Sturzbetrunken versuchte er, uns von unseren oberen Betten herunter zu prügeln (sic!). Mit seiner Peitsche schlug er gegen die

> Seitenkanten der Betten, um uns herunterzuschütteln. Wir wehrten uns mit Händen und Füßen, drückten uns an die Betten, und er erwischte uns nicht. Wenn es nötig war, wehrten wir uns doch! Die Mädchen Frank und die Mädchen Daniëls (sic!) und Sonja Lopes Cardoso waren da bei uns; wir kauerten auf den Knien auf unserem oberen Bett, und darüber war das schräge Dach. Daran erinnere ich mich sehr genau, so etwas vergisst man nicht. [76]

Dieser von Janny Brilleslijper berichtete Vorfall ist in leicht veränderter Form auch in den Erinnerungen ihrer Schwester zu finden, fehlt allerdings in den Aussagen der Schwestern Daniel.[77] Dasselbe gilt auch für eine andere Erinnerung Brilleslijpers, nämlich, dass Anne und Margot den Brilleslijper-Schwestern bei der Betreuung einer Gruppe niederländischer Kinder geholfen hätten, die später vom Sternlager ins Frauenlager überführt worden waren. Laut Janny besuchten Margot und Anne diese Kinder ein paar Mal, um mit ihnen Lieder zu singen und ihnen »ein bisschen Kultur« zu vermitteln.[78]

Kurze Zeit später lockerte sich der Kontakt zwischen Janny und Lientje Brilleslijper und den Frank-Schwestern. Als »Krankenschwestern« waren sie mit dem Versorgen der Kranken beschäftigt, was sie überwiegend von ihrem eigenen Block aus taten, wo sie regelmäßig von Bekannten besucht wurden. »Die Mädchen Frank, diese beiden Dickköpfe, kamen nicht so regelmäßig. Wenn wir sie in diesem totalen Chaos von Bergen-Belsen besuchen wollten, konnten wir sie nicht finden, weil ihr Block wieder verlegt war. Es war ein Chaos, in dem niemand mehr wusste, wer sich wo befand.« Inzwischen hatte Janny festgestellt, dass Anne und Margot schwer krank waren.[79] Rachel Frankfoorder, ebenfalls in dieser Baracke, erinnert sich, dass die Frank-Mädchen die ungünstigsten Plätze hatten: unten an der Tür, die ständig auf und zu ging, und wo es deshalb kalt und zugig war. »Man hörte sie dauernd schreien: ›Tür zu, Tür zu‹, und diese Rufe wurden jeden Tag etwas schwächer.«[80]

Zu diesem Schluss kam auch Nanette Blitz (Abb. 118), eine ehemalige Klassenkameradin von Anne Frank am Jüdischen Lyzeum, als sie Anne in Bergen-Belsen traf. Mit ihren Eltern und ihrem Bruder stand sie auf der »Palästinaliste« und befand sich im Sternlager, um möglicherweise gegen deutsche Kriegsgefangene ausgetauscht zu werden und dann nach Palästina zu fahren. Durch den Tod des Vaters am 14. November 1944 verlor die Familie diesen Status. Nanettes Mutter und Bruder wurden weiterdeportiert; Nanette selbst kam am 5. Dezember 1944 ins Kleine Frauenlager, wo sie kurz darauf Anne begegnete.[81] Am 31. Oktober 1945 schrieb Nanette an Otto Frank, der nach dem Krieg auf der Suche nach jedem war, der ihm etwas über seine Töchter erzählen konnte, dass sie Anne und Margot im Januar in einer Lazarettbaracke besucht und noch im Februar von den beiden gehört habe (Abb. 119). Später berichtet sie, Anne sei bereits damals sehr krank gewesen und habe deutliche Anzeichen von Flecktyphus gezeigt. Anne lief »nackt und spindeldürr, nur mit einer Decke bekleidet« herum. Margot war »zu krank, um noch auf ihren eigenen Füßen stehen zu können«.[82]

Im Januar kam Margot Rosenthal aus Auschwitz in Bergen-Belsen an. Sie kannte Anne und Margot Frank aus Westerbork und konnte ihnen berichten, dass ihre Mutter Edith nach der Selektion für Bergen-Belsen nicht vergast worden war.[83] Kurz bevor Margot gestorben sein muss, begegnete Margot Rosenthal Anne noch einmal.[84] Auch Sophie Huisman erinnert sich, Anne bei einem großen Appell gesehen zu haben. Später konnte sie sich nur noch an Annes Gesicht erinnern, und dass Anne sehr schwach war.[85]

Begegnungen am Lagerzaun

Aus verschiedenen Tagebüchern wird deutlich, dass es trotz der Stacheldrahtzäune, mit denen die verschiedenen Teile des Lagers voneinander getrennt waren, eine überraschend rege Kommunikation zwischen den Insassen aus dem Sternlager und den Neuankömmlingen gab. Die Häftlinge bezeichneten diesen ständigen Austausch von Nachrichten untereinander scherzhaft als *JPA* (Jewish Press Association).[86] Ruth Wiener hielt fest, dass mit den Transporten aus den polnischen Konzentrationslagern auch Bekannte und Verwandte von Leuten aus dem Sternlager gekommen waren.[87] Auch Renata Laqueur entdeckte viele Bekannte im Zeltlager. Auf diese Weise erfuhr sie etwas über die »Geheimnisse« des berüchtigten Lagers Auschwitz. »Ich sah eine auf dem Arm eingebrannte Auschwitznummer, hörte von der Vernichtung durch Vergasen, vom Leben in den Lagern dort. Aber das haben wir doch alle nicht gewusst!«[88]

Die Möglichkeit zur Kommunikation bedeutete auch, dass sich alte Bekannte im Lager wiederfinden konnten, sogar wenn sie sich in einem anderen Teil des Lagers befanden. Die Häftlinge im Frauenlager gingen manchmal in der Dämmerung zum Zaun, der sie vom Sternlager trennte, um Bekannte zu treffen und ab und zu etwas geschenkt zu bekommen.[89] Dieser Zaun bestand aus zwei Schichten Drahtgeflecht und Stacheldraht mit Stroh oder Schilf dazwischen. Dadurch konnten sich die Häftlinge auf beiden Seiten nicht sehen, sehr wohl aber verstehen. Cato Polak erklärte über das Sternlager: »Dort hatte Fie (Sophie Huisman) Bekannte wohnen, die haben uns die nötigen Kleider gegeben. Sie durften nämlich ihre eigenen Sachen behalten. Sie liefen damit herum, mit einem Stern darauf.«[90]

Tagsüber war die Kontaktaufnahme am Zaun zu gefährlich und bei den Appellen durfte man auch nicht fehlen. In der Zeit, als die Frank-Schwestern im Frauenlager von Bergen-Belsen waren, wurde es schon gegen fünf Uhr nachmittags dunkel. Rachel Frankfoorder sagte aus, dass Anne und Margot regelmäßig zu dem Zaun gingen, der das Frauenlager vom Sternlager trennte.[91] Hanneli Goslar, seit dem Kindergarten Annes Nachbarin und Freundin in Amsterdam, war seit Januar 1944 mit ihrem Vater, der Großmutter und der Schwester im Sternlager interniert.[92] Im Januar oder Anfang Februar 1945 holte sie jemand an den Zaun, denn auf der anderen Seite stand eine Frau, die ihre Freundin Anne im Lager entdeckt hatte.[93]

Und ich wurde ganz närrisch, weil ich dachte: Anne Frank ist in der Schweiz und isst Schokolade mit ihrer Großmutter. Wie kommt sie bloß hierher? Deshalb bleibt mir nichts anderes übrig, als abends so nah wie möglich an den Stacheldraht zu kommen. Und ich fange an, drüber weg zu rufen (...). Und als ich dort am Stacheldraht »Hallo, hallo« rief, war die Frau, die mir antwortete, Peters Mutter, Frau van Pels. Und die war doch mit Anne untergetaucht –, doch das wusste ich natürlich nicht. Aber wir kannten uns, wir hatten wie sie in der Zuider Amstellaan gewohnt, und sie waren Freunde der Franks, und auch wir waren Freunde von ihnen. Familie van Pels gehörte nicht zu unserem Freundeskreis, aber wir kannten uns. Und sie wusste genau, dass ich eine Freundin von Anne war, und das erste, was sie sagt, war: »Oh, du willst Anne sprechen.« Ich sage: »Ja natürlich.« Wir haben eine halbe Minute geredet, es war zu gefährlich. Und dann setzte sie nur noch hinzu (...): »Margot kann ich nicht bringen, die kann nicht mehr bis zu dem Stacheldraht laufen, aber ich bringe Anne.« Und da stand ich und wartete. Und wirklich, nach fünf Minuten oder so, ein ganz schwaches Stimmchen, und das war Anne. Zuerst fingen wir beide zu weinen an, und dann sage ich: »Wie kommst du bloß hierher? Ich hatte gehofft, du wärst in der Schweiz bei deiner Großmutter.« Und Anne sagt: »Wir haben es nie versucht, wir waren in Vaters Büro versteckt, und man hat uns verraten.«[94]

Am nächsten Abend kam Hanneli Goslar zurück, mit einem Päckchen, das ein paar Lebensmittel aus einem Rote-Kreuz-Paket enthielt. In einem Interview mit dem Anne Frank Haus erzählte Hanneli Goslar, inzwischen Hannah Pick-Goslar, darüber:

Also, ich hörte Anne auf der anderen Seite. Und ich kam mit sowas, sowas wie einem kleinen Fußball, und ja, jeder hatte mir was gegeben, eine Socke oder einen Handschuh, und ein paar

Trockenpflaumen aus dem Päckchen, oder dieses Swedish Knäckebrot, das man lange aufbewahren kann. Und ich sagte: »Vorsicht, Anne, ich werfe es über den Zaun.« Und dann höre ich, dass Anne weint und schreit und wütend ist. Was war nur passiert? Nein, ich konnte sie nicht sehen, der Stacheldraht war zu hoch und die Nacht war dunkel und ich musste dorthin werfen, wo ich etwas höre. Aber dort standen hunderte andere hungrige Frauen, und eine von diesen anderen Frauen hatte das Päckchen erwischt, ist weggerannt und hat ihr nichts abgegeben. Nun, ich musste sie erst wieder beruhigen und habe ihr versprochen: »Wir machen das nochmal.« Und wir haben es noch einmal geschafft; ich habe sie dreimal getroffen, und dieses Mal hat sie das Päckchen aufgefangen. Da bin ich mir sicher. Ich habe hier im Land auch eine Freundin, die mit ihr im Lager war und sie erinnert sich, dass Anne ein Päckchen bekommen hat. Das war das letzte Mal, dass ich ihr begegnet bin. Ich habe sie nie gesehen, nur dreimal gesprochen. Aber dann starb mein Vater, und ich bin ein paar Tage nicht hinausgegangen. Und als ich wieder losging, um Anne zu suchen, war alles leer.«[95]

Es gab ständig große Umzüge innerhalb des Lagers. Seit dem 20. Januar 1945 wurden sehr viele Häftlinge aus dem Kleinen Frauenlager in die Baracken des ehemaligen Kriegsgefangenenlagers auf der anderen Seite der Lagerstraße verlegt – in das Große Frauenlager.[96] Es gab auch regelmäßig Selektionen, nach denen die Häftlinge in eine Krankenbaracke geschickt wurden.[97] Vielleicht wurden auch Anne und Margot verlegt und das ist der Grund, weshalb Hanneli Goslar sie nicht noch einmal getroffen hat, aber dazu wurden keine Quellen gefunden.[98]

Aus einer Reihe anderer Fakten können wir schließen, dass das erste Treffen zwischen Anne und Hanneli Goslar, bei dem das Päckchen gestohlen wurde, aller Wahrscheinlichkeit nach zwischen dem 23. Januar und dem 7. Februar stattgefunden haben muss. Auf jeden Fall muss es vor dem 7. Februar gewesen sein, denn an diesem Tag wurde Auguste van Pels nach Raguhn gebracht.[99] Aus einer erhaltenen Liste wissen wir auch, dass Hanneli Goslars Großmutter am 23. Januar 1945 über das Schweizerische Rote Kreuz ein Paket erhielt.[100]

Hanneli Goslars Geschichte wird von mehreren Zeugen bestätigt, die mit ihr im Sternlager waren.[101] Irene Hasenberg erinnert sich, dass sie bei einer dieser Begegnungen dabei war und Hanneli bei dieser Gelegenheit Anne ein kleines Bündel über den Zaun zuwarf, das aber von einer anderen Gefangenen weggeschnappt wurde:

> Ich kann mich nur daran erinnern, dass Frauen aus Auschwitz angekommen waren und Hanneli erfahren hatte, dass Anne Frank im Lager gleich neben uns war. Nur, dieses Lager war von unserem durch Stacheldraht abgetrennt, und wir durften nicht miteinander sprechen. Aber sie hatte das gehört und gefragt, ob jemand Anne Frank ausrichten kann, sie am selben Abend am Zaun zu treffen. Das ging nur nachts, weil die Wachposten schossen, sobald sie hörten, dass dort gesprochen wurde. Also haben wir das nach Einbruch der Dunkelheit gemacht. Hanneli traf sie dann allein: Sie war sehr dünn und hatte nichts zum Anziehen.[102] Sie fror, und sie hatte nur eine Decke um sich gewickelt. Und sie fragte Hanneli, ob sie ein paar Anziehsachen für sie beschaffen kann. Kurz darauf erzählte es mir Hanneli, und wir gingen mit ein paar Kleidern zurück, um sie in der nächsten Nacht über den Zaun zu werfen. Dort trafen wir dann Anne wieder und warfen das Päckchen, aber in der Dunkelheit konnte sie es nicht finden und jemand anderes schnappte es sich und machte sich damit aus dem Staub. Das war an dem Tag, bevor ich mit meiner Familie Bergen-Belsen verließ, zum Gefangenenaustausch, und ich habe erst viele Jahre später von Hanneli erfahren, dass es ihr gelungen war, in

der nächsten Nacht noch ein Päckchen über den Zaun zu werfen, und dass Anne es diesmal bekommen hatte.[103]

Martha van Collem, die mit Mutter und Schwester im Sternlager wohnte, war ein- oder zweimal bei diesen Begegnungen dabei (Abb. 120). Die Familie van Collem kannte die Franks aus der Amsterdamer Liberalen Jüdischen Gemeinde. Als Hanneli Martha in Bergen-Belsen erzählte, sie habe gehört, dass Anne Frank ebenfalls im Lager sei, reagierte Martha skeptisch:

> Anne, das war eine lange Geschichte, ich weiß nicht mehr genau, ob wir [von den Franks] eine Ansichtskarte bekommen haben oder jemand anders, aber ich erinnere mich, dass mein Vater irgendwann zu meiner Mutter sagte (...): »Die sind weg, die sind geflohen, die sind weg.« (...) Also, als ich in Bergen-Belsen war und Hanneli zu mir sagte, ob ich sie zum Zaun begleiten wolle, weil sie dort Anne treffen würde, da sage ich: »Aber Kind, wie kommst du bloß auf die Idee, Anne und ihre Familie, die sind geflohen. Wir haben eine Karte bekommen, dass sie in Belgien sind.« »Ja«, sagt sie, »das stimmt, aber sie sind nicht geflohen. Sie waren in Holland.« Ich sage: »Sowas habe ich noch nie gehört«, darauf sagt sie: »Komm doch einfach mit, dann wird sie's dir schon erzählen.« Und dann hat sie es mir tatsächlich erzählt.[104]

Zudem existiert noch eine weitere Aussage einer Gefangenen aus dem Sternlager über ein weiteres Päckchen, das Anne Frank bekommen haben soll, die sich aber schwerer verifizieren lässt. Es handelt sich um die Schilderung einer von Ernst Schnabel als Frau L. angedeuteten Frau – vermutlich handelt es sich dabei um Eva Lek-van Leeuwen –, die sich erinnerte, in Bergen-Belsen Anne erkannt zu haben. Frau L. schildert allerdings, sie habe Anne durch die Einzäunung sehen können – was angesichts der Beschreibungen, die andere von diesem Zaun geben, nicht wahrscheinlich ist – und nachdem sie Anne erkannt hatte, habe sie ihr mit einem Päckchen mit Kleidung und Essen helfen wollen:

> Ja, ich habe Anne in Belsen gesehen. Sie war mit einem Transport aus Auschwitz gekommen, und zuerst brachten sie sie in Zelten unter, weil in den Baracken kein Platz mehr war. Aber als das Wetter umschlug und es Herbst in der Heide wurde, zerfetzte der Sturm eines Nachts diese Zelte und warf sie um. Da wurden sie alle auf verschiedene Blocks verteilt, und Margot und Anne kamen in unseren Nachbarblock, und ich sah Anne hinter dem Drahtverhau auf der anderen Seite der Straße. Da drüben ging es ihnen noch schlechter als uns, denn wir hatten noch ab und zu einmal ein Paket bekommen, aber sie hatten gar nichts, und ich rief hinüber: »Lauf nicht weg, Anne, warte!« Und ich rannte in die Baracke und packte zusammen, was ich fand, und packte es in ein Bündel und lief zum Drahtverhau zurück. Aber es war weit bis drüben, und wir Frauen waren so schwach, und wie wir noch überlegten, wie wir das Bündel hinüberwerfen könnten, kam Herr Brill vorbei.[105] Er war sehr groß und ich sagte: »Ich habe hier ein altes Kleid und Seife und ein Stück Brot, Herr Brill, und bitte, werfen Sie es hinüber. Dort steht das Kind!« Herr Brill zögerte zuerst und wusste nicht, ob er es wagen sollte, denn der Wachtposten konnte uns sehen. Aber er überwand sich, wie er das Kind sah. (...) Und er nahm das Bündel und holte aus, und dann warf er es im hohen Bogen hinüber...[106]

Der Tod von Margot und Anne Frank

Wir wissen nicht genau, wann Anne und Margot gestorben sind. Nach dem Krieg, im Juli 1945, hörte Otto Frank von den Brilleslijper-Schwestern zum ersten Mal vom Tod seiner Töchter in Bergen-Belsen. Sie erzählten ihm, dass sie seine Kinder in Bergen-Belsen aus nächster Nähe erleben konnten und durch ihre Rolle als »Krankenschwestern«

wussten, dass Anne und Margot krank waren. Zwar waren sie bei deren Tod nicht dabei, konnten ihm aber berichten, wann in etwa Anne und Margot gestorben waren.[107] Lientje Brilleslijper erklärte, dass sie mit Anne und Margot im Lager bekannt war und beide Töchter Ende Februar, Anfang März gestorben seien.[108] Als Otto Frank für das Amsterdamer Einwohnerregister eine schriftliche Erklärung über den Tod seiner Töchter benötigte, bat er die Schwestern, eine solche Erklärung abzufassen.[109] Am 11. November 1945 erklärte Lientje Brilleslijper schriftlich (Abb. 121 und 122): »Hiermit erkläre ich, dass Margot und Anne Frank Ende Februar, Anfang März (1945) im Schonungsblock Nr. 19 im Häftlingslager Bergen-Belsen gestorben sind. Ich selbst war auch Häftling im selben Lager im Block Nr. 1 und war mit den oben genannten Mädchen befreundet.«[110]

1954 benötigte Otto Frank für die Erteilung eines Erbscheins eine offizielle Sterbeurkunde seiner Kinder.[111] Das Niederländische Rote Kreuz hatte nach dem Krieg die gesetzliche Aufgabe übertragen bekommen, Ort und Todeszeitpunkt von vermissten Personen zu ermitteln. Für die Bestimmung des Todeszeitpunkts von Anne und Margot reichte Lientje Brilleslijper am 22. Januar 1951 eine offizielle Erklärung ein, in der sie erneut bestätigte, dass Anne und Margot Frank »ungefähr im März 1945« in Bergen-Belsen gestorben seien.[112]

Die *Commissie tot het doen van Aangifte van Overlijden van Vermisten van het ministerie van Justitie* (Kommission der Niederländischen Justiz zur Anzeige von Todeserklärungen von Vermissten) datierte unbekannte Todesdaten standardmäßig auf den letzten Tag des Monats, wenn sie das Schicksal einer Person mit einem Ereignis oder einer Zeugenaussage verbinden konnte. Als Lientje Brilleslijper erklärte, dass Anne und Margot ungefähr im März 1945 verstorben waren, folgerte das NRK daraus, dass sie »nicht früher als am 1.3.45 und spätestens am 31.3.45 in Bergen-Belsen verstorben« seien. Ihr Todesdatum wurde entsprechend der üblichen Regeln auf den 31. März 1945 festgelegt.[113] Am 29. Oktober 1954, nachdem die gesetzliche Frist von drei

Monaten nach Otto Franks Antrag abgelaufen war, wurde der Todestag im Staatsanzeiger bekannt gegeben und offiziell im Standesamtsregister eingetragen.[114]

Wie tausende andere Häftlinge hatten sich Anne und Margot mit Rickettsien-Bakterien angesteckt, auch als epidemischer Flecktyphus bekannt, einer Krankheit, die durch Bettwanzen in Kleidung und Bettzeug übertragen wird und zu einer hohen Sterberate der Häftlinge in Bergen-Belsen und vielen anderen Lagern führte.[115] Obwohl Anne und Margot im Rahmen ihres Visumsantrags für die Vereinigten Staaten gegen gewöhnlichen Typhus geimpft worden waren, schützte sie diese Impfung nicht vor dieser durch Wanzen übertragenen Variante.[116] Die Sterblichkeitsrate – der Anteil der Infizierten, die an der Krankheit sterben – kann bis zu 50 Prozent betragen. Außerdem hat der epidemische Flecktyphus einen deutlich sichtbaren Krankheitsverlauf. Nach einer Inkubationszeit von ungefähr einer Woche treten die ersten Symptome auf: starke Kopfschmerzen, Schüttelfrost, Fieber und Muskelschmerzen. Nach etwa fünf Tagen können Halluzinationen, Hirnhautentzündungen und komaähnliche Bewusstseinsstörungen auftreten. Sobald dieses Stadium erreicht ist, sterben nahezu alle Patienten innerhalb von zwei Wochen.[117]

Anhand dessen, was wir über den Krankheitsverlauf wissen und aufgrund der vorhandenen Zeugenaussagen ist es möglich, das wahrscheinliche Todesdatum von Anne und Margot noch genauer einzukreisen. Für unser Bild der letzten Wochen, in denen Anne und Margot noch lebten, sind wir auf die spärlichen Zeugnisse von Mitgefangenen angewiesen. Rachel Frankfoorder und Nanette Blitz, beispielsweise, erkannten im Januar 1945, dass Anne und Margot sehr krank waren. »Man sah sie wirklich sterben, beide«, erinnert sich Rachel Frankfoorder in einem Interview mit Willy Lindwer. Sie beschreibt, wie sie bei beiden Mädchen die typischen Typhussymptome sich immer deutlicher manifestieren sah. Sie zeigten »eine Art Apathie, vermischt mit Aufleben, bis auch sie so krank wurden, dass es keine Hoffnung mehr gab«.[118] Kurz danach fiel ihr auf, dass Anne und Margot nicht mehr zu sehen waren. Daher ging sie davon aus, dass die beiden umgekommen waren. Nanette Blitz erinnert sich ebenfalls an diesen Zeitabschnitt:

> Ich glaube, dass ich Margot nicht außerhalb des Betts gesehen habe. Dass sie dort lag. Ich habe Anne umarmt, aber ich kann mich nicht erinnern, dass ich Margot je habe stehen sehen, sie hatte schon total abgebaut. Hirn, Magen, einfach alles. Und alles schrumpfte ein, nicht, sie waren, sie war ganz und gar ... und da habe ich eigentlich kaum mit ihr gesprochen. Sie war schon halb hinüber, ganz geschwächt ... Aber Anne, mit der habe ich schon noch sprechen können, mehrmals, und ich glaube, jedes Mal, wenn sie kam, dann war, dann lag Margot dort in einer Baracke, sie war nicht mehr so richtig da.[119]

Nanette Blitz berichtet weiter, dass sie Anne und Margot noch lebend sah:

> Als ich Anne und Margot im Lager 8 gefunden hatte, das war das ursprüngliche Lager 8, damals ein Frauenlager, (...) da waren beide Skelette, und ich, ich weiß von Anne, dass sie in eine Decke eingewickelt war. Bei Margot kann ich mich nicht erinnern, ob sie auch in eine Decke eingewickelt war, aber sie war auch schon sehr geschwächt, vollkommen, na ja, ausgezehrt, um es mal so auszudrücken. Und vielleicht war sie auch in eine Decke eingehüllt, sie konnte ihre eigenen Kleider unmöglich anziehen, denn die waren voller Läuse. Und dann habe ich sie noch ein paar Mal gesehen. Wie oft, weiß ich nicht, aber ein paar Mal habe ich sie noch gesehen. Das war im Februar 1945, aber ich muss sie noch gesehen haben, auch im März, denn ich weiß, dass ich sie gesehen habe, kurz bevor sie in die Lazarettbaracke mussten, die hieß Schonungsblock, und das war kurz vor der Befreiung von

> Bergen-Belsen. Ich habe sie also, sagen wir mal, beide kurz vor ihrem Tod gesehen. Und Margot ist zuerst gestorben. Ich glaube, sie ist aus ihrem Bett gefallen, sie ist herausgefallen, und Anne ist am Tag darauf gestorben.[120]

Auch Lientje Brilleslijper erinnert sich in ihren 1995 erschienenen Memoiren daran, dass die Schwestern kurz nacheinander im März starben. »Im März 1945 kam das Ende. Margot, die ältere und kontrolliertere, starb (...) an völliger Erschöpfung und Flecktyphus. ›Jetzt muss ich auch nicht mehr heimkommen‹, sagte Anne traurig. Sie hatte nach Margots Tod den Kampf aufgegeben. Den Kampf, sich gegen das schreckliche Schicksal zu wehren. Und wenn der Wille erst einmal gebrochen war, ließ das Ende nicht lange auf sich warten. Ein paar Tage darauf schlief Anne für immer ein, ruhig und gefasst.«[121]

Es gibt Hinweise darauf, dass Anne und Margot wahrscheinlich bereits früher gestorben sind als am 31. März 1945, dem vom Roten Kreuz festgelegten Todesdatum. Sogar noch früher als Ende Februar und Anfang März, wie Lientje Brilleslijper und Nanette Blitz erklärten. Die Begegnungen mit Hanneli Goslar und Martha van Collem am Lagerzaun fanden innerhalb weniger Tage statt, und zwar nachdem Familie Goslar ein Paket erhalten hatte. Hanneli Goslars Großmutter bekam ihr Rot-Kreuz-Paket um den 23. Januar 1945 herum. Das bedeutet, dass das Treffen am Lagerzaun spätestens Anfang Februar 1945 stattgefunden haben muss. Anne und Margot waren damals noch am Leben, aber Margot ging es bereits schlecht. Annelore Daniel, Rachel Frankfoorder und Sophie Huisman wurden, wie auch Auguste van Pels, Anfang Februar für den Transport vom 7. Februar 1945 aus dem Frauenlager nach Raguhn selektiert.[122]

Ihre Äußerung, dass Anne und Margot sehr krank waren und Flecktyphus hatten, bezieht sich also auf die Zeit davor. Rachel Frankfoorder gab sogar zu Protokoll, dass Anne und Margot bereits gestorben waren, denn sie habe die beiden Schwestern in der Baracke plötzlich nicht mehr gesehen und daraus geschlossen, dass sie tot waren. Damals lagen die Leichen im ganzen Lager herum und vielleicht, meinte sie, sie sei beim Verlassen der Baracke an den beiden vorbeigekommen. Es kann auch sein, dass sie die beiden nicht mehr sehen konnte, weil sie in einer Krankenbaracke lagen. Janny Brilleslijper, die als Krankenschwester im Lager arbeitete, hatte die Symptome des epidemischen Flecktyphus bei Anne und Margot Frank eindeutig erkannt und berichtet, dass die beiden Schwestern in einer Krankenbaracke untergebracht waren.[123] Aber wie auch immer, Anne und Margot waren bereits in der ersten Februarwoche todkrank.

Wenn man von diesen Fakten und dem Wissen über den Verlauf des epidemischen Flecktyphus ausgeht, einer Krankheit, bei der nach dem Auftreten der ersten Symptome nahezu alle Patienten nach zwei bis drei Wochen sterben, ist es möglich, zu einer neuen – noch genaueren – Bestimmung des Todesdatums von Anne und Margot Frank zu kommen. Wenn Margot bereits bei der ersten Begegnung von Anne Frank und Hanneli Goslar, die Auguste van Pels einige Tage vor dem 7. Februar 1945 in die Wege geleitet hatte (was auch Nanette Blitz in ihrer Aussage bestätigt), nicht mehr auf den Beinen stehen konnte und sich daher vermutlich in der Phase befand, in der die ersten ernsten Symptome wie starke Muskelschmerzen auftreten, ist die Wahrscheinlichkeit gering, dass sie länger als bis Mitte Februar 1945 hatte überleben können. Wahrscheinlich hat Margot ihren neunzehnten Geburtstag am 16. Februar 1945 nicht mehr erlebt. Dasselbe gilt für Anne Frank, die – so die Zeugen, die sie noch kurz vor ihrem Tod gesehen haben – sich zur selben Zeit in einem fortgeschrittenen Stadium von Flecktyphus befand und nur wenige Tage nach Margot gestorben ist. Beide starben also gut einen Monat früher als bisher angenommen wurde (Abb. 123 und 124).

»Ich erinnere mich an Gusta van Pels – eine gebürtige Deutsche«

6 Auguste van Pels in Raguhn

»Gott sei Dank ein kleines Lager«

Kurz vor dem Tod der Frank-Schwestern wurde Auguste van Pels abermals auf eine Transportliste gesetzt. Bergen-Belsen fungierte noch immer als Durchgangslager, und in regelmäßigen Abständen fanden Selektionen statt, um Frauen für Arbeitslager in anderen Regionen des Deutschen Reichs auszuwählen.[1] Irgendwann in der ersten Februarwoche wurden auf Anweisung des Lagerkommandanten und in Anwesenheit mehrerer Aufseher in Zivilkleidung 500 Frauen verschiedener Nationalitäten für das SS-Kommando Heerbrandtwerke AG in Raguhn selektiert, das administrativ in die Zuständigkeit des Konzentrationslagers Buchenwald fiel.[2] Auguste van Pels gehörte zu dieser Gruppe und mit ihr 28 weitere Niederländerinnen, die alle, soweit wir feststellen können, am 1. November 1944 von Auschwitz nach Bergen-Belsen gebracht worden waren. Acht von ihnen waren auch beim Transport am 3. September 1944 von Westerbork nach Auschwitz dabeigewesen.[3]

Man hatte Anne und Margot Frank im Februar nicht für Raguhn selektiert, weil sie zu krank waren. Aber auch Auguste war zu dieser Zeit bereits sehr geschwächt. Annelore Daniel, beispielsweise, wunderte sich im Nachhinein darüber, dass Auguste nicht in Bergen-Belsen bleiben musste, denn sie erinnert sich, wie schlecht es Auguste damals ging.[4] Cato Polak weiß noch, dass die selektierten Frauen in eine separate Baracke kamen und alle zusammen auf dem Boden schlafen mussten. »Jede Nacht musste man bestimmt zehnmal raus. Danach war es sehr schwer, im Dunkeln seinen Platz wiederzufinden. Wir waren ja alle furchtbar mager, und wenn man dann auch nur versehentlich jemanden anstieß, tat es höllisch weh, und es gab ein unablässiges Geschrei.«[5]

Wieder mussten die 500 selektierten Frauen die viereinhalb Kilometer zur Rampe zurücklaufen, wo wieder Viehwagen bereitstanden, um sie nach Raguhn zu bringen. Auf dem Weg dorthin sahen sie neue Häftlingstransporte in die entgegengesetzte Richtung nach Bergen-Belsen marschieren.[6]

Nach drei Tagen, am 10. Februar 1945, trafen die Frauen in Raguhn ein.[7] Für die meisten Zeitzeuginnen war es die x-te Deportation, und sie erwähnen in ihren Berichten so gut wie keine Einzelheiten zu diesem Transport.[8] Freda Silberberg allerdings erinnert sich, dass die Frauen auf ihrem Weg vom Lager Bergen-Belsen zum Bahnhof von Deutschen, die in den Dörfern um das Lager herum lebten, beschimpft und angespuckt wurden:

> Nun, wir mussten zum Bahnhof laufen. Und die Leute waren nicht gerade nett zu uns, sie haben uns angespuckt. Ja, die Deutschen. Denn man kam, weißt du, manchmal durch ein Dorf. Und dann (…) wurden wir wieder in einen Zug eingeladen und wir waren nicht traurig, Bergen-Belsen zu verlassen, denn wir dachten, dass es dort immer schlimmer würde. Und als wir in Raguhn ankamen, sagten wir: »Gott sei Dank, es ist ein kleines Lager. Gott sei Dank, dass es ein kleines Lager ist!«[9]

Arbeiten in der Flugzeugfabrik

Raguhn war tatsächlich viel kleiner als Bergen-Belsen. Es lag am westlichen Rand der Stadt Raguhn in Sachsen-Anhalt, in der Nähe von Halle an der Saale, und war im Februar 1945 als eines der letzten Außenlager des Konzentrationslagers Buchenwald errichtet worden.[10] Das bereits 1937 erbaute KZ Buchenwald gehörte zu den ersten und größten Konzentrationslagern auf deutschem Boden. Zwischen 1938 und 1945 waren hier etwa 240.000 Menschen inhaftiert, eine heterogene Gruppe von Kriegsgefangenen, politischen Gegnern des Naziregimes, Zeugen Jehovas, Homosexuellen, Roma, Sinti und Juden. Wie vielen anderen Konzentrationslagern wurden auch Buchenwald zahlreiche und ausgedehnte Unterabteilungen angegliedert, die als Neben- beziehungsweise Außenlager oder Außenkommandos bezeichnet wurden.

Das SS-Kommando Heerbrandtwerke AG in Raguhn unterstand dem Kommando von SS-Hauptscharführer Herbert Dieckmann und

SS-Obersturmführer Hermann Grossmann (Abb. 125). In Raguhn arbeiteten etwa 45 männliche und weibliche Aufseher. Das Lager wurde am 7. Februar 1945 als Arbeitslager für eine Gruppe von Frauen aus Bergen-Belsen in Betrieb genommen. Obwohl das Außenlager Raguhn verwaltungstechnisch zum KZ-Buchenwald gehörte, lag es etwa 170 Kilometer nordöstlich von diesem entfernt.

Bis auf zwei Ausnahmen waren alle weiblichen Häftlinge jüdisch, stammten jedoch aus verschiedenen geografischen Regionen. Sie kamen aus den Niederlanden, aber auch aus Frankreich, Belgien, Polen, Italien, Ungarn und Deutschland, einige sogar aus Amerika und der Türkei. Bevor sie nach Raguhn kamen, waren die meisten von ihnen, wie auch Auguste van Pels, einige Zeit in Bergen-Belsen interniert gewesen. Eine weitere Gruppe hatte man aus Theresienstadt und Auschwitz nach Raguhn gebracht. Im Außenlager lebten zwischen 500 und 700 Frauen, die in einer Fabrik für Flugzeugteile arbeiten mussten, der Junkers Flugzeug- und Motorenwerke AG, die ihren Sitz 15 Kilometer nördlich in Dessau hatte. Das Reichsluftfahrtministerium hatte das einstige Privatunternehmen 1936 übernommen. Fortan waren die Junkers-Werke für die deutsche Kriegsindustrie unverzichtbar, weil dort mehrere Flugzeugtypen und Flugzeugmotoren produziert wurden.

Nach ihrer Ankunft in Raguhn wurden die Frauen wie in anderen Lagern neu registriert. Weil das Außenkommando Raguhn zum Konzentrationslager Buchenwald gehörte, bekamen sie von der dortigen Lagerverwaltung in alphabetischer Reihenfolge ihrer Nachnamen »Buchenwald-Nummern« der Serie von 67001 bis 67505.[11] Auguste van Pels erhielt die Nummer 67357.[12]

An der gestreiften Kleidung waren die Frauen eindeutig als Häftlinge zu erkennen. Das war zum einen in den Junkers-Werken wichtig, weil dort auch Nicht-Häftlinge arbeiteten, und zum anderen für ihren täglichen, von SS und Kapos bewachten Weg durch die Kleinstadt Raguhn.[13] In der Fabrik mussten sie unter Beobachtung von

Aufsehern in Zivil Flugzeugteile zusammenbauen. Ellen Daniel erinnert sich, dass sie sich während der Arbeit gelegentlich mit den Aufsehern unterhielt. In der Fabrik hatten die Frauen verschiedene Aufgaben.[14] Cato Polak beispielsweise stand an der Drehbank, und Freda Silberberg musste löten oder schweißen, während Annelore Daniel »sowas wie Platten klopfen musste«. Damit meint sie wahrscheinlich das Bearbeiten von Lochblechen, die in dieser Fabrik hergestellt wurden. Ihre ältere Schwester Ellen erinnert sich, dass sie an einer großen Bohrmaschine arbeiten musste.[15]

Die Arbeit war schwer und ineffizient. Wegen der chaotischen Verhältnisse in der Endphase des Krieges litt die Fabrik ständig unter Materialmangel, wodurch die Produktion ins Stocken geriet und es nicht genügend Aufgaben für alle Frauen aus dem Lager gab. Die Historikerin Irmgard Seidel schreibt, dass die Frauen im Schichtbetrieb arbeiteten. Die eine Hälfte musste in die Fabrik zum Arbeiten gehen, die andere blieb im Lager.[16] Jede Woche wechselten die Schichten zwischen Tag- und Nachtschicht.

In Raguhn schliefen die Frauen nicht in Standardbaracken, sondern in ehemaligen Werkstätten und Sanitärräumen.[17] Den Häftlingen erschien es als Verbesserung gegenüber den Bedingungen, die sie aus Bergen-Belsen kannten. Rachel Frankfoorder, die zusammen mit Auguste van Pels nach Raguhn verlegt worden war, erinnert sich an die relativ guten Bedingungen im Lager, betont aber gleichzeitig, wie wichtig ein Posten war, der einem Zugang zu zusätzlichen Lebensmitteln ermöglichte:

> Es war viel besser als in jedem anderen Lager. Wir bekamen saubere Baracken, es gab einen Platz, wo man sich waschen konnte, wir bekamen eine Decke. Aber war das wieder nur ein neuer Trick oder war es wirklich so schön, wie es aussah? Es war genau so schön, wie es aussah, wenn man Kartoffeln schälen konnte, wenn man arbeitete und dort die gute Kartoffelsuppe aß, und es war

> nicht verboten, ab und zu eine Kartoffel zu essen. Dort haben wir wieder eine ziemlich gute Kondition erreicht. [18]

Ob dies auch für die anderen Häftlinge zutraf, ist jedoch fraglich. Rachel Frankfoorder musste mit acht polnischen Frauen in einem Keller Kartoffeln schälen und konnte gelegentlich eine Kartoffel für Mitgefangene beiseiteschaffen.[19] Für andere, die keine Chance hatten, an zusätzliche Kalorien zu kommen, waren die Lebensbedingungen schlechter. Ellen Daniel erinnert die Verhältnisse in Raguhn beispielsweise ganz anders als Rachel Frankfoorder – als »weiterhin so schlecht wie anderswo auch, und das Essen war auch nicht besser«.[20]

Freda Silberberg weiß noch genau, wie ein sadistischer Aufseher versuchte, ihr Hungergefühl noch schlimmer zu machen. Als er beobachtete, dass Freda und eine Mitgefangene bei der Arbeit in der Maschinenfabrik vor Hunger fast ohnmächtig wurden, versprach er, ihnen am nächsten Tag etwas Zusätzliches mitzubringen. Er kam dann mit ein paar Kartoffelschalen an:

> Damals war ich in Raguhn, wo wir in einer Fabrik arbeiten mussten und zwölf Stunden am Stück nichts zu essen bekamen. Kannst du dir vorstellen, wie wir an einer Maschine standen, nach allem, was wir schon durchgemacht hatten. Wir mussten Maschinenteile mit einer Maschine herstellen, die sehr schnell arbeitete (...). Da war ein dicker Deutscher, der mir zuflüsterte: »Morgen bringe ich dir etwas mit.« Also, Jeanine und ich konnten es am nächsten Tag vor Neugier kaum erwarten, was er uns mitbringen würde. Er brachte uns Kartoffelschalen! Und die legte er für uns in eine Schublade. Und wir wussten, wenn wir die essen, bekommen wir noch mehr Durchfall. So großzügig war er also. Du kannst dir nicht vorstellen, wie er uns behandelt hat.[21]

Die Häftlinge quälte der Hunger, und etwa jede zehnte Frau war zu krank zum Arbeiten. Viele waren in ihren »verlausten« Kleidern schon krank aus Bergen-Belsen hergeschickt worden und litten an der Ruhr. Nach einiger Zeit brach auch im Außenlager Raguhn Flecktyphus aus. Die Frauen dort starben an völlig verschiedenen Krankheiten, an Lungenentzündung, Herzversagen, Hirnhautentzündung oder Darmerkrankungen. Außerdem mussten die Häftlinge wegen der alliierten Luftangriffe während der Arbeitszeit regelmäßig in Luftschutzkellern Zuflucht suchen.[22]

Wir wissen nur wenig darüber, was Auguste van Pels in den acht Wochen in Raguhn mitmachen musste. Wie oft sie in die Fabrik musste, welche Arbeit ihr dort zugewiesen war und ob sie, wie Rachel Frankfoorder, gelegentlich auch zusätzliche Nahrung bekam; auch der Zeitpunkt ihrer Erkrankung bleibt unbekannt. Die Niederländerinnen, mit denen sie nach Raguhn gekommen war, erinnern sich nur vage an sie. Wir wissen lediglich, dass sie zu den etwa 60 Frauen gehörte, die den letzten Transport weiblicher Häftlinge aus Raguhn nicht überleben sollten.

Als Anfang April 1945 amerikanische Truppen immer näher auf das Lager Buchenwald vorrückten, beschloss die SS die Evakuierung des Außenlagers Raguhn. Am 9. April 1945 luden die Wachmannschaften die Frauen aus Raguhn noch einmal in Güterwaggons, diesmal ging es Richtung Theresienstadt.[23] Ellen Daniel erinnert sich: »Und ab Mitte April, nun, da hörte man die Artillerie immer näherkommen, und dann wurde man wieder mal in einen Zug verfrachtet. Aber wir hatten Glück. Es waren geschlossene Viehwagen, in denen sind wir wochenlang umhergeirrt und schließlich in Theresienstadt gelandet.«[24]

Es war eine chaotische Fahrt, auf der sie vielen anderen Transporten begegneten. Alle schienen auf der Flucht zu sein. Der Zug hielt oft, und stand lange still, dann konnten die Frauen kurz aus den Waggons klettern. Einige von ihnen versuchten, sobald der Zug stand, zu flüchten. Andere dagegen befürchteten, nach einem Halt nicht mehr rechtzeitig in den Zug zu kommen. Die Tage in den Waggons waren furchtbar, vor allem, weil es kaum noch etwas Essbares gab. Ellen Daniel erinnert sich, dass die Frauen diese Halte dazu nutzten, die Leichen aus den Waggons zu schaffen und in der verbliebenen Zeit noch etwas Essbares und Trinkbares zu finden:

> Damals standen wir dann ab und zu an einem Bahnhof, und warteten manchmal auf einem Abstellgleis; dort durften wir kurz aus dem Waggon aussteigen und mussten in aller Eile die Toten hinaustragen – denn manchmal starben ein paar Frauen auf der Fahrt –, und dann konnte man sich kurz zwischen den Schienen erleichtern.[25]

Am 16. April 1945 kamen die Überlebenden des Transports in Theresienstadt an. Dort wurden sie am 8. Mai 1945 von russischen Truppen befreit.

Mehr als 60 Frauen waren unterwegs dem Hunger erlegen, an Unterkühlung und Erschöpfung gestorben; nach der Ankunft in Theresienstadt starben weitere 15 Frauen, die meisten an den Folgen von Flecktyphus, der unter den Häftlingen grassierte. Eine von ihnen war Auguste van Pels. Über ihre genauen Todesumstände gehen die Berichte der Zeugen leicht auseinander. Nach der Befreiung meldete Bertha Kaas-Hekster: »(...) dort verstarb, auf dem Transport nach Theresienstadt, so erinnere ich mich (...) Gusta van Pels – eine gebürtige Deutsche, aber aus Amsterdam deportiert (Abb. 126).«[26] Rachel Frankfoorder erklärte am 28. September 1945 vor dem Niederländischen Roten Kreuz: »Auf der Fahrt von Raguhn nach Theresienstadt von den Deutschen unter den Zug geworfen und dadurch getötet: Mevr. Gusti van Pels-Roettgen, circa 42 Jahre alt.«[27]

Für Rachel Frankfoorders Erinnerung gibt es allerdings keine weiteren Zeugen, die diese Lesart bestätigen. Sowohl Annelore Daniel als auch Bertha Kaas-Hekster bestreiten explizit, dass Auguste van Pels von deutschen Soldaten unter einen fahrenden Zug geworfen wurde. Annelore Daniel, die Auguste van Pels noch aus der Baracke in Bergen-Belsen kannte, versicherte, dass Auguste van Pels Flecktyphus hatte und auf dem Transport von Raguhn nach Theresienstadt neben ihr verstorben sei. Zusammen mit einer anderen Frau habe sie Auguste aus dem Zug gehoben und auf der Böschung neben den Gleisen abgelegt. Diese Geschichte hatte Annelore Daniel bereits 1945 Otto Frank berichtet, als er Nanette Blitz im Sanatorium in Santpoort aufsuchte, um sie nach den letzten Tagen seiner beiden Töchter zu fragen. Annelore Daniel war in Santpoort die Bettnachbarin von Nanette Blitz und ergänzte deren Bericht über ihre letzten Begegnungen mit Anne, Margot und Auguste.[28]

»Sie kamen nie zurück«

7 Peter van Pels in Mauthausen und Melk

Auf Todesmarsch von Auschwitz nach Mauthausen

Mitte Januar 1945 waren Hunderttausende aus der Umgebung von Auschwitz unterwegs, um die Region zu verlassen: 58.000 Auschwitz-Häftlinge, tausende britische und russische Kriegsgefangene, riesige Kolonnen von Militärfahrzeugen, Wehrmachts- und SS-Truppen auf dem Rückzug sowie deutsche Zivilisten auf der Flucht vor der Roten Armee.[1] Die von der SS vorgesehenen Evakuierungsrouten konnten oft nicht eingehalten werden, weil die Straßen überfüllt und/oder inzwischen unter der Kontrolle der Sowjetarmee waren. In langen Kolonnen wurden die Häftlinge gezwungen, von Auschwitz aus 55 Kilometer nach Gleiwitz beziehungsweise 63 Kilometer nach Loslau (heute Wodzisław Śląski an der tschechisch-polnischen Grenze) zu marschieren. Von dort mussten sie in offenen Güterwagen in andere Lager weiter, etwa nach Mauthausen, Groß-Rosen, Buchenwald, Bergen-Belsen, Flossenbürg, Mittelbau-Dora, Ravensbrück, Sachsenhausen und Dachau. Auf diesen sogenannten Todesmärschen verloren neun- bis fünfzehntausend Menschen ihr Leben (Abb. 127).[2]

Am 18. Januar 1945 machten sich von Mitternacht bis zum Nachmittag große Häftlingskolonnen auf den Weg.[3] Für Peter van Pels und etwa 5700 andere Häftlinge hieß das Ziel Lager Mauthausen in Österreich. Unter ihnen waren auch der bereits erwähnte Max Rodrigues Garcia und, wie aus Marcel Haenens Biografie hervorgeht, der später in den Niederlanden sehr bekannte Rechtsanwalt Max Moszkowicz (Abb. 128).[4] Wie Peter hatte Moszkowicz es bis dahin geschafft zu überleben, weil er es in Auschwitz zu einer relativ privilegierten Stellung gebracht hatte, und zwar durch seine Teilnahme an Boxwettkämpfen, die zur Unterhaltung der SS-Wachen organisiert wurden. Der Berufsboxer Leen Sanders (Abb. 129) bekam von den Aufsehern regelmäßig zusätzliche Essensrationen, die er zum Teil an andere Boxer weitergab, etwa an Moszkowicz. Ob sich die beiden etwa gleichaltrigen Peter van Pels und Max Moszkowicz kannten, wissen wir nicht. Sie wurden später mit demselben Todesmarsch losgeschickt und kamen großenteils durch dieselben Orte.[5] Die ersten gut 60 Kilometer Richtung Westen legten sie zu Fuß zurück.[6] Es war ein furchtbarer Gewaltmarsch. Schon bevor sie mit der Kolonne losmarschierten, waren viele der Häftlinge stark geschwächt, und die SS-Bewacher schossen gnadenlos jeden nieder, der das Tempo nicht mithalten konnte oder zu fliehen versuchte. Auch Coen Schimmer wurde dieselbe Strecke entlanggetrieben wie Peter van Pels. In seinem Bericht beschreibt Schimmer nach dem Krieg, dass es noch keine Stunde nach dem Aufbruch bereits die ersten Toten gab und er am Straßenrand Leichen von Häftlingen liegen sah, die vor ihnen losgegangen waren – am Anfang waren es vor allem viele Frauen, manchmal sogar ein Kind – die man mit Kopfschüssen getötet hatte. Tagelang mussten sie bei Schnee und klirrender Kälte immer weitermarschieren. Nachts schliefen sie auf Heuböden, unter ein paar Brettern oder unter freiem Himmel im Schnee, eng aneinandergepresst.[7]

Nach fünf Tagen, am 22. Januar 1945, trafen sie in Loslau ein.[8] Dort wurden jeweils 100 Häftlinge in offene Kohlen- oder Güterwaggons gepfercht, die voll Schnee und Eis lagen.[9] Erst am nächsten Morgen fuhr der Zug ab. Bei einer Temperatur von 20 Grad unter null. Die Häftlinge bekamen nichts zu essen, und es gab auch kein Wasser. Max Rodrigues Garcia ist davon überzeugt, dass er diese Fahrt allein wegen seiner körperlichen Reserven überlebte, die er in der Paketstelle von Auschwitz aufgebaut hatte.[10] Und auch Samuel Kropveld beschreibt, wie grausam ihn die Wachleute auf der Zugfahrt nach Mauthausen behandelten:

> Was waren das nur für Kerle, diese Deutschen! Die offenen Viehwaggons, in denen wir den letzten Abschnitt der Strecke zurücklegten, blieben ab und zu stehen und dann nutzten wir die Gelegenheit, uns zu erleichtern. Das war erlaubt. Aber einmal, als ich wieder in den Wagen zurückklettern wollte, blieb ich oben am Waggon hängen, ich war so kraftlos, dass ich es nicht gleich

> hineinschaffte. Ein SS-Mann, der das sah, kam direkt auf mich zu und fing an, mich mit seinem Gewehr zu traktieren. Wozu sollte das gut sein? Ich tat etwas, was verständlich und erlaubt war, und es gab keinen Grund zur Eile. Er hat es aus dem einzigen Grund getan, weil er nun mal gerne jemanden verprügelte. Der hat mich windelweich geprügelt! Überall hat er mich getroffen, und wenn mir die anderen nicht geholfen hätten, hätte er mich bestimmt totgeschlagen.[11]

Viele starben unterwegs an Entkräftung und Unterkühlung, und sobald der Zug stillstand, wurden die Toten hinausgeworfen. Kropveld berichtet, dass einige der Leichen am Waggonboden festgefroren waren und auch, dass viele Häftlinge vom Hunger und vor allem vom Durst Psychosen bekamen. »Nachts lag ein großer Teil der Leute völlig im Fieberwahn, sie hatten kein Raumgefühl mehr, und wäre es nicht dunkel gewesen, dann hätten sie mich bestimmt grün und blau geschlagen.«[12] Nach drei Tagen kamen sie am Bahnhof Mauthausen an. Von dort marschierten die Häftlinge in einer langen Kolonne die Straße entlang, die sich sechs Kilometer weit in nordwestlicher Richtung durch die Stadt zum Konzentrationslager hinaufschlängelte.

Im August 1938, fünf Monate nach dem »Anschluss« Österreichs an das Deutsche Reich, war Mauthausen als Konzentrationslager für männliche Häftlinge gegründet worden. Der Standort in der Nähe der Stadt Mauthausen wurde gewählt, weil die Gegend reich an Granit war und weil es dort seit jeher zahlreiche Steinbrüche gab. Für die großen Bauprojekte des Deutschen Reiches unter Hitlers Architekt Albert Speer waren Granit und die Produktion von Baumaterialien unerlässlich. Außerdem bot die Donau gute Möglichkeiten für Anlieferung und Abtransport.

Die im April 1938 in Berlin von der SS gegründete und von dem bereits erwähnten SS-Führer Oswald Pohl geleitete Deutsche Erd- und Steinwerke GmbH (DEST) erwarb bei Mauthausen eine Reihe von Steinbrüchen.[13] Nachdem die DEST auch in Gusen Steinbrüche übernommen hatte, wurde etwa acht Kilometer von Mauthausen entfernt im Mai 1940 das Außenlager Gusen errichtet. 1938 traf die erste, hauptsächlich aus »Kriminellen und Asozialen« bestehende Häftlingsgruppe aus Dachau ein. Seit Mai 1939 wurde das Außenlager vor allem für politische Gefangene, für Kriegsgefangene verschiedener Nationalitäten und diverse andere Gruppen genutzt, die den Nazis als Feinde galten, unter ihnen zahlreiche niederländische und ungarische Juden.[14] Die 427 niederländischen Juden, die am 22. und 23. Februar 1941 bei der Razzia im Amsterdamer Judenviertel festgenommen worden waren, wurden alle nach Mauthausen gebracht. Kaum einer von ihnen überlebte.[15] Ansonsten waren Juden in Mauthausen in der Minderheit. Sie standen in der Häftlingshierarchie an allerletzter Stelle.[16]

Mauthausen war das Lager mit den härtesten Haftbedingungen.[17] Die Insassen mussten Zwangsarbeit in den Steinbrüchen von Mauthausen und Gusen leisten (Abb. 130). Durch die strenge Lagerordnung und die Schwerstarbeit dort lag die Sterberate extrem hoch. Es war eine Kombination von Arbeit und Ausrottung. Die Häftlinge schufteten sich buchstäblich zu Tode. Die Ernährungsrationen waren für eine Lebenserwartung von drei bis vier Monaten berechnet.[18] In dem berüchtigten Mauthausener Steinbruch schleppten die Männer des Strafkommandos mit einem hölzernen Tragegestell auf dem Rücken Granitblöcke die steile Treppe hinauf, die sogenannte »Todesstiege«. Die medizinische Versorgung war katastrophal. Bis 1944 wurden jüdische Häftlinge fast standardmäßig als Steinträger diesem Strafkommando zugeteilt. Im Lager mussten die Häftlinge stundenlang Appell stehen.

Der Lagerkommandant und SS-Standartenführer Franz Ziereis (Abb. 131) führte das Lager und war für etwa 600 Mann Personal zuständig, großteils Angehörige der Waffen-SS, dazu einige Marinesoldaten, Polizisten sowie 65 SS-Aufseherinnen.[19] Ziereis führte das

Lager mit eiserner Hand. Misshandlungen und Exekutionen waren an der Tagesordnung. Nachdem Ziereis im September 1941 an der Demonstration einer Genickschussanlage in Sachsenhausen teilgenommen hatte, ließ er in Mauthausen eine ähnliche Anlage für Massenhinrichtungen bauen, um russische Kriegsgefangene möglichst effizient hinrichten zu können.[20] Von 1941 an wurden die Häftlinge mit Sondertransporten ins nahe Schloss Hartheim gebracht – einer der Standorte des geheimen Euthanasieprogramms T4 – und in der dort eingebauten Gaskammer ermordet. Außerdem setzte die SS von Herbst 1941 an eine mobile Gaskammer ein. Im Frühjahr 1942 wurde in Mauthausen auch eine als Duschraum getarnte Gaskammer in Betrieb genommen, in der man jeweils zwischen 30 und 80 Menschen gleichzeitig mit Zyklon B ermordete. Ein Krematorium zum Verbrennen der Leichen ergänzte diese Infrastruktur für den Massenmord.[21]

Als sich 1943 das Kriegsglück für die Deutschen an allen Fronten wendete und die Häftlinge mehr und mehr als Arbeitssklaven in der Rüstungsindustrie aushelfen mussten, wurden dem KZ-Mauthausen insgesamt 46 über ganz Österreich verteilte Außenlager und Außenkommandos unterstellt. Die zunehmenden alliierten Luftangriffe Ende 1943 machten es notwendig, die Flugzeug- und Waffenfabriken in geheime unterirdische Anlagen zu verlegen, um die Rüstungsproduktion weiterhin zu gewährleisten. Die Häftlinge waren beim Bau dieser unterirdischen Fabriken unmenschlichen Arbeitsbedingungen ausgesetzt.

Das Hauptlager Mauthausen (Abb. 132) wandelte sich dadurch immer mehr zum Verwaltungszentrum, von dem aus die Häftlinge nach der Registrierung und einer Quarantänezeit als Zwangsarbeiter über das weitverzweigte Netz von Nebenlagern verteilt wurden. Gleichzeitig wurde Mauthausen auch zu einem sogenannten Sterbelager, in das man Häftlinge zurückbrachte, die zu krank oder zu schwach waren, um noch die schwere Zwangsarbeit leisten zu können. Von den rund 190.000 nach Mauthausen Deportierten kamen mehr als 90.000 dort ums Leben (Abb. 133).[22]

Ein Tischler mit ovalem Gesicht

Am 25. Januar 1945 kam Peter van Pels im Alter von 18 Jahren ins Konzentrationslager Mauthausen. Sein Name steht auf der Namensliste der 5714 Gefangenen, die am selben Tag aus Auschwitz eingetroffen waren.[23] Das Registrierungsverfahren nach der Ankunft zog sich endlos hin.[24] Angesichts der Größe des Transports kann diese Prozedur die ganze Nacht und den folgenden Tag gedauert haben.

Nach der Ankunft mussten sich die Häftlinge ausziehen. Es war Winter, und es war eiskalt. Sie mussten in kleinen Gruppen zum Duschraum gehen. Dort wurden sie desinfiziert und rasiert. Danach mussten sie im Freien auf die Registrierung warten, nackt oder nur mit einer Unterhose oder einem Hemd bekleidet. Der Ex-Häftling Coen Schimmer erinnert sich, dass das Bad und die Desinfektion hier »richtig primitiv« waren und es danach kaum Kleidungsstücke zum Anziehen gab.[25]

Die Häftlinge aus diesem Transport bekamen eine Nummer zwischen 116.501 bis einschließlich 122.225. Anhand dieser Nummern auf der Liste lässt sich ableiten, dass die Registrierung in fünf Gruppen mit jeweils tausend oder mehr Gefangenen und in alphabetischer Reihenfolge stattfand.[26] Peter van Pels gehörte zur dritten Gruppe. Jeder Häftling bekam seine Nummer in ein kleines Eisenplättchen eingestanzt, die sogenannte Kennmarke (Abb. 134), die mit Draht um das Handgelenk gebunden und getragen werden musste. Auf einem Durchschlag von Peter van Pels' Registrierung in Mauthausen (Abb. 135 und 136) ist seine Deportationsgeschichte vermerkt: »NJ (Niederländischer Jude), nach Auschwitz 3. September 1944, Ankunft in Mauthausen 25. Januar 1945, Häftlingsnummer: 119162.« Auf seiner Karte ist außerdem festgehalten, dass er bis 29. Januar 1945 in Mauthausen in Quarantäne war. Dort steht auch, dass er Tischler war,

1,73 Meter groß und von schlanker Gestalt. Sein Gesicht war oval, er hatte grüne Augen, anliegende Ohren, eine gerade Nase, einen vollen Mund, gesunde Zähne und schwarze Haare. Der Karteikarte zufolge sprach er Niederländisch, Englisch und Deutsch. Außerdem ist als »besonderes Kennzeichen« eine Tätowierung angegeben: seine Auschwitznummer.[27]

Nach der Registrierung pferchte man die Häftlinge in der Quarantänebaracke zusammen. Dort gab es keine Betten, man lag Seite an Seite auf dem Boden.[28] Sie blieben mehrere Tage in dieser Baracke, nur notdürftig bekleidet und mit wenig oder gar nichts zu essen. Dann bekamen sie alte, abgetragene Häftlingskleidung: einen Mantel, eine Hose, eine Mütze und Holzschuhe oder Sandalen. Die männlichen Häftlinge mussten ihre Nummer in Brusthöhe auf ihre Jacke und auf die Naht des rechten Hosenbeins nähen. Jede Häftlingsgruppe hatte ein eigenes Kennzeichen. Jüdische Häftlinge waren an einem roten, gleichseitigen, nach unten zeigenden Winkel und einem gelben Balken darüber zu erkennen. Dieses Zeichen stand neben der Häftlingsnummer.[29] Für das Tragen und für das Abnehmen der Mütze galten strenge Vorschriften. Wenn jemand ohne Mütze beim Appell erschien, war das für die Wachen Grund genug, die betreffende Person zu erschießen.[30]

Nach vier Tagen Quarantäne wurden die meisten der am 25. Januar 1945 eingetroffenen Häftlinge in die Außenlager von Mauthausen weitergeschickt, nach Ebensee, Gusen und Melk.[31] In einigen Fällen scheinen die Häftlinge aufgrund ihres Berufes dafür ausgewählt worden zu sein. Der Überlebende Coen Schimmer erklärte, aus seiner Gruppe von Niederländern habe man die Metallarbeiter für das Lager Gusen ausgesucht. Peter van Pels, der auf der Transportliste von Westerbork nach Auschwitz als Metallarbeiter aufgeführt war, gehörte nicht zu dieser Gruppe. Wie bereits erwähnt, stand auf seiner Karte in der Lagerverwaltung von Mauthausen als Beruf »Tischler«.[32]

Die meisten der insgesamt etwa 2000 Ankömmlinge wurden – offenbar ohne dass ihre Berufe dabei eine entscheidende Rolle spielten – in das Außenlager Melk verlegt.[33] Melk war am 21. April 1944 als Konzentrationslager für männliche Häftlinge eingerichtet worden, die als Zwangsarbeiter in einem Projekt mit dem Decknamen »Quarz« arbeiten mussten – beim Bau einer Stollenanlage für eine unterirdische Fabrik zur Herstellung von Panzer- und Flugzeugteilen.[34] Bis zur Auflösung des KZ-Außenlagers Melk am 15. April 1945 fielen der schweren Arbeit, den extremen Arbeitsbedingungen und der unmenschlichen Behandlung eine große Zahl von Häftlingen zum Opfer.[35]

Am 29. Januar 1945 marschierte eine große Häftlingsgruppe die Straße hinunter durch die Stadt zum Bahnhof Mauthausen.[36] Von dort wurden sie in Güterwagen in das etwa 70 Kilometer östlich von Mauthausen gelegene Außenlager Melk gebracht. Am 21. Januar 1945 war der griechische Jude Moshe Ha-Elion mit einem Todesmarsch von Auschwitz nach Mauthausen gekommen und wurde am 29. Januar im selben Zug wie Peter van Pels nach Melk verlegt. Ha-Elion beschreibt, wie sich die Häftlinge nach einer etwa siebenstündigen Fahrt durch einen schweren Schneesturm vom Bahnhof zum Lager kämpfen mussten.[37]

Das Außenlager war in einer ehemaligen Kaserne untergebracht, hoch oben, am südwestlichen Rand der Stadt Melk an der Donau (Abb. 137). Lagerkommandant war Julius Ludolf.[38] Es handelte sich um ein Lager für durchschnittlich 7000 Häftlinge verschiedener Nationalitäten.[39] Die Lebens- und Arbeitsbedingungen, mit denen Peter van Pels hier konfrontiert wurde, waren extrem. Nach Ankunft des Transports vom 29. Januar 1945 aus Mauthausen zählte Melk insgesamt 10.314 Insassen. Zwischen Januar und April 1945 starben hier 3106 Menschen an Krankheiten, Unfällen, Misshandlungen oder durch Erschießung.[40] Innerhalb eines Jahres kamen von den rund 15.000 Häftlingen im KZ Melk etwa 5000 ums Leben.[41]

Moshe Ha-Elion zeichnet ein schockierendes Bild der miserablen Lagerhygiene: »Die Toiletten waren völlig verdreckt, ebenso die wenigen Duschen. Eigentlich war alles voller Schmutz, und schon bald waren alle von Wanzen übersät.«[42] Im Lager auf dem ehemaligen Kasernengelände lebten die Häftlinge in primitiven Holzbaracken. Sie schliefen in dreistöckigen Bettgestellen, jeweils vier mussten sich eine Holzpritsche teilen. Sie hatten keinerlei Winterkleidung, nur eine dünne Hose, eine Jacke und eine Mütze. Viele Häftlinge besaßen keine Unterwäsche, manche hatten nicht einmal Schuhe. Ha-Elion erinnert sich, dass das Essen, trotz der allgemein extrem schlechten Bedingungen, »überraschend gut« gewesen sei. Sowohl Qualität wie Quantität waren seiner Meinung nach besser als in Auschwitz und Mauthausen. Die Verpflegung bestand aus einem halben Liter »Kaffee« am Morgen, mittags einem Liter wässrigem Steckrübeneintopf und am Abend aus einem 300 bis 400 Gramm schweren Graubrot, einem Stück Wurst oder Margarine. Ein niederländischer Ex-Häftling, H.L. Bastiaans, betont dagegen, dass die Häftlinge in Melk in den letzten Monaten vor der Auflösung des Lagers Hunger litten. Beispielsweise habe es wochenlang kein Brot gegeben.[43]

Vor allem die harte Arbeit war es, die hier viele Häftlinge sehr schwächte. Tag für Tag mussten sie Appell stehen, bevor sie in Fünferblöcken, bewacht von SS-Leuten, aus dem Lager ins Tal marschierten. Um Fluchtversuche zu verhindern, waren die Häftlinge verpflichtet, Arm in Arm in einer Reihe zu gehen. Wagte einer einen Fluchtversuch, wurde die ganze Reihe erschossen.[44] Im Winter war es gefährlich glatt. Im Tal marschierten die circa 2000 Häftlinge einer Morgen-, Tag- oder Nachtschicht zu einem Notbahnsteig, wo sie auf einen Zug warten mussten. Die deutschen Zivilarbeiter und die SS-Wachen wurden in Personenwagen, die Häftlinge in offenen Güterwagen mit jeweils 160 Mann pro Waggon innerhalb von etwa 20 Minuten zu dem kleinen Ort Roggendorf befördert.[45] Dort mussten sie nochmals eine halbe Stunde laufen und wurden dann auf die verschiedenen Arbeitskommandos verteilt.

In drei Schichten arbeiteten die Häftlinge Tag und Nacht, sie bohrten, gruben und stützten die Stollengänge ab, transportierten den (Quarz-)Sand, fertigten die zum Ausbau der Tunnel notwendigen Balken, be- und entluden Baumaterialien und erledigten in dem gigantischen Fabrikkomplex weitere Bauarbeiten. Moshe Ha-Elion betont, dass die Arbeit außerordentlich schwer und kompliziert war. »Bald wurde mir klar, wie brutal schwer diese Arbeit war. Es war echte Schwerarbeit, und seit meinen Tagen im Strafkommando von Auschwitz hatte ich so etwas nie wieder mitgemacht.«[46]

In Melk gab es auffallend viele junge Juden unter 20 Jahren.[47] Eine Gruppe von etwa 100 Häftlingen aus dem Transport vom 29. Januar war sogar noch jünger als 15 Jahre. In den Lagern mussten die Kinder in der Regel dieselben Arbeiten wie die Erwachsenen verrichten, sofern sie dazu körperlich in der Lage waren. In Melk hatte man die Kindergruppe zum Küchenkommando eingeteilt, zum Kartoffelschälen.[48] Als Peter van Pels in Melk ankam, war er gerade 18 Jahre geworden. Angesichts seines Alters muss er einem ähnlichen Arbeitskommando zugeteilt worden sein und unter ähnlichen Bedingungen wie sein griechischer Mithäftling Ha-Elion gearbeitet haben.[49]

Bei der Arbeit wurden die Häftlinge von SS-Männern, Kapos und Zivilarbeitern beaufsichtigt. Ihre Kleidung war völlig unzureichend, sie waren geschwächt, krank, und sie wurden bei der Arbeit misshandelt. Schimmer erinnert sich, dass bei der Zwangsarbeit »besonders harte Gesetze galten« und die SS-Männer »ordentlich drauflos droschen«.[50] Auch der aus der Ostslowakei stammende, als Jude kategorisierte ehemalige Häftling Miksa Mechlowitz erinnert sich an die exzessive Gewalt. »Ich wurde einmal zusammengeprügelt, weil ich bei der Arbeit eingeschlafen war. Bekam 25 Hiebe dafür. Und wir wurden ständig geschlagen, aus keinem bestimmten Grund. Einfach so.«[51] Aber schon die körperlich schwere Arbeit an sich war lebensgefährlich. In den Stollengängen gab es keinerlei Sicherheitsvorkehrungen, daher kam es tagtäglich zu schweren Unfällen, oft mit tödlichem Ausgang. Regelmäßig standen die Galerien unter Wasser. Im Winter litten viele Häftlinge an erfrorenen Gliedmaßen.[52] Während der zahlreichen alliierten Luftangriffe in der Region suchten die Häftlinge in den Tunnelgängen Schutz. Regelmäßig wurden »neue« Häftlinge aus Mauthausen herangeschafft, um die Verstorbenen zu ersetzen. Die großen Evakuierungstransporte lieferten einen steten Nachschub von Zwangsarbeitern. Es waren vor allem jüdische Häftlinge, die zu dieser Arbeit eingeteilt wurden.[53]

Wann genau Peter van Pels erkrankte, wissen wir nicht, aber wir wissen, dass er an den Folgen der schweren Arbeit und den unmenschlichen Lebensbedingungen gestorben ist. Mehr als zehn Wochen musste er im Lager Melk in der unterirdischen Kugellagerfertigung arbeiten, dann wurde er ins Krankenrevier von Mauthausen eingewiesen. Miksa Mechlowitz war ungefähr ein Jahr lang in Melk und erinnert sich, dass viele während der Arbeit krank wurden und von den anderen zurückgetragen werden mussten. Jede Woche ging ein Transport mit Erkrankten in die Krankenbaracke nach Mauthausen zurück. »Sie kamen nie zurück«, so Mechlowitz.[54]

Von einer medizinischen Versorgung konnte in Melk keine Rede sein. Alles lief darauf hinaus, die kranken Häftlinge hier ihrem Schicksal zu überlassen; in einigen Fällen wurden sie sogar vergast oder erschossen.[55] Die Kranken lagen nackt auf Pritschen, ohne Strohsäcke. Coen Schimmer, der etwa zur selben Zeit in der Krankenbaracke lag, bezeichnet die Situation dort als »unbeschreiblich«. Manchmal teilten sich vier Kranke ein Bett. Schimmer beschreibt, dass ein SS-Mann jeden Morgen zur Kontrolle kam, um festzustellen, wer als »geheilt« anzusehen war und wieder zur Arbeit musste. Von November 1944 an wurden die Leichen im Krematorium des Lagers Melk verbrannt; davor hatte man die Toten zum Verbrennen nach Mauthausen gebracht.[56]

Als Anfang April 1945 die Sowjetarmee immer näher heranrückte und kurz davor war, Wien zu erobern, wurde das Lager Melk in allergrößter Eile evakuiert. Am 11. April 1945 schickte man die

Kranken aus dem Revier und die jungen Männer aus dem Lager (insgesamt 1500) mit dem Zug nach Mauthausen zurück.[57] Jeder aus dem Revier, der noch ohne Hilfe stehen konnte, musste mit.[58] In Mauthausen wurde ein Teil von ihnen sofort vergast.[59] Die übrigen landeten im dortigen Sanitätslager. Die restlichen 6000 Häftlinge aus dem Nebenlager Melk wurden am 13. und 15. April 1945 ins Außenlager Ebensee weitertransportiert.[60] Peter van Pels kam am 11. April 1945 nach Mauthausen zurück. Bei seiner Ankunft musste er nicht gleich ins Gas, er wurde stattdessen ins Sanitätslager eingewiesen[61], das sich außerhalb der Mauern des eigentlichen Lagers Mauthausen befand. Wie auch in Bergen-Belsen nannte man dieses Sanitätslager »Russenlager«, da in den Holzbaracken früher die russischen Kriegsgefangenen untergebracht waren. Die Lebensbedingungen waren miserabel, die Baracken überfüllt, es war ein Ort, wo die Häftlinge ohne jegliche medizinische Versorgung, oft nackt und ohne Nahrung abgelegt wurden.[62] Dort lagen sie auf dem Boden oder mit vier bis sechs Personen auf Pritschen in zwei- oder dreistöckigen Bettgestellen. Eigentlich war es nur ein Ort zum Sterben. Die schwerkranken und schwachen Häftlinge überlebten meist nicht lange.[63] Es gibt Zeugenberichte, dass es im Sanitätslager von Mauthausen zu Kannibalismus gekommen sein soll.[64]

Am 5. Mai 1945 tauchte ein Spähtrupp der 3. US-Armee im Lager Mauthausen auf, zog aber rasch wieder ab. Damit war Mauthausen befreit.[65] Am nächsten Tag, am 6. Mai 1945, trafen Einheiten der 3. US-Armee im Lager ein und begannen mit der ärztlichen Versorgung der Kranken. Im Totenbuch des Hospitals Mauthausen, das auch noch nach dem Abzug der Lagerleitung und der Aufseher geführt wurde, steht vermerkt, dass Peter van Pels am 10. Mai 1945 starb.[66] Dieses Datum findet sich auch auf einer Liste der US-Army, die aller Wahrscheinlichkeit nach auf der Basis dieses Totenbuchs, der Liste der Verstorbenen, zusammengestellt wurde.[67] Das bedeutet, dass Peter van Pels trotz der unmenschlichen Bedingungen im Sanitätslager von

Mauthausen noch vier Wochen lebte. Es ist bitter, dass Peter nach der Befreiung starb, aber es war ein Schicksal, das er mit tausenden anderen befreiten Häftlingen teilte, die wie er durch Krankheit und Unterernährung so geschwächt waren, dass sie von den Ärzten, die sie nach der Befreiung der Lager behandelten, nicht mehr gerettet werden konnten.[68]

Nach dem Krieg herrschte lange Zeit Unklarheit über Peter van Pels' Todesdatum. Aufgrund der enormen Menge von Vermissten und des großen administrativen Chaos war das Niederländische Rote Kreuz nicht in der Lage, umfangreiche Nachforschungen zu den genauen Daten und Umständen des Todes der Opfer durchzuführen. Manchmal wurde das Datum der Befreiung des Lagers als Todesdatum angesetzt, im Fall von Mauthausen der 5. Mai 1945. Die Kommission der Niederländischen Justiz zur Anzeige von Todeserklärungen von Vermissten übernahm dieses Datum, und so wurde in Peter van Pels' Totenschein der 5. Mai 1945 eingetragen.[69] Als das Rote Kreuz später mit Hilfe der Daten aus dem Totenbuch des Krankenhauses von Mauthausen und aus der Liste der US-Armee von dem Datum 10. Mai 1945 erfuhr, war das amtliche Sterbedatum jedoch bereits festgelegt. Soweit bekannt, gab es keine Versuche, das Datum noch zu ändern (Abb. 138).

»Von den Holländern starben die meisten«

8 Fritz Pfeffer in Neuengamme

Neuengamme

Fasst man alle verfügbaren Informationen zusammen, können wir davon ausgehen, dass Fritz Pfeffer zwischen Oktober und November 1944 von Auschwitz nach Birkenau marschieren musste. Anschließend soll er mit einem sogenannten Ärztetransport nach Neuengamme gebracht worden sein. Mehrere Zeugen erwähnen einen Transport von Ärzten und Zahnärzten, der Birkenau im Oktober oder November 1944 verlassen haben soll. Auch Otto Frank sagte in einem Interview mit dem amerikanischen Journalisten Arthur Unger, dass Fritz Pfeffer eines Morgens mit vielen Zahnärzten antreten musste.[1] Charlotte Kaletta, Fritz Pfeffers Lebensgefährtin, schrieb im August 1945 in einem Brief an das Niederländische Rote Kreuz, Fritz Pfeffer sei am 1. Oktober 1944 mit einem Ärztetransport nach Neuengamme verlegt worden.[2]

Der Transport fand allerdings, wie man heute weiß, nicht am 1. Oktober, sondern erst im November statt. Wahrscheinlich ist aber, dass es sich dabei um einen Transport ausschließlich für die Berufsgruppe der Ärzte und Zahnärzte handelte.[3] Es kam häufiger vor, dass Häftlinge derselben Berufsgruppe, etwa Typographen und Zeichner oder Ärzte, Zahnärzte und Pflegepersonal, gemeinsam auf Transport gingen. Janny Hamburger-Bolle, zum Beispiel, wurde mit einer Gruppe von 16 Krankenschwestern von Auschwitz ins Lager Groß-Rosen weitergeschickt.[4] Und am 24. Januar 1944 fuhr ein überwiegend mit Typographen und Zeichnern besetzter Zug von Auschwitz nach Sachsenhausen.[5] Ein weiteres Beispiel: Am 15. Mai 1944 ging ein Transport ausschließlich mit Ärzten, Krankenschwestern und Pflegern von Auschwitz zu einem Außenkommando von Groß-Rosen.[6] Aus Häftlingsausweisen und Registrierkarten geht auch hervor, dass zwischen dem 10. und 18. November tatsächlich eine Reihe von (Zahn-)Medizinern zusammen mit Fritz Pfeffer in Neuengamme eintraf.[7]

Es lässt sich nicht mit Sicherheit sagen, von wem Charlotte Kaletta erfuhr, dass ihr Lebensgefährte mit einem der sogenannten

Ärztetransporte mitgeschickt worden war. Möglicherweise hatte Kaletta diese Information von Otto Frank, der mit Fritz Pfeffer in Auschwitz in den Quarantäneblock 8 verlegt worden war. Kaletta hatte nach ihrer Rückkehr in die Niederlande, im Juni 1945, viel Kontakt mit Otto. Sie kann die Nachricht aber auch von Pfeffers Mitgefangenen Barend Konijn oder Fritz Simon gehört haben. Der Auschwitz-Überlebende Barend Konijn erwähnte in seiner Erklärung gegenüber dem Roten Kreuz einen Transport »einiger Zahnärzte und Zahnmediziner an andere Orte« im November 1944[8]. Obwohl nicht für alle Insassen dieses Transports feststeht, welchen Beruf sie ausübten, kann mit Sicherheit gesagt werden, dass acht Männer auf der Liste Ärzte oder Zahnärzte waren. Was die Schlussfolgerung zulässt, dass es sich um einen berufsbezogenen Transport handelte.[9]

Das Ziel war Neuengamme, ein Dorf etwa 20 Kilometer südöstlich von Hamburg, wo sich seit 1938 ein Außenlager des Konzentrationslagers Sachsenhausen befand (Abb. 139 und 140). Aus Sachsenhausen kamen auch die ersten etwa 100 Häftlinge und SS-Aufseher.[10] Kurz nach Ausbruch des Zweiten Weltkriegs, im Juni 1940, wurde das Lager Neuengamme dann ausgebaut und als eigenständiges Konzentrationslager organisiert. Im Lauf des Krieges erweiterte man Neuengamme um eine Vielzahl von, auch als Außenkommandos bezeichneten, Außenlagern. Wie nahezu alle anderen Konzentrationslager wurde Neuengamme von der SS geleitet.[11]

Lagerkommandant von Neuengamme war seit 1942 SS-Sturmbannführer Max Pauly (Abb. 141), ein »alter Kämpfer«, der schon früh Mitglied der NSDAP, der SA oder der SS geworden war. Bereits vor der Machtübernahme Hitlers hatte er einen hohen SS-Offiziersrang inne und übernahm beim deutschen Angriff auf Polen 1939 die organisatorische Kontrolle über alle Internierungslager in den besetzten polnischen Gebieten. Kurze Zeit darauf wurde er zum Kommandeur des Konzentrationslagers Stutthof ernannt, wo er bis 1942 blieb. Nach seiner Versetzung nach Neuengamme war er für zahlreiche Massenexekutionen und andere Kriegsverbrechen verantwortlich.[12]

Pauly unterstanden insgesamt 2600 SS-Männer, deren Aufgabe es war, Neuengamme und die Außenlager zu bewachen und die Zwangsarbeit zu beaufsichtigen. Bis 1945 waren in Neuengamme und den Außenlagern insgesamt mehr als 100.000 Menschen inhaftiert, von denen gut die Hälfte, mindestens 42.900, die Lager nicht überlebten.[13] Sie starben an den Folgen der unmenschlich harten Arbeit, der schlechten Lebensbedingungen und der Misshandlungen. Viele wurden aber auch umgehend ermordet, entweder bei Hinrichtungen oder in der im Oktober 1942 in einem der Bunker eingerichteten Gaskammer.[14] Noch im selben Jahr sollte die SS in Neuengamme 251 russische Kriegsgefangene mit dem Giftgas Zyklon B töten.[15]

Das Konzentrationslager hatte vor allem die Aufgabe, politische Gegner und andere »Feinde« des Naziregimes, wie Juden, Roma und Sinti, Zeugen Jehovas und Homosexuelle zu internieren. Dazu kamen noch russische Kriegsgefangene und Arbeitsverweigerer aus den von Deutschland besetzten Gebieten. Zu Beginn waren das zahlreiche Polen, Tschechen und russische Kriegsgefangene. Im Lauf des Krieges wurden Tausende Häftlinge aus allen europäischen Ländern nach Neuengamme gebracht.[16] Vom Sommer 1944 an trafen große Gruppen jüdischer Häftlinge direkt aus Ungarn beziehungsweise mit den Evakuierungstransporten aus Auschwitz in Neuengamme ein.[17]

Ende 1944, als Fritz Pfeffer in Neuengamme inhaftiert war, befanden sich 12.000 Gefangene im Hauptlager und 37.000 in den zugehörigen Außenlagern. Mit Ausnahme von Frauen aus Ravensbrück, die im Bordell von Neuengamme zur Prostitution gezwungen wurden, lebten im Stammlager Neuengamme nur Männer, während in den Außenlagern und Außenkommandos auch rund 10.000 Frauen interniert waren.[18]

Die Häftlinge in Neuengamme kamen aus ganz Europa, insgesamt aus etwa 28 Ländern. Neben Russen, Polen, Belgiern und Franzosen saßen etwa 5500 Niederländer in Neuengamme ein, darunter auch Fritz Pfeffer.[19] Unter den niederländischen Gefangenen, die es nach Neuengamme verschlug, waren antideutsch eingestellte Polizisten, Juden, Zeugen Jehovas und Widerstandskämpfer jeglicher Couleur, zum Beispiel der surinamische Freiheitskämpfer Anton de Kom, der Bürgermeister von Leeuwaarden, Inus van Haersma Buma, und der Dichter und Journalist Jan Campert.[20]

Im Oktober 1944 kam in Neuengamme eine Gruppe von mehr als 600 Männern aus Putten an, einem Dorf im waldreichen Naturgebiet de Veluwe in der Provinz Gelderland. Die Deutschen hatten sie am 2. Oktober 1944 als Vergeltung für den Anschlag einer Widerstandsgruppe festgenommen und ins Durchgangslager Amersfoort abgeführt.[21] Am 11. Oktober 1944 mussten sie auf Transport nach Neuengamme, wo sie in der Nacht zum 14. Oktober 1944 eintrafen. Wim Alosery, ein nicht-jüdischer Niederländer, der sich dem Arbeitseinsatz in Deutschland entzogen hatte, dann untergetaucht war und etwa zur selben Zeit wie Pfeffer nach Neuengamme kam, betont in Nachkriegsinterviews, wie schwer es ihm noch falle, über seine Lagererfahrungen in Neuengamme zu sprechen. »Ich kann meine Geschichte in wenigen Zeilen zusammenfassen, aber was ich dort empfunden habe, das kann ich nicht vermitteln. Die Angst, die Kälte, der Hunger, der Sadismus, das lässt sich nicht beschreiben.«[22]

Die Erlebnisse der Geiseln aus Putten und von Männern wie dem Arbeitseinsatz-Verweigerer Alosery vermitteln einen Eindruck von den Verhältnissen in Neuengamme, aber es ist wichtig, sich klarzumachen, dass Pfeffer es als jüdischer Häftling noch schwerer gehabt haben muss. Auch in Neuengamme standen Juden ganz unten in der Lagerhierarchie. Die Häftlinge mussten unter schwersten Bedingungen Zwangsarbeit verrichten. Die bereits erwähnte Baufirma DEST, die auch auf Zwangsarbeiter aus dem KZ Mauthausen zurückgriff, hatte dort einen Teil des Geländes mit einer stillgelegten Ziegelbrennerei erworben und diese mit Hilfe der Zwangsarbeiter aus dem

KZ wieder in Betrieb genommen. Die Häftlinge arbeiteten an der Entwässerung des Geländes und bauten Baracken, Wachtürme und Zäune.

Wie in Mauthausen und einer Vielzahl anderer Konzentrationslager produzierte die DEST in Neuengamme mit Zwangsarbeitern Baumaterial für die großen Bauprojekte des Deutschen Reichs. In dem tonhaltigen Gebiet um Neuengamme wurden Klinker und Ziegel für den Bau monumentaler Gebäude am Hamburger Elbufer produziert.[23] Gefangene errichteten auf dem riesigen Lagergelände ein neues Klinkerwerk und schufteten in den Tongruben. Auch bei anderen großen Bauprojekten wurden sie eingesetzt. Sie mussten einen Gleisanschluss legen und die Dove Elbe mit Baggerarbeiten schiffbar machen sowie einen Stichkanal und ein Hafenbecken ausheben. Alle Arbeiten hatten das eine Ziel, eine Infrastruktur zur Verfügung zu stellen, um die Produkte der Klinkerfabrik nach Hamburg, verschiffen zu können.[24] In Neuengamme arbeiteten Häftlinge auch in verschiedenen Zweigen der Rüstungsindustrie, etwa in der Herstellung von Zündvorrichtungen für Granaten und von Komponenten verschiedener Waffen. In Hamburg, wurden sie zum Trümmerräumen, Entschärfen von Blindgängern und Ausheben von Panzergräben eingesetzt und mussten noch andere schwere, teils sehr gefährliche Arbeiten verrichten.[25]

Fritz Pfeffer in Neuengamme

Einer der mindestens 42.000 Männer, die Neuengamme nicht überlebten, war Fritz Pfeffer.[26] Er traf irgendwann zwischen dem 10. und 18. November 1944 im Lager ein; das genaue Datum ist unbekannt. Wie bereits erwähnt, kam er wahrscheinlich direkt aus Auschwitz mit einem Transport selektierter Häftlinge, die alle medizinische Berufe hatten.[27] Berichten anderer Überlebender zufolge sah Pfeffers Ankunft in Neuengamme vermutlich so aus: Zuerst wurde er mit den anderen neuen Häftlingen in die Effektenkammer getrieben, wo sie alles, was sie besaßen, abgeben und sich entkleiden mussten.[28] Obwohl

Fritz Pfeffer aus Auschwitz kam und daher nichts mehr zum Abgeben hatte, musste er dennoch die immer selbe Prozedur durchlaufen. Auf die Abgabe folgte wieder das Abscheren jeglicher Körperbehaarung. Cor Bos, ein niederländischer Polizist, der wegen »deutschfeindlicher« Sabotage festgenommen worden war und mit einer Gruppe anderer Polizisten am 13. Oktober 1944 in Neuengamme eintraf, erinnert sich: »Dabei ging es nicht gerade sanft zu. Denn ich bekam einen Schnitt in die Leiste, das hat ziemlich geblutet. Und dann stand da noch ein großer Eimer mit einem Pinsel, in dem so ein weißes Zeugs war, das sollte man dann dagegen drücken. Es brannte wie Feuer, aber das Bluten hat doch aufgehört.«[29] Nach dem Scheren kamen das Duschen, Entlausen und Desinfizieren.

Vor dem Duschen erhielten die Häftlinge ein Metallschildchen mit einer Nummer ausgehändigt, das mit einer Schnur oder Stahlkette um den Hals getragen werden musste (Abb. 142). Die in früheren Jahren ausgegebene besondere Häftlingskleidung war inzwischen nicht mehr verfügbar. Wahrscheinlich bekam Pfeffer in Neuengamme ebenfalls andere Kleidungsstücke: ein paar verschlissene und zerrissene Lumpen, und keine Unterwäsche. Socken gab es auch nicht, aber die Häftlinge bekamen Fußlappen, Holzschuhe oder Slipper und eine Mütze. Auf den Rücken der viel zu dünnen Kleidungsstücke war mit gelber Ölfarbe ein Kreuz aufgemalt, das jeden Häftling sofort erkennbar machte. Nachdem die Gefangenen ihre Kleidung bekommen hatten, mussten sie auf dem Appellplatz warten, bis sie den Baracken zugewiesen wurden. In jeder Holzbaracke, oft mit zerbrochenen Fensterscheiben, schliefen 400 Häftlinge zu dritt oder viert auf dreistöckigen Pritschen. Auch in diesem Lager waren Misshandlungen an der Tagesordnung.[30]

Der durchschnittliche Arbeitstag begann für die Insassen von Neuengamme um halb fünf morgens. Das Frühstück bestand aus einer Scheibe Brot und einem Viertelliter Kaffee. Nach dem Morgenappell musste gearbeitet werden. Mittags gab es Kohlsuppe. Nach der Arbeit war wieder Appell. Abends bekamen die Häftlinge zwei Scheiben Brot und viermal in der Woche ein Stückchen Margarine, gelegentlich ein Stück Wurst, Streichkäse oder eine gekochte Kartoffel. Um neun Uhr war der Tag zu Ende. Bei Fliegeralarm wegen der alliierten Luftangriffe trieb man die Häftlinge in den Luftschutzbunker.

Auch in Neuengamme gab es immer wieder Menschen, die das Elend nicht länger ertragen konnten und den Kampf ums Überleben aufzugeben schienen. Jaap van Wincoop, eine der Geiseln aus Putten, beschreibt, wann die Gefangenen ein kritisches Stadium erreichten: »Die meisten dachten nicht mehr daran, sich reinlich zu halten. Verschmutzt lief man herum, mit Wunden an Händen, Mund und Füßen.«[31] Der Barnevelder Widerstandskämpfer Han Lokker, wie Pfeffer von Beruf Zahnarzt, kam Anfang Februar 1945 nach Neuengamme.[32] Lokker gab seinem Lagerbericht den Untertitel »Alleen door geluk komt men er levend vanaf« (Nur mit Glück kommt man dort mit dem Leben davon). Darin beschreibt er die grauenhaften Verhältnisse, unter denen er in Neuengamme lebte:

> Am Anfang schrieb ich, dass jemand nur durch Glück das Lager überleben konnte. Das stimmt auch. Wenn man in den Blöcken lebte und eine normale Arbeit hatte, brauchte man eine eiserne Konstitution, um durchzuhalten, und eine ziemliche Portion Frechheit. Die hatten in der Regel die Russen. Prozentual sind von ihnen nur wenige gestorben. Sie waren wenig anfällig für Infektionen und aßen alles, was ihnen in die Finger fiel. Rohe Kohlstrünke, Kartoffelschalen usw., und außerdem verstanden sie sich auf die Kunst des »Organisierens«, das heißt, sich außerhalb der normalen Wege zusätzlich etwas zu verschaffen. Von den Holländern starben die meisten. Aus einem niederländischen Dorf wurden 650 junge Männer nach Neuengamme gebracht, weil dort auf zwei deutsche Unteroffiziere ein Anschlag verübt worden war. (...) Von diesen 650 waren bei Kriegsende vielleicht noch

> 150 am Leben. Viele starben einfach, weil sie mit dem Leben im Lager nicht zurechtkamen, nicht die Willenskraft hatten, um ihr Leben zu kämpfen. Das erste Anzeichen dafür war, dass sie aufhörten, sich morgens zu waschen und allmählich verdreckten. Sie wurden zu apathisch, um sich um ihr Brot oder ihre Mittagsration zu kümmern, und dann waren immer welche da, die diese Chance dankbar nutzten, und diese Vorstellung von der Wildnis, vom Recht des Stärkeren, ließ die Schwachen untergehen.[33]

Lokker, der selbst kein Jude war, hatte man in Barneveld festgenommen, weil er Juden bei sich einen Unterschlupf geboten hatte, und er betont hier nicht nur, wie hart das Lagerleben war, sondern auch, wie strukturell ungleich die Überlebenschancen für die verschiedenen Häftlingsgruppen waren. Dabei spielten die NS-Ideologie und die von der Lagerleitung eingeführte Hierarchie unter den Häftlingen eine wichtige Rolle, aber auch die Art der Arbeit, die man hatte ergattern können.[34] Lokker berichtet, dass, wer das Glück hatte und sich eine besondere Stellung verschaffen konnte, deutlich bessere Überlebenschancen hatte. Als Koch, Friseur, Schreiber, Arzt oder Angehöriger des Stubendienstes war es möglich, sich zusätzlich etwas zu organisieren. Han Lokkers »Glück« bestand darin, dass er der offizielle Zahnarzt im Revier von Neuengamme war. Er musste Kieferbrüche behandeln und sagte aus, dass die Aufseher den Häftlingen oft die Zähne ausschlugen. Jede Woche musste er nach Hamburg, um die Häftlinge in der Spaldingstraße zu behandeln, einem Außenlager von Neuengamme, wo ein sogenanntes Sprengkommando von ungefähr 2000 Mann Blindgänger in den Straßen von Hamburg räumen musste.

Die Geiseln aus Putten, die Lokker in dem Zitat als Häftlinge mit relativ geringen Überlebenschancen beschrieb, blieben nur kurz im Hauptlager, bevor sie in die verschiedenen Außenlager von Neuengamme weitergeschickt wurden. Jaap van Wincoop zog daraus den Schluss: »Das Lager diente als Arbeiter-Vorratsspeicher.«[35] Vor allem

Facharbeiter wie Tischler und Maurer blieben im Lager, die meisten anderen wurden von einem Lager ins nächste geschickt, um immer wieder anderswo als Zwangsarbeiter eingesetzt zu werden. In Husum und Ladelund, beispielsweise, mussten die Häftlinge Panzerfallen ausheben. Wenn sie zu krank zum Arbeiten waren – vom Graben im morastigen Boden bekam man nicht selten entzündete und erfrorene Füße –, wurden sie ins Hauptlager zurückgeschickt und dort in die Krankenbaracke verlegt (Abb. 143), wo sie starben oder zum nächsten Außenkommando abgeordnet wurden, um auch dort wieder als Zwangsarbeiter eingesetzt zu werden.

Die Frage, ob es Fritz Pfeffer, ähnlich wie Han Lokker, gelang, von seinem Beruf als Zahnarzt zu profitieren und auf eine relativ privilegierte Stellung zu kommen, muss aufgrund fehlender Quellen unbeantwortet bleiben. Für einen jüdischen Häftling wird es in jedem Fall viel schwieriger als für Lokker gewesen sein, in der Lagerhierarchie aufzusteigen. Ob Pfeffer die ganze Zeit im Hauptlager blieb, ist ebenfalls ungeklärt. Es gibt keine Aussagen von Mithäftlingen, die ihn in Neuengamme oder einem der Außenlager getroffen haben. Doch ist es denkbar, dass er zwischenzeitlich in einem der Außenlager eingesetzt wurde, wie es bei der Mehrzahl der Häftlinge, die in dieser Zeit nach Neuengamme deportiert worden sind, der Fall war. Auch dort waren Häftlingsärzte und Zahnärzte für die zahlreichen Zwangsarbeiter tätig.[36] Wir können uns hier nur auf Plausibilität und die summarischen administrativen Quellen verlassen. Sicher ist, dass Fritz Pfeffer nicht in einem der Außenlager, sondern im Hauptlager gestorben ist. Das kann aber auch bedeuten, dass er vorübergehend in einem Außenkommando gearbeitet hatte und in sehr geschwächtem Zustand ins Hauptlager zurückgebracht wurde.

Im Winter 1944 erkrankte Pfeffer schwer. Im Neuengammer »Häftlings-Toten-Nachweis« (Abb. 144 und 145) ist festgehalten, dass der 55-jährige Fritz Pfeffer am 20. Dezember 1944 um neun Uhr morgens an Enterokolitis, einer Entzündung der Darmschleimhaut, gestorben ist.[37] Enterokolitis verursacht Durchfall und führt unbehandelt zu Ruhr und schließlich zum Tod. Durchfall und Ruhr waren die häufigsten Krankheiten im Revier von Neuengamme; eine Genesung war so gut wie ausgeschlossen. Der Zahnarzt Han Lokker beschreibt, dass den Kranken im Revier Betten zugewiesen wurden, deren Decken mit den Fäkalien anderer Durchfallpatienten verschmutzt waren.[38]

Die angegebene Todesursache und der angegebene Todeszeitpunkt erwecken – wie auch bei den Namen anderer Verstorbener im Totenbuch – den Eindruck einer sorgfältigen Diagnose und eines überwachten Krankheitsverlaufs. In Wirklichkeit wurden die Todesursachen oft zufällig aus einer Liste übernommen.[39] Die Bedingungen im Krankenrevier waren miserabel. Es war überfüllt, es gab kaum Medikamente und die Gefangenen lagen nackt, zu dritt oder zu viert in einem Bett. Häftlinge, die in der Nacht starben, wurden von den anderen aus den Betten geworfen, um dann mehr Platz zu haben und nicht neben einer Leiche liegen zu müssen. Am Morgen wurden die Toten in die Leichenhalle gebracht; dort nahm man ihnen ihre Nummer ab und sie blieben liegen, bis es genügend Tote waren (etwa 200), um sie ins Krematorium zu schaffen und zu verbrennen.[40]

In Fritz Pfeffers vom Standesamt Hamburg-Neuengamme ausgestellter Todesurkunde steht als Sterbeadresse: Hausdeich 60 in Hamburg-Neuengamme.[41] Es war die Adresse des Krematoriums von Neuengamme.[42] Daher ist davon auszugehen, dass Fritz Pfeffer verbrannt wurde. Am 23. Oktober 1945 schickte das Niederländische Rote Kreuz Charlotte Kaletta eine förmliche Todesanzeige (Abb. 146 und 147): »Nach entsprechender Mitteilung eines Hilfsteams des Niederländischen Roten Kreuzes in Deutschland obliegt mir die traurige Pflicht, Ihnen mitteilen zu müssen, dass Herr Fritz Pfeffer, geboren am 30. April 1889 und zuletzt wohnhaft in Amsterdam, am 20. Dezember 1944 im Konzentrationslager Neuengamme verstorben ist«[43]

»Wo die Kinder sind, weiß ich nicht«

9 Ottos Suche

Rückkehr nach Hause

Als Einziger der acht Untergetauchten aus dem Hinterhaus überlebte Otto Frank die Lager. Nach der Befreiung von Auschwitz am 27. Januar 1945 begann für ihn der lange Weg zurück nach Hause, aber auch die Suche nach einer Antwort auf die Frage, was seiner Frau und seinen Töchtern widerfahren und wie es seinen Freunden und den anderen im Hinterhaus Untergetauchten ergangen war. Kurz nach dem Eintreffen der Roten Armee in Auschwitz fiel ihm ein kleines Notizbuch in die Hände, in dem er mit kurzen Stichworten Ereignisse und Namen festhielt (Farbtafel I, oben). Zu ausführlicheren Berichten war er noch nicht imstande, auch wenn er sehr viele Namen von Mithäftlingen, auch aus dem Transport vom 3. September, aufschrieb. Mit einigen von ihnen kam er gemeinsam zurück in die Niederlande, und zu manchen, etwa zu Sal de Liema, ließ er den Kontakt nie mehr abreißen.[1]

Er notierte auch die Namen von Personen, deren weiteres Schicksal er damals noch nicht kannte.[2] In kurzen Stichworten steht beispielsweise in seinem Büchlein: »Goudsmit, Uhren, Rotterdam« und »Gerhard Salinger, Verleger«.[3] Später stellte sich heraus, dass beide am 26. Oktober 1944 ins Konzentrationslager Stutthof deportiert und dort umgekommen waren.[4]

Doch es war vor allem die Ungewissheit über das Schicksal von Edith, Margot und Anne, die ihn quälte. Während Otto Frank in einer von den Russen im befreiten Lager eingerichteten Krankenbaracke allmählich wieder zu Kräften kam, fragte er alle Frauen, die in Birkenau gewesen waren und in seine Baracke kamen, ob sie ihm etwas über seine Frau und seine Töchter erzählen könnten. Zunächst ohne großen Erfolg. Am 23. Februar schrieb er einen ersten Brief an seine Mutter Alice Frank, die seit 1933 in der neutralen Schweiz lebte:

> Hoffentlich erreichen Dich diese Zeilen, die Dir und all den Lieben die Nachricht bringen, dass ich durch die Russen gerettet wurde, gesund voll guten Mutes bin und in jeder Beziehung gut versorgt.

Wo Edith und die Kinder sich befinden, weiss ich nicht, wir sind seit 5. Sept. 44 getrennt. Ich hörte nur, dass sie nach Deutschland transportiert wurden. Man muss hoffen, sie gesund zurück zu sehen. Bitte benachrichtige meine Schwäger und meine Freunde in Holland von meiner Rettung. Ich sehne mich danach Euch Alle wieder zu sehen und hoffe, dass dies bald möglich sein wird. Wenn auch Ihr nur Alle gesund seid. Wann werde ich wohl Nachricht von Euch erhalten können? Alles Liebe und innigste Grüsse und Küsse. Dein Sohn. Otto.[5]

Nicht lange danach, am 22. März, musste er erfahren, dass seine Frau Edith in Auschwitz umgekommen war. In Kattowitz, wo er auf seine Rückführung in die Niederlande wartete, begegnete ihm Rosa de Winter-Levy, die er in Westerbork kennengelernt hatte und die in Birkenau bis zum Ende in Ediths Nähe war. Rosa erzählte ihm, wie sie zusammen mit Edith, Margot und Anne nach Birkenau musste und dass man die beiden Mädchen, wie wenige Tage zuvor ihre eigene Tochter Judik, im Oktober in ein anderes Lager verlegt hatte.[6] Sie berichtete auch, dass Edith kurz nach der Trennung von ihren Töchtern schwer erkrankte und in Auschwitz-Birkenau in einer Krankenbaracke an den Folgen von Unterernährung und einer Darminfektion gestorben sei, »ohne zu leiden«, wie sie in einem Versuch, ihn zu trösten, hinzufügte.[7] »Herr Frank rührte sich nicht, als ich es ihm sagte«, erinnert sie sich später. »Ich sah ihm ins Gesicht, aber er hatte es abgewandt, und dann machte er eine Bewegung. Ich weiß nicht mehr genau, was für eine Bewegung es war, aber ich glaube, er hat den Kopf auf den Tisch gelegt.«[8]

Am 28. März schrieb Otto Frank seiner Mutter, er habe gehört, dass Edith im Krankenhaus an Schwäche durch Unterernährung gestorben sei, »in Wirklichkeit auch ein Mord der Deutschen«. Es war eine Nachricht, die, so schrieb er es Alice, ihn »doch so getroffen« hatte, »dass ich nicht ganz der alte bin«.[9] Seine einzige Hoffnung bestand nun darin, dass seine Töchter überlebt haben könnten. In seinem Notizbuch vermerkte er, von Rosa de Winter-Levy gehört zu haben, dass seine Töchter im Oktober abgefahren seien, und er fügte hinzu: »sehr tapfer, besonders Anne, mir fehlt vor allem Anne«. Ende März fuhr Otto mit dem Zug Richtung Czernowitz (heute Chernivtsi in der Ukraine). In diesem Zug begegnete ihm Eva Geiringer wieder, die in Amsterdam neben ihnen wohnte und die er bereits kurz nach der Befreiung gesprochen hatte, in der vergeblichen Hoffnung, sie könne ihm mehr über seine Frau und seine Töchter berichten (Abb. 148).

Eva hatte inzwischen ihre Mutter Fritzi Markovits wiedergefunden. Als sie Otto Frank im Zug traf, stellte sie die beiden einander vor. Jahre später sollte zwischen Fritzi und Otto eine neue Liebe aufblühen, und sie heirateten 1953 (Abb. 149). Eva Geiringer erinnert sich an ihre Begegnung im Zug und dass Otto und Fritzi ein paar Worte wechselten, »doch es gab nicht viel, was ihn trösten konnte, und er interessierte sich eigentlich für gar nichts«.[10] Am 24. April erreichten die Heimkehrer die ukrainische Stadt Odessa, wo sie auf ein Schiff warten mussten, das sie nach Frankreich bringen sollte. Am 22. Mai setzten sie mit dem neuseeländischen Schiff Monowai ihre Rückreise nach Marseille fort (Abb. 150). Nach einer Fahrt mit Bahn und Auto durch Frankreich, Belgien und die Niederlande traf Otto am 3. Juni 1945 endlich in Amsterdam ein (Abb. 151). Er klopfte bei Miep und Jan Gies an. Zu seiner großen Erleichterung erfuhr er, dass seine beiden nicht-jüdischen Freunde und Helfer Victor Kugler und Johannes Kleiman – von denen er seit August 1944, als sie zusammen mit den acht Untergetauchten festgenommen worden waren, nichts mehr gehört hatte – während der Haft unversehrt geblieben waren. Auch Charlotte Kaletta sah er in Amsterdam wieder. Zu diesem Zeitpunkt wusste sie noch nichts über Fritz Pfeffers Schicksal und es war auch noch völlig unklar, welches Schicksal die Familie van Pels ereilt hatte.[11]

In Amsterdam setzte Otto seine Suche nach Anne und Margot fort. Seine Mutter, die Brüder, die Schwester und auch deren Familien hatten den Krieg zum Glück überlebt, nur über seine Töchter konnte er nichts in Erfahrung bringen. »Ich schreibe hier im Büro, es ist alles wie ein schwerer Traum«, schrieb er am 8. Juni seiner Mutter. »Ich kann mich in der Wirklichkeit noch nicht zurecht finden (...). Wo sie (die Kinder) sind, weiss ich nicht, und der Gedanke an sie verlässt mich nicht.«[12] In diesen Monaten ging Otto fast täglich zum Hauptbahnhof, um auf Züge mit Überlebenden aus den Lagern zu warten; er trug Fotos seiner Töchter bei sich, in der Hoffnung, jemanden zu finden, der ihm sagen konnte, was mit ihnen geschehen war. Er durchsuchte auch ständig die Listen der Opfer und der Überlebenden, die in den Zeitungen abgedruckt wurden, und er gab auch selbst Zeitungsanzeigen auf, in denen er um Auskünfte über seine Töchter bat (Abb. 152). Rudi Nussbaum, der im Krieg untergetaucht war und im Versteck überlebt hatte, dessen Eltern jedoch deportiert worden waren, erinnert sich:

> Meine Mutter war noch am Leben, als die Briten Bergen-Belsen befreiten, und zu unserer übergroßen Freude wurde sie auf einer Liste des Internationalen Roten Kreuzes als Überlebende geführt. Und wir waren voller Hoffnung, dass sie zurückkommen würde. (...) Und so war auch Otto voller Zuversicht, seine beiden Töchter wiederzusehen. Wir gingen praktisch täglich zum Hauptbahnhof. Die Züge trafen noch immer völlig zufällig ein, aber in diesen Zügen aus Deutschland gab es immer ein paar Lagerüberlebende, deshalb hofften wir, wenn wir diese Fotos herumzeigen, jemanden finden zu können, der etwas in der Art sagen würde: »Ja, ich habe diese Frau oder diese zwei Mädchen gesehen. Und sie werden kommen.« Doch das Gegenteil trat ein, er fand jemanden, der ihm sagte: »Sie sind beide tot«, und ich fand jemanden, der sagte: »Ich habe deine Mutter gekannt, und sie hat es nicht überlebt.«[13]

Offenbar hatte Nussbaums Mutter zwar noch die Befreiung des Lagers erlebt, war aber kurz darauf an Unterernährung und den Folgen der unzureichenden medizinischen Versorgung gestorben. Am 18. Juli musste Otto einen zweiten schweren Schlag verkraften. Als er eine der vom Roten Kreuz erstellten Listen durchging, las er die Namen seiner beiden Töchter mit einem Kreuz dahinter, was bedeutete, dass sie umgekommen waren. Über das Rote Kreuz fand er heraus, wer diese Kreuze hinter den Namen seiner beiden Töchter gesetzt hatte, und er verabredete sich bald darauf mit Lientje Brilleslijper, die ihm sagen konnte, dass Anne und Margot in Bergen-Belsen an den Folgen von Typhus gestorben seien. Lientje erzählte ihm auch, dass sie und ihre Schwester Janny bis zum Schluss in Verbindung mit seinen Töchtern standen und mit eigenen Augen gesehen hatten, wie sie gestorben waren. Nicht lange danach übergab ihm Miep Gies das Tagebuch seiner Tochter, das sie für Anne aufbewahrt hatte.

In den Monaten danach hörte Otto Frank, dass auch die anderen Gefährten aus dem Hinterhaus, Auguste, Hermann und Peter van Pels sowie Fritz Pfeffer, die Lager nicht überlebt hatten. Obwohl er nun deren Schicksal kannte, suchte er weiterhin nach Personen, die seiner Frau und seinen Töchtern in den Lagern begegnet waren und die ihm eventuell mehr über sie mitteilen konnten. Wie bereits in der Einleitung zu diesem Buch erwähnt, sprachen viele der Zeitzeugen, die hier zu Wort kamen, in diesen Monaten der Jahre 1945 und 1946, in denen Otto versuchte, möglichst viel darüber herauszufinden, was seine Frau und seine Kinder nach ihrer Trennung in den Lagern durchgemacht hatten, zum ersten Mal über ihre Erlebnisse.

Jedes Körnchen

Nach dem Tagebuch ist in gewissem Sinn eine Fortsetzung der von Otto Frank im Januar 1945 begonnenen Suche. Es zeigt die große Schwierigkeit, sich ein genaues Bild von den Lagererfahrungen einzelner Opfer wie Anne, Margot, Edith und der anderen im Hinterhaus Untergetauchten zu machen. Während wir, dank Annes Tagebuch, über die Zeit bis August 1944 relativ gut über ihr Leben informiert sind, ist das Bild für die Zeit danach noch immer nebelhaft und fragmentarisch geblieben.

Mit diesem Buch wurde versucht, so gut es ging, die Lücken zu schließen, ein Bemühen, das auch einige neue Erkenntnisse mit sich brachte. So wissen wir heute, dass Anne und Margot Frank bereits Anfang Februar 1945 so krank waren, dass sie wahrscheinlich schon in diesem Monat starben und nicht, wie bisher angenommen, erst am 31. März 1945. Auch das Datum, an dem Anne und Margot nach Bergen-Belsen deportiert worden sind, können wir jetzt genauer angeben, oder das Datum der Ankunft von Fritz Pfeffer in Neuengamme. Wir wissen heute mit Sicherheit, dass er zwischen dem 10. und 18. November 1944 dort eingetroffen sein muss, und zwar mit ziemlicher Sicherheit mit einem sogenannten Ärztetransport, mit dem eine große Gruppe von Zahnärzten und Ärzten gemeinsam von Auschwitz nach Neuengamme verlegt wurde. Auch über den Tod von Hermann van Pels wissen wir nun mehr. Lange hat man angenommen, dass er entweder direkt nach seiner Ankunft in Auschwitz vergast worden oder irgendwann zwischen dem 1. Oktober 1944 und dem 9. Mai 1945 im Lager Stutthof umgekommen sei. Unsere Recherchen ergaben, dass Hermann van Pels in den Transportlisten für dieses Lager nicht auftaucht und mit ziemlicher Sicherheit am 3. Oktober 1944 in einer der Gaskammern von Auschwitz ermordet wurde. Dieses Schicksal ereilte ihn, weil er sich bei der Zwangsarbeit verletzt hatte und daher vermutlich bei einer großen Selektion am 2. Oktober 1944 als arbeitsunfähig eingestuft wurde.

Oft mussten wir uns mit summarischen Angaben begnügen: Zeitpunkt der Ankunft beziehungsweise der Abfahrt, Lagernummern und Barackenbelegungen. Manchmal konnten wir ein wenig mehr Details in Erfahrung bringen, etwa über die Art der Tätigkeiten, zu denen die acht Untergetauchten in den Konzentrationslagern eingeteilt wurden, mit welchen Häftlingen sie eine Baracke teilten und wann und unter welchen Umständen sie selektiert wurden, um in ein anderes Lager weitergeschickt zu werden. Beispielsweise erwies sich Peter van Pels' Tätigkeit in der Paketstelle von Auschwitz nicht nur für seine eigenen Haftbedingungen als sehr wesentlich, sondern auch für die von Otto Frank, der durch Peters Unterstützung gerade genug zusätzliche Kalorien bekam, um zu überleben.

Was jeder dieser acht Menschen genau erdulden musste, wie sie die Entbehrungen der Lager erfuhren und wie sie zu überleben versuchten – diese Fragen sind viel schwerer zu beantworten. Hier bleiben die wertvollsten Quellen, die uns tatsächlich etwas darüber berichten können, die Aussagen von Überlebenden, obwohl auch sie in mehrfacher Hinsicht nur begrenzt als historische Quelle taugen. Außerdem gibt es mitunter für eine bestimmte Person gar keine Zeitzeugen. Durch Mithäftlinge wie Rosa de Winter-Levy, Nanette Blitz, die Schwestern Brilleslijper und Hanneli Goslar konnten wir eine Vorstellung von den Umständen gewinnen, unter denen Edith, Anne und Margot starben; doch über die Erfahrungen Fritz Pfeffers in Neuengamme oder die Erlebnisse Auguste van Pels' in Raguhn gibt es keine Augenzeugen, die uns etwas berichten können. Dennoch können wir uns durch die Augen von Zeitzeugen ein Bild davon machen, unter welchen Bedingungen die acht Untergetauchten in der Strafbaracke von Westerbork lebten, wie sie in Auschwitz voneinander getrennt wurden und wie der Alltag dieser Männer und Frauen in den Lagern aussah.

Wir müssen akzeptieren, dass wir bestimmte Dinge nie wissen werden: Was genau Anne und Margot in ihren letzten Lebenstagen erlitten, wie ihr Versuch aussah, sich gegenseitig zu helfen, und wann sie endgültig an Krankheit und Entkräftung starben. Es ist aber durchaus möglich, auf Umwegen und aufgrund fundierter Annahmen, mehr über ihre Erlebnisse in den Lagern herauszufinden. So konnten wir auf der Grundlage wissenschaftlicher Erkenntnisse über den Ablauf von Flecktyphus beispielsweise Annes und Margots Todesdatum vermutlich genauer bestimmen. Vor allem in den Konzentrationslagern Auschwitz und Bergen-Belsen war der Zeitpunkt der Ankunft entscheidend für die Lebensverhältnisse und Überlebenschancen der Häftlinge. Die Tatsache, dass alle acht Untergetauchten die Selektion auf der Rampe von Birkenau überstanden, sogar die erst fünfzehnjährige Anne Frank und auch Otto Frank und Fritz Pfeffer, die beide die 50 bereits überschritten hatten, lässt sich mit dem erhöhten Druck auf die SS erklären, ausreichend Arbeitskräfte zu liefern und von nun an die Selektionen weniger streng durchzuführen. Als die acht Schicksalsgenossen in Auschwitz ankamen, war die relative Bedeutung, die Himmler der Zwangsarbeit gegenüber der Massenvernichtung zumaß, gestiegen, und es wurden entsprechend weniger Menschen direkt ins Gas geschickt.

Dann gibt es noch die Aussagen anderer Häftlinge, die unter ähnlichen Bedingungen und zur selben Zeit wie die acht Untergetauchten in den Konzentrationslagern gefangen waren, diese aber überlebten. Ihr »Erfahrungshorizont« ermöglicht uns einen Einblick, was die acht Untergetauchten aus dem Hinterhaus wahrscheinlich oder sicher erlebt und erlitten haben. Durch die überlebenden Mitgefangenen ist es möglich, uns eine Vorstellung davon zu machen, was unsere Protagonisten in ihren letzten Monaten in den Lagern zu erleiden hatten.

Dieses Buch handelt von acht Menschen – von Anne, Margot, Edith und Otto Frank, von Hermann, Auguste und Peter van Pels sowie von Fritz Pfeffer –, die durch ein außergewöhnliches Zusammentreffen von Umständen zu den Hauptfiguren der vielleicht bekanntesten Kriegsgeschichte wurden. Durch die Veröffentlichung und Verfilmung von Anne Franks Tagebuch *Het Achterhuis (Das Tagebuch der Anne Frank)* haben ihre Erlebnisse im Hinterhaus viele Millionen Menschen auf der ganzen Welt erreicht. Damit sind sie einzigartig. Doch die Geschichte, die Anne Franks Tagebuch nicht erzählt, die auf die Zeit im Versteck folgte, all die unmenschlichen Demütigungen, Misshandlungen, der Hunger, die Kälte, die Krankheiten und andere Gräuel, denen sie in Auschwitz, Bergen-Belsen, Mauthausen, Neuengamme und Raguhn ausgesetzt waren, diese Geschichte könnte man noch millionenfach, mit leichten Abwandlungen, immer wieder erzählen. Die Tatsache, dass so wenige Details darüber bekannt sind, was nach ihrer Verhaftung geschah, konfrontiert uns mit dem Problem, wie schwierig es ist, in der Masse Individuen zu unterscheiden. Der nationalsozialistische Genozid an den europäischen Juden nahm den Menschen nicht nur ihre Würde und ihr Leben, sondern war auch ein bewusster Versuch, jegliche Spuren auszulöschen, die etwas über die individuellen Schicksale, Erlebnisse und Erinnerungen der Opfer berichten könnten. Das bedeutet auch, dass jedes noch so kleine Körnchen, das uns diese Erfahrung näherbringt und mehr Einblick in die individuellen Erlebnisse und Schicksale der Opfer des Holocausts vermittelt, von großem Wert ist, nicht allein in historischer, sondern auch in moralischer und menschlicher Hinsicht.

Anhang

Die englischen und niederländischen Zitate wurden, sofern keine offiziellen Übersetzungen vorliegen, von der Übersetzerin ins Deutsche übertragen. Die Zitate werden dabei so wiedergegeben, wie sie in der Originalquelle stehen, einschließlich sprachlicher Fehler, die zum Beispiel auch im Tagebuch von Anne Frank vorkommen.

Anmerkungen

Vorwort zur deutschen Ausgabe

1 Die Formulierung geht offenbar auf Ilja Ehrenburg zurück und wird immer wieder gerne aufgegriffen. Zitiert beispielsweise bei Udo Badelt: *Ihr Tagebuch wird heute mehr denn je gebraucht. Zum 90. Geburtstag von Anne Frank.* Tagesspiegel vom 12. Juni 2019. Oder Katharina Beck: *Das Vermächtnis der Anne Frank.* Geburtstagsbeitrag in der mdr-Reihe »Zeitreise«, 12. Juni 2021.

2 Schon Miep Gies, einst Retterin der Tagebuch-Aufzeichnungen, hat sich gegen die Ansicht gewandt, dass Anne Frank die sechs Millionen toten Juden der Shoah symbolisiere. Melissa Müller: *Das Mädchen Anne Frank. Die Biographie.* Frankfurt am Main 2013, S. 396 f.

3 Noa Mkayton: *Text- und Bildzeugnisse jüdischer Kinder und Jugendlicher aus der Zeit der Shoah.* https://www.yadvashem.org/de/education/newsletter/12/texts-and-images-from-time-of-holocaust.html (zuletzt aufgerufen: 25.07.2021)

4 Giorgio Agamben: *Was von Auschwitz bleibt. Das Archiv und der Zeuge (Homo Sacer III).* Frankfurt am Main 2003, S. 8.

5 Zitiert nach Hans-Joachim Lang: *Die Frauen von Block 10. Medizinische Versuche in Auschwitz.* Augsburg 2018 (Komplett überarbeitete Fassung der Erstausgabe von 2011), S. 235.

6 Primo Levi: *Die Untergegangen und die Geretteten.* München 1993, S. 86.

7 Saul Friedländer: *Das Dritte Reich und die Juden.* Gesamtausgabe. München 2006, S. 11. Die Originalausgabe erschien 1997 in New York.

8 Utz Jeggle: *Auf der Suche nach Erinnerung.* In: Reinhard Johler, Bernhard Tschofen (Hg.): *Empirische Kulturwissenschaft. Eine Tübinger Enzyklopädie.* Tübinger Vereinigung für Volkskunde, Tübingen 2008, S. 172–186, hier S. 172.

9 Ebenda, S. 177.

1 »Sie fragten mich, ob ich Ihnen etwas über Anne und Margot erzählen kann«

1 Anne Frank Haus (AFH), Anne Frank Collectie (AFC), Otto Frank Archief (OFA), Inv. Nr. 058, Lebenslauf Otto Frank. Die Frühjahrsoffensive von St. Quentin beginnt am 21. März 1918. Nach der Korrespondenz vom 28. März 1918 war Otto Frank damals noch beim Lichtmesstrupp 13. Siehe auch: Anne Frank Fonds (AFF), Familienarchiv Frank-Elias, Robert Frank (RoF), corr. 01 und Otto Frank, AFF, Otto Frank (OtF), pdoc 14.

2 Zitiert nach: Birgit Kienzle (Regie): Anne Frank wird 50, Fernsehdokumentarfilm, Südwestfunk, 1979. Siehe auch: Menno Metselaar: *Anne Frank. träumen, denken, schreiben.* Anne Frank Haus, Amsterdam 2016, S. 27, und Carol Ann Lee: *Otto Franks Geheimnis: Der Vater von Anne Frank und sein verborgenes Leben.* Aus dem Englischen von Renate Weitbrecht und Helmut Dierlamm. München und Zürich 2005, S. 52.

3 Julius H. Schoeps, *Neues Lexikon des Judentums.* München 2000, S. 261; Jürgen Steen und Wolf von Wolzogen (Hrsg.):

Die Synagogen brennen. Die Zerstörung Frankfurts als jüdische Lebenswelt. Frankfurt am Main, S. 2–4.

4 Ebenda, S. 60

5 Stadsarchief Amsterdam (SAA), Zugangsnummer 30238: Karteikarten Otto, Edith, Anne und Margot Frank.

6 Wir wissen mit Sicherheit, dass sich Anne und Margot zwischen August und Dezember 1933 in Aachen aufhielten und sie die Großmutter dann im Sommer 1934 und zu Weihnachten 1935, 1936 und 1937 besuchten. Oft waren beide Schwestern gleichzeitig dort, aber manchmal nahm Otto eine von ihnen für ein paar Tage mit nach Basel, während die andere in Amsterdam oder in Aachen bei Oma Holländer blieb. Siehe hierzu u.a. Carol Ann Lee: *Anne Frank 1929–1945*. Übersetzt aus dem Englischen von Bernd Rullkötter. Augsburg 2004. Dies.: *Otto Franks Geheimnis*, S. 56–65 und 110. Melissa Müller: *Anne Frank*, S. 77. Wouter van der Sluis und Menno Metselaar (Hrsg.): *Anne Frank. Haar leven in brieven: tentoongestelde brieven.* Ausstellungsführer, Amsterdam Historisch Museum. Amsterdam 2006: Otto Frank an Gertrud Naumann, 4. September 1933; Edith Frank an Gertrud Naumann undatiert (1934); AFH, Maly-collectie (Sammlung Maly); Edith Frank an Gertrud Naumann, 27. Dezember 1936; Edith Frank an Gertrud Naumann, 18. Januar 1938; Edith an Hedda Eisenstedt, 24. Dezember 1937 und AFH, AFC, OFA, Inv. Nr. 1, Terminkalender Otto Frank 1937.

7 Siehe: Herbert Lepper: *Von der Emanzipation zum Holocaust. Die Israelitische Synagogengemeinde zu Aachen 1801–1942*. Aachen 1994, S. 95; und diverse Aussagen zur Familie Holländer in Landesarchiv NRW BR 3000 Nr. 1025, Entschädigungsakte Julius Holländer. Aachen hatte um 1930 mehr als 150.000 Einwohner, von denen die überwiegende Mehrheit römisch-katholisch war. In der Stadt lebten etwa 1350 Juden, was knapp ein Prozent der Gesamtbevölkerung ausmachte. Bettina Klein:

Spuren jüdischen Lebens in Aachen von 1850 bis 1938. Eine Anschauungsmappe. Aachen 1997, S. 7. Siehe: Landesarchiv NRW BR 3000 Nr. 1025, Entschädigungsakte Julius Holländer.

8 Ebenda: Erklärung Karl Löwenstein, 7. Juli 1955. Siehe auch Lepper: *Von der Emanzipation*, S. 95.

9 Ebenda

10 Landesarchiv NRW BR 235 Nr. 2150, Entschädigungsakte Firma Holländer.

11 Siehe u.a.: www.welt.de/regionales/berlin/article2696028/Woherkommt-der-Begriff-Reichskristallnacht.html (abgerufen zuletzt am 24. August 2021); www.deutschlandfunk.de/nachgefragt-warum-ist-der-be-griff- kristallnacht-verschwunden.2852.de.html?dram:article_id=432858 (abgerufen 24. August 2021). Die englischsprachige Literatur bleibt weitgehend beim Begriff »Kristallnacht«, manchmal in Anführungszeichen. Ein aktueller Tagungsband, herausgegeben von Steven Ross und Wolf Gruner, zieht den Begriff »Kristallnacht« dem Begriff »Novemberpogrom« vor, weil der Begriff »Pogrom« ihrer Meinung nach einen spontanen, und lokal verwurzelten, antijüdischen Ausbruch suggeriere, während es sich im November 1938 um eine staatlich koordinierte Gewalttat handelte. Siehe u.a.: Steven Ross und Wolf Gruner: *New Perspectives on Kristallnacht: After 80 Years the Nazi Pogrom in Global Perspective.* West Lafayette 2019, und ein Interview mit den Herausgebern auf: www.newbooksnetwork.com/ steven-ross-and-wolf-gruner-new-perspectives-on-krystallnacht-purdue-up-2019/ (abgerufen am 24. August 2021).

12 Lepper: *Von der Emanzipation*, S. 128; Müller: *Anne Frank*, S. 120.

13 Anne Frank: *Tagebuch* (A), 15. Juni 1942. Für »Nach dem Tagebuch« übersetzt aus dem Niederländischen von Waltraud Hüsmert. In der vollständigen Ausgabe, die 1986 vom

Rijksinstituut voor Oorlogsdocumentatie (RIOD, dem heutigen *NIOD Instituut voor Oorlogs-, Holocaust- en Genocidestudies*, NIOD Institut für Kriegs-, Holocaust- und Genozidstudien) veröffentlicht wurde, werden drei Versionen des Tagebuchs von Anne Frank unterschieden. Version A ist die ursprüngliche Fassung ihrer persönlichen Aufzeichnungen. Vom 20. Mai 1944 an begann Anne, dieses Tagebuch umzuschreiben. Anlass war eine Rede von Minister Gerrit Bolkestein in Radio Oranje, in der er die niederländische Bevölkerung dazu aufrief, Tagebücher und andere Selbstzeugnisse als Dokumentation der Besatzungszeit aufzubewahren. Der von Anne überarbeitete und umgeschriebene Teil ist als Version B bekannt und wird von ihr selbst als der Roman bezeichnet, den sie nach dem Krieg unter dem Titel »Het Achterhuis« publizieren wollte. Schließlich gibt es noch die Version C, das Tagebuch, wie es von Otto Frank 1947 herausgebracht wurde. Otto Frank stützte sich bei dieser Ausgabe auf die A- und B-Fassung und nahm eine Reihe von Korrekturen vor, zensierte auch da und dort und änderte auch die Namen der Hauptfiguren. Die Familie van Pels hieß nun van Daan und aus Fritz Pfeffer wurde Albert Dussel. Die hier verwendeten Zitate aus Annes Tagebuch basieren auf der 1990 erschienenen erweiterten wissenschaftlichen Ausgabe des Buches, das 1986 vom Rijksinstituut voor Oorlogsdocumentatie herausgegeben wurde.

14 Gertjan Broek und Rebecca Erbelding: *German Bombs and US Bureaucrats: How Escape Lines from Europe Were Cut Off.* USHMM und Anne Frank Haus 2016, https://us-holocaust-museum.medium.com/german-bombs-and-us-bureaucrats-how-escape-lines-from-europe-were-cut-off-1b3e14137cc4 (abgerufen 25. August 2021), S. 4–6.

15 YIVO Institute for Jewish Research, New York, Three personal letters from Otto Frank as found in National Refugee Service Case File A-23007: Otto Frank an Charley Straus, 30. April 1941.

16 Auch Ediths Mutter, Rosa Holländer-Stern, wurde zu dem Zeitpunkt noch zur Familie gezählt. Broek und Erbelding: *German bombs*, S. 4–6.

17 YIVO, Otto Frank File: Telephone message for Miss Augusta Mayerson, 11. Dezember 1941.

18 Anne Frank: *Tagebuch* (A), 8. Juli 1942. Am Samstag, dem 4. Juli 1942 verschickte die Zentralstelle für jüdische Auswanderung solche Aufrufe an 1000 überwiegend deutsche und zum Teil sehr junge Juden. Diese jungen Leute mussten ohne ihre Eltern fahren. Loe de Jong: *Het Koninkrijk der Nederlanden in de Tweede Wereldoorlog, 14 Bde.* Den Haag 1969–1991, Bd. 6/1, S. 5. Eva Schloss zufolge erhielten ihr Bruder Heinz Geiringer sowie ein Henk und ein Marcel an diesem Tag einen solchen Aufruf. Eva Schloss: *Evas Geschichte: Anne Franks Stiefschwester und Überlebende von Auschwitz erzählt.* Unter Mitarbeit von Evelyn Julia Kent. Aus dem Englischen von Angela Gaumér. Gießen 2015, S. 36.

19 Siehe auch unter: Müller, *Anne Frank*, S. 155ff., und Lee: *Otto Franks Geheimnis*, S. 100ff.

20 Deutsches Literaturarchiv/Schiller-Nationalmuseum (DLA), Sammlung Ernst Schnabel. Kugler an Schnabel, 17. September 1957; Anne Frank: »De Vrijheid in het Achterhuis«. 6. August 1943, in: Anne Frank: *Verhaaltjes, en gebeurtenissen uit het Achterhuis. Cady's leven* (Amsterdam 2001), S. 36.

21 Anne Frank: *Tagebuch* (C – *Das Hinterhaus*), 8. Juli und 10. Juli 1942; *Tagebuch* (A), 14. August und 30. September 1942.

22 Anne Frank: *Tagebuch* (A), 8. Juli 1942.

23 Standesamt Elberfeld (Wuppertal), Aufgebotsregister Nr. 1767, Aktennummer 1374: Abschrift vom 14. Februar 1996) der

Heiratsurkunde Hermann van Pels und Auguste Röttgen vom 5. Dezember 1925.

24 Universitätsarchiv Köln, Zugang 600, Prüfungsaktenbestand der Wirtschafts- und Sozialwissenschaftlichen Fakultät, Inv. Nr. 64, Anmeldekarte Auguste Röttgen, 28. April 1921. Weitere Details zu Auguste Rötggens Laufbahn im Brief der Rechtsanwältin Elisabeth Späth an den Regierungspräsidenten Hannover, 7. April 1960 in Landesarchiv NRW – Standort Hannover, Nds 110 W Akz 105/93 Nr. 959, Entschädigungsakte Auguste van Pels. Archiv zur Geschichte Essener Juden, Archivdatenbank erwähnt Auguste Röttgen 1914 als Schülerin des Viktoria-Gymnasiums.

25 Siehe FN 23

26 Fritz Löwenstein zitiert von Peter Junk und Martina Sellmeyer: *Stationen auf dem Weg nach Auschwitz. Entrechtung, Vertreibung, Vernichtung. Juden in* Osnabrück *1900–1945. Ein Gedenkbuch.* Osnabrück 1988, S. 56

27 Miep Gies: *Meine Zeit mit Anne Frank. Der Bericht jener Frau, die Anne Frank und ihre Familie in ihrem Versteck versorgt, sie lange Zeit vor der Deportation bewahrte – und sie doch nicht retten konnte.* In Zusammenarbeit mit Alison Leslie Gold. Aus dem Englischen von Lieselotte Julius. München 1987, S. 43 (zu van Pels) und S. 90 (zu Margots Arbeitseinsatz); AFH, AFC, Zeitzeugenarchiv, Interview Jan und Miep Gies, Mai 1992; DLA, Sammlung Schnabel, Victor Kugler an Ernst Schnabel, 17. September 1957; und Eda Shapiro und Rick Kardonne, *Victor Kugler: The Man Who Hid Anne Frank.* Jerusalem 2008. AFH, AFC, OFA, Inv. Nr. 104, Erklärung Bep Voskuijl vor dem Lübecker Untersuchungsrichter, abgegeben in Rheine, 29. September 1959.

28 Anne Frank: *Tagebuch* (A), 21. September 1942.

29 Anne Frank: *Tagebuch* (A), 13. November 1942, und (B), 17. November 1942. In der B-Version ihres Tagebuchs nennt Anne den 17. November als Pfeffers Ankunftstag im Hinterhaus.

30 Sie hatten mehrere gemeinsame Freunde. Zum Beispiel war Pfeffer Trauzeuge bei der Hochzeit von Paul Wronker, einem der Untermieter, die bei den Franks wohnten. AFH, Museumssammlung, Objekt Nr. A_OFrank_i_015, »Erklärung« Otto Frank, 4. September 1951.

31 Jürgen Dauernheim: »Dr. Pfeffer aus Gießen – Anne Franks ›Dr. Dussel‹ (Eine Ergänzung)«, *Mitteilungen des Oberhessischen Geschichtsverein Gießen* 97. Gießen 2012, S. 221–227, ebenda 223.

32 Aufgrund eines Vertrages von 1902 konnten deutsche Staatsangehörige in den Niederlanden nicht ohne eine Unbedenklichkeitsbescheinigung der deutschen Behörden heiraten. Seit der Einführung der Nürnberger Gesetze im September 1935 wurde eine solche Bescheinigung für Ehen zwischen einem jüdischen und einem nicht-jüdischen Ehepartner nicht mehr ausgestellt. Siehe auch: »Het Duitsche Ariërshuwelijksverbod sluit een huwelijk in Nederland uit«, *Het Vaderland*, 17. September 1935 (Abendausgabe).

33 Beate Meyer, Hermann Simon, Chana Schütz (Hrsg.): *Jews in Nazi Berlin: From Kristallnacht to Liberation.* Chicago 2009, S. 17.

34 Siehe auch: David Clay Large: *Berlin.* New York 2000, S. 255–317; Berlin Museum (Hrsg.): *Synagogen in Berlin. Zur Geschichte einer zerstörten Architektur.* Berlin 1983, Vol. 2, S. 29–31; *Tageszeitung* (TAZ) 9. November 1990. Siehe auch die interaktive Karte zum Novemberpogrom in Berlin von rbb 24. Sie zeigt, wie viele Vorfälle sich in Fritz Pfeffers unmittelbarer Umgebung abgespielt haben. www.rbb24.de/politik/thema/2018/80-jahre-pogromnacht/beitraege/synagogen-berlin-brandenburg-novemberpogrome-1938-karte-.html.

35 Notiz in Goebbels' Tagebuch. Siehe auch: Meyer et.al. (Hrsg.): *Jews in Nazi Berlin*, S. 9.

36 National Archives (Kew), Home Office, ho/396/67/439: Appeal decision, 13. Oktober 1943. Siehe auch: Vera Fast, *Kindertransporten 1938–1948. Hoe duizenden kinderen uit de klauwen van de nazi's werden gered.* Niederländische Übersetzung. Amersfoort 2016.

37 Landesarchiv Berlin C »Hauptausschuss Opfer des Faschismus« 118–01, Inv. Nr. 23059, Aussagen W. Ungar, V. Stolzmann und A. Casper.

38 Erster Teil des Zitats auf der Basis der Aufzeichnungen von Schnabel im Archiv, zweiter Teil in: Ernst Schnabel: *Anne Frank, Spur eines Kindes. Ein Bericht.* Frankfurt/Main 1958, S. 50. Auch Katja Happe zeigt, dass es in den Niederlanden wenig Bewusstsein für die schwierigen Umstände gab, unter denen deutsche Juden im November 1938 aus ihrem Land flohen. Siehe: Katja Happe: *Viele falsche Hoffnungen. Die Judenverfolgung in den Niederlanden 1940–1945.* Paderborn 2017, S. 20–27

39 Anne Frank: *Tagebuch* (A), 16. März 1944.

40 Ebenda, 28. August – 1. September 1942.

41 Schnabel: *Anne Frank*, S. 107.

42 Otto Frank selbst erklärte wiederholt, dass sie nach seiner Verhaftung durch den SD in die Außenstelle – das regionale Büro – des Sicherheitsdienstes in der Euterpestraat gebracht wurden. Die Zentralstelle für jüdische Auswanderung, die Dienststelle, die sich mit dem Aufspüren und Verhören von untergetauchten Juden befasste, war aber am Adama van Scheltemaplein 1, gegenüber der Außenstelle des Sicherheitsdienstes an der Euterpestraat in Amsterdam. SS-Hauptscharführer Karl Joseph Silberbauer, der das Verhaftungsteam leitete, erklärte, er habe die Untergetauchten in sein Büro mitgenommen, zum Adama van Scheltemaplein 1. Nationaal Archief, Den Haag

(NL-HaNa), 2.09.09, Centraal Archief Bijzondere Rechtspleging (CABR), Inv. Nr. 23892, Dossier W.G. van Maaren, Protokoll. November 1964: Verhör Otto Frank, S. 2f., Dezember 1963, S. 3.

43 David Barnouw und Gerrold van der Stroom: *Wer verriet Anne Frank?* Aus dem Niederländischen von Simone Schroth. Münster 2005; Lee: *Otto Franks Geheimnis*, S. 439; Müller: *Anne Frank*, S. 23.

44 Gertjan Broek: *Verraad & arrestatie van de onderduikers in het Achterhuis*, Online-Publikation, Anne Frank Stiftung 2016, https://annefrank.global.ssl.fastly.net/media/filer_public/4a/c6/4ac6677d-f8ae-4c79-b024-91ffe694e216/an_investigative_report_on_the_betrayal_and_arrest.pdf (abgerufen 26. August 2021).

45 Siehe die Website des Ermittlerteams unter der Leitung des pensionierten FBI Special Agent Vince Pankoke, das mit einer Cold-Case-Untersuchung nach neuen Erkenntnissen über die Verhaftung suchte, www.coldcasediary.com/ (abgerufen 26. August 2021).

46 Der Begriff »Holocaust« ist vom altgriechischen *holocaustum* abgeleitet. Er bedeutet »Brandopfer« und wurde von den Kirchenvätern verwendet, um die Opfer der Juden anzudeuten. Bereits vor dem Zweiten Weltkrieg verwendete man den Begriff gelegentlich für den Tod einer großen Gruppe von Menschen, nach dem Krieg – vor allem seit den 1980er Jahren – wurde er zur Bezeichnung für die Ermordung der europäischen Juden während des Zweiten Weltkriegs. Darüber hinaus ist auch der Begriff »Shoah« ein gängiges Synonym. Dieser hebräische Begriff ist ebenfalls biblischen Ursprungs und kann »Katastrophe«, aber auch »Vernichtung« oder »Tag der Vergeltung« bedeuten. Aufgrund der sehr religiösen Konnotation haben beide Begriffe eindeutige Grenzen. Arnon Grunberg schreibt in seiner Einleitung in dem kürzlich erschienen Sammelband

Bij ons in Auschwitz. Getuigenissen treffend, der Begriff »Holocaust« suggeriere, dass es sich dabei um ein Opfer für Gott handle, während »Shoah« eine Strafe Gottes impliziere. Im vorliegenden Buch wurde der gängigste Begriff »Holocaust« gewählt. Für eine Diskussion siehe u.a.: Victor Petri, *The Secular Word »Holocaust«*: Scholarly Myths, History, and Twentieth Century Meanings, *Journal of Genocide Research* 2/1 (2000), S. 3163 und Arnon Grunberg (Hrsg.), *Bij ons in Auschwitz. Getuigenissen.* Amsterdam 2020, S. 9f.

47 Wir haben uns entschieden, die Frauen, die zwischen 1940 und 1945 noch nicht verheiratet waren und daher auch noch keinen doppelten Nachnamen trugen, im Text möglichst mit ihrem Mädchennamen zu nennen und die verheirateten Frauen mit beiden Namen. Im Hinblick auf die Lesbarkeit wurde bei den Schwestern Brilleslijper (von denen Janny in dieser Zeit bereits verheiratet war und Lientje noch nicht) entschieden, sie mit ihrem Mädchennamen zu erwähnen. Aus demselben Grund wird Edith Holländer-Frank immer als »Edith Frank« bezeichnet. In den Anmerkungen, in denen auf Interviews aus der Nachkriegszeit verwiesen wird, werden sie dann aber mit den vollständigen Familiennamen erwähnt.

48 Willy Lindwer: *De laatste zeven maanden van Anne Frank*, Dokumentarfilm 1988 und das Begleitbuch: Willy Lindwer: *De laatste zeven maanden. Vrouwen in het spoor van Anne Frank.* Hilversum 1988. Deutsch: *Anne Frank: Die letzten sieben Monate. Augenzeuginnen berichten.* Frankfurt am Main 2000. Schnabel: *Anne Frank;* Lee: *Anne Frank; Dies.: Otto Franks Geheimnis*; Müller: *Anne Frank.*

49 Erika Prins: Onderzoeksverslag naar het verblijf van de acht onderduikers in de kampen. Amsterdam, April 2016.

50 Nikolaus Wachsmann: *KL. Die Geschichte der nationalsozialistischen Konzentrationslager. München 2016, S. 22–26.*

51 In diesem Buch wird sehr bewusst der Begriff »Sklavenarbeit(er)« verwendet. Obwohl in der niederländischen Historiographie häufig von Zwangsarbeit die Rede ist, um sowohl niederländische Zivilarbeiter im Arbeitseinsatz als auch jüdische Häftlinge, die in Lagern wie Auschwitz arbeiten mussten, einzuschließen, folgt dieses Buch der deutsch- und englischsprachigen Fachliteratur, in dem die Unterscheidung zwischen diesen Formen der Zwangsarbeit betont und einerseits von Zwangsarbeit und andererseits von Sklavenarbeit(ern) in Bezug auf die Juden gesprochen wird. Das hat den Vorteil, dass damit der Unterschied in der Stellung der Juden zu den anderen Häftlingen deutlicher hervorgehoben wird. Juden standen überall in der Lagerhierarchie ganz unten und konnten jederzeit ermordet oder gezwungen werden, sich im wahrsten Sinn des Wortes zu Tode zu arbeiten. Die Bedingungen, unter denen deutsche Häftlinge oder westliche Zivilarbeiter und Kriegsgefangene arbeiten mussten, unterschieden sich in den meisten Fällen grundsätzlich. Einige Wissenschaftler kritisieren die Verwendung des Begriffs »Sklavenarbeit«, weil Sklavenhalter, so deren Argument, ein Interesse am Überleben ihrer Sklaven hatten, was bei der Behandlung jüdischer Gefangener nicht der Fall war. Dennoch betont Nikolaus Wachsmann zu Recht, dass eine breite Definition des Begriffs Sklaverei, »als ein auf Zwang und Terror beruhendes Herrschaftssystem, das durch die uneingeschränkte Unterwerfung sozial ausgegrenzter Personen auf wirtschaftlichen Gewinn abzielt« auf die jüdischen Gefangenen zutraf. Wachsmann: *KL*, S. 474. Siehe auch die Übersicht über die verschiedenen Kategorien von Zwangsarbeit im Dritten Reich bei Ulrich Herbert: »Forced Laborers in the Third Reich: An Overview«, *International Labor and Working-Class History* 2 (2000), S. 192–218.

52 Die bereits erwähnten Biografien von Schnabel, Lee und Müller sowie die wissenschaftliche Literatur zur Judenverfolgung und zum Zweiten Weltkrieg. Für die niederländische Perspektive sind dies die Standardwerke von Loe de Jong und Jacques Presser sowie eine Reihe neuerer Studien zu Teilbereichen der niederländischen Geschichte im Zweiten Weltkrieg, wie Eva Moraals Studie über das Lager Westerbork und die wichtigsten Studien zur Judenverfolgung in den Niederlanden von Bob Moore, Katja Happe, Pim Griffioen und Ron Zeller: Jacques Presser: *Ondergang. De vervolging en verdelging van het Nederlandse Jodendom, 1940–1945*. 2 Bde.. 'S-Gravenhage 1965, Bd. 2, S. 295; Raymund Schütz, »Vermoedelijk op transport. De Joodsche Raadcartotheek als informatiesysteem binnen sterk veranderende kaders: repressie, opsporing en herinnering: een archiefwetenschappelijk onderzoek naar de herkomst, het gebruik en het beheer van een bijzondere historische bron«, Masterarbeit Archiefwetenschappen, Universiteit Leiden Instituut Geschiedenis, 2010. Griffioen und Zeller: *Jodenvervolging*; Eva Moraal: *Als ik morgen niet top transport ga...: Kamp Westerbork in beleving en Herinnering.* Amsterdam 2014. Katja Happe: *Viele falsche Hoffnungen. Judenverfolgung in den Niederlanden 1940–1945*. Münster 2018. Für den internationalen Kontext der Judenverfolgung und des Holocausts wurden Studien von Nikolaus Wachsmann, Robert Jan van Pelt und Debórah Dwork, und die wichtigsten Monographien zu den einzelnen Lagern herangezogen: Debórah Dwork und Robert Jan van Pelt, *Auschwitz.* Überarbeitete Ausgabe, London 2008. Deutsch: *Auschwitz: Von 1270 bis heute. Zürich 2008;* Wachsmann, *KL.* Die Beschreibung des Auschwitz-Komplexes basiert zum Teil auf den Veröffentlichungen verschiedener Wissenschaftler des polnischen Staatlichen Museums Auschwitz-Birkenau. Als sehr wertvoll erwiesen sich Alexandra-Eileen

Wencks Studie über Bergen-Belsen und für kleinere Außenlager wie Melk und Raguhn die umfangreichen enzyklopädischen Arbeiten von Wolfgang Benz und dem United States Holocaust Memorial Museum (USHMM): Aleksander Lasik et.al.: *Auschwitz, 1940–1945: Central Issues in the History of the Camp.* 5 Bde.. Auschwitz 2000; Franciszek Piper, Teresa Swiebocka und Danuta Czech (Hrsg.): *Auschwitz: Nazi Death Camp.* Auschwitz 2007; Alexandra-Eileen Wenck: *Zwischen Menschenhandel und »Endlösung«. Das Konzentrationslager Bergen-Belsen.* Paderborn 2000; Wolfgang Benz und Barbara Distel (Hrsg.): *Der Ort des Terrors. Geschichte der nationalsozialistischen Konzentrationslager.* 8 Bde. München 2005–2009; Geoffrey P. Megargee (Hrsg.): *Encyclopedia of Camps and Ghettos, 1933–1945.* 2 Bde. Bloomington 2009.

53 Ein Teil der Archive verschiedener Konzentrationslager wurde in den Nachkriegsjahren vom damaligen Rijksinstituut voor Oorlogsdocumentatie (Reichsinstitut für Kriegsdokumentation – RIOD) zusammengeführt, heute NIOD Instituut voor Oorlogs-, Holocaust- en Genocidestudies (NIOD-Institut für Kriegs-, Holocaust- und Genozidstudien), Zugang 250d, Kampen en gevangenissen (Lager und Gefängnisse) und ebenda 804, Onderzoek vernietigingskamp Sobibor (Untersuchung Vernichtungslager Sobibor). Das NIOD hat auch eine recht umfangreiche Sammlung zu Theresienstadt (250k und 250n). Außerdem wurden die Archive des Niederländischen Roten Kreuzes (NRK), das mit der Aufgabe betraut war, das Schicksal vieler Vermisster nach dem Krieg zu ermitteln, und die Bad Arolsen Archives (ehemals International Tracing Service, ITS) durchsucht. Beide Institutionen sammelten nach dem Krieg alle möglichen administrativen Quellen über die Deportation und den Tod von Gefangenen. Nederlandse Rode Kruis (NRK), Den Haag: 2050, NRK-Collectie

Vervolging (kamp Westerbork); Kampen en Gevangenissen bij oorlogsnazorg (Gefängnisse und Kriegsopfernachbetreuung); Persoonsdossiers (Personalakten); Joodsche Raad Cartotheek (Kartothek des Judenrats). Arolsen Archives – International Center on Nazi Persecution Bad Arolsen Deutschland (früher International Tracing Service). Recherchiert wurde auch in den Archiven der Gedenkstätten und Museen in Bergen-Belsen, Neuengamme, Mauthausen, Westerbork und Auschwitz-Birkenau. Im Nationaal Archief (NL-HaNa) (Nationalarchiv) in Den Haag sind die Archive der Commissie tot het doen van Aangifte van Overlijden van Vermisten (COAV) (Kommission der Niederländischen Justiz zur Anzeige von Todeserklärungen von Vermissten) und dem Centraal Archief Bijzondere Rechtspleging (CABR) (Zentralarchiv Sonderstrafrechtsprechung).

54 Wachsmann: *KL*, 28f. 1993 durchsuchte eine Delegation des NIOD russische Archive in Moskau nach dem von der russischen Besatzungsmacht konfiszierten Archivmaterial über die deutsche Besetzung der Niederlande und die Verfolgung niederländischer Bürger in den Konzentrationslagern. Kopien dieses Materials befinden sich im NIOD-Archiv. Dieses Material bezieht sich jedoch hauptsächlich auf den Zeitraum 1938–1942 und hat für diese Forschungsarbeit keine zusätzlichen Informationen geliefert. NIOD, 206, collectie Moskou (Sammlung Moskau).

55 AFH, AFC, Inv. Nr. A_OFrank_I_011, »Raucherkarte« 1944–1945. Häftlingskantine 1. Auschwitz Häftl. Nr. B9174 Block 5A. Es sind auch Dokumente aus den Lagerverwaltungen überliefert, die etwas über den Zeitraum aussagen, in dem sich die acht Untergetauchten dort aufhielten: Lagerbefehle, Dokumente über die Lagerbelegung, etc.

56 Auch die bereits erwähnten Archive in den verschiedenen Gedenkstätten und Erinnerungszentren, das NRK und das

NIOD bieten Zugang zu Zeitzeugenberichten. Sowohl das NRK als auch das damalige RIOD haben damals zahlreiche Zeugenaussagen aufgenommen und gesammelt. Schließlich wurden einige persönliche Sammlungen genutzt, allen voran das Otto-Frank-Archiv, aber auch die Sammlungen von Juan Goudsmit, das Familienarchiv Frank-Elias und die Sammlung Ruth Wiener.

57 Arnon Grunberg, »Nee! Nee!« Rede zum 4. Mai 2020. Übersetzt aus dem Niederländischen von Rainer Kersten. http://www.letterenfonds.nl/images/2020-06/duits_rede-arnon-grunberg.pdf (zuletzt aufgerufen am 26.8.2021)

58 Wie später noch besprochen wird, sind zwei schriftlich festgehaltene zeitgenössische Zeugnisse bekannt, die bestätigen, dass sich die Untergetauchten im Lager befanden. Beide stammen von Kindern, die zusammen mit Anne und Margot das Jüdische Lyzeum besuchten, nämlich ein Brief von Bram Asscher aus Westerbork vom August 1942 und eine Notiz im kleinen Notizbuch von Ruth Wiener aus Bergen-Belsen vom Dezember 1944.

59 Rosa de Winter-Levy: *Aan de gaskamer ontsnapt! Het Satanswerk van de SS. Relaas van het lijden en de bevrijding uit het concentratiekamp »Birkenau« bij Auschwitz.* Doetinchem 1945. Siehe auch: Is. van Nierop und Louis Coster: *Westerbork. Het leven en werken in het kamp.* Den Haag 1945; M. Frankenhuis: *Westerbork en een vraaggesprek met zijn commandant Gemmecker in 1948.* 's-Gravenhage 1948. Ein anderes Beispiel sind die in Westerbork und Bergen-Belsen geschriebenen Tagebuchbriefe von Mirjam Bolle, die 2003 in Buchform herausgekommen sind. Mirjam Bolle: *»Ich weiß, dieser Brief wird dich nie erreichen«. Tagebuchbriefe aus Amsterdam, Westerbork und Bergen-Belsen.* Augsburg 2006.

60 AFH, AFC, OFA, Inv. Nr. 40, notitieboekje (Notizbuch) Otto Frank, 194 und Familienkorrespondenz in: OFA, Inv. Nrn. 68–74 und AFF_AlF_corr_10.

61 AFH, AFC, OFA, Inv. Nr. 70, Otto Frank: »Bitte schreiben Sie!«.

62 Rosa de Winter-Levy gehörte zum Transport vom 3. September 1944 und war mit Edith, Anne und Margot Frank in Auschwitz. Sie beschrieb ihre Erlebnisse in Auschwitz im August 1945. De Winter-Levy: *Aan de gaskamer ontsnapt!*; AFH, AFC, Inv. Nr. 01204: R. Rebling-Brilleslijper, 11. November 1945.

63 AFH, AFC, Zeitzeugenarchiv, Blitz, Nanette: Brief Nanette Blitz an Otto Frank, 31. Oktober 1945 (digitale Kopie, Original beim Anne Frank Fonds (AFF), Basel).

64 AFH, AFC, Zeitzeugenarchiv. Neben den oben genannten Interviews wurden auch andere Oral-History-Projekte ausgewertet, insbesondere die umfangreiche Sammlung des USC Shoah-Foundation Visual History Archive (USC-SF, VHA) und des Herinneringscentrum Kamp Westerbork (HCKW), der Gedenkstätte Lager Westerbork.

65 Raphael Samuel und Paul Thompson, »Introduction«, in: Raphael Samuel und Paul Thompson (Hrsg.): *The Myths We Live By*. London 1990, S. 8–10.

66 Selma Leydesdorff: *De Mensen en de woorden. Geschiedenis op basis van verhalen*. Amsterdam 2004, S. 113f.

67 Primo Levi in: Grunberg, *Bij ons in Auschwitz*, S. 14f.

68 Zum Einfluss von Filmen, Romanen und anderen Medien auf die individuellen Erinnerungen an den Holocaust, siehe auch: Harald Welzer, Sabine Moller und Karoline Tschuggnall: *»Opa war kein Nazi«. Nationalsozialismus und Holocaust im Familiengedächtnis*. Frankfurt am Main 2002, S. 105–133.

69 Siehe z.B.: AFH, AFC, Zeitzeugenarchiv, Interview Bloeme Evers-Emden, 11. März 2010, und Interview Albert Gomes de Mesquita, 1. April 2009.

70 AFH, AFC, Zeitzeugenarchiv, Interview Freda Wineman-Silberberg, 24. August 2015. Auch Hanneli Goslar, Annes Schulfreundin, die sie kurz vor ihrem Tod im Lager Bergen-Belsen noch einmal treffen sollte, betont die Bedeutung von Annes Geschichte: AFH, AFC, Zeitzeugenarchiv, Interview Hanneli Goslar, 6–7. Mai 2009.

71 »The moral witness plays a special role in uncovering the evil he or she encounters. Evil regimes try hard to cover up the enormity of their crimes, and the moral witness tries to expose it.« Avishai Margalit: *Ethik der Erinnerung. Max Horkheimer Vorlesungen.* 2. Aufl. Frankfurt am Main 2002, S. 73. Siehe auch die Einleitung in: Arnon Grunberg: *Bij ons in Auschwitz, S.* 26f.

72 Leydesdorff: *De mensen en de woorden*, S. 47.

73 Für diese Recherche wurden etwa 500 Zeugenaussagen untersucht: NRK, 2050, NRK-Collectie Vervolging (Kamp Westerbork), Inv. Nrn. 1237-1309; NIOD, 250d, Aussagen /Erklärungen ehemaliger Häftlinge über ihre Erfahrungen, Inv. Nrn. 90-1219 (Auswahl); Zeitzeugenaussagen Herinneringscentrum Westerbork, Gedenkstätte Bergen-Belsen, Mauthausen und Neuengamme.

2 »Mama, weißt du, dass Margot hier ist?«

1 Presser, *Ondergang* 2, S. 249–251. Die Größe dieser Gruppe ist nicht ganz klar, Zahlen von 375 bis 800 werden genannt.

2 Anne Frank, *Tagebuch* (A), 8. Juli 1942.

3 Pim Griffioen und Ron Zeller zufolge fuhren 1942 42 Transporte von Westerbork nach Auschwitz; 1943 fuhren insgesamt 36 Transporte ab, davon 15 nach Auschwitz, 19 nach Sobibor und zwei nach Theresienstadt; 1944 fuhren insgesamt 20 Transporte ab, davon sieben nach Auschwitz, acht nach Bergen-Belsen und fünf nach Theresienstadt. Pim Griffioen und Ron Zeller, *Jodenvervolging in Nederland, Frankrijk und*

België 1940–1945. Overeenkomsten, verschillen, oorzaken. Amsterdam 2011, S. 893–895. Neue Recherchen weisen jedoch auf insgesamt 101 Transporte aus Westerbork, zwei aus Vught und außerdem noch neun aus anderen Orten hin. Siehe: David Barnouw, Dirk Mulder und Guus Veenendaal, *De Nederlandse Spoorwegen in oorlogstijd 1939–1945. Rijden voor Vaderland en Vijand.* Zwolle 2019, S. 116–118.

4 1942 fanden auch die sogenannten Cosel-Transporte statt, bei denen Männer im Alter zwischen 15 und 55 bis 60 Jahren für die Organisation Schmelt im etwa 80 Kilometer entfernten Cosel aus dem Zug geholt wurden. Siehe dazu: Herman van Rens und Annelies Wilms: *Tussenstation Cosel. Joodse mannen uit West-Europa naar dwangarbeiderskampen in Schlesien, 1942–1945.* Hilversum 2020.

5 Danuta Czech: »Origins of the Camp, Its Construction and Expansion«, in: Piper et al.: *Auschwitz*, S. 21–42, S. 36–38.

6 Griffioen und Zeller: *Jodenvervolging, S.* 893–895: Übersicht der Abschiebungen mit anschließend den Zahlen im Mai 1945.

7 19 Überlebende von insgesamt 19 Transporten mit 34.293 Personen. Griffioen und Zeller: *Jodenvervolging*, S. 894.

8 Ebenda, S. 899f.

9 Die Zahlen basieren auf Griffioen und Zeller: *Jodenvervolging*, S. 561–563 (Figur 16): Übersicht, wann und wie Juden in deutsche Hände gefallen sind.

10 Am 29. September 1943 wurde die Führung des Judenrats mit ihren Familien und Anhang ins Lager Westerbork gebracht und der Rat damit aufgelöst. Schütz: *Vermoedelijk op transport*, S. 14.

11 NRK, 2050, Inv. Nr. 191.

12 Ob auch Pfeffer und van Pels verhört wurden, ist unbekannt.

13 NL-HaNa, CABR, Inv. Nr. 23892, dossier (Akte) W.G. van Maaren, proces-verbaal (Protokoll), 3. November 1964: Verhör Otto Frank, 2.-3. Dezember 1963, S. 3.

14 HCKW, Tagebuch Jacob Swart, S. 9.

15 HCKW, Interview Ronnie Goldstein-van Cleef, 11. März 2002; HCKW, Interview Frieda Menco-Brommet durch Eva Moraal, 27. Februar 2008; HCKW, Interview B. de Brave-Schelvis durch Guido Abuys, 26. Juli 2006; HCKW, Interview Leny Boeken-Velleman, 12. Dezember 2000; HCKW, Dagboek (Tagebuch) Jacob Swart, S. 11–15, S. 20–23.

16 HCKW, Dagboek Jacob Swart, S. 9.

17 HCKW, Interview Ronnie Goldstein-van Cleef, 11. März 2002. Siehe auch: Ralf Futselaar: *Gevangenissen in oorlogstijd. 1940–1945*. Amsterdam 2015.

18 Aus Zeugenaussagen über frühere und spätere Transporte kann man schließen, dass die Verhafteten mit der Straßenbahn zum Hauptbahnhof gefahren sind. HCKW, Interviews Ronnie Goldstein-van Cleef und Frieda Menco-Brommet (beide am 1. Juli 1944 mit der Straßenbahn zum Hauptbahnhof Centraal Station (CS), B. de Brave-Schelvis und Sonja Wagenaar-van Dam (von der Haltestelle Weteringschans mit der Straßenbahn zum CS), Leny Boeken-Velleman (etwa 14. August 1944 von der Weteringschans mit der Straßenbahn zum HBF). Siehe auch: Schloss: *Evas Geschichte*, S. 61.

19 Vgl. Lee, *Anne Frank*, S. 182; Janny Brilleslijper steht nicht auf der Transportliste vom 8. August 1944 und kam nach den Lagerakten am 20. Juli 1944 in Westerbork an: NRK, Dossier 190.262, Rebling-Brilleslijper, Rebekka.

20 AFH, AFC, OFA, Inv. Nr. 70, Otto Frank: »Bitte schreiben Sie«; Schnabel: *Anne Frank*, S. 119f.

21 DLA, Sammlung Schnabel, abgetippte Notizen, S. 147. Auch frühere und spätere Transporte fanden mit einem normalen

Personenzug statt. HCKW, Interviews Sonja Wagenaar-van Dam und Frieda Menco-Brommet; AFH, AFC, Zeitzeugenarchiv, Interview Eva Schloss-Geiringer, 12. und 13. November 2008.

22 Projects.knmi.nl/klimatologie/daggegevens/index.cgi (abgerufen Oktober 2015).

23 AFH, AFC, OFA, Inv. Nr. 70, Otto Frank: »Bitte schreiben Sie«; Schnabel: *Anne Frank*, S. 117f.

24 Eva Moraal: *Als ik morgen niet*, S. 112f.; Mirjam Bolle, *Tagebuchbriefe*, S. 169–171; Ein Fahrplan vom 4. Juni 1943 zeigt, dass der Zug bei einer Durchschnittsgeschwindigkeit von 60 Stundenkilometern über vier Stunden von Amsterdam zum Lager Westerbork braucht. Dienstregeling NV Nederlandsche Spoorwegen, Utrecht, 4. Juni 1943; HCKW, dagboek van Jacob Swart, S. 23.

25 Siehe auch: Barnouw et al.: *De Nederlandse Spoorwegen*, S. 62–75. Auch von Amsterdam Muiderpoort und Amstel fuhren Züge nach Westerbork. Mail Jos Zijlstra (Konservator Eisenbahnmuseums in in Utrecht) an Erika Prins, 26. Oktober 2015. Laut Zijlstra ist die Route für größere Transporte seit November 1942 immer die gleiche geblieben. Bei kleineren Transporten fuhr der Zug bis nach Assen, und von dort mussten sie zu Fuß zum Lager gehen oder es standen ein oder mehrere Lastwagen für sie bereit.

26 Frank van Riet: *De bewakers van Westerbork*. Amsterdam 2016, S. 27–62; Presser: *Ondergang* 2, S. 295f.

27 Diese separate, auf deutschen militärischen Prinzipien basierende und von der deutschen Besatzungsmacht im Mai 1941 innerhalb der niederländischen Polizei gegründete Einheit wurde häufig zur Verfolgung der Juden eingesetzt. Das Ausbildungsbataillon befand sich in Schalkhaar. Siehe auch: Guus Meershoek: *Dienaren van het gezag. De Amsterdamse politie tijdens de bezetting*. Amsterdam 1999.

28 Presser: *Ondergang* 2, S. 287.

29 Rekonstruiert wurde das Registrierungsverfahren auf der Grundlage von: Bolle: *Tagebuchbriefe*, S. 171–175; Schütz, *Vermoedelijk op transport*, S. 21–27; Presser: *Ondergang* 2, S. 355; NRK 2050, Inv. Nr. 192.

30 Lindwer: *De laatste zeven maanden*, S. 118. Siehe auch: van Riet: *Bewakers*, S. 117–125; Moraal: *Als ik morgen niet, S.* 240–264.

31 Van Riet: *Bewakers*, S. 118–121.

32 Für die Beschreibung der Lagerorganisation wird hier verwiesen auf van Riet: *Bewakers*, S. 306–327 und S. 332–364; und Schütz: *Vermoedelijk op transport*, S. 19–21.

33 Siehe u.a.: Lotte Bergen: *Albert Konrad Gemmeker. Commandant van Westerbork.* Soesterberg 2013; und Ad van Liempt: *Gemmeker. Commandant van Westerbork.* Amsterdam 2019.

34 Presser: *Ondergang* 2, S. 307.

35 Der Film wurde vom Lagerhäftling Rudolf Breslauer gedreht, die Dreharbeiten begannen am 5. März 1944. Der Film wird im Archiv von Beeld en Geluid aufbewahrt und ist zu sehen auf: http://in.beeldengeluid. nl/kanaal/4142-westerbork (abgerufen 2. September 2020). Siehe auch: Presser: *Ondergang* 2, S. 290.

36 Presser: *Ondergang* 2, S. 324f.

37 In der Flugzeugverschrottung wurden Teile von abgestürzten Flugzeugen zerlegt, die mit einem Güterwaggon auf einer Schmalspurbahn vom Oranje-Kanal ins Lager gebracht wurden. Presser: *Ondergang* 2, S. 324–325.

38 Der Lagerkommandant von Westerbork erließ mittels einer großen Anzahl von (fortlaufend nummerierten) Lageranordnungen Bekanntmachungen über Pflichten, Regeln und Änderungen in der Tagesordnung des Lagers. Der Lagerbefehl 86 vom 3. August 1944 betrifft »die Vermehrung von Arbeitskräften und die Erhöhung der Arbeitsleistungen«. HCKW, Lagerbefehl 86, 3. August 1944.

39 Bei den Häftlingen im »freien Lagerteil« handelte es sich um Juden, die schon lange in Westerbork waren oder relativ spät einen Aufruf bekommen hatten und davor dank einer *Sperre* noch eine gewisse Zeit von der Deportation freigestellt waren.

40 Van Riet: *Bewakers*, S. 117–125; HCKW, Lagerbefehl 87, 10. August 1944.

41 Van Riet: *Bewakers*, S. 65–67 und S. 89–98; Moraal, *Als ik morgen niet*, S. 165. Wohl befand sich von Juli 1942 an das aus etwa 80 Mann bestehende SS-Wachbataillon Nordwest einige Monate lang im nahegelegenen SS-Lager Hooghalen (etwa einen Kilometer von Westerbork entfernt). Diese Männer waren mit der äußeren Bewachung von Westerbork beauftragt und durften sich nicht in die innere Bewachung einmischen. Im März 1943 wurde ihre Aufgabe von der niederländischen Marechaussee übernommen.

42 Van Riet: *Bewakers*, S. 27–50.

43 Ebenda, S. 152–157. Hier musste der OD 1200 jüdische Patienten mit Lastwagen zum Bahnhof Apeldoorn bringen und in einen Güterzug verladen, der direkt nach Auschwitz fuhr. Dort wurden die Insassen gleich nach Ankunft ermordet.

44 Philip Mechanicus: *Im Depot: Tagebuch aus Westerbork.* Mit einem Vorw. von Eike Geisel. Aus dem Niederländischen von Jürgen Hillner. Berlin 1993, S. 179f. (30. August 1943)

45 Ebenda, S. 356f. (12. Februar 1944)

46 Vera Cohn: »The Day I Met Anne Frank«, *Anti-Defamation League Bulletin* 13/6 (Juni 1956), S. 7f.

47 Für die Umsetzung dieses Systems in Westerbork siehe auch: Moraal: *Als ik morgen niet*, S. 264–269.

48 Siehe auch unter Revital Ludewig-Kedmi: *Opfer und Täter zugleich? Moraldilemmata jüdischer Funktionshäftlinge in der Shoah.* Gießen 2001, S. 38–40; Moraal: *Als ik morgen niet*, S. 264–274; Wachsmann: *KL*, S. 591–607; Samuel Schalkowsky

(Hrsg.): *The Clandestine History of the Kovno Jewish Ghetto Police.* Bloomington 2014.

49 Van Riet: *Bewakers*, S. 125f.

50 Ebenda, S. 278f. Van Riet zufolge ist es unklar, warum ausgerechnet diese 32 ODler nicht deportiert wurden.

51 Vgl. Bolle: *Tagebuchbriefe*, S. 171–175; Moraal, *Als ik morgen niet*, S. 112f.; HCKW, Tagebuch von Jacob Swart, S. 20.

52 Schriftliche Erläuterung von Guido Abuys, Konservator des Herinneringscentrum Kamp Westerbork.

53 Schütz: *Vermoedelijk op transport*, S. 33.

54 Ebenda, S. 22.

55 NRK 2050, Inv. Nr. 650, Transportliste 3. September 1944. Die Karten der *Zentralkartei* sind nicht erhalten. Nur die Karten der etwa 800 Personen, die bei der Befreiung noch im Lager waren, sind erhalten. Schütz: *Vermoedelijk op transport*, S. 25

56 Zu Ottenstein siehe auch: Moraal: *Als ik morgen niet, S.* 106f., 177–200; Schütz: *Vermoedelijk op transport*, S. 20.

57 10 Prozent der rund 100.000 Gefangenen waren im Zeitraum Juli 1942 – Mai 1945 Strafgefangene. Von diesen 10.000 verloren 1740 Strafgefangene ihren Strafstatus. Presser: *Ondergang* 2, S. 315.

58 Schütz: *Vermoedelijk op transport*, S. 24.

59 NRK, Joodsche Raad Karten von Otto Frank (Doss.nr. 118834), Edith Frank-Holländer (117265), Margot Frank (117267), Anne Frank (117266), Auguste van Pels-Röttgen und Hermann van Pels (103586), Peter van Pels (135177), Fritz Pfeffer (7500).

60 Van Nierop und Coster: *Westerbork*, 8. HCKW, Sammeldokument zur Strafbaracke, Witness 195: Weinberg.

61 Es gibt mehrere Aussagen, die bestätigen, dass die männlichen Gefangenen kahlgeschoren wurden. HCKW, Hans Goudsmit, *Vijf clandestiene brieven uit Westerbork van Hans Goudsmit aan zijn vrouw Gerry*, brief 13. Juli 1944; Willem Willing und Edgar

Weinberg (Transport 4. September), in: Moraal: *Als ik morgen niet*, S. 108f.; Rosa de Winter-Levy, in: Schnabel: *Anne Frank*, S. 129; Van Nierop und Coster: *Westerbork*, S. 8.

62 Obwohl Hans Ottenstein später aussagen sollte, dass den Frauen die Haare in Westerbork kurzgeschnitten wurden, wird dies von mehreren Zeugen ausdrücklich bestritten. NIOD, 250d, Kampen en gevangenissen buiten Nederland (Lager und Gefängnisse außerhalb der Niederlande), 731, Ottenstein. Vgl. HCKW, RA 1850, Interview Lies van der Kolk-Cohen durch Guido Abuys, 2. November 1999; HCKW, Interviews Henriëtte van Bekkum-Sachs, Sonja Wagenaar-van Dam, Ronnie Goldstein-van Cleef und B. de Brave-Schelvis; Edgar Weinberg, in: Moraal, *Als ik morgen niet*, S. 54–57. Mit Petroleum getränkte Tücher wurden früher zur Bekämpfung von Kopfläusen eingesetzt.

63 HCKW, Tagebuch von Jacob Swart, S. 24; in anderen Quellen werden manchmal andere Zeiten genannt (variierend von neun Uhr bis halb elf).

64 Anita Mayer: *Als ik Hitler maar kan overleven.* Nieuwkoop 1990, S. 71.

65 Schnabel: *Anne Frank*, S. 109f. Anne schreibt auch, dass sie eine Fluchttasche vorbereitet hatte, für den Fall, dass sie plötzlich fliehen müsste.

66 HCKW, RA 2022, Brief 9. Juli 1944 von Greet Schoemaker-Lisser an die Familie R. van Sitteren. Greet schreibt aus der Strafbaracke und bittet um eine Decke, Unterwäsche, Löffel, Gabel, Messer und Handtuch, weil sie ohne jedes Hab und Gut ins Lager kam. Sie wurde mit dem Transport vom 3. September 1944 abtransportiert und starb am 17. März 1945 in Flossenbürg. www.joodsmonument.nl/nl/page/32046/margaretha-schoemaker-lisser (abgerufen 31. Juli 2020). Siehe auch: HCKW, dagboek (Tagebuch) von Jacob Swart, S. 24.

67 Moraal: *Als ik*, S. 233–240.

68 Ebenda, S. 394 und 414.

69 Siehe auch: Van Riet: *Bewakers*, S. 124.

70 Ebenda, S. 117–125. Im Transport nach Theresienstadt waren viele deutsch-jüdische Flüchtlinge und privilegierte Juden.

71 Moraal: *Als ik*, S. 83–85.

72 Presser: *Ondergang* 2, S. 324f.

73 Moraal: *Als ik*, S. 127–131.

74 Lindwer: *Die letzten sieben Monate*, S. 77.; Schnabel: *Anne Frank*, S. 129.

75 Lindwer: *Die letzten sieben Monate*, S. 77.

76 Ebenda, S. 121

77 AFH, AFC, Zeitzeugenarchiv, Interview Rose de Liema-van Gelder durch David de Jongh, 11. Juni 2009.

78 AFH, AFC, OFA, Inv. Nr. 70, Otto Frank, „Bitte schreiben Sie", S. 4.

79 HCKW, Interview H.J. van Collem durch Guido Abuys, Schoonhoven, 5. Juli 2000.

80 Ben Nijhuis: *Breekbaar maar niet gebroken*. Laren 2008, S. 68.

81 Ad van Liempt: *Frieda. Verslag van een gelijmd leven. Herinneringen aan kamp Westerbork*. Hooghalen 2007, S. 46.

82 AFH, AFC, OFA, Inv. Nr. 70, Otto Frank, »Bitte schreiben Sie«, S. 4.

83 HCKW, RA 1090, Bram Asscher an Familie D.L. Tollenaar, 24. August 1944; Moraal: *Als ik*, S. 363.

84 AFH, AFC, Zeitzeugenarchiv, Interview Bloeme Evers-Emden, 13. November 2010.

85 Lee: *Otto Franks Geheimnis*, S. 145; Cohn: »The Day I Met Anne Frank«, S. 7f.

86 HCKW, Interview Ronnie Goldstein-van Cleef, 11. März 2002; und ra 1821, Ronnie Goldstein-van Cleef, *Werkelijkheid en Mythe*, 2003.

87 Schnabel: *Anne Frank*, S. 130.

88 Ebenda, S. 129; Cohn: »The Day I Met Anne Frank«, S. 7f.

89 Siehe auch Kap. 1 und 3.

90 AFH, AFC, OFA, Inv. Nr. 70, Otto Frank, »Bitte schreiben Sie«, S. 5.

91 AFH, AFC, A_OFrank_IV_011, Dokumentarsendung von Radio Canada, 1970. Es ist möglich, dass er sich auf Lientje Brilleslijper bezieht, die Sängerin war und auch angegeben hat, in Westerbork mit Begleitung jiddische Lieder gesungen zu haben. Siehe auch: HCKW, Interview H.J. van Collem. In diesem Interview sagt Otto Frank, dass er in einem Männerchor gesungen habe und dafür die Partituren aus dem Gedächtnis aufgeschrieben habe.

92 AFH, AFC, Zeitzeugenarchiv, Interview Rose de Liema-van Gelder, 11. Juni 2009.

93 HCKW, Interview Frieda Menco-Brommet.

94 Befreiungsfoto von Benny Behr, bevrijdingsportretten.nl/portret/benny-behr/. Siehe auch: HCKW, Interview H.J. van Collem.

95 Siehe auch Eva Moraals Bemerkung, dass diese Gruppe von Gefangenen viel weniger die wechselseitigen Spannungen zwischen den verschiedenen Häftlingsgruppen reflektierte. Moraal: *Als ik*, S. 230–333.

96 Schelvis zitiert in: www.tracesofwar.nl/articles/1427/Kamp-Westerbork.htm?c=gw (zuletzt abgefragt 26. August 2021).

97 AFH, AFC, Zeitzeugenarchiv, Interview Rose de Liema-van Gelder, 11. Juni 2009.

98 AFH, AFC, OFA, Inv. Nr. 70, Otto Frank, »Bitte schreiben Sie«, S. 5f.

99 Presser: *Ondergang* 2, S. 304; HCKW, Interview H.J. van Collem; HCKW, Interview A. Lobsteyn durch Guido Abuys, Leeuwarden, 24. Januar 1995; Schnabel: *Anne Frank*, S. 131; NRK 2050, NRK-Collectie Vervolging (kamp Westerbork), Inv. Nr. 309, Meldezettel Nr. 550, 1. September 1944.

100 Am 3. Juni 1944 war ein Transport mit 496 Menschen, die allesamt zum Philips-Kommando gehörten, von Vught nach Auschwitz-Birkenau abgefahren. Dagegen gab es am 31. Juli 1944 Transporte von Westerbork nach Bergen-Belsen und nach Theresienstadt: NRK 2050, Inventar, 55; im Juni 1944 waren die Strafbaracken nahezu leer: HCKW, Interview Henriëtte van Bekkum-Sachs, 28. September 2004.

101 Presser: *Ondergang* 2, S. 305; HCKW, Interview Ronnie Goldstein-van Cleef, 11. März 2002; de Winter-Levy: *Aan de gaskamer ontsnapt!*, S. 10.

102 Presser: *Ondergang* 2, S. 304; Lindwer: *Kamp van hoop en wanhoop. Getuigen van Westerbork, 1939–1945*. Amsterdam 1990, S. 44; de Winter-Levy: Aan de gaskamer *ontsnapt!*, S. 11.

103 L. Landsberger, A. de Haas, K. Selowsky (NRK) (Hrsg.): *Auschwitz*, 6 Bde.. Den Haag 1947–1953, Bd. 6: De afvoertransporten uit Auschwitz en omgeving naar het noorden en het westen en de grote evacuatietransporten, S. 3; Wenck: *Zwischen Menschenhandel*, S. 338.

104 Etwa 60 Häftlinge sind kurz vor dem 3. September aus der Strafbaracke entlassen worden: HCKW, Interview Guido Abuys mit A. Lobsteyn.

105 Presser: *Ondergang* 2, S. 304; Lindwer: *Kamp van hoop und wanhoop*, S. 44; De Winter-Levy: Aan de gaskamer *ontsnapt!*, S. 11.

106 NRK 2050, Inv. Nr. 650, Transportliste 3. September 1944.

107 Ebenda und: Landsberger et al. (Hrsg.): *Auschwitz* 6, S. 15. Gefangene wurden in »normale« Gefangene, Häftlinge (Strafgefangene) und Schutzhäftlinge aufgegliedert.

108 Es wurde nie exakt ermittelt, wie die Gefangenen auf die Waggons verteilt wurden. Weil die Schutzhäftlinge später bei der Ankunft in Auschwitz von einer eigenen Liste abgelesen wurden – sie durchliefen dort ein anderes Registrierungsverfahren – ist es wahrscheinlich, dass sie bei der Abfahrt aus

Westerbork in getrennten Waggons untergebracht waren. Es scheint fast unmöglich zu sein, aus mehr als 1000 Zuginsassen in Auschwitz im Dunkeln die etwa 195 Schutzhäftlinge zu selektieren. Die meisten Zeugenaussagen deuten auch darauf hin, dass die verschiedenen Kategorien von Deportierten in getrennten Waggons saßen. Rosa de Winter-Levy, Lenie de Jong-van Naarden und Anita Mayer-Roos gaben an, bei den Franks im Waggon gesessen zu haben. Anita Mayer erwähnt dabei auch die Familie van Pels. Rosa de Winter-Levy erwähnt die Familie van Pels und auch Fritz Pfeffer. HCKW, Interview Henriëtte van Bekkum-Sachs, 28. September 2004; HCKW, Brief Hans Goudsmit an seine Frau 30. Juli 1944 und 2. September 1944. Janny Brilleslijper gab eine ähnliche Erklärung ab, da sie aber in einer Mischehe lebte und als Schutzhäftling registriert war, die Franks dagegen jüdische Straffälle waren, ist es unwahrscheinlich, dass sie zusammen im selben Waggon fuhren. Sie erinnert sich auch, dass sie als Schutzhäftling von ihren Eltern und ihrem Bruder getrennt wurde, und erwähnt das Aufrufen von Namen, das es ihr unmöglich machte, in einen anderen Waggon zu kommen. Lindwer: *Die letzten sieben Monate*, S. 79. Siehe auch: NRK 2050, Inv. Nr. 650, Transportliste 3. September 1944.

109 HCKW, Hans Goudsmit, Brief, 2. September 1944.

110 HCKW, Interview Henriëtte van Bekkum-Sachs, 28. September 2004.

111 www.drentheindeoorlog.nl/?pid=47&Jodenvervolging; Schnabel: *Anne Frank*, S. 131; AFH, AFC, Zeitzeugenarchiv, Getuigenverhalen, Getuigen van de geschiedenis van Anne Frank, 17, Interview Lenie de Jong-van Naarden, 22. März 2010; Lenie de Jong-van Naarden in: Lindwer: *De laatste zeven maanden*, S. 171; Mayer, *Als ik Hitler maar kan overleven*, 23.

112 NRK 2050, Inv. Nr. 675, Wagenzusammenstellung und Aufgabenverteilung.

113 Bolle: *Tagebuchbriefe*, S. 205f.; HCKW, Interview Sonja Wagenaar-van Dam, 19. Februar 2010.

114 Barnouw et al.: *De Nederlandse Spoorwegen*, S. 94.

115 NRK 2050, Inv. Nr. 675, Wagenzusammenstellung und Aufgabenverteilung.

116 NRK 2050, Inv. Nr. 309. Einer von ihnen war Samuel Kropveld, der später in Auschwitz dafür sorgte, dass Otto Frank in die Krankenbaracke kam. Siehe auch: NIOD, 250d, Inv. Nr. 646, Erklärung S.M. Kropveld.

117 Janny Bolle war zwischen 1943 und 1973 mit Meijer Hamburger verheiratet, heiratete 1979 wieder und hieß seitdem Moffie-Bolle.

118 NRK 2050, Inv. Nr. 1091, Erklärung Janny Hamburger-Bolle, 29. März 1951 (Transport 2. Februar 1944).

119 Transporte nach Bergen-Belsen und Theresienstadt bestanden auch nach März 1943 weiterhin in den meisten Fällen aus Personenwaggons. Barnouw et.al.: *De Nederlandse Spoorwegen*, S. 90–94, S. 123f. (für die Zahl von Menschen pro Waggon). Siehe auch: S. Lindwer: Die letzten sieben Monate, S. 182 und S. 185; Saar Roelofs: *Nog altijd. Ronnie Goldstein-van Cleef over jeugd, verzet, concentratiekampen en het leven daarna.* Kampen 2005. S. 61. Presser schreibt, dass laut dem Protokoll des Judenrats vom 4. Juni 1943 »3,6 Juden pro m2 transportiert wurden«. Presser, *Ondergang* 2, 372.

120 Lindwer, *Die letzten sieben Monate*, S. 182; Rose de Liema-van Gelder in: Sammlung Jon Blair, »Anne Frank Remembered«, 1995 (Transkript Rohmaterial), tab. Westerbork 2; Van Liempt: *Frieda*, S. 55.

121 Nach der Abfahrt fuhr der Zug zuerst auf der Gleisabzweigung vom Lager Westerbork zum Bahnhof Hooghalen. Am

2. November 1942 war die Gleisabzweigung vom Bahnhof Hooghalen zum fünf Kilometer entfernten Lager Westerbork fertiggestellt. Vor dieser Zeit mussten die Gefangenen diese Strecke zu Fuß zurücklegen. Barnouw et al.: *De Nederlandse Spoorwegen*, S. 100–103. Siehe auch: www.historische-vereniging-hs.nl/docs/doc/inleiding/20jodentransporten.pdf 109 (abgerufen 18. Juni 2020).

122 Wim A.H. Rozema: »Treinen naar het eindstation van de beschaving ... , In het midden stond een vent ..., die beschikte over je leven...«, Reader Historische vereniging Hoogezand-Sappemeer e.o., 23. April 2015, Noord-Nederlands Trein & Tram Museum, Zuidbroek, Interview Henriëtte van Bekkum-Sachs, 28. September 2004, S. 10.

123 Der Zug hielt nicht im Lager selbst, sondern kurz davor, auf einem separaten Bahnsteig des Güterbahnhofs in der Nähe der Stadt Auschwitz, die etwa einen Kilometer von Birkenau entfernt lag. Dieser Bahnsteig wird heute als »die alte Rampe« oder »die Judenrampe« bezeichnet. Seit Mai 1944 fuhren die Züge direkt zum neuen Bahnsteig in Birkenau; das betraf die Transporte vom 19. Mai, 3. Juni und 3. September 1944. De Jong: *Het Koninkrijk* 8/2, S. 763; Herman van Rens: *Vervolging in Limburg. Joden en Sinti in Nederlands-Limburg tijdens de Tweede Wereldoorlog.* Hilversum 2013, S. 150. Siehe auch: Barnouw et al: *De Nederlandse Spoorwegen*, S. 104; AFH, Sammlung Forschung, Mail Jos Zijlstra, Konservator Spoorwegmuseum Utrecht, an Erika Prins, 26. Oktober 2015.

124 Rachel van Amerongen-Frankfoorder in Lindwer: *Die letzten sieben Monate*, S. 123. Auch Ronnie Goldstein-van Cleef sagt, dass sie erst wussten, dass sie nach Auschwitz fahren würden, als sie an Kattowitz vorbeifuhren, Ronnie Goldstein-van Cleef in Lindwer: *Die letzten sieben Monate*, S. 218.

125 AFH, AFC, Sammlung Forschung, Jos Zijlstra an Erika Prins, 26. Oktober 2015.

126 Lindwer: *Die letzten sieben Monate*, S. 80; Bloeme Evers-Emden: *Als een pluisje in de wind*. Amsterdam 2012, S. 98; Roelofs: *Nog altijd*, S. 64; Van Liempt: *Frieda*, S. 55; Henriëtte Sachs, 1922 in Vlagtwedde geboren, siehe: Rozema: *Treinen*, S. 18.

127 Rozema: *Treinen*, S. 18.

128 Lenie de Jong-van Naarden in: Lindwer: *Die letzten sieben Monate*, S. *182*.

129 De Winter-Levy: *Aan de gaskamer ontsnapt!*, S. 11; HCKW-Interviews Leny Boeken-Velleman, B. de Brave-Schelvis, Lies van der Kolk-Cohen, Frieda Menco-Brommet; Presser: *Ondergang* 2, S. 409; Piper et al: *Auschwitz: Nazi Death Camp*, S. 59, Lenie de Jong-van Naarden in: Lindwer: *Die letzten sieben Monate*, S. 92.

130 Siehe auch: Barnouw et al.: *De Nederlandse Spoorwegen*, S. 97–111; Simone Gigliotti: *The Train Journey: Transit, Captivity, and Witnessing in the Holocaust*. New York 2009, woraus hervorgeht, dass die Deportierten wohl Essen mitbekamen, was vom Jüdischen Rat organisiert wurde. Rachel van Amerongen-Frankfoorder in: Lindwer: *Die letzten sieben Monate*, S. 131; HCKW, Interviews Lies van der Kolk-Cohen, Ronnie Goldstein-van Cleef, Interview Henriëtte van Bekkum-Sachs, 28. September 2004 ; Rozema: *Treinen*, S. 18.

131 De Winter-Levy: *Aan de gaskamer ontsnapt!*, S. 11. Auch Sara Boektje erwähnt ein Glas Marmelade: NIOD, 250d, Inv. Nr. 439.

132 HCKW, Interviews Henriëtte van Bekkum-Sachs, 28. September 2004, Lies van der Kolk-Cohen, B. de Brave-Schelvis.

133 NIOD, 250d, Inv. Nr. 583, I. Salomon; De Winter-Levy: *Aan de gaskamer ontsnapt!*, S. 11; HCKW, Interviews Leny Boeken-Velleman, Ronnie Goldstein-van Cleef; de Jong: *Het Koninkrijk* 8/2, S. 748f.

134 Während der Besatzung entkamen zwischen 230 und 300 Gefangene aus dem Lager Westerbork, oft mit Hilfe von Widerstandsorganisationen. Die Zahl der Gefangenen, denen es gelang, aus den Deportationszügen zu entkommen, ist nicht bekannt, liegt aber wahrscheinlich viel niedriger. Siehe auch: Guido Abuys und Dirk Mulder: *Een gat in het prikkeldraad. Kamp Westerbork, ontsnappingen en verzet.* Hooghalen 2003, S. 37–58 und S. 65–68, und van Riet: *Bewakers*, S. 126–134.

135 Carry van Lakerveld und Victor Levie: »*Ze doen ons niets.*« *Vervolging und deportatie van de Joden in Nederland 1940–1945.* Amsterdam 2016, S. 186; NRK, Joodsche Raadkaart (Karteikarte) von Isidor Stoppelman aus der Kartei des Judenrats; Leny Boeken-Velleman: *Breekbaar*, S. 78–82; »Vermetele ontsnapping uit Westerbork«, *De Waarheid*, 4. Mai 1966.

136 NRK 2050, Inv. Nr. 1291, Rica Rozenthal, Transport vom 3. September 1944. Salomon Tas steht nicht auf der Namensliste der Waggonführer, wohl in der Transportliste. NRK 2050, Inv. Nr. 675; Otto Frank hat Tas unter wichtigen Adressen in seinem Kalender von 1946 notiert: »Tass (Otto Frank schreibt ›Tas‹ hier mit Doppel-s) Staringlaan 19, 029505545«, AFH, AFC, OFA, Inv. Nr. 3, Kalender von Otto Frank 1946.

137 NIOD, 250d, Inv. Nr. 475, E.A. Cohen.

138 Presser: *Ondergang* 2, S. 373; NRK 2050, Inv. Nr. 1012, E. de Wind, Transport 14. September 1943.

139 NRK 2050, Inv. Nr. 675, Zugzusammenstellung und Aufgabenverteilung 3. September 1944. Kropveld, der seine späteren Erlebnisse ziemlich detailliert beschreibt, äußert sich sehr knapp zu diesem Transport. Siehe: NIOD, 250d, inv. – Nr. 646, Erklärung S.M. Kropveld.

140 Eddy de Wind: *Ich blieb in Auschwitz. Aufzeichnungen eines Überlebenden.* München 2021, S. 19. Hier handelt es sich um eine überarbeitete Version des bereits 1946 publizierten

gleichnamigen Berichts von de Wind. Siehe auch: www.joodsmonument.nl/nl/page/225527/joel-vander-kous (abgerufen 15. April 2019).

141 NIOD, 250d, Inv. Nr. 700, D. Moffie.

142 NRK 2050, Inv. Nr. 1284, Leo Maurits Muller, Transport vom 3. September 1944. Leo Muller war Waggonführer von Krankenwaggon C. Insgesamt gab es fünf Krankenwaggons, Siehe: NRK 2050, Inv. Nr. 675.

143 Janny Moffie-Bolle wurde am 10. Februar 1944 nach Auschwitz-Birkenau deportiert. Esther Göbel: *Een hemel zonder vogels. Het aangrijpende levensverhaal van Janny Moffie-Bolle.* Amsterdam 2010, S. 68.

144 Für einen Versuch siehe: Simone Gigliotti: *The Train Journey: Transit, Captivity, and Witnessing in the Holocaust.* New York 2009.

145 AFH, AFC, Zeitzeugenarchiv, Interview Lenie de Jong-van Naarden, 22. März 2010.

146 Ebenda

147 Moraal: *Als ik*, S. 167–173; Lindwer: *Die letzten sieben Monate, S. 180, S. 217 und S. 155*; HCKW, Inv. Nr. RA 1534, Interview Henriëtte van Bekkum-Sachs, 28. September 2004.

148 AFH, AFC, OFA, Inv. Nr. 70, Otto Frank, »Bitte schreiben Sie«, S. 4.

149 Lindwer: *Die letzten sieben Monate*, S. 78 und S. 141; USC-SF, VHA, Interview Sera Wagenaar (Sonja Wagenaar-van Dam), 10. Juni 1996.

150 Lindwer: *Die letzten sieben Monate*, S. 78

151 USC-SF, VHA, Interview Sera Wagenaar (Sonja Wagenaar-van Dam), 10. Juni 1996; Hannah van den Ende: *»Vergeet niet dat je arts bent«. Nederlandse artsen in Nederland 1940–1945.* Amsterdam 2014, S. 322–323; NRK, JR, Karteikarte Isidor van der Hal; NRK, Protokoll der Zeugenaussage R. Corper- Blik, 24. April 1947, 7. Siehe auch: Lindwer, *Die letzten sieben Monate, 135 ff.*

152 Bart van der Boom: »*Wij weten niets van hun lot*«. *Gewone Nederlanders en de Holocaust.* Amsterdam 2012, S. 313–416.

153 Siehe auch: Evelien Gans und Remco Ensel: »Nivellering in de geschiedenis. ›Wij weten iets van hun lot‹«, *De Groene Amsterdammer*, 12. Dezember 2012, www.groene.nl/artikel/wij-weten-iets-van-hun-lot (abgerufen 17. Juni 2020); und »Commentaar op ›Wij weten iets van hun lot‹«, *De Groene Amsterdammer*, 6. Februar 2013, www.groene.nl/arti- kel/over-wij-weten-iets-van-hun-lot (abgerufen 17. Juni 2020); Jaap Cohen, »Hoe cruciaal is onwetendheid«, *NRC Handelsblad*, 9. April 2013, www. nrc.nl/nieuws/2013/04/09/hoe-cruciaal-is-onwetendheid-1226995- a520763.

154 Gans und Ensel; »Nivellering« und »Commentaar«; Guus Meershoek: »Een aangekondigde massamoord«, *De Groene Amsterdammer*, 30. Januar 2013, www.groene.nl/artikel/een-aangekondigde-massamoord.

155 Für die Verbreitung von Wissen über den Holocaust im besetzten Europa siehe: Peter Fritzsche: *An Iron Wind: Europe under Hitler.* New York 2016, S. 159–202; für Polen siehe z.B.: Samuel D. Kassow: *Who Will Write Our History: Emanuel Ringelblum, the Warsaw ghetto and the Oyneg Shabes Archive.* Bloomington 2007.

156 Siehe z.B.: Wachsmann, *KL*, S. 567–571; Peter Fritzsche: *Life and Death in the Third Reich.* Cambridge MA 2008, S. 235–252; Beate Kosmala: »Zwischen Ahnen und Wissen: Flucht vor der Deportation (1941–1943)«, in: Birthe Kundrus und Beate Meyer (Hrsg.): *Deportation der Juden aus Deutschland: Pläne – Praxis – Reaktionen 1938–1945.* Göttingen 2012, S. 135–159.

157 Über das Ausmaß, in dem Niederländer konkretes Wissen über die Vorgänge in den deutschen Vernichtungslagern in Polen hatten, wird noch immer heftig debattiert. Siehe z.B.: Ies Vuijsje: *Tegen beter weten in. Zelfbedrog en ontkenning in de Nederlandse*

geschiedschrijving over de Jodenvervolging. Amsterdam 2006, und der bereits erwähnte Artikel von Gans und Ensel, »Nivellering«. Vgl. auch van der Boom: »*Wij weten niets van hun lot*«, in dem der Autor gegen Vuijsje Stellung bezieht, und eine Sammlung der wichtigsten Diskussionspapiere sowie van der Booms Entgegnung darauf: wijwetennietsvanhunlot.blogspot.com/ (abgerufen 30. August 2019). Siehe auch: Christina Morina und Krijn Thijs (Hrsg.): *Probing the Limits of Categorization: The Bystander in Holocaust History*. New York 2018.

158 Anne Frank, Tagebuch (A), 3. Februar 1944.

159 Anne Frank: Liebe Kitty. Ihr Romanentwurf in Briefen (Tagebuch Version B). Übersetzt aus dem Niederländischen von Waltraud Hüsmert. Mit einem Nachwort von Laureen Nussbaum. Zürich 2019, 9. Oktober 1942. S. 48f.

160 Junk und Sellmeyer: *Stationen*, S. 160.

161 Siehe auch Kap 1.

162 De Jong: *Het Koninkrijk* 4, S. 739, S. 929, S. 934; Peter Romijn: *Burgemeesters in oorlogstijd. Besturen tijdens de Duitse bezetting*. Amsterdam 2006, S. 250–263.

163 Siehe u.a.: de Jong: *Het Koninkrijk* 4, S. 548–550. Für die Auswirkung der Razzia auf die Anwohner des Merwedeplein: Rian Verhoeven: *Anne Frank was niet alleen. Het Merwedeplein 1933–1945*. Amsterdam 2019, S. 145–172; und www.annefrank.org/nl/anne-frank/verdieping/de-tweede-razzia-amsterdam/#source-396717.

164 Verhoeven: *Anne Frank was niet alleen*, S. 158–161; und www.annefrank. org/nl/anne-frank/verdieping/de-tweede-razzia-amsterdam/#source- 396717.

165 NIOD, Archief Joodsche Raad (Archiv Judenrat) (Zugang 182), Inv. Nr. 263, Liste der am 11. Juni 1941 verhafteten jüdischen Männer; nach dem Krieg schickte Otto Frank dem Vater von

Lewkowitz ein Exemplar von *Het Achterhuis*. AFH, AFC, OFA, Inv. Nr. 100, Liste mit Namen und Adressen.

166 Kienzle: *Anne Frank wird 50*.

167 Suzanne Heim (Hrsg.): *Deutsches Reich und Protektorat Böhmen und Mähren. Oktober 1941-März 1943. Verfolgung und Ermordung der Europäischen Juden durch das nationalsozialistische Deutschland 1933–1945*. Bd. 6. Oldenburg 2019, S. 199–204.

168 Mark Mazower: *Hitler's Empire: Nazi Rule in Occupied Europe*. London 2008, S. 175.

169 »Vertraulicher Bericht des Hauptmanns der Schutzpolizei Wilhelm Meurin betr. Evakuierung von Juden nach Minsk«, 22. November 1941, in: Heim (Hrsg.): *Deutsches Reich* 6, S. 199–204.

170 Ebenda

171 Ebenda

172 Diese Bezeichnung geht zurück auf: Barnouw et al.: *De Nederlandse Spoorwegen*, S. 108, wo einige der Autoren konstatieren, dass das »zwischen Hoffnung und Verzweiflung Hin-und-Her-Gerissen-Sein« in den überlieferten Tagebüchern und Briefen immer wieder geäußert wird.

3 »Das Leben war eine Hölle«

1 Ausgehend von einer Abfahrt am 3. September gegen 12 Uhr mittags und Ankunft um Mitternacht in der Nacht vom 5. auf den 6. September sind das 60 Stunden.

2 Seit Mai 1944 fuhren die Züge direkt zu diesem neuen Bahnsteig; dabei handelte es sich um die Transporte vom 19. Mai, 3. Juni und 3. September 1944. Vor dieser Zeit hielten die Transporte an einem separaten Bahnsteig des Güterbahnhofs in der Nähe der Stadt Auschwitz, die ungefähr einen Kilometer von Birkenau entfernt lag. Dieser Bahnsteig wird heute als

»die alte Rampe« oder »Judenrampe« bezeichnet. De Jong: *Het Koninkrijk* 8/2, S. 763; van Rens: *Vervolging in Limburg*, S. 150.

3 Siehe auch: Esther Göbel: »Nederlandse Joden in dwangarbeid. Rapport over het kwantitatieve, kwalitatieve en museale onderzoek naar de inzet van Joodse dwangarbeiders uit Nederland, in kampen in Nederland en daarbuiten, tijdens de Sjoa«, JCK, 2015, digital, Inv. Nr. 20170344.

4 Benz und Distel: *Der Ort des Terrors*, Bd. 5, S. 175–236.

5 Der Großteil dieser Arbeitslager entstand ab Mitte 1944. Im Frühjahr 1944 bestand Auschwitz III noch aus vierzehn Außenlagern. Wachsmann, *KL*, S. 529ff.

6 Für das WHVA siehe: Wachsmann: *KL*, S. 340f.

7 Die Deportationen aus Ungarn erforderten einen Experten in Auschwitz. Arthur Liebehenschel, seit November 1943 Lagerkommandant des Stammlagers, war wegen einer Privatangelegenheit mit seiner Verlobten in Ungnade gefallen und wurde im Mai 1944 als Lagerkommandant nach Majdanek versetzt. Wachsmann: *KL*, S. 529–531.

8 Siehe Robert Jay Lifton: *Ärzte im Dritten Reich.* Stuttgart 1988, S. 308–319; Daan de Leeuw: »In the Name of Humanity. Nazi Doctors and Human Experiments in German Concentration Camps, 1939–1945«, MA-Thesis in History, Universiteit van Amsterdam 2013, S. 83–87. Hans-Joachim Lang: *Die Frauen von Block 10.*

9 Der Spruch wurde bereits seit 1933 von den Nazis verwendet und hing auch in anderen Konzentrationslagern wie Oranienburg, Dachau, Groß-Rosen und Theresienstadt über dem Eingang.

10 Van Pelt und Dwork zeigen, dass die Errichtung eines Konzentrationslagers in Oberschlesien mit der Sonderstellung dieses hochindustrialisierten Gebietes in der Bevölkerungspolitik der Nazis zusammenhing. Während die polnische

Bevölkerung in anderen Teilen des Generalgouvernements zwangsumgesiedelt wurde, passte eine solche Politik nicht in Himmlers Pläne für Schlesien, wo eine relativ große Zahl polnischer Deutscher lebte und viele für die deutsche Kriegsindustrie unentbehrliche Arbeiter. Um den polnischen Widerstand in dieser Region wirksam zu bekämpfen, drängte der Höhere SS-Führer für Schlesien Erich von dem Bach-Zelewski darauf, ein Konzentrationslager in der Nähe von Kattowitz zu errichten. Dwork und van Pelt: *Auschwitz, S. 180.*

11 Sybille Steinbacher: *Auschwitz. Geschichte und Nachgeschichte.* München 2004, S. 21–25; Dwork und van Pelt: *Auschwitz,* S. 182–184.

12 www.Auschwitz.org/en/history/prisoner-classification/marking- of-jewish-prisoners (abgerufen 28. August 2021).

13 Wachsmann: *KL*, S. 304; Christopher Browning: *Die Entfesselung der »Endlösung«: Nationalsozialistische Judenpolitik 1939 – 1942.* Mit einem Beitrag von Jürgen Matthäus. Aus dem Amerikanischen von Klaus-Dieter Schmidt. Berlin 2003; Waitman Beorn: *Marching into Darkness: The Wehrmacht and the Holocaust in Belarus.* London 2018; und idem: *The Holocaust in Eastern Europe: At the Epicentre of the Final Solution.* Cambridge MA 2014.

14 Steinbacher: *Auschwitz*, S. 66; Mark Mazower: *Hitlers Imperium: Europa unter der Herrschaft des Nationalsozialismus.* Aus dem Englischen übersetzt von Martin Richter. München 2011, S. 167

15 Wachsmann: *KL*, S. 314ff., S. 352f.; Steinbacher: *Auschwitz,* S. 71; auch Christopher Browning argumentiert, dass erst im September und Oktober 1941 maßgebliche Entscheidungen getroffen worden sind, die zur Errichtung von Auschwitz als einem Lager führten, dessen primäres Ziel die Ermordung einer großen Zahl von Menschen war. Browning: *Die Entfesselung,* S. 507–536.

16 Franciszek Piper: »Gas Chambers and Crematoria«, in: Yisrael Gutman und Michael Berenbaum (Hrsg.): *Anatomy of the Auschwitz Death Camp.* Bloomington 1998, S. 157–182, hier S. 157–160.

17 Dieses Programm war darauf ausgerichtet, kranke und schwache Häftlinge, die nicht mehr arbeitsfähig waren, mit Hilfe von Methoden zu ermorden, die bereits 1939 in der Aktion T4 entwickelt worden waren, einem geheimen Euthanasieprogramm, das die Ermordung von geistig Behinderten und anderen vorsah. Die Aktion T4 weckte in der deutschen Gesellschaft großen Widerstand und wurde 1939 offiziell eingestellt, danach aber als Aktion 14f13 in den Konzentrationslagern fortgeführt.

18 Wachsmann: *KL*, S. 372f., S. 338.

19 Yitzhak Arad: *The Operation Reinhard Death Camps: Belsec, Sobibor, Treblinka.* Überarbeitete Ausgabe, Indiana 2018, S. 32f.; Mazower: *Hitlers Imperium*, S. 368–383.

20 Siehe auch: Arad: *The Operation Reinhard Death Camps*, S. 32f.; Browning: *Die Entfesselung*, S. 405–448; Christian Gerlach: *The Extermination of the European Jews.* Cambridge 2016, S. 66–88; Wachsmann: *KL*, S. 341f.; Saul Friedländer*: Das Dritte Reich und die Juden. Bd. 1. Die Jahre der Verfolgung: 1933 – 1939.* Aus dem Englischen übersetzt von Martin Pfeiffer. München 2006; Saul Friedländer: *Das Dritte Reich und die Juden, Bd. 2, Die Jahre der Vernichtung: 1939 – 1945.* Übersetzt von Martin Pfeiffer, München 2006, S. 243, S. 251 und S. 291–294; Steinbacher: *Auschwitz*, S. 65; Browning: *Die Entfesselung*, S. 405–448.

21 Mark Roseman: *Die Wannsee-Konferenz: Wie die NS-Bürokratie den Holocaust organisierte.* Aus dem Englischen übersetzt von Klaus-Dieter Schmidt. Berlin 2002, S. 109–113; Wachsmann: *KL*, S. 345–351; Shmuel Krakowski: »The Satellite Camps«, in: Gutman und Berenbaum (Hrsg.): *Anatomy of the Auschwitz*

Death Camp, S. 50f.. Der Begriff »Vernichtung durch Arbeit« hat nach dem Krieg zu diversen Diskussionen unter Historikern geführt. Obwohl »Vernichtung durch Arbeit« oft als eine spezifische Strategie zur Ermordung von Juden durch Sklavenarbeit bezeichnet wurde, haben Historiker diese Meinung in letzter Zeit relativiert. Schließlich war die Zwangsarbeit von Anfang an Teil des Konzentrationslagersystems und blieb es auch, als sich die Judenverfolgung zum Völkermord entwickelte. Neuere Forschungen gehen davon aus, dass die NS-Führung offiziell nie eine eindeutige Politik der »Vernichtung durch Arbeit« gegenüber den Juden verfolgte, obwohl es in der Praxis darauf hinauslief. Das Grundprinzip der Sklavenarbeit in diesen SS-Lagern bestand weniger darin, Juden durch Arbeit zu töten, sondern ihre Arbeitskraft so lange zu nutzen, wie dies notwendig war. Würde Deutschland den Krieg gewinnen und die jüdische Sklavenarbeit nicht mehr benötigt, dann würden die noch lebenden Juden trotzdem ermordet. Zugleich blieb die Vernichtung des Judentums in der Politik von Hitler und Himmler wichtiger als die Nutzung ihrer Arbeitskraft. Dies trug zu derart elenden Bedingungen in den Lagern bei, dass eine große Zahl von Häftlingen bei der Ausführung der Sklavenarbeit starb. Der Holocaust und die »Vernichtung durch Arbeit« blieben also zwei Seiten derselben Medaille. Siehe: Wolf Gruner: *Jewish Forced Labor under the Nazis: Economic Needs and Racial Aims 1938–1944*. Cambridge MA 2006, S. 289–293; Nikolaus Wachsmann: »›Annihilation Through Labour‹: The Killing of State Prisoners in the Third Reich«, *Journal of Modern History* 3, 1999, S. 624–659; Jens Christian Wagner: »Work and Extermination in the Concentration Camps«, in: Jane Caplan und Nikolaus Wachsmann (Hrsg.): *Concentration Camps in Nazi Germany: The New Histories*. London 2010, S. 127–148, hier: S. 140; Dieter Pohl: »The Holocaust and the Concentration

Camps«, in: Caplan und Wachsmann (Hrsg.): *Concentration Camps*, S. 149–166, hier S. 151 und S. 161.

22 Arad: *The Operation Reinhard Death Camps*, S. 7–33

23 Die Bezeichnung Aktion T4 (oder Operation T4) bezieht sich auf die Adresse Tiergartenstraße 4 in Berlin, die Zentrale des von Hitlers Leibarzt Karl Brandt entwickelten Eugenik-Programms, in dem ab Oktober 1939 zahlreiche Psychiatriepatienten ermordet wurden. Siehe auch: Wachsmann: *KL*, S. 284–287.

24 Arad: *The Operation Reinhard Death Camps*, S. 421–433.

25 Wachsmann: *KL*, S. 333–338.

26 Steinbacher: *Auschwitz*, S. 72f.

27 Rapport Kinna zitiert in: Wachsmann: *KL*, S. 402. Siehe auch: Bericht des Roten Kreuzes über die Transporte nach Auschwitz II, S. 4–8. /http://www.tenhumbergreinhard.de/1933-1945-taeter-und-mitlaeufer/1933-1945-biografien-k/kinna-heinrich.html (abgerufen 27.4.2021)

28 Landsberger et al. (Hrsg.): *Auschwitz* 5, S. 20–23.

29 Wachsmann: *KL*, S. 348–356.

30 Bericht des Roten Kreuzes über die Transporte nach Auschwitz II, S. 3, S. 18.

31 Außerdem bereitete man sich auf den großen Nachschub von jüdischen Frauen vor, um sie als Arbeitssklaven einzusetzen. Wachsmann: *KL*, S. 336 und S. 346–368.

32 Ebenda, S. 529; und Irena Strzelecka: »Women«, in: Gutman und Berenbaum (Hrsg.): *Anatomy of the Auschwitz Death Camp*, S. 395.

33 Wachsmann: *KL*, S.340–350; Dwork und van Pelt: *Auschwitz: Von 1270*, S. 336–338.

34 Wachsmann: *KL*, S. 352f. und S. 818f.; Dwork und van Pelt: *Auschwitz*, S. 306; dies.: Auschwitz: Von 1270, S. *337*; Steinbacher, *Auschwitz*, S. 77.

35 Wachsmann: *KL*, S. 355 und S. 424; Dwork und van Pelt: *Auschwitz*, S. 306; dies.: Auschwitz: Von 1270, S. 337.

36 Die Gaskammern von Krematorium II und III waren unterirdisch, die von Bunker I und II und Krematorium IV und V überirdisch. Dwork und van Pelt: *Auschwitz*, S. 307–348; dies.: Auschwitz: Von 1270, S. 298, S. 337, S. 363, S. 365, S. 369.

37 Lager BII bestand außerdem noch aus dem Männerlager BIId, dem *Zigeunerlager* BIIe, dem Krankenrevier für die Männer BIIf und dem Teil BIIg, wo die Mitglieder des Kanada-Kommandos untergebracht waren.

38 Wachsmann: *KL*, S. 347f. und S. 399; Strzelecka: »Women«, S. 393f.

39 Steinbacher: *Auschwitz*, S. 71; Strzelecka: »Women«, S. 394.

40 Strzelecka: »Women«, 394.

41 Der Bau der Krematorien II bis V begann 1942, sie wurden zwischen März und Juni 1943 in Betrieb genommen. Treblinka und Sobibor wurden dann im Sommer beziehungsweise im Herbst geschlossen. Dwork und van Pelt: *Auschwitz*, S. 321–325; dies.: Auschwitz: Von, S. 365–367, S. 371; Steinbacher: *Auschwitz*, S. 78 und S. 80; Wachsmann: *KL*, S. 337–340 und S. 359.

42 Dwork und van Pelt: *Auschwitz*, S. 348; dies.: *Auschwitz: Von* S. 377.

43 Wachsmann: *KL*, S. 351f.; Dwork und van Pelt: *Auschwitz*, S. 304; dies: *Auschwitz: Von*, S. 336.

44 Wachsmann: *KL*, S. 339–341.

45 Ebenda, S. 479 und S. 485–490

46 Ebenda, S. 486–490; Irena Strzelecka: »Hospitals«, in: Gutman und Berenbaum (Hrsg.): *Anatomy of the Auschwitz Death Camp*, S. 383 und S. 386.

47 Strzelecka: »Women«, S. 402.

48 Wachsmann: *KL*, S. 489; Strzelecka: »Hospitals«, S. 386

49 Gruner: *Jewish Forced Labor*, S. 3; Ders.: Zwangsarbeit *und Verfolgung. Österreichische Juden im NS-Staat 1938–45*. Innsbruck 2000.

50 Wachsmann: *KL*, S. 521–524, S. 404f.

51 Dies galt auch für Polen mit einer Haftzeit von drei oder vier Jahren sowie für Tschechen und Deutsche mit lebenslänglicher Haft oder Todesstrafe. Siehe: Shmuel Krakowski: »The Satellite Camps«, S. 50f.; Yehuda Bauer: »Gypsies«, in: Gutman und Berenbaum (Hrsg.): *Anatomy of the Auschwitz Death Camp*, S. 441–455, hier S. 446; Wachsmann: *KL*, S. 483f.

52 Bauer: »Gypsies«, S. 447–450; Wachsmann: *KL*, S. 532ff.

53 www.kampwesterbork.nl/geschiedenis/tweede-wereldoorlog/vervolging-sinti-en-roma (abgerufen 2. September 2021). Siehe auch: Wachsmann: *KL*, S. 534.

54 Wachsmann: *KL*, S. 516, S. 521–524, S. 526f.

55 Landsberger et al. (Hrsg.): *Auschwitz* Bd. 6, S. 3 und S. 15; Wenck: *Zwischen Menschenhandel*, S. 339, S. 343; Andrzej Strzelecki: »Evacuation, Liquidation and Liberation of the Camp«, in: Piper et al.: *Auschwitz*, S. 269–292, hier: S. 269f.

56 Wenck: *Zwischen Menschenhandel*, S. 343, S. 346.

57 Marc Buggeln: *Slave Labor in Nazi Concentration Camps*. Oxford 2014, S. 44f.

58 Wenck: *Zwischen Menschenhandel*, S. 338; Gedenkstätte Bergen-Belsen, Gespräch Erika Prins mit Klaus Tätzler, November 2013; Strzelecki: »Evacuation«, S. 269.

59 Franciszek Piper: »The Mass Extermination of Jews in the Gas Chambers«, in: Piper et al.: *Auschwitz*, S. 165–173, hier: S. 172.

60 Piper: »The Mass Extermination«, S. 173.

61 Zu Peter van Pels siehe Kapitel 7.

62 Lindwer: *Die letzten sieben Monate*, S. 95f.

63 Wachsmann: KL, S. 591

64 Ebenda, S. 598–600

65 Siehe: https://www.duden.de/rechtschreibung/Kapo_Haeftling_Arbeiter (abgerufen 4. September 2021).

66 Wachsmann: *KL*, S. 99–114; Wolfgang Sofsky: *Die Ordnung des Terrors: das Konzentrationslager.* Frankfurt am Main, 1997, S. 137–146, S. 117, S. 152.

67 Abel Herzberg: *Amor fati. Schicksalstreue.* Übersetzt aus dem Niederländischen von Stefan Häring. Wittlingen 1997, Der Kapo, S. 26–27.

68 Danuta Czech: »The Auschwitz Prisoner Administration«, in: Gutman und Berenbaum (Hrsg.): *Anatomy of the Auschwitz Death Camp*, S. 363.

69 De Wind: Ich blieb in Auschwitz, S. 61f.

70 De Wind berichtet von sich in seinem Buch in der dritten Person, unter dem Namen Hans.

71 De Wind: Ich blieb in Auschwitz, S. 25

72 Wachsmann: KL, S. 364–368

73 Dieses Problem findet sich im Werk Primo Levis, wurde aber in die akademische Debatte durch Lawrence Langer eingeführt, in: »The Dilemma of Choice in the Deathcamps«, *Centerpoint: A Journal of Interdisciplinary Studies* 4:1, Herbst 1980, S. 53–58.

74 Wachsmann: *KL*, S. 610; René Kok und Erik Somers: *De Jodenvervolging in foto's. Nederland 1940–1945.* Zwolle 2019, S. 268. Errera sollte den Krieg nicht überleben, er wurde totgeschlagen.

75 Für zahllose weitere Beispiele von jüdischem Widerstand in Konzentrationslagern siehe u.a.: Arad: *The Operation Reinhard Death Camps*, S. 289–417; Patrick Henry (Hrsg.): *Jewish Resistance against the Nazis.* Washington DC 2015. In diesem Vorwort wird das Bild, dass Juden sich wie »Schafe zum Schlachter« bringen ließen, klar und überzeugend entkräftet.

76 Wachsmann: *KL*, S. 406–409; S. 607–623; S. 732–750. Siehe auch: Shlomo Venezia: *Meine Arbeit im Sonderkommando Auschwitz: das erste umfassende Zeugnis eines Überlebenden.* In

Zusammenarbeit mit Béatrice Prasquier. Vorw. von Simone Veil. Aus dem Französischen übersetzt von Dagmar Mallett. München 2008.

77 Wachsmann: *KL*, S. 492f.

78 Seit Anfang Mai 1944 kamen die Transporte in Auschwitz-Birkenau an der Laderampe zwischen den Lagerabschnitten BI und BII an. Davor (seit 1942) kamen die Züge an der »Judenrampe« am Bahnhof Auschwitz in der Nähe von Auschwitz-Birkenau an. Tadeusz Iwaszko: »Reasons for Confinement in the Camp and Categories of Prisoners«, in: Lasik et al. (Hrsg.): *Auschwitz, 1940–1945* Bd. 2, S. 17. Die Ankunft in der Nacht vom Dienstag auf Mittwoch wird eigens erwähnt von I. Salomon, NIOD, 250d, Inv. Nr. 538, I. Salomon; Presser: *Ondergang* 2, S. 407. Drei Tage in geschlossenen Waggons, siehe dazu: AFH, AFC, OFA, Inv. Nr. 70, Otto Frank: »Bitte schreiben Sie«; de Winter-Levy: *Aan de gaskamer ontsnapt!*, S. 12.

79 Lindwer: *Die letzten sieben Monate*, S. 185.

80 Beispielsweise NIOD, 250d, Inv. Nr. 439, Sara Boektje; HCKW, Interviews B. de Brave-Schelvis und Ronnie Goldstein-van Cleef.

81 Landsberger et al. (Hrsg.): *Auschwitz* Bd. 2, S. 18; NRK 2050, Inv. Nr. 1293.

82 AFH, AFC, OFA, Inv. Nr. 070; z. B. Frieda Menco-Brommet, Interview AFH, darüber, dass sie sich nicht von ihrem Vater verabschieden konnte. Rosa de Winter-Levys Erklärung gegenüber Schnabel, so viele Jahre später, sie habe gesehen, dass Otto Frank, Hermann und Peter van Pels und Fritz Pfeffer in die »gute« Richtung geschickt werden, ist angesichts der Unübersichtlichkeit des Geschehens nicht glaubwürdig. Siehe auch: Schnabel: *Anne Frank*, S. 133.

83 Landsberger et al. (Hrsg.): *Auschwitz Bd.* 5, S. 20–23.

84 Ronnie Goldstein-van Cleef in: Lindwer, *Die letzten sieben Monate*, S. 219

85 Mengele wird u.a. von Ronnie Goldstein-van Cleef erwähnt in: Lindwer: Die letzten sieben Monate, 219; Rachel van Amerongen-Frankfoorder, ebenda, S. 124; HCKW, Interview, Henriëtte van Bekkum-Sachs; NRK 2050, Inv. Nr. 1294, Sientje Spiekerman-de Zwarte.

86 Langbein: *Menschen in Auschwitz.* Wien 1987, S. 334. Siehe auch: Wachsmann: *KL*, S. 505ff.

87 Lindwer: Die letzten sieben Monate, S. 219,

88 Lifton: *Ärzte*, S. 203–206.

89 Ebenda

90 Siehe: de Jong: *Het Koninkrijk* 8, S. 708, S. 888; Jens-Christian Wagner: »Work and Extermination in the Concentration Camps«, in: Jane Caplan und Nikolaus Wachsmann (Hrsg.): *Concentration Camps*, S. 127–148 und S. 154; Dwork und van Pelt: *Auschwitz*, S. 347f.

91 Landsberger et al. (Hrsg.): *Auschwitz Bd.* 5, S. 3.

92 Vom Normal- und Häftlingstransport (die normalen Gefangenen und die Häftlinge, darunter die acht Untergetauchten aus dem Hinterhaus) wurden insgesamt 477 Personen nicht für die Gaskammer selektiert: 221 Frauen und 256 Männer. Die insgesamt 195 Schutzhäftlinge (politische Gefangene, Personen aus Mischehen und Halbjuden: 144 Männer und 51 Frauen) wurden nicht der Selektion für die Gaskammer unterzogen. NRK 2050, Inv. Nr. 650, Transportliste 3. September 1944. Die Unterscheidung zwischen Straffällen, wie die acht Untergetauchten, und »normalen« Häftlingen (Häftlings- beziehungsweise Normaltransport) spielte nach der Ankunft in Auschwitz keinerlei Rolle mehr. Die Schutzhäftlinge dagegen bekamen bei der Ankunft eine andere Aufnahme, Registrierung und Häftlingsnummer. Landsberger et al. (Hrsg.): *Auschwitz* Bd. 5, S. 20–23. Diese Rote-Kreuz-Broschüre erhebt allerdings keinen Anspruch auf Vollständigkeit und berücksichtigt weder

die acht Personen, die während des Transports entkamen, noch diejenigen, die während der Fahrt starben.

93 Herman Frijda (1887), Philip Grishaver (1886), Willem Swaap (1888) und sogar Joseph Matthijs Wolf (1878). NRK 2050, Inv. Nr. 650, Transportliste 3. September 1944.

94 Landsberger et al. (Hrsg.): *Auschwitz Bd.* 2, S. 19; de Winter-Levy: *Aan de gaskamer ontsnapt!*, S. 12.

95 Roelofs: *Nog altijd*, S. 69; Fia Polak: *Oorlogsverslag van een zestienjarig joods meisje*. Amsterdam 1995, S. 62; Lindwer: *De laatste zeven maanden*, S. 73 (Übersetzung Marlene Müller-Haas); Eva Schloss: *Evas Geschichte*, S. 69.

96 Boeken-Velleman: *Breekbaar*, S. 89.

97 NRK 2050, Inv. Nr. 1291, Rica Rozenthal, und Inv. Nr. 1301, Mevr. S. Weisz. Beide sagten, dass sie den Männern noch einmal begegneten, aber die meisten sahen ihre Männer nach der Selektion nicht mehr.

98 »Aan Bureau Inlichtingen (van het Rode Kruis) verschaft ooggetuigenverslag van een jong meisje, teruggekeerd uit kamp Auschwitz«, Sammlung JHM, Nr. D001088.

99 Landsberger et al. (Hrsg.): *Auschwitz Bd.* 2, S. 19–22; Tadeusz Iwaszko: »Deportation to the Camp and Registration of Prisoners«, in: Piper et al.: *Auschwitz*, S. 54–69, hier: S. 59–62; AFH, AFC, Zeitzeugenarchiv, Interviews Bloeme Evers-Emden, Ronnie Goldstein-van Cleef, Frieda Menco-Brommet, Lenie de Jong-van Naarden, B. de Brave-Schelvis. Diese Abfolge entspricht auch der Erklärung während eines Auschwitz-Besuchs von Teresien da Silva, Gertjan Broek und Erika Prins im Jahr 2009. Eigene Veröffentlichungen von Auschwitz geben dagegen eine andere Reihenfolge an, aber hier wird eine allgemeine Beschreibung des gesamten Zeitraums gegeben, ohne spezielle Beschränkung auf den September 1944.

100 HCKW, Interview Ronnie Goldstein-van Cleef, 11. März 2002; Lindwer: *Die letzten sieben Monate*, S. 221.

101 Lindwer: *Die letzten sieben Monate, S. 221.*

102 NIOD, 250d, Inv. Nr. 439, Sara Boektje, und NRK 2050, Inv. Nr. 1301, Mevr. S. Weisz.

103 Iwaszko: »Deportation«, S. 59; AFH, AFC, OFA, Inv. Nr. 85: Joseph Spronz, »Ich war ein Häftling in Auschwitz« (unveröffentlichte deutsche Übersetzung von 1946 von József Spronz: *Fogoly voltam Auschwitzban.* Budapest 1946), S. 4; Strzelecka: »Woman«, S. 399f.. Lindwer, *Die letzten sieben Monate*, S. 221f.

104 Im Niederländischen abschätzige Bezeichnung für einen Deutschen.

105 Lindwer: *Die letzten sieben Monate*, S. 222.

106 NIOD, 804, Studie Sobibor: Inv. Nr. 18, Cato Polak, Erklärung 20. Oktober 1947; NRK 2050, Inv. Nr. 1301, Mevr. S. Weisz; Iwaszko, »Deportation«, S. 58–60.

107 Strzelecka: »Women«, S. 400; Augenzeugenbericht eines jungen Mädchens, JHM, Nr. D001088.

108 Boeken-Velleman: *Breekbaar*, S. 90.

109 Andrzej Strzelecki: »The Plunder of Victims and Their Corpses«, in: Gutman und Berenbaum (Hrsg.): *Anatomy of the Auschwitz Death Camp*, S. 253.

110 Folgt man der Literatur wurden die Männer in Auschwitz I registriert, aber neben anderen sagt etwa Max Frankfort, dass er erst nach der Registrierung nach Auschwitz I gekommen sei. Rica Rozenthal und Mevr. Weisz begegneten während der gesamten Prozedur den Männern ein paar Mal bei der Zentralsauna.

111 AFH, Sal de Liema, Sammlung Jon Blair.

112 De Wind: *Ich blieb in Auschwitz*, S. 29.

113 NRK, Inv. Nr. 3281, Comité International de la Croix-Rouge, Häftlings-Nummerzuteilung, S. 26. Siehe auch: Piper et al.: *Auschwitz*, S. 61.

114 Landsberger et al. (Hrsg.): *Auschwitz Bd.* 2, S. 25–27.

115 AFH, Sammlung Forschung, Erklärung Eva Schloss-Geiringer an Erika Prins, Januar 2016. Siehe auch: www.auschwitz.org/en/history/lifein-the-camp/ (abgerufen 4. September 2020).

116 De Wind: *Ich blieb in Auschwitz, S.* 55–59; de Jong: *Het Koninkrijk 6*, S. 424 und S. 436; NRK 2050, Inv. Nr. 1274, Barend Konijn; NRK 2050, Inv. Nr. 1264, Erklärung Abraham Hakker; Odette Abadi, *Terre de détresse. Birkenau-Bergen-Belsen.* Paris 2012, S. 41.

117 Tadeusz Iwaszko: »The Daily Life of Prisoners«, in: Piper et al.: *Auschwitz*, S. 70–87, hier: 70; de Jong: *Het Koninkrijk* 6, S. 436.

118 De Jong: *Het Koninkrijk* 6, S. 436, S. 826; Landsberger et al. (Hrsg.): *Auschwitz* 2, S. 25; Shmuel Krakowski: »The Satellite Camps«, S. 52; Strzelecka: »Women«, S. 400

119 De Jong: *Het Koninkrijk* 8, S. 824–827.

120 NRK 2050, Erklärungen von Abraham Hakker, Inv. Nr. 1264, Philip Felix de Jong, Inv. Nr. 1268, Eliazer Kater, Inv. Nr. 1271, Elias Jacob Kleerekoper, Inv. Nr. 1272, Barend Konijn, Inv. Nr. 1274, Richard Felix Levee , Inv. Nr. 1276, Aron Leyden van Amstel, Inv. Nr. 1277.

121 De Wind: *Ich blieb in Auschwitz*, S. 166. Siehe auch im Nachwort S. 224–237.

122 NRK 2050, Inv. Nr. 1284, Fritz Muller vor allem über Straßenbau und Erdarbeiten in der Quarantäne.

123 AFH, AFC, OFA, Inv. Nr. 85, Otto Franks Erklärung für seinen Schicksalsgefährten Joseph Spronz, 29. Juli 1962.

124 De Wind: *Ich blieb in Auschwitz*, S. 61.

125 NRK, Dossier 103586, Hermann van Pels, Brief an Jansma, 20. Dezember 1951; Landsberger et al. (Hrsg.): *Auschwitz* Bd. 5, S. 21; NRK 2050, Inv. Nrn. 1257: Max Frankfort; 1268: Philip

Felix de Jong; 1293: Fritz Bernard Simon; 1302: Jacob West: 1249: Andries Max Cats.

126 NRK 2050, Inv. Nr. 1293, Fritz Simon.

127 De Wind: *Ich blieb in Auschwitz*, S. 169–174.

128 Jetteke Frijda tauchte unter und überlebte im Versteck. In einem Interview berichtet sie, dass Otto Frank und Herman Frijda zwar nicht eng befreundet gewesen seien, sich aber über ihre Töchter kannten. Otto Frank erzählte später Jetteke, dass er Herman in den Lagern wiederbegegnet sei. AFH, AFC, Zeitzeugenarchiv, Interview Jetteke Frijda, 9. März 2009.

129 De Wind: *Ich blieb in Auschwitz*, S. 169.

130 De Wind: *Ich blieb in Auschwitz*, S. 170–173; NRK, Dossier EU 85.297, Herman Frijda. Auf seiner Karteikarte beim Judenrat steht »bij een selectie in Auschwitz vergast« (»bei einer Selektion in Auschwitz vergast«), NRK, cartotheek van de Joodsche Raad, kaart H. Frijda. Es gibt noch einige weitere Überlebende des Transports vom 3. September, die Frijda und die zwei Selektionen für die Gaskammer Anfang Oktober 1944 erwähnen. NRK 2050, Erklärungen von Leo Maurits Muller, Inv. Nr. 1284, Philip Felix de Jong, Inv. Nr. 1268, Andries Max Cats, Inv. Nr. 1249.

131 NRK, Dossier 103586 von Hermann van Pels, *Bescheinigung* (Erklärung), Februar 1961.

132 NRK, Dossier 103586 von Hermann van Pels, Brief an Jansma 20. Dezember 1951.

133 Transportliste Stutthof vom 26. Oktober; diese Liste wurde erst 2005 von Juan Goudsmit »entdeckt«, als er nach seinem in Stutthof umgekommenen Vater Hans Goudsmit suchte.

134 NRK 2050, Inv. Nr. 1293, Fritz Simon. Er steht im Notizbuch von Otto Frank und wird dort ebenfalls im Zusammenhang mit Fritz Pfeffer erwähnt.

135 AFH, AFC, OFA, Inv. Nr. 211, William Banks »How the End Came to Anne Frank«, undatiert; AFH, Brief, Fritzi Frank an Vincent Frank-Steiner, 14. Dezember 1990; DLA, Sammlung Schnabel, Notizen Schnabel, 149; *Welt am Sonntag*, Interview, 4. Februar 1979.

136 Danuta Czech: *Kalendarium der Ereignisse im Konzentrationslager Auschwitz-Birkenau 1939–1945*. Reinbek bei Hamburg 1989, S. 892.

137 Zum Beispiel Louis Salomon de Goede, von Jacob van West erwähnt. NRK 2050, Inv. Nr. 1302, Jakob van West.

138 Filip Müller: *Sonderbehandlung: 3 Jahre in d. Krematorien u. Gaskammern von Auschwitz*. Deutsche Bearbeitung von Helmut Freitag. München 1979, S. 183–186.

139 DLA, Sammlung Schnabel, Notizen Schnabel, S. 151.

140 *Welt am Sonntag*, Interview Otto Frank, 4. Februar 1979.

141 Wachsmann: *KL*, S. 637f.

142 Anlegen von Straßen und Erdarbeiten und Holzbearbeitung (Georg Hirsch, NRK 2050, Inv. Nr. 1265); Petersen und de HUTA (Philip Felix de Jong, Inv. Nr. 1268), Kanalisation, Schlachthofkommando (Barend Konijn, Inv. Nr. 1274), Erd- und Aushubarbeiten im Kommando Petersen und Kartoffelschälkommando (Max Canes, Inv. Nr. 1248); Kommando Petersen (Erdarbeiten) und HUTA, Kanalbau für die Kanalisierung (Jacob van West, Inv. Nr. 1302); Straßen anlegen und Erdarbeiten (Kanalisierung) und Erdarbeiten für den Straßenbau und HUTA (Fritz Bernard Simon, Inv. Nr. 1293); siehe auch European Holocaust Research Infrastructure (EHRI).

143 NRK 3281, Comité International de la Croux-Rouge Häftlings-Nummerzuteilung; Landsberger et al. (Hrsg.): *Auschwitz* Bd. 2, S. 26.

144 Landsberger et al. (Hrsg.): *Auschwitz* Bd. 5, S. 21, Transporte nach Stutthof am 26. Oktober 1944 und 29. November 1944.

Pfeffer steht nicht auf der Transportliste nach Stutthof vom 26. Oktober. Der Transport vom 29. November 1944 scheidet aus, weil Pfeffer gleichzeitig mit Willem Swaap auf Transport ging, der am 21. November 1944 in Neuengamme verstarb. NRK, Dossier 42095 von Willem Swaap.

145 Transportliste von Auschwitz nach Stutthof, Privatsammlung Juan Goudsmit.

146 Braunschweig wurde am 5. November 1944 ein Außenlager von Neuengamme. Eine beträchtliche Anzahl der Häftlinge dort stammte aus Polen. Es waren polnische Juden, die das Ghetto von Lodz überlebt hatten und nach Auschwitz deportiert worden waren. Dort hatten Vertreter der Firma Büssing-NAG sie zur Zwangsarbeit im Außenlager Braunschweig ausgewählt. Das Unternehmen suchte hauptsächlich Metallarbeiter. Die Häftlinge kamen in drei Transporten zwischen September und November 1944 an. Siehe: Buggeln, *Slave Labor*, 128–131. In *Der Ort des Terrors* ist die Rede von einem Transport am 9. November 1944 nach Braunschweig. Siehe: Benz und Distel: *Der Ort des Terrors*, Bd. 5, S. 358. Siehe auch: Karl Liedke: »Destruction Through Work: Lodz Jews in the Büssing Factory in Braunschweig, 1944–1945.« In: *Yad Vashem Studies, XXX*, Jerusalem, 2002, S. 153–188

147 Wir wissen von Häftlingen, die am 10. November 1944 in Neuengamme angemeldet wurden, dass sie Lagernummern ab 64230 erhielten und dass die niedrigste bekannte Lagernummer eines Häftlings, der am 18. November ankam, 65105 ist. Pfeffer (64976) wurde also frühestens am 10. und spätestens am 18. November registriert. Da uns keine vollständigen Listen zur Verfügung stehen und wir nicht sicher wissen, ob zwischen dem 10. und 18. November nicht doch noch ein Transport eintraf, könnte Pfeffer folglich zur Gruppe vom 10. November gehören, aber es ist auch möglich, dass er am 18. November

ankam oder an irgendeinem der Tage dazwischen. Für die (unvollständige) Liste der Häftlinge und der Lagernummern siehe Mails von Alyn Beßmann, Archives Neuengamme Concentration Camp Memorial an Erika Prins und Gertjan Broek, 5. Mai 2017 bis 6. Juni 2017.

148 Stoppelman hatte 1943 mit Hilfe von Jan Gies ein Versteck in Laren gefunden, war aber nach Verrat schließlich nach Auschwitz gekommen.

149 AFH, AFC, Zeitzeugenarchiv, Stoppelman.

150 Stoppelman war am 17. Januar 1945 in einem der Evakuierungstransporte. Schriftliche Erklärung Max Stoppelman, 9. August 1995. AFH, AFC, Zeitzeugenarchiv, Dokumentation Max Stoppelman. Siehe auch: Lee: *Otto Franks Geheimnis*, S. 159; Müller: *Anne Frank*, S. 345ff.

151 Herinneringscentrum Kamp Westerbork und NOS Actueel: *Leven na de ondergang. Acht portretten van Holocaustoverlevenden*, Dokumentarfilm-DVD, 2007. Julius Erich Anhalt (Transport vom 25. Januar 1944) erklärt, dass er bei der Ankunft individuell nach seinem Alter und Beruf gefragt wurde. Er musste auch eine sogenannte Nachschule besuchen, um den Beruf des Metallarbeiters zu erlernen, NRK 2015, Inv. Nr. 1168. Bei Selektionen in den Cosel-Lagern kam es auf die Körpergröße, geschätzte Körperkraft und den Beruf an. Siehe: Göbel: »Nederlandse Joden in dwangarbeid«, S. 20.

152 NRK, Dossier 135177-3, Lagerkarte Mauthausen.

153 AFH, AFC, OFA, Inv. Nr. 211, Interview Otto Frank durch Arthur Unger, 6. Februar 1978. Siehe auch das Zitat in: Lee: *Otto Franks Geheimnis*, S. 159.

154 Priscilla Alden Thwaits Garcia: *Auschwitz, Auschwitz… I Cannot Forget You. As Long As I Remain Alive: The Story of Max Rodrigues Garcia As Told to Priscilla Alden Thwaits Garcia.* San Jose CA 1979, S. 109–123.

155 Alden Thwaits Garcia: *Auschwitz*, S. 109–123.

156 AFH, AFC, OFA, Inv. Nr. 211, Interview Otto Frank durch Arthur Unger, 6. Februar 1978. Siehe auch: Lee: *Otto Franks Geheimnis*, S. 159

157 Alden Thwaits Garcia, *Auschwitz*, 109–123.

158 AFH, AFC, OFA, Inv. Nr. 40, Notizbuch Otto Frank, 1945.

159 Ebenda. Siehe auch: HCKW, Hans Goudsmit, Vijf clandestiene brieven uit Westerbork van Hans Goudsmit aan zijn vrouw Gerry, inleiding. Hans Citroen an Juan Goudsmit, siehe Mail Juan Goudsmit an Erika Prins, 16. Dezember 2015; Privatsammlung Juan Goudsmit, Karte Büro ehemaliger politischer Häftlinge Stichting 1940–1945 an Mevrouw Goudsmit-ter Heegde, Erklärung P.F. de Jong, 10. September 1945.

160 Sal de Liema berichtet, wie er im ersten Stock mit Otto Frank aus dem Fenster schaut. AFH, Sammlung Jon Blair; Iwaszko: »The Daily Life of Prisoners«, S. 73.

161 AFH, AFC, Museumsbestand Inv. Nr. A_OFrank_I_015, Erklärung Otto Franks über Pfeffers Beziehung, 4. September 1951.

162 AFH, Sammlung Jon Blair.

163 AFH, AFC, OFA, Inv. Nr. 85; Spronz: »Ich war ein Häftling«. Otto Frank lernte den ungarischen Juden Spronz während ihrer beider Aufenthalt im Hospital kennen. Die Begriffe »Hospital«, »Krankenbaracke«, »Krankenblock«, »Krankenbau«, »Revier« etc. werden nicht einheitlich verwendet.

164 DLA, Sammlung Schnabel, Notizen Schnabel, 150

165 Max Canes, NRK 2050, Inv. Nr. 1248, landete in Baracke 2 für Erd- und Grabungsarbeiten des Kommandos Petersen; danach wurde er in Baracke 5 in der Kartoffelschälerei eingesetzt. Später kehrte er in Block 2 für Straßenbau zurück und erledigte im Kommando Petersen wieder Erd- und Grabungsarbeiten.

166 DLA, Sammlung Schnabel, Notizen Schnabel, 150.

167 AFH, AFC, OFA, Inv. Nr. 85; Spronz: »Ich war ein Häftling«, S. 16.
168 AFH, AFC, OFA, Inv. Nr. 011, »Raucherkarte« 1944–1945.
169 Das andere frühe Dokument, Ottos rotes Notizbuch, bekam er kurz nach seiner Befreiung; von wem, ist nicht bekannt. Es stammt jedenfalls aus der Zeit nach seiner Haft.
170 Nicolas Roth: *Avoir 16 ans à Auschwitz. Mémoire d'un juif hongrois.* Paris 2011, S. 297, S. 332, S. 343.
171 AFH, AFC, OFA, Inv. Nr. 85, Spronz: »Ich war ein Häftling«, S. 16.
172 AFH, AFC, Zeitzeugenarchiv, (telefonisches) Interview Hannah Pick-Goslar, 7. November 2019.
173 AFH, Sal de Liema, Sammlung Jon Blair, S. 10.
174 Ebenda, S. 3
175 Ebenda, 3.3. Für mehr Details siehe auch USC-SF, VHA, Interview Sal de Liema, 2. April 1995.
176 AFH, Sal de Liema, Sammlung Jon Blair, S. 24f.
177 Primo Levi: *Ist das ein Mensch.* München 2007, S. 106.
178 Siehe auch die Definition des Muselmanns auf der Website des Shoah Resource Center, The International School for Holocaust Studies van Yad Vashem, www.yadvashem.org/odot_pdf/Microsoft%20Word%20-%206474.pdf (abgerufen 4. September 2021).
179 Wachsmann: *KL*, S. 247f.
180 Miep Gies zitiert in: Lee: *Otto Franks Geheimnis*, S. 166.
181 AFH, Sal de Liema, Sammlung Jon Blair, 3.1-2.
182 Ebenda, 3.
183 Ebenda
184 Ebenda, S. 11.
185 DLA, Sammlung Schnabel, Notizen Schnabel, 150; Rosa de Winter Levy, in Kienzle, *Anne Frank wird 50*
186 Ebenda
187 NIOD, 250d, Inv. Nr. 646, S.M. Kropveld.

188 AFF_AlF_corr_10, Brief Otto Frank an Alice Frank-Stern, 8. Juni 1945.

189 Frank machte dazu leicht abweichende Aussagen. Er erzählte Ernst Schnabel 1957, dass er vom 19. November 1944 an ins Krankenrevier aufgenommen worden war; schreibt aber in einem Unterstützungsantrag für Spronz, er sei »Anfang November« 1944 ins Krankenhaus gekommen. Vgl. DLA, Sammlung Schnabel, Notizen Schnabel, S. 150. AFH, AFC, OFA, Inv. Nr. 85; Spronz, »Ich war ein Häftling«; Erklärung Otto Frank, 29. Juli 1962. In einer von der Sowjetarmee nach der Befreiung erstellten Liste, die Otto Franks Namen enthält, scheint der 21. November zu stehen. Siehe: NRK, kampen en gevangenissen (Lager und Gefängnisse), Inv. Nr. 53, Liste erstellt von Dr. Józef Bellert, Leiter des Lagerhospitals des Polnischen Roten Kreuzes.

190 Spronz: »Ich war ein Häftling«; Erklärung Otto Frank, 29. Juli 1962. Elie Cohen gibt eine Beschreibung der verschiedenen Krankenbaracken: Block 9 war offiziell der Schonungsblock, Block 19 war für Diarrhöe und innere Krankheiten, Block 20 für Infektions- und Hautkrankheiten, Block 21 für die Chirurgie (mit OP-Saal), in dem sich auch die HKB-Schreibstube befand; Block 28 war der Prominentenblock und der Block für Aufnahme, Ambulanz, Labor, Röntgenabteilung, Hals-Nasen-Ohren-Abteilung und hatte einen kleinen OP-Saal. Block 9 wurde nach der Selektion aufgehoben, bei der Professor Frijda für die Gaskammern selektiert wurde. Siehe: Elie Cohen: *Beelden uit de nacht. Kampherinneringen.* Baarn 1992, S. 64 und S. 99. Spronz schreibt, dass das Mitte November stattfand. Siehe: AFH, AFC, OFA, Inv. Nr. 85, Spronz, »Ich war ein Häftling«, S. 19. Sowohl Elie Cohen als auch de Wind meinen, dass es früher gewesen sei. Siehe auch: de Wind: *Ich blieb in Auschwitz*, S. 170–176.

191 AFH, AFC, OFA, Inv. Nr. 211, Interview Otto Frank durch Arthur Unger, 6. Februar 1978.

192 AFH, Sal de Liema, Sammlung Jon Blair, 3.16.

193 AFH, AFC, OFA, Inv. Nr. 85, Otto Frank an Joseph Spronz, 26. Juni 1945.

194 AFH, AFC, OFA, Inv. Nr. 85, Erklärung Otto Frank, 29. Juli 1962.

195 Stanfield, 27. Juli 1945; in AFH, AFC, OFA, Inv. Nr. 71. Otto Frank an Milly Stanfield, 27. Juli 1945. In Otto Franks Notizbuch sind drei Musiker notiert: van Beem, Schraab und Bleekrode. AFH, AFC, OFA, Inv. Nr. 40, Notizbuch Otto Frank, 1945.

196 Undatierter Brief Otto Frank, zitiert in: Lee: Otto Franks Geheimnis, S. 170.

197 AFH, AFC, OFA, Inv. Nr. 211, Interview Otto Frank durch Arthur Unger, 6. Februar 1978.

198 Landsberger et al. (Hrsg.): *Auschwitz* Bd. 5, S. 25.

199 Eine große Offensive begann am 22. Juni 1944, und am 13. Juli 1944 erreichte die Sowjetarmee die Weichsel. Am 12. Januar 1945 begann die Weichsel-Oder-Offensive, die das deutsche Heer zum Rückzug zwang.

200 NIOD, 250d, Inv. Nr. 827, C. Schimmer, S. 25.

201 Strzelecki: »Evacuation«, S. 273.

202 NIOD, 250d, Inv. Nr. 827, Erklärung C. Schimmer, S. 25; Alden Thwaits Garcia: *Auschwitz*, S. 123.

203 Wachsmann geht davon aus, dass die Evakuierung am 17. Januar begann; Daniel Blatman zufolge war das am 18. Januar. Vgl. Wachsmann: KL, S. 639; Daniel Blatman: *The Death Marches*, S. 81; Vgl. Landsberger et al. (Hrsg.): *Auschwitz Bd.* 6, S. 15.

204 AFH, AFC, OFA, Inv. Nr. 211, Interview Otto Frank durch Arthur Unger, 6. Februar 1978; DLA, Sammlung Schnabel,

Notizen Schnabel, S. 150. Siehe auch: Marcel Haenen: *De bokser. Biografie van Max Moszkowitz*. Amsterdam 2018, S. 136–163.

205 AFH, AFC, OFA, Inv. Nr. 211, Interview Otto Frank durch Arthur Unger, 6. Februar 1978.

206 Ebenda; Siehe auch: Lee: *Otto Franks Geheimnis*, S. 169.

207 NIOD, 250d, Inv.Nr.646, S.M. Kropveld.

208 KZ-Gedenkstätte Mauthausen, AMM OH/ZP1/299, Interview Jakob Maestro, 17. Juni 2002, S. 49.

209 AFH, AFC, OFA, Inv. Nr. 211, Interview Otto Frank durch Arthur Unger, 6. Februar 1978. Siehe auch: Lee: *Otto Franks Geheimnis*, S. 169.

210 Spronz zitiert in: Lee: *Otto Franks Geheimnis*, S. 169.

211 AFF_AlF_corr_10, Brief Otto Frank an Alice Frank-Stern, 18. Februar 1945.

212 NRK 2050, Erklärungen, Georg Hirsch (Inv. Nr. 1265), Abraham Hakker (Inv. Nr. 1264), Philip Felix de Jong (Inv. Nr. 1268), Barend Konijn (Inv. Nr. 1274), Richard Felix Levee (Inv. Nr. 1276), Sally Bernard de Liema (Inv. Nr. 1278), Fritz Bernhard Simon (Inv. Nr. 1293)

213 Siehe Elie Cohen: *Beelden uit de nacht*, S. 115f. Elie Cohen wurde mit dem Transport vom 14. September 1943 nach Auschwitz deportiert. Vgl. dazu auch: de Wind: *Ich blieb in Auschwitz*, S. 186ff.

214 Strzelecki: »Evacuation«, S. 273.

215 AFH, AFC, OFA, Inv. Nr. 211, Interview Otto Frank durch Arthur Unger, 6. Februar 1978; DLA, Sammlung Schnabel, Notizen Schnabel, S. 151.

216 AFF_AlF_corr_10, Brief Otto Frank an Alice Frank-Stern, 8. Juni 1945.

217 AFH, AFC, OFA, Inv. Nr. 40, Notizbuch Otto Frank, 1945.

218 NIOD 205d, Inv. Nr. 755, Justus Philips; NRK 2015, Inv. Nr. 1302, Jacob van West; Joseph Spronz, 23, AFH, AFC, OFA, Inv. Nr. 85.

219 Eddy de Wind: *Ich blieb in Auschwitz*, S. 211.

220 AFH, AFC, ofa Inv. Nr. 40, Notizbuch Otto Frank, 1945.

221 Otto Frank: »Anne Frank would have been fifty this year«, *Life*, March 1979. Siehe auch: Lee: Otto Franks Geheimnis, S. 174.

222 Übersetzt auf der Grundlage der englischen Übersetzung aus dem Russischen. Szene aus dem Dokumentarfilm *Die Befreiung von Auschwitz* von Irmgard von zur Mühlen, Chronos-Film GmbH, Frankfurt am Main, 1986 im Auftrag des United States Holocaust Memorial Council. APMAB, Scenario Fond, Bd. 53, S. 23–26, S. 29, S. 40.

223 AFF_AlF_corr_10_0021: Otto Frank an Alice Frank-Stern, 18. März 1945. Siehe auch: Lee: *Otto Franks Geheimnis*, S. 186.

224 AFH, AFC, OFA Inv. Nr. 40, Notizbuch Otto Frank, 1945.

225 NRK 2050, Inv. Nr. 1455, »Lijst van Nederlanders aanwezig op het ogenblik van de bevrijding door het Roode leger Oświęcim, Birkenau (Brzezinka), en Monowice (Dwory-Bunawerke), samengesteld door Dr. Bellert voor het Poolsche Roode Kruis, in Februar 1945« (Liste der Niederländer, die zum Zeitpunkt der Befreiung durch die Rote Armee in Auschwitz, Birkenau (Brzezinka) und Monowice (Dwory-Bunawerke) anwesend waren, zusammengestellt von Dr. Bellert für das Polnische Rote Kreuz, im Februar 1945. Siehe auch: Lee: Otto Franks Geheimnis, S. 177.

4 »Man brauchte ihr keinen Mut zu machen, denn den gab es nicht.«

1 Strzelecki: »Evacuation«, S. 270f.

2 Mayer: *Als ik Hitler maar kan overleven*, S. 47–52.

3 USHMM RG-04.078 2000.141, KL Auschwitz-Birkenau D-Au I-II-III-s Abteilung V-SS Standortarzt, Mikrofilm 2252. Obwohl Edith, Margot, Anne und Auguste wahrscheinlich nicht in diesem Teil des Lagers waren, vermittelt es einen

Eindruck von den Bedingungen, die damals im Frauenlager in Birkenau herrschten.

4 Ebenda

5 AFH, AFC, Zeitzeugenarchiv, Interview Bloeme Evers-Emden, 11. März 2010.

6 Es ist jedoch unklar, ob dies im Außenlager BIIa oder BI war.

7 Landsberger et al. (Hrsg.): *Auschwitz* Bd. 5, S. 21f.; NRK 2050, Inv. Nr. 1261, Bertha de Groot-Godfried erinnert sich, dass die Quarantäne bis Ende Oktober 1944 dauerte.

8 Landsberger et al. (Hrsg.); *Auschwitz* Bd. 2, S. 54.

9 Dwork und van Pelt: *Auschwitz, S.* 265–267; dies.: *Auschwitz: Von*, S. 291–296; Strzelecka: »Women«, S. 401.

10 http://www.meeroverdeholocaust.nl/en-exposition/dutch-people-in-auschwitz/survivors/ronnie-goldstein/personal-story (abgerufen 15. September 2021) Rosa de Winter-Levy: *Aan de gaskamer ontsnapt!*, S. 15; NIOD, 250d, Inv. Nr. 583, I. Salomon; Landsberger et al. (Hrsg.): *Auschwitz Bd.* 2, S. 46.

11 Augenzeugenbericht eines jungen Mädchens, Sammlung JHM, Nr. D001088.

12 AFH, AFC, Zeitzeugenarchiv, Interview Frieda Menco-Brommet, 12. Februar 2010.

13 Mayer: *Als ik Hitler maar kan overleven*, S. 30; Ronnie Goldstein-van Cleef, S. 84; Inge Kamp, S. 30.

14 De Winter-Levy: *Aan de gaskamer ontsnapt!*, S. 14.

15 NIOD, 250d, Inv. Nr. 583, Inge Salomon; de Winter-Levy: *Aan de gaskamer ontsnapt!*, S. 15.

16 Es gibt auch ehemalige weibliche Häftlinge, die angeben, dass sie nicht arbeiten mussten, wie z. B. Henriëtte van Bekkum-Sachs. Siehe: Rozema: *Treinen*, S. 19.

17 AFH, AFC, Zeitzeugenarchiv, Interview Lenie de Jong-van Naarden, 22. März 2010.

18 Rosa de Winter-Levy bei Schnabel: *Anne Frank*, S. 136; NRK 2050, Inv. Nr. 1297, J. Verdoner-Cohen; *Auschwitz Bulletin*, Jg. 49, Nummer 1, Januar 2005. Herdenkingsnummer laatste getuigen. De reddende gedichten en tekeningen van Ronnie Goldstein-van Cleef, »Ik draag een hoed vol dode lijven«, S. 17–22. NIOD, 250d, Inv. Nr. 583, I. Salomon; NRK 2015, Inv. Nr. 1301, Mevr. S. Weisz; NIOD, 250d, Inv. Nr. 583.

19 Strzelecka: »Women«, S. 407.

20 Landsberger et al. (Hrsg.): *Auschwitz* Bd. 5, S. 22f.; Czech: *Kalendarium*, S. 90, S. 894, S. 904 und S. 907. Siehe auch: NRK 2050, Sientje Spiekerman-de Zwarte, Inv. Nr. 1294, Mej. De Vries, Inv. Nr. 1298.

21 Strzelecka: »Women«, S. 402f.

22 Polak: *Oorlogsverslag*, S. 75.

23 AFH, AFC, Zeitzeugenarchiv, Interview Bloeme Evers-Emden, 11. März 2010.

24 Strzelecka: »Women«, S. 402f.; Göbel: *Een hemel zonder vogels*, S. 76. Interview Celine van de Hoek-de Vries, siehe: »Auschwitz Nr. A-25236. Een van de verhalen uit enkele van de 55 miljoen«, *De Anti Fascist*, November 2004, S. 24–26, hier: S. 24.

25 AFH, collectie onderzoek (Sammlung Forschung), Mail Eva Schloss an Erika Prins, Januar 2016; NIOD, 250d, Inv. Nr. 583, I. Salomon.

26 NIOD, 250d Inv. Nr. 439, Sara Boektje.

27 AFH, AFC, Zeitzeugenarchiv, Interview Bloeme Evers-Emden, 11. März 2010.

28 Kompisch: *Täterinnen;* Elissa Mailänder Koslov: *Gewalt im Dienstalltag. Die SS-Aufseherinnen des Konzentrations- und Vernichtungslagers Majdanek.* Hamburg 2009, S. 482–491; Wendy Lower: *Hitlers Helferinnen. Deutsche Frauen im Holocaust.* Aus dem Niederländischen übersetzt von Andreas Wirthensohn, München 2021.

29 Mailänder Koslov: *Gewalt im Dienstalltag*, S. 482–491.

30 SS-Aufseherinnen erhielten keine den Männern gleichwertigen Ränge, hatten aber eine eigene Hierarchie: von der Aufseherin bis zur Chef-Oberaufseherin. Für einen Überblick über die Ränge für Aufseherinnen siehe: Daniel Patrick Brown: *The Camp Women: The Female Auxillaries Who Assisted the SS in Running the Nazi Concentration Camp System.* Atglen PA 2002, S. 240f.

31 Siehe auch: Lower: *Hitlers Helferinnen*, S. 143ff.

32 Himmler zitiert in: Lower: *Hitlers Helferinnen*, S. 144.

33 Strzelecka: »Women«, S. 395–396; Monika Müller: »Die Oberaufseherin Maria Mandl. Werdegang, Dienstpraxis und Selbstdarstellung nach Kriegsende«, in: Simone Erpel (Hrsg.): *Im Gefolge der SS, Aufseherinnen des Frauen-KZ Ravensbrück. Begleitband zur Ausstellung.* Berlin 2007.

34 Andrew Rawson: *Auschwitz: The Nazi Solution.* Barnsley 2015, S. 57.

35 Alexandra-Eileen Wenck: »Selbstbild und Selbstdarstellung des SS-Personals aus dem Konzentrationslager Bergen-Belsen«, in: Alfred Gottwaldt et al. (Hrsg.): NS-*Gewaltherrschaft. Beiträge zur historischen Forschung und juristischen Aufarbeitung.* Berlin 2005, S. 397.

36 De Winter-Levy: *Aan de gaskamer ontsnapt!*, S. 13.

37 Ebenda, S. 18.

38 Ebenda, S. 22.

39 AFH, AFC, Zeitzeugenarchiv, Interview Bloeme Evers-Emden, 11. März 2010.

40 Annie de Levie-Cohen. Siehe auch: AFH_Getuigen op naam (Zeitzeugenarchiv), Annie de Levie-Cohen, Notizen zum Telefongespräch mit Teresien da Silva, November 2010.

41 AFH, AFC, Zeitzeugenarchiv, Interview Lenie de Jong-van Naarden, 22. März 2010.

42 Ebenda

43 De Winter-Levy: *Aan de gaskamer ontsnapt!*, S. 19.

44 Schnabel: *Anne Frank*, S. 136.

45 AFH, AFC, Zeitzeugenarchiv, Interview Lenie de Jong-van Naarden, 22. März 2010.

46 Von Mitte Mai 1944 an erhielten die jüdischen Häftlinge Registrierungsnummern, die mit den Buchstaben A (für Männer und Frauen in getrennten Serien) oder B (nur für Männer) begannen. Die Frauen erhielten Nummern im Zahlenbereich zwischen A 25063 und A 25271. Da von diesem Transport viele Nummern Personen zugeordnet werden können und die Häftlinge in alphabetischer Reihenfolge des ersten Buchstabens ihres Nachnamens nummeriert wurden, wissen wir, dass Anne, Margot und Edith Nummern zwischen A 25109 und A 25116 erhielten. Die Rekonstruktion der Häftlingszahlen geschah auf der Grundlage von Landsberger et al. (Hrsg.): Auschwitz, Bd. 2, S. 26, und Bd. 5, S. 21f.; Czech: Kalendarium, S. 868; NRK 3281, Comité International de la Croux-Rouge, 2; NRK 2050, Inv. Nr.: Transportliste 3. September 1944 mit Nachkriegsvermerk des NRK; Karteinummern aus der Kartei des Jüdischen Rats; verschiedene Interviews sowie die Datenbank von Juan Goudsmit.

47 Roelofs: *Nog altijd*, S. 74; Evers-Emden: *Als een pluisje*, S. 101; Steinbacher: *Auschwitz*, S. 72–73.

48 NIOD, 250d, Kampen en gevangenissen (Lager und Gefängnisse), Inv. Nr. 583, I. Salomon.

49 Es handelt sich um: Bloeme Evers-Emden, Ronnie Goldstein-van Cleef, Lenie de Jong-van Naarden, Frieda Menco-Brommet, Anita Mayer-Roos.

50 AFH, AFC, Zeitzeugenarchiv, Interview Bloeme Evers-Emden, 11. März 2010.

51 Lenie erinnert sich in einem Interview mit Willy Lindwer, dass Anne aufgenommen werden musste, aber Margot bei ihrer

Schwester bleiben wollte und sie deshalb begleitet hatte. »Ich erinnere mich, dass Anne Frank mit Ausschlag in den Krätzeblock kam. Margot hat sich freiwillig zu ihr gelegt, die beiden Schwestern sind beieinandergeblieben, und die Mutter war völlig verzweifelt.« So bei Lindwer: *Die letzten sieben Monate*, S. 19. In einem anderen Interview mit der Anne Frank Stiftung erinnert Lenie de Jong es gerade andersherum. Zuerst wurde Margot krank und Anne wollte bei ihrer Schwester bleiben. AFH, AFC, Zeitzeugenarchiv, Interview Lenie de Jong-van Naarden, 22. März 2010.

52 Mirjam Blitz: *Auschwitz 13917. Hoe ik de Duitse concentratiekampen overleefde.* 2. Auflage, Nijmegen 1961, S. 230; de Winter-Levy: *Aan de gaskamer ontsnapt!*, S. 25.

53 Auch Friedas Mutter Rebecca Brommet-Ritmeester überlebte den Holocaust. AFH, AFC, Zeitzeugenarchiv, Interview Frieda Menco-Brommet, 12. Februar 2010.

54 AFH, AFC, Zeitzeugenarchiv. Die Aussagen von Frieda Menco-Brommet, Ronnie Goldstein-van Cleef und Lenie de Jong-van Naarden haben alle den gleichen Tenor und unterscheiden sich nur in Details voneinander.

55 AFH, AFC, Zeitzeugenarchiv, Interview Lenie de Jong-van Naarden, 22. März 2010.

56 HCKW, Interviews Ronnie Goldstein-van Cleef, Frieda Menco-Brommet.

57 Ebenda

58 AFH, AFC, Zeitzeugenarchiv, Interview Frieda Menco-Brommet, 12. Februar 2010.

59 Schnabel: *Anne Frank*, S. 135f.

60 Mayer: *Als ik Hitler maar kan overleven*, S. 30 und S. 36.

61 Schnabel: *Anne Frank*, S. 134.

62 NRK 3281, Comité International de la Croix-Rouge, Häftlingsnummerzuteilung.

63 Landsberger et al. (Hrsg.): *Auschwitz* Bd. 5, S. 21; NRK, VI, 15.

64 Schnabel: *Anne Frank*, S. 136.

65 Lindwer: *Die letzten sieben Monate*, S. 193; AFH, AFC, Zeitzeugenarchiv, Interview Frieda Menco-Brommet, 12. Februar 2010.

66 Landsberger et al. (Hrsg.): *Auschwitz* Bd. 6, S. 15: alle Kategorien von Häftlingen wurden selektiert; angeblich sollten sich kranke Häftlinge in einem *Erholungslager* erholen, um danach wieder arbeiten zu können.

67 Landsberger et al. (Hrsg.): *Auschwitz* Bd. 6, S. 15.

68 Auch die Französin Odette Abadi beschreibt die Selektionen des Transports von Auschwitz nach Bergen-Belsen, mit dem Anne und Margot Frank sowie Auguste van Pels das Lager verließen. Abadi: *Terre de détresse*, S. 84–91.

69 De Winter-Levy: *Aan de gaskamer ontsnapt!*, S. 24, zitiert nach Website AFH: https://www.annefrank.org/de/anne-frank/die-hauptpersonen/edith-frank/ (zuletzt aufgerufen 4. September 2021)

70 Schnabel: *Anne Frank*, S. 136f.

71 Abadi: *Terre de détresse*, S. 84–91. Rebecca Brommet-Ritmeester, Frieda Menco-Brommets Mutter, entzog sich bewusst der Selektion für Bergen-Belsen, weil sie bei ihrer Tochter bleiben wollte, die im Krätzeblock lag. Van Liempt: *Frieda*, S. 63 und S. 72. De Winter-Levy: *Aan de gaskamer ontsnapt!*, S. 22.

72 De Winter-Levy: *Aan de gaskamer ontsnapt!*, S. 23.

73 Ebenda, S. 24.

74 Ebenda

75 Ebenda

76 Ebenda, De Winter-Levy meint hier wahrscheinlich »in die Gaskammer« und nicht nur »ins Krematorium«.

77 NRK 2015, Malka Mlynek-Wajnsztok, Inv. Nr. 1282 und Sientje Spiekerman-de Zwarte, Inv. Nr. 1295. Martha bleef terug

(Martha blieb zurück), USC-SF, VHA, Interview Claire Beim, 3. März 1996. Einige Frauen aus dem Transport vom 3. September 1944 gehörten zu der Gruppe, die vergast wurde. Dina Gabay-Smeer, NRK, Dossier 129414; und siehe: www.joodsmonument.nl/nl/page/134622/dina-gabay-smeer, Martha Culp, siehe: www.joodsmonument.nl/nl/page/152758/marthaculp, Wilhelmina Haagens, Hilde Cauveren-Marx und Lieselotte Lebenberg, siehe auch: www.joodsmonument.nl (alle abgerufen 4. September 2021), und Joodsche Raadkaarten (Karteikarten des Judenrats), NRK, Joodsche Raad Cartotheek.

78 De Winter-Levy: *Aan de gaskamer ontsnapt!*, S. 26–29.

79 Ebenda

80 Ebenda, S. 29.

81 AFH, AFC, OFA, Inv. Nr. 40, Notizbuch Otto Frank, 1945.

82 Betje Jakobs, NRK 2050, Inv. Nr. 1267, 2. August 1945, bezeugte, dass Edith Frank im Januar gestorben war. Frau M. van Dam-Teeboom gab dieselbe Erklärung ab.

5 »Ich glaube, dass ich Margot nicht außerhalb des Betts gesehen habe.«

1 Abadi: *Terre de détresse*, S. 86 und S. 91. Die Registrierungsnummern aus Bergen-Belsen sind nicht überliefert. Das NRK hat rekonstruiert, dass die weiblichen Häftlinge, die am 1. November 1944 von Auschwitz aus auf Transport nach Bergen-Belsen gingen, bei ihrer Ankunft Nummern zwischen 7270 und 8360 bekamen.

2 Abadi: *Terre de détresse*, S. 91; Rachel van Amerongen-Frankfoorder in: Lindwer: *Die letzten sieben Monate*, S. 92

3 Lindwer: *Die letzten sieben Monate*, S. 93; Abadi: *Terre de détresse*, S. 92.

4 Anita Lasker-Wallfisch: *Inherit the Truth 1939–1945*. London 1996, S. 87; Abadi: *Terre de détresse*, S. 84–86; AFH, AFC,

Zeitzeugenarchiv, Interview Freda Wineman-Silberberg, 24. August 2015.

5 Janny Brilleslijper und Rachel van Amerongen-Frankfoorder in: Lindwer: *Die letzten sieben Monate*, S. 92.

6 NRK 2050, Inv. Nr. 1282, Erklärung Dina Wajnsztok; de Winter-Levy: *Aan de Gaskammer ontsnapt!*, S. 24

7 Gedenkstätte Bergen-Belsen, Sammlung Augenzeuginnenberichte, Simone Grzybowski-Hochberg; Abadi: *Terre de détresse*, S. 92f. Es bleibt schwierig, die genaue Dauer der Fahrt zu bestimmen. Aus den Augenzeugenberichten geht hervor, dass sie in der Nacht des 1. Novembers abfuhren und am Tag des 3. Novembers ankamen, daher: drei Tage und Nächte.

8 Rachel van Amerongen-Frankfoorder in: Lindwer: *Die letzten sieben Monate*, S. 132; Abadi: *Terre de détresse*, S. 91.

9 Rachel van Amerongen–Frankfoorder in: Lindwer: *Die letzten sieben Monate*, S. 131.

10 Abadi: *Terre de détresse*, S. 93; Lassker-Wallfisch: *Inherit the Truth*, S. 88.

11 www.chroniknet.de/extra/historisches-wetter-nach-monat/?wetter-monat=november-1944&wetter-station=2014-hannover (abgerufen 4. September 2020).

12 Rachel van Amerongen-Frankfoorder in: Lindwer: *Die letzten sieben Monate*, S. 132; Abadi: *Terre de détresse*, S. 93.

13 Ein Vorzugslager ist ein Lager mit besseren Bedingungen, wie Theresienstadt und das Austauschlager von Bergen-Belsen; ein Erholungslager ist ein Lager, um sich zu erholen.

14 Lindwer: *Die letzten sieben Monate*, S. 132.

15 Ebenda, S. 137.

16 Wenck: *Zwischen Menschenhandel*, S. 343.

17 Offizielle Bezeichnung Stalag 311XI C, Siehe: Wenck: *Zwischen Menschenhandel*, S. 94.

18 Hunderte von Sowjetkommissaren, Parteifunktionären und dergleichen wurden abgeführt und in Sachsenhausen umgebracht. Wenck: *Zwischen Menschenhandel*, S. 97–98.

19 Zwischen Juli 1943 und Ende 1944 treffen mindestens 14.600 jüdische Gefangene, darunter 2750 Kinder ein. https://bergen-belsen.stiftung-ng.de/de/geschichte/ (abgerufen 4. September 2021).

20 Im Ungarnlager waren ungarische Juden im Besitz von Palästinazertifikaten; sie sollten gegen Geld an das alliierte Ausland »verkauft« werden. Von August 1943 an waren griechische Juden spanischer Herkunft im *Neutralenlager* in Haft. Im *Sonderlager* oder *Polenlager* waren polnische Juden mit nord-, mittel- oder südamerikanischen Pässen und Palästinazertifikaten. Siehe hierzu: Wenck, *Zwischen Menschenhandel*, 14.

21 Gespräch Erika Prins mit Klaus Tätzler, Forscher an der Gedenkstätte Bergen-Belsen, 4. November 2013. Insgesamt wurden 2560 Personen ausgetauscht; aus dem Sternlager, wo die niederländischen Juden untergebracht waren, wurden nur 222 Juden nach Palästina ausgetauscht, darunter auch Mirjam Bolle, und im Januar 1945 300 Juden in die Vereinigten Staaten über die Schweiz und Algerien, darunter Ruth Wiener.

22 Siehe z.B.: AFH, AFC, Zeitzeugenarchiv, Interview Hannah Pick-Goslar (6. Mai 2009); Martha Dotan-van Collem (5. Mai 2009), Nanette Blitz (17. Juli 2012), Mirjam Finkelstein-Wiener (3. Juni 2013).

23 Renata Laqueur: *Bergen-Belsen Tagebuch*: 1944–1945. Aus dem Niederländischen übersetzt von Peter Wiebke. 3. Auflage, Hannover 1995, S. 33.

24 Etwa Ruth Wiener, Renata Laqueur, Mirjam Bolle und Abel Herzberg.

25 Laqueur: *Tagebuch, S. 80*; Herzberg: *Zweistromland*, S. 108.

26 Wenck: *Zwischen Menschenhandel*, S. 338 und S. 346.

27 Ebenda, S. 339.

28 Ebenda, S. 340–343.

29 Eberhard Kolb: *Bergen-Belsen, Geschichte des Aufenthaltslager, 1943–1945*. Hannover 1962, S. 115; Wenck: *Zwischen Menschenhandel*, S. 339–346.

30 Klaus Tätzler nennt Transporte am 3., 4. und 5. November 1944; Odette Abadi erwähnt eine Gruppe von 3000 Frauen in Auschwitz, die nach der Selektion in eine Baracke gesperrt wurden; Herzberg: *Zweistromland*, S. 182. Dort spricht er von der Ankunft von 3000 Frauen in Bergen-Belsen; Dr. Terezia Braun erwähnt Transporte von 3000 Frauen; Landsberger et al. (Hrsg.): Auschwitz Bd. 6, S. 34, erwähnt 7270–7360 für den Transport vom 1. November 1944 aus Auschwitz; idem Cato Polak, NRK 2050, Inv. Nr. 926.

31 Gedenkstätte Bergen-Belsen, Augenzeugenberichte, Margot Vetrocova, Interview, Dezember 1986.

32 Laqueur: *Tagebuch*, S. 81.

33 Ebenda, S. 82.

34 Wenck: *Zwischen Menschenhandel*, S. 338 und S. 347; Wiener Library, Ruth Wiener Collection, 1962/1/3/1: diary, Ruth Wiener, 4. November 1944.

35 Wachsmann: KL, S. 464.

36 Archiv Gedenkstätte Bergen-Belsen, Protokoll Dr. Terezia Braun, Budapest, 20. Juli 1945, vor The Jewish Agency for Palestine degob, no. 659.

37 Herzberg: *Zweistromland*, S. 214.

38 Laqueur: *Tagebuch*, S. 87.

39 NIOD, 250d, Inv. Nr. 761, Suze und Surry Polak.

40 Herzberg: *Zweistromland*, S. 220.

41 Gedenkstätte Bergen-Belsen, Klara Lebowitz.

42 Das Interview wurde auf Englisch geführt. AFH, AFC, Zeitzeugenarchiv, Interview Freda Wineman-Silberberg, 24. August 2015.

43 Laut Freda Silberberg war dieser Appell am 1. Januar 1945. USC-SF, VHA, Interview Freda Wineman (Freda Wineman-Silberberg), 28. Februar 1996.

44 Herzberg: Amor fati. Schicksalstreue. Sieben Aufsätze über Bergen-Belsen. Aus dem Niederländischen von Stefan Häring. Wittingen 1997, S. 17.

45 Ebenda, S. 18.

46 Ebenda, S. 20f.

47 Ebenda, S. 42.

48 Ebenda, S. 44f.

49 Wenck: *Zwischen Menschenhandel*, S. 346.

50 Lasker-Wallfisch: *Ihr sollt die Wahrheit erben*, S. 133.

51 Landsberger et al. (Hrsg.): *Auschwitz Bd.* 6, S. 34.

52 Arolsen Archives 5792, 1.1.3.1, laufende Nr. 315.

53 Gedenkstätte Bergen-Belsen, Erklärung Simone Grzybowski; Abadi: *Terre de détresse*, S. 93f.; Janny Brilleslijper, NIOD, 250d, Inv. Nr. 834, F. Schrijver-Jacobs.

54 Lindwer: *Die letzten sieben Monate*, S. 94.

55 Laqueur: *Tagebuch*, S. 84.

56 Wiener Library, Ruth Wiener Collection, 1962/1/3/1, Tagebuch Ruth Wiener, 20. November 1944.

57 Herzberg: *Zweistromland*, S. 182–183. Tagebuchnotiz vom 8. November 1944.

58 Wenck: *Zwischen Menschenhandel*, S. 347.

59 Wiener Library, Ruth Wiener Collection, 1962/1/3/1, Tagebuch Ruth Wiener, 20. November 1944.

60 AFH, AFC, Zeitzeugenarchiv, Interview Ruth Klemens-Wiener, 12. Januar 2010.

61 Lindwer: *Die letzten sieben Monate*, S. 134.

62 USC-SF, VHA, Interview Ellen Spangenthal-Daniel, 26. Juli 1995.

63 Wachsmann: *KL*, S. 651 ff.

64 AFH, AFC, Zeitzeugenarchiv, Interview Annelore Beem-Daniel, 19. Mai 2014.

65 NIOD, 804, Inv. Nr. 18, Cato Polak.

66 Wachsmann weist darauf hin, dass auch die weibliche Variante *Muselweiber* vorkam. Wachsmann: *KL*, S. 247.

67 USC-SF, VHA, Interview Ellen Spangenthal-Daniel, 26. Juli 1995.

68 Ebenda

69 AFH, AFC, Zeitzeugenarchiv, Interview Annelore Beem-Daniel, 19. Mai 2014.

70 Lindwer: *Die letzten sieben Monate*, S. 134.

71 Lin Jaldati und Eberhard Rebling: *Sag nie du gehst den letzten Weg. Lebenserinnerungen 1911 bis 1988.* Marburg 1995, S. 360.

72 Im Gegensatz zu einigen anderen Häftlingen hatten die Brilleslijper-Schwestern keine Ausbildung als Krankenschwestern. Es ist nicht ganz klar, wie sie zu dieser Stellung und den damit verbundenen Privilegien kamen. Vgl. Brandes: *Voltooid en onvoltooid verleden tijd*, S. 32–34; Lindwer, *Die letzten sieben Monate*, S. 88.

73 AFH, AFC, Zeitzeugenarchiv, Erklärung L. Rebling-Brilleslijper, 5. April 1951.

74 Lindwer: *Die letzten sieben Monate*, S. 95f. Siehe auch: Roxanne van Iperen: *Ein Versteck unter Feinden.* Hamburg 2020, S. 341ff.

75 AFH, AFC, Zeitzeugenarchiv, Erklärung L. Rebling-Brilleslijper, 5. April 1951.

76 Lindwer: *Die letzten sieben Monate*, S. 97; Brandes: *Voltooid und onvoltooid verleden tijd*, S. 32.

77 Lientje Rebling-Brilleslijper (unter ihrem Künstlernamen Lin Jaldati) führt die gleiche Geschichte an, fügt aber hinzu, dass

der Wachmann jeden Abend vorbeikam und immer betrunken war. Jaldati und Rebling: *Sag nie du gehst den letzten Weg*, S. 359. Laut Annelore Beem-Daniel hatte sie zwar Kontakt zu einer Reihe von niederländischen Häftlingen, aber selbst an Janny und Lientje Brilleslijper hat sie nur vage Erinnerungen. AFH, AFC, Zeitzeugenarchiv, Interview Annelore Beem-Daniel, 19. Mai 2014. Auch ihre ältere Schwester Ellen Spangenthal-Daniel, die 1995 von der Shoah Foundation interviewt wurde, beschreibt keine Gruppe mit so engem Zusammenhalt. USC-SF, VHA, Interview Ellen Spangenthal-Daniel, 26. Juli 1995.

78 Lindwer: *Die letzten sieben Monate*, S. 100; und Van Iperen: *Ein Versteck unter Feinden*, S. 346.

79 Lindwer: *Die letzten sieben Monate*, S. 100f.

80 Ebenda, S. 134.

81 Transportliste, 5. Dezember 1944, in: Hetty Verolme: *De kleine moeder van Bergen-Belsen. Hoe een veertienjarig meisje het concentratiekamp wist te overleven*. Utrecht 2014, S. 267; AFH, AFC, Zeitzeugenarchiv, Interview Nanette König-Blitz, 2. August 2012.

82 AFH, AFC, Zeitzeugenarchiv, Interview Nanette König-Blitz, 2. August 2012.

83 AFF, OtF, coor_014, Brief Nanette Blitz an Otto Frank, 31. Oktober 1945.

84 Ghetto Fighters' House Museum, Kat. Nr. 195, Inv. Nr. 11723rm, Hol, Erklärung Margot Drach-Rosenthal.

85 Ghetto Fighters' House Museum, Kat. Nr. 3907, Inv. Nr. 03097rm, Erklärung Sophia (Sophie) Engelsman-Huisman, August 1966. Sie war bis 7. Februar in Bergen-Belsen und steht auf der Transportliste von Bergen-Belsen nach Raguhn.

86 Laqueu: *Tagebuch*, S. 24.

87 Wiener Library, Ruth Wiener Collection, 1962/1/3/1, Tagebuch Ruth Wiener, 4. November 1944.

88 Laqueur, Renata: Dagboek uit Bergen-Belsen. Amsterdam 1979, S. 93; Laqueur: *Tagebuch*, S. 33f. (dort verkürzt, daher übersetzt nach der Vorlage).

89 NIOD, 804, Inv. Nr. 18, Cato Polak; Ghetto Fighters' House Museum, 1966, Sophia Engelsman (Juden auf der anderen Seite des Zauns versuchten zu helfen); Rachel van Amerongen-Frankfoorder in: Lindwer: *Die letzten sieben Monate*, S. 134; NRK 2050, Inv. Nr. 923, Mejuffrouw Sophia Huisman, 8. August 1945.

90 NIOD, 804, Inv. Nr. 18, Cato Polak, S. 7.

91 Lindwer: *Die letzten sieben Monate*, S. 134.

92 Ebenda, S. 46.

93 Interview Hanna Elisabeth Pick, »Persönliche Erinnerungen an Anne Frank«, in: *Mitteilungsblatt*, hrsg. vom Verband der Einwanderer deutsch-jüdische Herkunft, Nr. 28, 12. Juli 1957.

94 AFH, AFC, Zeitzeugenarchiv, Interview Hannah Pick-Goslar, 6.–7. Mai 2009. Siehe auch: AFH, AFC, Zeitzeugenarchiv, Interview Nanette König-Blitz, 2. August 2012, die sich auch erinnert, Anne am Zaun getroffen zu haben.

95 AFH, AFC, Zeitzeugenarchiv, Interview Hannah Pick-Goslar, 6.-7. Mai 2009.

96 Wenck: *Zwischen Menschenhandel*, S. 351f.

97 NRK 2050, Inv. Nr. 1204, Bertha Kaas-Hekster.

98 Ebenda

99 NRK 2050, Inv. Nr. 949, Netherlands names extracted by I.R.O. I.T.S.; Transportliste 3. September 1944.

100 ITS, Dok. Nr. 3396827#1, Brief Commission Mixte de Secours de la Croix-Rouge Internationale an Deutsches Rotes Kreuz, Generalführer Hartmann, 23. Januar 1945, mit Angaben von 51 Empfängern.

101 Siehe, außer zu den im Weiteren noch folgenden Zeitzeugen-aussagen, auch: AFH, AFC, Zeitzeugenarchiv, Interview Marion Bienes, 24. November 1993. Bienes stammte auch aus Frankfurt

und ging dort in dieselbe Grundschule wie Margot, die sie allerdings erst in Amsterdam kennenlernte. Nachdem sie in ihrem Versteck verhaftet worden war, kam Bienes schließlich nach in Bergen-Belsen. In einem Interview erklärte sie, im Januar 1945 gehört zu haben, dass Anne und Margot im Lager seien und zu einem Treffen an den Zaun kämen. Sie selbst war an diesem Tag nur mit ihrem todkranken Vater beschäftigt, der im Januar 1945 im Lager starb.

102 Dabei muss es sich um eine nachträgliche Ergänzung handeln, denn Hanneli konnte Anne durch den Zaun nicht sehen, aber Anne wird ihr bestimmt von ihrem Zustand und dem Mangel an Kleidern erzählt haben.

103 VHA, Interview Irene Butter-Hasenberg, www.irenebutter.com/about (abgerufen 4. September 2020).

104 AFH, AFC, Zeitzeugenarchiv, Interview Martha Dotan-van Collem, 5. Mai 2009.

105 Wahrscheinlich handelt es sich um den bekannten Boxer Ben Bril, der zu dieser Zeit zusammen mit Eva Lek-van Leeuwen im Sternlager von Bergen-Belsen untergebracht war. Siehe auch die Transportliste vom 21. Januar 1945 und die Liste der Häftlinge, die am 25. Januar 1945 in Bergen-Belsen ankamen, um nach Südamerika ausgetauscht zu werden. Siehe auch die Erläuterung Bernd Horstmann, Kurator für das Namensverzeichnis der Häftlinge des KZ Bergen-Belsen.

106 Schnabel: *Anne Frank*, S. 146.

107 Lindwer: *Die letzten sieben Monate*, S.102f.

108 AFH, AFC, Inv. Nr. 01204, Erklärung L. Rebling-Brilleslijper, 11. November 1945.

109 AFH, AFC, OFA Inv. Nr. 85, Otto Frank an Mevr. Rebling-Brilleslijper, 4. Oktober 1945.

110 AFH, AFC, Inv. Nr. afs.01204, Erklärung L. Rebling-Brilleslijper, 11. November 1945.

111 NRK, Dossier 117266, Anne Frank, Brief Kleiman namens Otto Frank aan Commissie tot het doen van Aangifte van Overlijden van Vermisten van het ministerie van Justitie (Brief von Kleiman im Namen Otto Franks an die Kommission der niederländischen Justiz zur Anzeige von Todeserklärungen von Vermissten), 7. Mai 1954.

112 NRK, Dossier 117266, cartotheekkaartje Afwikkelingsbureau Concentratiekampen (ABC) (Karteikarte Abwicklungsbüro Konzentrationslager).

113 Mail Michiel Schwarzenberg (NRK) an Erika Prins (AFH), 15. März 2015.

114 SAA, Archief van de Burgerlijke Stand (Archiv Standesamt), Zugang 5009, Inv. Nr. 7411, Supplement 105–117, Akten-Nr. 46 (Anne) und 47 (Margot).

115 https://www.aerzteblatt.de/archiv/64657/Fleckfieber-und-andere-Rickettsiosen (abgerufen 9. September 2021); Gerald L. Mandell, John L. Bennet, Raphael Dolin und Douglas Mandell: *Bennet's Principles and Practices of Infectuous Diseases*, Bd. 2. 7. Aufl. Philadelphia 2010, S. 2217–2220.

116 YIVO, Otto Frank File. Otto Frank an Julius Holländer, November 1941. Otto schreibt darin, dass sie alle gegen Bauchtyphus geimpft wurden.

117 www.aerzteblatt.de/archiv/64657/Fleckfieber-und-andere-Rickettsiosen; Gerald L. Mandell, John L. Bennet, Raphael Dolin und Douglas Mandell, *Bennet's Principles and Practices of Infectuous Diseases*, Bd. 2 (7. Aufl. Philadelphia 2010) 2217–2220.

118 Lindwer: *Die letzten sieben Monate*, S. 134f.

119 AFH, AFC, Zeitzeugenarchiv, Interview Nanette König-Blitz, 2. August 2012.

120 AFH, AFC, Zeitzeugenarchiv, Interview Nanette König-Blitz, 2. August 2012. Auch Janny Brandes-Brilleslijper erklärte, dass

Margot aus dem Bett auf den Steinboden gefallen sei. Lindwer: *Die letzten sieben Monate*, S. 103.

121 AFH, AFC, Zeitzeugenarchiv, Erklärung L. Rebling-Brilleslijper, 5. April 1951. Siehe auch: Jaldati und Rebling: *Sag nie du gehst den letzten Weg*, S. 362f.

122 Arolsen Archives, 5792, 1.1.3.1, Folge-Nrn. 101, 315 und 216.

123 Lindwer: *Die letzten sieben Monate*, S. 10.

6 »Ich erinnere mich an Gusta van Pels – eine gebürtige Deutsche«

1 USC-SF, VHA, Interview Freda Wineman (Freda Wineman-Silberberg) 28. Februar 1996; Wenck: *Zwischen Menschenhandel*, S. 347; NIOD, 804, Inv. Nr. 18, Cato Polak.

2 Gedenkstätte Bergen-Belsen, Simone Grzybowski-Hochberg; Transportliste Bergen-Belsen-Raguhn, 7. Februar 1945: 139 französische, 100 ungarische, 86 polnische, 67 tschechische, 30 italienische, 28 holländische Frauen und weitere Frauen aus Griechenland, Türkei, Bulgarien, Rumänien, Slowakei, Jugoslawien und den Vereinigten Staaten sowie einige staatenlose Frauen.

3 NRK 2050, Inv. Nr. 949, Netherlands names extracted by I.R.O. I.T.S.; Transportliste 3. September 1944.

4 AFH, AFC, Zeitzeugenarchiv, Interview Annelore Beem-Daniel, 19. Mai 2014.

5 NIOD, 804, Inv. Nr. 18, Cato Polak. Siehe auch: NIOD, 250d, Inv. Nr. 761, Suze und Surry Polak.

6 NIOD, 804, Inv. Nr. 18, Cato Polak.

7 Arolsen Archives 5792, 1.1.3.1, Randbemerkung zu Transportliste Bergen-Belsen-Raguhn, 10. Februar 1945.

8 Lindwer: *Die letzten sieben Monate*, S. 138. Im Februar 1945 kamen noch immer große Räumungstransporte und Todesmärsche in Bergen-Belsen an.

9 AFH, AFC, Zeitzeugenarchiv, Interview Freda Wineman-Silberberg, 24. August 2015.

10 Megargee: *Encyclopedia of Camps and Ghettos* 1, S. 409f.; Irmgard Seidel: »Raguhn«, in: Benz und Distel (Hrsg.): *Der Ort des Terrors* Bd. 3, S. 551f.

11 Landsberger et al. (Hrsg.): *Auschwitz* Bd. 6, S. 39.

12 Kopie Liste mit Neuzugängen vom 21. Marz 1945, erhalten in Bergen-Belsen, *Hauptkommission* zur Strafverfolgung von *Verbrechen* gegen das *Polnische Volk, Institut des Nationalen Gedenkens in Warschau*, Signatur Buchenwald, syg. 41, k.30–39.

13 NIOD, 804, Inv. Nr. 18, Cato Polak

14 USC-SF, VHA, Interview Ellen Spangenthal-Daniel, 26. Juli 1995.

15 NIOD, 804, Inv. Nr. 18, Cato Polak; Holocaust survivor testimonial Freda Wineman-Silberberg at UJIA, London, 19th November 2012, www.youtube.com/watch?v=CVsC9jJwXfs (abgerufen 6. September 2021); USC-SF, VHA, Interview Freda Wineman (Freda Wineman-Silberberg), 28. Februar 1996; Ria van den Brandt, *Getuigen van Theresienstadt*, Interview Annelore Beem-Daniel, 20. Oktober 2009.

16 Seidel: »Raguhn«, S. 552.

17 http://aussenlager.buchenwald.de/index.php?article_id=103, Projekt Außenlager des ehemaligen KZ Buchenwald (abgerufen 6. September 2021)

18 Lindwer: *Die letzten sieben Monate*, S. 139.

19 Ebenda

20 USC-SF, VHA, Interview Ellen Spangenthal-Daniel, 26. Juli 1995.

21 AFH, AFC, Zeitzeugenarchiv, Interview Freda Wineman-Silberberg, 24. August 2015.

22 Seidel, »Raguhn«, S. 552; Megargee: *Encyclopedia of Camps and Ghettos* Bd. 1, S. 410.

23 Erklärung NRK, Februar 1961, Dossier Nr. 103586, Auguste van Pels-Röttgen.

24 USC-SF, VHA, Interview Ellen Spangenthal-Daniel, 26. Juli 1995.

25 Ebenda

26 NRK 2050, Inv. Nr. 1204, Erklärung Bertha Kaas-Hekster, 8. Januar 1948.

27 NRK 2050, Inv. Nr. 1237, Erklärung Rachel van Amerongen-Frankfoorder.

28 Siehe AFH, AFC, Zeitzeugenarchiv, Interview Nanette König-Blitz, 2. August 2012, und Interview Annelore Beem-Daniel, 19. Mai 2014; Otto Frank an Rechtsanwältin Elisabeth Späth (im Zusammenhang mit Entschädigung Auguste van Pels), 13. April 1960.

7 »Sie kamen nie zurück«

1 Landsberger et al. (Hrsg.): *Auschwitz Bd.* 5, S. 29.

2 Strzelecki: »Evacuation«, S. 274. Siehe auch: Wachsmann: *KL*, S. 632–645.

3 Landsberger et. al. (Hrsg.), *Auschwitz* Bd. 5, 31 und 227; idem, *Auschwitz* Bd. 6, 85; NIOD, 250d, Inv. Nr. 827, Erklärung C. Schimmer und A.F. van Velzen.

4 Haenen: *De bokser*, S. 136–163.

5 NRK, Liste der Zugänge vom 25. Januar 1945 Mauthausen. Nach den Daten des NRK insgesamt 5724 Gefangene. Landsberger et al. (Hrsg.): *Auschwitz Bd.* 6, S. 85. Siehe auch: Haenen: *De bokser*, S. 136–163. Moszkowicz gehörte zur selben Häftlingsgruppe.

6 Z.B. KZ-Gedenkstätte Mauthausen, AMM OH/ZP1/299, Interview Jakob Maestro, 17. Juni 2002, S. 53. Die Beschreibung des Todesmarsches hier stützt sich u. a. auf die Aussagen von Jakob Maestro, Job Jansen, Mari Sloot, Max Rodrigues Garcia, C. Schimmer und A.F. van Velzen.

7 Siehe Aussagen von C. Schimmer, A.F. van Velzen, Jakob Maestro, Job Jansen

8 KZ-Gedenkstätte Mauthausen, AMM OH/ZP1/299, Bericht Jakob Maestro, 17. Juni 2002, 50; A.F. van Velzen; Mari Sloot.

9 Aussagen von A.F. van Velzen.

10 Alden Thwaits Garcia: *Auschwitz*, S. 125.

11 NIOD, 250d, Inv. Nr. 646, Erklärung S.M. Kropveld.

12 Ebenda

13 Pohl sollte 1942 als SS-Obergruppenführer und General der Waffen-SS Leiter des Wirtschafts-Verwaltungshauptamts (WVHA) werden.

14 Wachsmann: *KL*, S. 194–197.

15 Siehe auch Kapitel 2. De Jong: *Het Koninkrijk* 4, S. 739 und S. 929–934; Romijn: *Burgemeesters*, S. 250–263.

16 Arolsen Archives 5792, CC Mauthausen, general report by Mr. Kanthack, former inmate etc., S. 54.

17 Lager wurden nach Stufe I, II oder III eingeteilt, wobei in Stufe III die härtesten Haftbedingungen waren.

18 Ladislaus Szücs: *Zählappell. Als Arzt im Konzentrationslager.* Frankfurt am Main 1995, S. 34. Mündliche Erläuterung der Kalorienberechnung durch Harald Hutterberger.

19 Siehe auch: Hans Maršálek: *Die Geschichte des Konzentrationslagers Mauthausen.* Wien 1995, S. 181–215.

20 Ebenda, S. 181–193.

21 Ebenda, S. 196–215; Hans Maršálek: *Die Vergasungsaktionen im Konzentrationslager Mauthausen – Gaskammer, Gaswagen, Vergasungsanstalt Hartheim, Tarnnamen Dokumentation.* Wien 1988.; Bertrand Perz, Florian Freund: »Tötungen durch Giftgas im Konzentrationslager Mauthausen«, in: Günther Morsch und Bertrand Perz: *Neue Studien zu nationalsozialistischen Massentötungen durch Giftgas.* Berlin 2011, S. 244–257.

22 Bei diesen Zahlen sind die Häftlinge, die nach der Befreiung von Mauthausen starben, nicht berücksichtigt, www.mauthausen-memorial.org/de/Wissen/Das-Konzentrationslager-Mauthausen-1938–1945 (abgerufen 6. September 2021).

23 KZ-Gedenkstätte Mauthausen, E/13/08/01, Liste 25. Januar 1945.

24 KZ-Gedenkstätte Mauthausen, AMM OH/ZP1/234, Interview Miksa Mechlowitz, 11. Juni 2002; und USHMM, Michal Kraus, Diary, S. 15.

25 NIOD, 250d, Inv. Nr. 827, Erklärung C. Schimmer, 28.

26 KZ-Gedenkstätte Mauthausen, E/13/08/01, Liste 25. Januar 1945.

27 Durchschlag der Registrierung Peter van Pels Mauthausen, Kopie bei Abschrift. In der Erzählung »Mein erstes Interview« schreibt Anne Frank, dass er blaugraue Augen hatte. Anne Frank: »*Mijn eerste interview*« (22. Februar 1944), in: Anne Frank, *Verhaaltjes, en gebeurtenissen uit het Achterhuis. Cady's leven.* Amsterdam 2001, S. 64f.

28 KZ-Gedenkstätte Mauthausen, AMM OH/ZP1/299, Interview Jakob Maestro, 17. Juni 2002. Maestro nennt unterschiedliche Zahlen: 1000 in einer für 100 Personen vorgesehenen Baracke und 500 in einer für 80 vorgesehene Baracke.

29 Ioan Gottlieb: *Euch werde ich's noch zeigen. Vom Ghetto Baia Mare durch Auschwitz, Mauthausen, Melk und zurück: 1929–1945.* Konstanz 2006, S. 25; siehe auch Farbtafel I.

30 Rômān Frîsṭer: *Die Mütze oder der Preis des Lebens.* Übersetzt aus dem Hebräischen von Eva und Georges Basnizki. München 1998, S. 297f.

31 Übersichten über die Anzahl der Häftlinge von Mauthausen, 27. Januar 1945 und 30. Januar 1945; Zement ist der Deckname für das Außenlager Ebensee. Arolsen Archives 5792; Peter van Pels fährt am 29. Januar 1945 nach Melk ab, die Transporte nach Gusen und Ebensee sind um dieses Datum.

32 NRK, Dossier 135177-3, Lagerkarte Mauthausen. Siehe auch S. 171 und S. 278; und NIOD, 250d, Inv. Nr. 827, Erklärung C. Schimmer, S. 28.

33 Arolsen Archives 5792, Deportationsliste Mauthausen-Melk; Schimmer nennt acht Zimmerleute in dieser Selektion, so dass es möglich ist, dass auch für Melk Häftlinge mit demselben Beruf gemeinsam ausgewählt wurden. NIOD, 250d, Inv. Nr. 827, Erklärung C. Schimmer, S. 28.

34 Die Waffenfabrik Steyr-Daimler-Puch AG war der größte Hersteller von Kugellagern im Deutschen Reich und verlegte die Kugellagerfabrik von Steyr-Münichholz nach Melk, um vor alliierten Luftangriffen sicher zu sein.

35 Das Lagersystem Mauthausen, Hauptlager und Außenlager, zur Geschichte des Außenlagers Melk: www.mauthausen-memorial.org/de/Melk/Das-Konzentrationslager -Melk (abgerufen im September 2021); und Bertrand Perz: *Das Projekt »Quarz«. Der Bau einer unterirdischen Fabrik durch Häftlinge des* KZ *Melk für die Steyr-Daimler-Puch* AG *1944–1945*. Innsbruck 2014.

36 Transportliste Melk, 29. Januar 1945. Auf dieser Liste stehen 1971 Namen. Dies entspricht in etwa den Angaben aus den Übersichten über die Anzahl der Häftlinge von Mauthausen. Bad Arolsen zwischen 27.-30. Januar 1945. Arolsen Archives 5792.

37 Moshe Ha-Elion: *The Straits of Hell: The Chronicles of a Salonikan Jew in the Nazi Extermination Camps Auschwitz, Mauthausen, Melk, Ebensee*. Mannheim 2005, S. 58f.

38 KZ-Gedenkstätte Mauthausen, B/30/13, Melk, 3.

39 KZ-Gedenkstätte Mauthausen, B/30/II/8. Nach Aussage des Lagerkommandanten Julius Ludolf bei seiner Vernehmung am 22. Mai 1945 durch Major Harolder Sullivan: Reichsdeutsche, Juden, Franzosen, Russen, Polen, Norweger, Muslime, Slowenen, Italiener, Spanier und Jugendliche.

40 KZ-Gedenkstätte Mauthausen, B/30/13, Melk, 3.

41 5000 Häftlinge sind in Melk gestorben, durch Unfälle getötet oder erschossen worden. Gesamtzahl der Häftlinge April 1944 bis April 1945: 14.387 (Eingänge) – 8928 Rückführungen = 5459. 4873 gestorben und 85 geflüchtet.

42 Ha-Elion: *The Straits*, S. 58.

43 NIOD, 250d, Inv. Nr. 1185, H.L. Bastiaans.

44 Ebenda

45 NIOD, 250d, Inv. Nr. 827, Erklärung C. Schimmer, S. 29.

46 Ha-Elion: *The Straits*, S. 60.

47 Bertrand Perz: »Kinder und Jugendliche im Konzentrationslager Mauthausen und seinen Außenlagern«, *Dachauer Hefte* 9 (1993), S. 71–90.

48 KZ-Gedenkstätte Mauthausen, B/30/II/8, Verhör des Lagerkommandanten Julius Ludolf, 22. Mai 1945, durch Major Harolder Sullivan. Der Lagerkommandant hatte wiederholt versucht, die Kinder nach Mauthausen zurückzuschicken, weil er sie nicht brauchen konnte. Firmen bezahlten für Zwangsarbeiter, für Kinder hatten sie keine Verwendung.

49 Peter van Pels kam am 11. April nach Mauthausen zurück, es handelt sich um die Jugendlichen und Kranken aus Melk. Die anderen Häftlinge, circa 6000, gingen nach Ebensee. KZ-Gedenkstätte Mauthausen, B/30/6/d, Aufstellung über von KL-Melk abgegangene Transporte (Evakuierung des Lagers).

50 NIOD, 250d, Inv. Nr. 827, Erklärung C. Schimmer, S. 29.

51 KZ-Gedenkstätte Mauthausen, AMM OH/ZP1/234, Interview Miksa Mechlowitz, 11. Juni 2002.

52 Einige Häftlinge, die spezialisierte Arbeiten leisteten, hatten es etwas besser, wie der Niederländer Job Jansen (ein ehemaliger Mitarbeiter von Opekta). Er musste die Pumpen warten, um die Tunnelgänge trocken zu halten. USC-SF, VHA, Interview

Josephus Jansen, 15. Oktober 1996. Siehe auch: Ha-Elion: *The Straits*, S. 58.

53 Arolsen Archives 5792, CC Mauthausen, general report by Mr. Kanthack, former inmate etc. , S.54.

54 KZ-Gedenkstätte Mauthausen, AMM OH/ZP1/234, Interview Miksa Mechlowitz, 11. Juni 2002.

55 KZ-Gedenkstätte Mauthausen, B/30/13, Melk, 3; NIOD, 250d, Inv. Nr. 827, Erklärung C. Schimmer, S. 29.

56 Seit November 1944 gab es in Melk ein Krematorium; davor wurden die Leichen aufgestapelt und nach einiger Zeit nach Mauthausen gebracht. KZ-Gedenkstätte Mauthausen, Abteilung IV/7, B/30-B/39.

57 Perz: *Das Projekt »Quarz«*, S. 531. 1500 wurden nach Mauthausen zurückgeschickt; Perz meint hier Jugendliche unter 20, Peter war 18 Jahre alt.

58 Ebenda, S. 531f.

59 Ebenda, S. 532.

60 KZ-Gedenkstätte Mauthausen, B/30/6/2, Aufstellung über vom KL-Melk abgegangene Transporte (Evakuierung des Lagers).

61 KZ-Gedenkstätte Mauthausen, Eingangsregister (Y/36, Y/44); Eingangsregister (E/13/8/1), Registrierung Peter van Pels.

62 KZ-Gedenkstätte Mauthausen, AMM H/02/03, Václav Berdych, »Krankenhauspflege«, S. 8.

63 KZ-Gedenkstätte Mauthausen, Abteilung IV/7, Archiv H/1, Die medizinische Betreuung, das Revier.

64 NIOD, 250d, Inv. Nr. 1185, H.L. Bastiaans.

65 Zehn Tage später übergaben die Amerikaner die Befehlsgewalt an die Sowjetarmee.

66 KZ-Gedenkstätte Mauthausen, Abteilung IV/7, »Hospital Mauth. Abgangsbuch (Tote) 5.5.45–18.5.45«.

67 KZ-Gedenkstätte Mauthausen, Abteilung IV/7, Liste »Verstorbene«, erstellt von der Dritten US-Armee, 1945.

68 Siehe auch: Wachsmann: *KL*, S. 685–693.

69 Das NRK gab am 21. November 1949 das Todesdatum 5. Mai 1945 an die Kommission der niederländischen Justiz zur Anzeige von Todeserklärungen von Vermissten. Auf der Rückseite der Karteikarte ist 10. Mai 1945 als Sterbedatum vermerkt, basierend auf r830/4. NRK, kampen en gevangenissen (Lager und Gefängnisse), Inv. Nr. 429jrk. KZ-Gedenkstätte Mauthausen, Abteilung IV/7, Hospital Mauth. Abgangsbuch (Tote) 5.5.45 bis 18.5.45.

8 »Von den Holländern starben die meisten«

1 NRK, Dossier 122, Karteikarte Charlotte Kaletta an NRK, 1. August 1945; DLA, Sammlung Schnabel, Notizen Schnabel, S. 149; Erklärung Jakob de Vries, Mevr. Swaap in: NRK, dossier 42095 (Willem Swaap). AFH, AFC, OFA, inv. Nr. 211, Interview Otto Frank durch Arthur Unger, 6. Februar 1978. Siehe auch: Schnabel: *Anne Frank*, S. 138.

2 NRK, Dossier 122, Karteikarte Kaletta an NRK, 8. August 1945: »(…) letzter Bericht über Pfeffer datiert 1. Oktober, als er mit einem Ärztetransport mitfuhr«.

3 Siehe Abschnitt »Fritz Pfeffer in Neuengamme«.

4 NRK 2050, Inv. Nr. 1091, Erklärung Janny Hamburger-Bolle, 29. März 1951.

5 Sie sollten bei der Herstellung gefälschter Banknoten helfen. Landsberger et al. (Hrsg.): *Auschwitz Bd.* 6, S. 13.

6 Landsberger et al. (Hrsg.): *Auschwitz Bd.* 6, Transport zum AK (Außenkommando) Wüstegiersdorf (Kommando GR). Unter ihnen waren auch Dr. Abraham Wittenburg, Max Hamburger, Dr. Izak Mannheimer, Dr. S.M. Kropveld und Dr. Kok. NRK 2050, Inv. Nr. 1091, Erklärung Janny Hamburger-Bolle, 29. März 1951, und Dossier 42382, Maurits van Aalst. Am 15. Mai 1944 ging Janny Hamburger-Bolle mit einer kleinen Gruppe von 16

Krankenschwestern – oder die als solche galten – von Auschwitz nach Groß-Rosen. NRK 2050, Inv. Nr. 1091, Erklärung Janny Hamburger-Bolle, 29. März 1951. Siehe auch: Göbel: *Een hemel zonder vogels*, S. 92f.

7 Auf der Grundlage des digitalen Monuments des Freundeskreises Neuengamme, www.monument.vriendenkring-neuengamme.nl (abgerufen 9. September 2021), das online Totenbuch der Gedenkstätte KZ-Neuengamme, www.kz-gedenkstaette-neuengamme. de/geschichte/totenbuch/die-toten-1940–1945/ (abgerufen 9. September 2021), ergänzt durch eine schriftliche Erklärung von Alyn Beßmann von der Gedenkstätte: Arzt Max Mosheim 64969, Arzt Arthur Moser 64970, Zahnarzt Fritz Pfeffer 64971, Arzt Isaac Chatt 64976, Zahnarzt Willem Swaap 64995. Fritz Pfeffer bekam bei der Ankunft in Neuengamme Nummer 64971. Die vergebenen Nummern in Neuengamme sind eindeutig. Aber es können große Lücken in der Nummerierung vorkommen. NRK, Inv. Nr. 3281, Comité International de la Croix-Rouge, Häftlings-Nummerzuteilung, 26. Aus den Häftlingsnummern auf einigen der erhaltenen Registrierungskarten lässt sich ableiten, dass sie zwischen dem 10. und 18. November 1944 in Neuengamme ankamen. Landsberger et al. (Hrsg.), *Auschwitz* Bd. 6, 13–14; Judith Schuyf, *Nederlanders in Neuengamme. De ervaringen van ruim 5500 Nederlanders in een Duits concentratiecamp, 1940–1945*. Zaltbommel 2005, S. 187
Erstellt auf der Grundlage von Aussagen der »Puttenaren« Jaap van Wincoop (www.oktober44.nl/het-verhaal-van-jaap-van-wincoop), Wouter Roozendaal (www.oktober44.nl/het-verhaal-van-wouter-rozendaal) und J. Vonhof (www.oktober44.nl/ik-ben-zo-weer-terug), die Mitte Oktober in Neuengamme ankamen (abgerufen März 2016).

8 NRK 2050, Inv. Nr. 2179, Barend Konijn. Einer von ihnen war Willem Swaap, der im November 1944 zu diesem Transport eingeteilt wurde, obwohl er in Auschwitz in der Krankenbaracke lag.

9 Informationen bereitgestellt von Alyn Beßmann von der Gedenkstätte Neuengamme. Es handelte sich um die Ärzte Max Mosheim, Arthur Moser, Isaac Chatt, Michel Peterfalvi, Nikolaus Stein, Wilhelm Schert, Zahnarzt Adalbert Raduciner und den Gynäkologen Dr. Adalbert Fehér.

10 Buggeln: *Slave Labor;* Hermann Kaienburg, *Das Konzentrationslager Neuengamme, 1938–1945.* Bonn 1997.

11 Siehe auch: Buggeln: *Slave Labor*; Kaienburg, *Das Konzentrationslager Neuengamme.*

12 Karin Orth: »Erziehung zum Folterer? Das Beispiel des KZ-Kommandanten Max Pauly«, in: Peter Burschel et al. (Hrsg.): *Das Quälen des Körpers. Eine historische Anthropologie der Folter.* Köln 2000.

13 www.kz-gedenkstaette-neuengamme.de/geschichte/totenbuch. Vgl. auch die Schätzung bei Kaienburg, der davon ausgeht, dass zwischen 40.000 und 55.000 Häftlinge in Neuengamme umkamen. Kaienburg: *Neuengamme*, S. 268.

14 Kaienburg: *»Vernichtung durch Arbeit«*, S. 371.

15 Reimer Möller: »Die beiden ›Zyklon B‹-Mordaktionen im Konzentrationslager Neuengamme 1942«, in: Günter Morsch und Bertrand Perz (Hrsg.): *Neue Studien zu nationalsozialistischen Massentötungen durch Giftgas.* Berlin 2011.

16 Häftlinge aus Belgien, Dänemark, Deutschland, Frankreich, Griechenland, Ungarn, Italien, Jugoslawien, Lettland, Luxemburg, den Niederlanden, Norwegen, Österreich, Polen, Russland, Spanien und der Tschechoslowakei.

17 In Neuengamme wurden etwa 13.000 jüdische Häftlinge registriert.

18 Die Zahlen stammen von der Website der KZ-Gedenkstätte Neuengamme, www.kz-gedenkstaette-neuengamme.de (abgerufen 26. Juni 2020).

19 Schuyf: *Nederlanders in Neuengamme*, S. 33.

20 Siehe für de Kom, Haersma Buma und Campert auch: Bas von Benda-Beckmann: *Het Oranjehotel. Een Duitse gevangenis in Scheveningen.* Amsterdam 2019, *S.* 41, S. 350f. und S. 360f.

21 659 Männer wurden nach Amersfoort gebracht, 58 von ihnen wurden dort entlassen; anschließend kamen 601 Männer nach Neuengamme, von denen 13 flohen. 588 Häftlinge trafen in Neuengamme ein, 48 von ihnen überlebten und kehrten zurück. www.oktober44.nl/ weggevoerde-mannen und www.oktober44.nl/razzia (abgerufen 4. September 2020).

22 Wim Alosery im Interview in *de Volkskrant*, 2. Mai 2015.

23 Kaienburg: »*Vernichtung durch Arbeit*«, S. 97. Hamburg war eine der fünf *Führerstädte*. Geplant waren unter anderem eine 700 Meter lange Hängebrücke über die Elbe, ein 250 Meter hohes »Gauhaus« und eine Fassade aus Büro- und Industriegebäuden.

24 Schuyf, *Nederlanders in Neuengamme*, S. 33.

25 In Außenlagern oder -kommandos arbeiteten die Zwangsarbeiter oft für industrielle oder private Auftraggeber, die Häftlinge zu einem Tagessatz von 4 bis 6 Reichsmark bei der SS anforderten; das Ausheben von Panzergräben und Verteidigungsanlagen geschah auf Anordnung der NS-Regierung. Schuyf: *Nederlanders in Neuengamme*, S. 55–57.

26 Friedrich Pfeffer in: www.kz-gedenkstaette-neuengamme.de/geschichte/totenbuch/ (abgerufen 18. Juni 2020).

27 NRK, Dossier 7500, Fritz Pfeffer. Es ist nicht ausgeschlossen, dass er von Auschwitz über Sachsenhausen nach Neuengamme kam. Landsberger et al. (Hrsg.): *Auschwitz Bd.* 6, S. 13f. und 20; Schuyf: *Nederlanders in Neuengamme*, S. 137. Am 24. Oktober 1944 verlässt ein Transport mit Männern Auschwitz mit dem

Ziel Sachsenhausen; Sietse Geertsema vom Vriendenkring (Freundeskreis) Neuengamme nennt auch Buchenwald als Möglichkeit.

28 Erstellt auf der Grundlage von Aussagen der »Puttenaren« Jaap van Wincoop (www.oktober44.nl/het-verhaal-van-jaap-van-wincoop), Wouter Roozendaal (www.oktober44.nl/het-verhaal-van-wouter-rozendaal) und J. Vonhof (www.oktober44.nl/ik-ben-zo-weer-terug), die Mitte Oktober in Neuengamme ankamen (abgerufen September 2021).

29 www.vriendenkringneuengamme.nl/media/film-cor-bos, Filmfragment 3 (abgerufen 12. September 2021).

30 Ein nicht gut gemachtes Bett brachte Stockschläge ein. Die Beschreibung dieses Vorgehens auf der Grundlage von: NRK 2050, Inv. Nr. 1755, »Hoe was het leven in Neuengamme. Alleen door geluk komt men er levend vanaf« (Wie war das Leben in Neuengamme? Nur mit Glück kommt man dort mit dem Leben davon), S. 2.

31 www.oktober44.nl/het-verhaal-van-jaap-van-wincoop (abgerufen 12. September 2021).

32 Johannes Paulus Lokker (geboren in Melissant am 25. September 1902) wurde am 18. November 1944 wegen seiner Widerstandsaktivitäten verhaftet und kam am 4. Februar 1945 in Neuengamme an. www.monument.vriendenkringneuengamme.nl (abgerufen 12. September 2021). Der anonyme und undatierte Bericht, gefunden beim NRK (NRK 2050, Inv. Nr. 1755, »Hoe was het leven in Neuengamme. Alleen door geluk komt men er levend vanaf«) stammt offenbar von Johannes »Han« Lokker. Schuyf, *Nederlanders in Neuengamme*, 47. Siehe auch das Interviewfragment »Omkijken met Ton Lokker uit Barneveld« (Omroep Gelderland, 6. März 2017), www. youtube.com/watch?v=LrEyaWgb8ZA (abgerufen 25. Juni 2020).

33 NRK 2050, Inv. Nr. 1755, »Hoe was het leven in Neuengamme. Alleen door geluk komt men er levend vanaf«, S. 6.

34 Siehe auch: Wachsmann: *KL*, S. 586–595.

35 www.oktober44.nl/het-verhaal-van-jaap-van-wincoop (abgerufen 12. September 2021).

36 Siehe z.B.: www.oktober44.nl/het-verhaal-van-wouter-rozendaal (abgerufen 12. September 2021); NRK 2050, Inv. Nr. 1755, »Hoe was het leven in Neuengamme«, S. 3.

37 Gedenkstätte Neuengamme, »Häftlings-Toten-Nachweis«, 17.12.1944–19.1.1945.

38 NRK 2050, Inv. Nr. 1755, »Hoe was het leven in Neuengamme«, S. 3.

39 Indikationsverzeichnis mit vorgeschriebenen Krankheiten, aus dem Archiv von Auschwitz-Birkenau Staatsmuseum, keine Inventarnummer bekannt (Kopie im AFH); www.monument.vriendenkringneuengamme.nl (abgerufen 12. September 2021).

40 Kaienburg: »*Vernichtung durch Arbeit*«, S. 161–180.

41 NRK, dossier 7500, Sterbeurkunde Fritz Pfeffer, Nr. IX/107.

42 https://monument.vriendenkringneuengamme.nl/person/403731/fritz-pfeffer (abgerufen 12. September 2021). Standesamt Hamburg-Neuengamme, Abschrift Sterbeurkunde, AFH, Museumssammlung, Object A_Pfeffer_I_016. Als Sterbeort ist auf der Sterbeurkunde vermerkt: Hausdeich 60 in Hamburg-Neuengamme, 16. Februar 1945. Das ist das Krematorium des Lagers.

43 NRK, Dossier 7500 von Fritz Pfeffer, Brief an Mevrouw C. Kaletta van J. van de Voss, 23. Oktober 1945.

9 »Wo die Kinder sind, weiß ich nicht«

1 Z.B. Joseph Spronz, Sal de Liema, Bob Zadick, Barend Konijn, Rudi Meijer. AFH, AFC, OFA, Inv. Nr. 85.

2 Z.B. von Johan Goudsmit und Simon Meyer, die in Stutthof gestorben waren, und von Nico Pimentel, der in Groß-Rosen starb. Datenbank Juan Goudsmit.

3 Otto meint hier Hans Goudsmit.

4 Privatsammlung Juan Goudsmit, Transportliste Auschwitz-Stutthof.

5 AFH, OFA, Inv. Nr. 17, Otto Frank an Alice Frank-Stern, 23. Februar 1945.

6 Zu dieser Zeit wusste Rosa de Winter-Levy noch nicht, dass auch ihre Tochter Judik die Lager überlebt hatte. Kurz nach ihrer Rückkehr in die Niederlande fanden sie sich wieder. De Winter-Levy: *Aan de gaskamer ontsnapt!*, S. 23.

7 Otto Franks Notizbuch zufolge, in dem er festhält: »Bericht über Ediths Tod am 6. Januar 1945 im Krankenhaus, an Schwäche, ohne Leiden.« AFH, AFC, OFA, Inv. Nr. 40, Notizbuch Otto Frank, 1945. Siehe auch: Lee: *Das verborgene Leben*, S. 185.

8 Rosa de Winter-Levy in: Lee *Das verborgene Leben*, S. 185. Siehe auch: AFH, AFC, OFA, Inv. Nr. 40, Notizbuch Otto Frank, 1945.

9 AFH, AFC, OFA, Inv. Nr. 17, Otto Frank an Alice Frank-Stern, 23. Februar 1945. Siehe auch: Lee: *Das verborgene Leben*, S. 185.

10 Eva Schloss-Geiringer zitiert in: Lee: *Das verborgene Leben*, S. 186. Siehe auch: Schloss: *Evas Geschichte*, S. 203f.

11 AFH, AFC, OFA, Inv. Nr. 40, Notizbuch Otto Frank, 1945.

12 AFF_AlF_corr_10_0029, Otto Frank an Alice Frank-Stern, 8. Juni 1945. Siehe auch: Lee, *Das verborgene Leben*, S. 207.

13 AFH, AFC, Zeitzeugenarchiv, Interview Rudi Nussbaum, 22. Februar 2010. Nussbaums Mutter war Eleonora Nussbaum-Mager. Sie kam am 4. Mai 1945 in Bergen-Belsen um. https://www.joodsmonument.nl/en/page/171634/eleonora-nussbaum-mager (abgerufen am 12. September 2021)

Archivmaterial

Anne Frank Haus (AFH), Amsterdam

* Anne Frank Collectie (AFC) (Sammlung Anne Frank)
* Getuigenarchief (Zeitzeugenarchiv), Videos und Transkripte
* Collectie Maly (Sammlung Maly)
* Otto Frank Archief (Otto Frank Archiv, OFA)
* Collectie Jon Blair (Sammlung Jon Blair) »Anne Frank Remembered«, 1995 (Transkripte und Rohmaterial)

Anne Frank Fonds (AFF), Basel

* Familiearchief Frank-Elias (Familienarchiv Frank-Elias)

Deutsches Literaturarchiv (DLA), Marbach am Neckar

* Sammlung Ernst Schnabel

Landesarchiv Berlin

* Hauptausschuss Opfer des Faschismus

Landesarchiv Nordrhein-Westfalen (NRW)

* BR 235 Nr. 2150 Entschädigungsakte Firma Holländer
* BR 3000 Nr. 1025, Entschädigungsakte Julius Holländer
* Nds 110

Nederlandse Rode Kruis (Niederländisches Rotes Kreuz) (NRK)

* 2050, NRK-Collectie Vervolging (Kamp Westerbork) (Sammlung des NRK zur Strafverfolgung von Tätern im Durchgangslager Westerbork)
* Kampen en Gevangenissen bij oorlogsnazorg (Lager und Gefängnisse in der Kriegsnachsorge)
* Persoonsdossiers (Personenakten)
* Joodsche Raad Cartotheek (Zentralkartei des Jüdischen Rats Amsterdam)

NIOD Instituut voor Oorlogs-, Holocaust- en Genocidestudies (Institut für Kriegs-, Holocaust- und Genozidstudien), Amsterdam

* 250d, Kampen en gevangenissen (Lager und Gefängnisse).
* 250k, Concentratiekampen buiten Nederland (Konzentrationslager außerhalb der Niederlande)
* 250n, Onderzoek H.G. Adler (Forschungsarchiv H.G. Adler)
* 804, Onderzoek vernietigingskamp Sobibor (Forschungen zum Vernichtungslager Sobibor)
* 182, Archief Joodsche Raad (Archiv des Jüdischen Rats)

Arolsen Archives International Centre on Nazi Persecution, Bad Arolsen

* Archiv 279

Gedenkstätte Bergen-Belsen, Lohheide

* Zeitzeugenaussagen und Dokumente

Ghetto Fighters' House Museum (Lohamei HaGeta'ot), Israel

* Interviewsammlung

Republik Österreich, Bundesministerium für Inneres (BMI), Wien

* KZ-Gedenkstätte Mauthausen, Zeugenaussagen und Dokumente

Archiv Gedenkstätte Neuengamme, Neuengamme

Nationaal Archief (NL-HaNa) (Niederländisches Nationalarchiv)
* 2.09.34.01: Archief van de Commissie tot het doen van Aangifte van Overlijden van Vermisten (COAV) (Kommission der Niederländischen Justiz zur Anzeige von Todeserklärungen von Vermissten)
* 2.09.09: Centraal Archief Bijzondere Rechtspleging (CABR) (Zentralarchiv Sonderstrafjustiz)

Herinneringscentrum Westerbork (HCKW) (Gedenkstätte Westerbork), Westerbork
* Zeugenaussagen und Dokumente

Archiv des Museums Auschwitz-Birkenau
* Zeugenaussagen und Dokumente

Stadsarchief Amsterdam (Stadtarchiv Amsterdam) (SAA),
* 5009: Archief van de Burgerlijke Stand (Standesamt)
* Archiefkaarten en indexen bevolkingsregister (Melderegister)
* Privatsammlung Juan Goudsmit

The Wiener Holocaust Library, London
* Collectie Ruth Wiener (Sammlung Ruth Wiener)

National Archives (Kew/London)
* Home Office (HO) (Ministerium für Inneres)

Universitätsarchiv Köln
* 600, Prüfungsaktenbestand der Wirtschafts- und Sozialwissenschaftlichen Fakultät

Yivo Institute for Jewish Research, New York
* National Refugee Service Case File A-2300

Literatur und übrige Quellen

Abadi, Odette: *Terre de détresse. Birkenau-Bergen-Belsen.* Paris 2012.

Abuys, Guido und Dirk Mulder: *Een gat in het prikkeldraad. Kamp Westerbork, ontsnappingen en verzet.* Hooghalen 2003.

Agamben, Giorgio: *Was von Auschwitz bleibt. Das Archiv und der Zeuge (Homo Sacer III).* Frankfurt am Main 2003.

Alden Thwaits Garcia, Priscilla: *Auschwitz, Auschwitz... I Cannot Forget You. As Long As I Remain Alive: The Story of Max Rodrigues Garcia As Told to Priscilla Alden Thwaits Garcia.* San Jose CA 1979.

Arad, Yitzhak: *The Operation Reinhard Death Camps: Belsec, Sobibor, Treblinka. Überarbeitete Ausgabe.* Indiana 2018.

Badelt, Udo: *Ihr Tagebuch wird heute mehr denn je gebraucht. Zum 90. Geburtstag von Anne Frank.* Tagesspiegel vom 12. Juni 2019.

Barnouw, David und Gerrold van der Stroom: *Wer verriet Anne Frank?* Aus dem Niederländischen von Simone Schroth. Münster 2005.

Barnouw, David, Dirk Mulder und Guus Veenendaal: *De Nederlandse Spoorwegen in oorlogstijd 1939–1945. Rijden voor Vaderland en Vijand.* Zwolle 2019.

Benda-Beckmann, Bas von: *Het Oranjehotel. Een Duitse gevangenis in Scheveningen.* Amsterdam 2019.

Benz, Wolfgang und Barbara Distel (Hrsg.): *Der Ort des Terrors. Geschichte der nationalsozialistischen Konzentrationslager,* 9 Bde. München 2005–2009.

Beorn, Waitman: *The Holocaust in Eastern Europe: At the Epicentre of the Final Solution.* Cambridge MA 2014.

Beorn, Waitman: *Marching into Darkness: The Wehrmacht and the Holocaust in Belarus.* London 2018.

Bergen, Lotte: *Albert Konrad Gemmeker. Commandant van Westerbork.* Soesterberg 2013.

Berlin Museum (Hrsg.): *Synagogen in Berlin. Zur Geschichte einer zerstörten Architektur.* Berlin 1983.

Blatman, Daniel: *The Death Marches: The Final Phase of Nazi Genocide.* Cambridge MA 2011.

Blitz, Mirjam: *Auschwitz 13917. Hoe ik de Duitse concentratiekampen overleefde.* 2. Auflage Nijmegen 1961.

Bolle, Mirjam, *Ich weiß, dieser Brief wird dich nie erreichen: Tagebuchbriefe aus Amsterdam, Westerbork und Bergen-Belsen.* Aus dem Niederländischen von Stefan Häring und Verena Kiefer. Augsburg 2007.

Boom, Bart van der: *»Wij weten niets van hun lot«. Gewone Nederlanders en de Holocaust.* Amsterdam 2012.

Brandes, Janny: *Voltooid en onvoltooid verleden tijd.* Amsterdam 1986.

Broek, Gertjan und Rebecca Erbelding: »*German Bombs and US Bureaucrats: How Escape Lines from Europe Were Cut Off.*« Online-Publikation. USHMM und Anne Frank Stichting 2016, www.annefrank.org/en/downloads/filer_public/94/3e/943ed001-ba04–4e2a-9360-e642d0d82006/ushmm_afh_july2018.pdf.

Browning, Christopher: *Ganz normale Männer: Das Reserve-Polizeibataillon 101 und die »Endlösung« in Polen.* Aus dem Englischen von Jürgen Peter Krause, Thomas Bertram und Thomas Wollerman. Hamburg 2020.

Browning, Christopher: *Die »Endlösung« und das Auswärtige Amt: Das Referat D III der Abteilung Deutschland 1940–1943.* Aus dem Amerikanischen von Claudia Kotte. Darmstadt 2010.

Browning, Christopher: *Die Entfesselung der* »Endlösung«*: Nationalsozialistische Judenpolitik.* Mit einem Beitrag von Jürgen Matthäus. Aus dem Amerikanischen von Klaus-Dieter Schmid. Berlin 2003.

Buggeln, Marc: Slave Labor in Nazi Concentration Camps. Oxford 2014.

Buggeln, Marc: *Das System der KZ-Außenlager: Krieg, Sklavenarbeit und Massengewalt.* Bonn, Archiv der Sozialen Demokratie 2012.

Burschel, Peter et al. (Hrsg.): *Das Quälen des Körpers. Eine historische Anthropologie der Folter.* Köln 2000.

Caplan, Jane und Wachsmann, Nikolaus (Hrsg.): *Concentration Camps in Nazi Germany: The New Histories.* London 2010.

Cohen, Elie: *Beelden uit de nacht. Kampherinneringen.* Baarn 1992.

Czech, Danuta: *Kalendarium der Ereignisse im Konzentrationslager Auschwitz-Birkenau 1939–1945.* Reinbek 1989.

Dauernheim, Jürgen: »*Dr. Pfeffer aus Gießen« – Anne Franks ›Dr. Dussel‹ (Eine Ergänzung)*«, *Mitteilungen des Oberhessischen Geschichtsvereins Gießen* 97. Gießen 2012.

Dwork, Deborah und Robert Jan van Pelt: *Auschwitz: Von 1270 bis heute.* Aus dem Englischen von Klaus Rupprecht. Zürich und München 1998.

Dwork, Deborah und Robert Jan van Pelt: *Auschwitz.* Überarbeitete Auflage. London 2008.

Evers-Emden, Bloeme: *Als een pluisje in de wind.* Amsterdam 2012.

Fast, Vera K.: *Kindertransporten 1938–1948. Hoe duizenden kinderen uit de klauwen van de nazi's werden gered.* Amersfoort 2016. (Originalausgabe: *Children's Exodus. A History of the Kindertransport.* London 2011.)

Frank, Anne: *Verhaaltjes, en gebeurtenissen uit het Achterhuis. Cady's leven.* Amsterdam 2001.

Frank, Anne: *Liebe* Kitty. *Ihr Romanentwurf in Briefen.* Aus dem Niederländischen von Waltraud Hüsmert. Mit einem Nachwort von Laureen Nussbaum. Zürich 2019.

Frankenhuis, M.: *Westerbork en een vraaggesprek met zijn commandant Gemmecke in 1948.* 'S-Gravenhage 1948.

Friedländer, Saul: *Das Dritte Reich und die Juden. Bd. 1. Die Jahre der Verfolgung: 1933–1939.* Aus dem Englischen von Martin Pfeiffer. München 2006.

Friedländer, Saul: *Das Dritte Reich und die Juden, Bd. 2. Die Jahre der Vernichtung: 1939–1945.* Aus dem Englischen von Martin Pfeiffer. München 2006.

Frister, Roman: *Die Mütze oder der Preis des Lebens.* Aus dem Hebräischen von Eva und Georges Basnizki. München 1998.

Fritzsche, Peter: *Life and Death in the Third Reich.* Cambridge MA 2008.

Fritzsche, Peter: *An Iron Wind: Europe Under Hitler.* New York 2016.

Futselaar, Ralf: *Gevangenissen in oorlogstijd. 1940–1945.* Amsterdam 2015.

Gerlach, Christian: *The Extermination of the European Jews.* Cambridge MA 2016.

Gies, Miep: *Meine Zeit mit Anne Frank. Der Bericht jener Frau, die Anne Frank und ihre Familie in ihrem Versteck versorgte, sie lange Zeit vor der Deportation bewahre – und sie doch nicht retten konnte.* In Zusammenarbeit mit Alison Leslie Gold. Aus dem Englischen von Lieselotte Julius. München 1987.

Gigliotti, Simone: *The Train Journey: Transit, Captivity, and Witnessing in the Holocaust.* New York 2009.

Göbel, Esther: *Een hemel zonder vogels. Het aangrijpende leven van Janny Moffie-Bolle.* Amsterdam 2010.

Göbel, Esther: »*Nederlandse Joden in dwangarbeid. Rapport over het kwantitatieve, kwalitatieve en museale onderzoek naar de inzet van Joodse dwangarbeiders uit Nederland, in kampen in Nederland en daarbuiten, tijdens de Sjoa*«, onderzoeksrapport Joods Cultureel Kwartier. Amsterdam 2015.

Gottlieb, Ioan: *Euch werde ich's noch zeigen. Vom Ghetto Baia Mare durch Auschwitz, Mauthausen, Melk und zurück 1929–1945.* Konstanz 2006.

Gottwaldt, Alfred, Norbert Kampe und Peter Klein (Hrsg.): NS-*Gewaltherrschaft. Beiträge zur historischen Forschung und juristischen Aufarbeitung.* Berlin 2005.

Griffioen, Pim und Ron Zeller: *Jodenvervolging in Nederland, Frankrijk en België 1940–1945. Overeenkomsten, verschillen, oorzaken.* Amsterdam 2011.

Grunberg, Arnon (Hrsg.): *Bij ons in Auschwitz. Getuigenissen.* Amsterdam 2020.

Grunberg, Arnon: *Nee. 4 meivoordracht 2020.* Amsterdam 2020. *(Rede zum 4. Mai von Arnon Grünberg.* Aus dem Niederländischen von Rainer Kersten. Online-Publikation: https://www.4en5mei.nl/media/documenten/duits_redearnongrunberg.pdf)

Gruner, Wolf: Zwangsarbeit *und Verfolgung. Österreichische Juden im NS-Staat 1938–45.* Innsbruck 2000.

Gruner, Wolf: *Jewish Forced Labor under the Nazis: Economic Needs and Racial Aims 1938–1944.* Cambridge MA 2006.

Gutman, Yisrael, und Michael Berenbaum (Hrsg.): *Anatomy of the Auschwitz Death Camp.* Bloomington 1998.

Ha-Elion, Moshe: *The Straits of Hell: The Chronicles of a Salonikan Jew in the Nazi Extermination Camps Auschwitz, Mauthausen, Melk, Ebensee.* Mannheim 2005.

Haenen, Marcel: *De bokser. Het leven van Max Moszkowicz* Amsterdam 2018.

Happe, Katja: *Viele falsche Hoffnungen. Judenverfolgung in den Niederlanden 1940–1945.* Münster 2018.

Heim, Suzanne (Hrsg.): *Deutsches Reich und Protektorat Böhmen und Mähren Oktober 1941–März 1943. Verfolgung und Ermordung der Europäischen Juden durch das nationalsozialistische Deutschland 1933–1945*. Bd. 6. Oldenburg 2019.

Henry, Patrick (Hrsg.): *Jewish Resistance against the Nazis.* Washington DC 2015.

Herbert, Ulrich: »Forced Laborers in the Third Reich: An Overview«, *International Labor and Working-Class History* 1 (2000).

Herzberg, Abel J.: *Amor fati. Schicksalstreue. Sieben Aufsätze über Bergen-Belsen.* Aus dem Niederländischen von Stefan Häring. Wittingen 1997.

Herzberg, Abel J.: *Zweistromland. Tagebuch aus Bergen-Belsen.* Aus dem Niederländischen von Stefan Häring. Wittingen 1997.

Iperen, Roxane van: *Ein Versteck unter Feinden. Die wahre Geschichte von zwei jüdischen Schwestern im Widerstand.* Aus dem Niederländischen von Stefan Wieczorek. Hamburg 2020.

Jaldati, Lin, und Eberhard Rebling: *Sag nie du gehst den letzten Weg. Lebenserinnerungen 1911 bis 1988.* Marburg 1995.

Jeggle, Utz: *Auf der Suche nach Erinnerung.* In: Reinhard Johler, Bernhard Tschofen (Hg.): *Empirische Kulturwissenschaft. Eine Tübinger Enzyklopädie.* Tübinger Vereinigung für Volkskunde, Tübingen 2008, S. 172–186

Jong, Loe de: *Het Koninkrijk der Nederlanden in de Tweede Wereldoorlog*, 14 Bde. Den Haag 1969–1991.

Junk, Peter, und Martina Sellmeyer: *Stationen auf dem Weg nach Auschwitz. Entrechtung, Vertreibung, Vernichtung Juden in Osnabrück 1900–1945. Ein Gedenkbuch.* Osnabrück 1988.

Kaienburg, Hermann: *»Vernichtung durch Arbeit«. Der Fall Neuengamme.* Bonn 1990.

Kaienburg, Hermann: *Das Konzentrationslager Neuengamme, 1938–1945.* Bonn 1997.

Kassow, Samuel D.: *Who Will Write Our History: Emanuel Ringelblum, The Warsaw ghetto and the Oyneg Shabes Archive.* Bloomington 2007.

Klein, Bettina: *Spuren jüdischen Lebens in Aachen von 1850 bis 1938. Eine Anschauungsmappe.* Aachen 1997.

Kolb, Eberhard: *Bergen-Belsen. Geschichte des Aufenthaltslagers, 1943–1945.* Hannover 1962.

Kompisch, Kathrin: *Täterinnen. Frauen im Nationalsozialismus.* Köln 2008.

Kosmala, Beate: »Zwischen Ahnen und Wissen: Flucht vor der Deportation (1941–1943)«, in: Birthe Kundrus und Beate Meyer (Hrsg.): *Deportation der Juden aus Deutschland: Pläne – Praxis – Reaktionen 1938–1945.* Göttingen 2012, S. 135–159.

Landsberger, L., A. de Haas und K. Selowsky (Nederlandsche Roode Kruis) (Hrsg.): *Auschwitz*, 6 Bde. Den Haag 1947–1953.

– Bd. 2: *De deportatietransporten van juli t/m augustus 1942.*

– Bd. 5: *De deportatietransporten in 1944.*

– Bd. 6: *De afvoertransporten uit Auschwitz en omgeving naar het noorden en het westen, en de grote evacuatietransporten.*

Langbein, Hermann, *Menschen in Auschwitz.* Wien 1987.

Lang, Hans-Joachim: *Die Frauen von Block 10. Medizinische Versuche in Auschwitz.* Augsburg 2018 (Komplett überarbeitete Fassung der Erstausgabe von 2011)

Laqueur, Renata: *Bergen-Belsen Tagebuch 1944–1945.* Aus dem Niederländischen übersetzt von Peter Wiebke. 3. Auflage, Hannover 1995.

Laqueur, Renata: *Dagboek uit Bergen-Belsen.* Amsterdam 1979.

Large, David Clay: *Berlin.* New York 2000.

Lasik, Aleksander et al. (Hrsg.): *Auschwitz, 1940–1945: Central Issues in the History of the Camp*, 5 Bde. ›The Auschwitz-Birkenau State Museum‹. Auschwitz 2000.

Lasker-Wallfisch, Anita: *Inherit the Truth 1939–1945*. London 1996.
Lasker-Wallfisch, Anita: *Ihr sollt die Wahrheit erben: Die Cellistin* von Auschwitz. Erinnerungen. Reinbek 2000.
Lee, Carol Ann: *Anne Frank – Die Biographie*. Aus dem Englischen von Bernd Rullkötter. München 2000.
Lee, Carol Ann: *Otto Franks Geheimnis: Der Vater von Anne Frank und sein verborgenes Leben*. Aus dem Englischen von Renate Weitbrecht und Helmut Dierlamm. München, Zürich 2005.
Leeuw, Daan de: *In the Name of Humanity: Nazi Doctors and Human Experiments in German Concentration Camps, 1939–1945*, MA-thesis in History, Universiteit van Amsterdam 2013.
Lepper, Herbert: *Von der Emanzipation zum Holocaust. Die Israelitische Synagogengemeinde zu Aachen 1801–1942*. Aachen 1994.
Levi, Primo: *Die Untergegangen und die Geretteten*. München 1993,
Levi, Primo: *Ist das ein Mensch?* Aus dem Italienischen von Heinz Riedt. München 2012.
Leydesdorff, Selma: *De mensen en de woorden. Geschiedenis op basis van verhalen*. Amsterdam 2004.
Liempt, Ad van: *Frieda. Verslag van een gelijmd leven. Herinneringen aan kamp Westerbork*. Hooghalen 2007.
Liempt, Ad van: *Gemmeker. Commandant van Westerbork*. Amsterdam 2019.
Liedke, Karl: »Destruction Through Work: Lodz Jews in the Büssing Factory in Braunschweig, 1944–1945.« In: *Yad Vashem Studies, XXX*, Jerusalem 2002, S. 153–188
Lifton, Robert Jay: *Ärzte im Dritten Reich*. Aus dem Amerikanischen von Annegrete Lösch. Berlin 1998.
Lindwer, Willy: *Anne Frank - die letzten sieben Monate: Augenzeuginnen berichten*. Aus dem Niederländischen von Mirjam Pressler. Frankfurt am Main 2000.

Lindwer, Willy: *Kamp van hoop en wanhoop. Getuigen van Westerbork, 1939–1945.* Amsterdam 1990.

Lower, Wendy: *Hitlers Helferinnen: Deutsche Frauen im Holocaust.* Aus dem Englischen von Andreas Wirthensohn. Frankfurt am Main 2016.

Ludewig-Kedmi, Revital: *Opfer und Täter zugleich? Moraldilemmata jüdischer Funktionshäftlinge in der Shoah.* Gießen 2001.

Mandell, Gerald L. et al. (Hrsg.): *Bennett's Principles and practices of infectuous diseases,* Bd. 2. Philadelphia 2010.

Maršalek, Hans: *Die Vergasungsaktionen im Konzentrationslager Mauthausen – Gaskammer, Gaswagen, Vergasungsanstalt Hartheim, Tarnnamen Dokumentation.* Wien 1988.

Maršalek, Hans: *Die Geschichte des Konzentrationslagers Mauthausen.* Wien 1995.

Mayer, Anita: *Als ik Hitler maar kan overleven.* Nieuwkoop 1990.

Mazower, Mark: *Hitlers Imperium: Europa unter der Herrschaft des Nationalsozialismus.* Aus dem Englischen von Martin Richter. München 2009.

Mechanicus, Philip: *Im Depot. Tagebuch aus Westerbork.* Mit einem Vorwort von Eike Geisel. Aus dem Niederländischen von Jürgen Hillner. Berlin 1993.

Meershoek, Guus: *Dienaren van het gezag. De Amsterdamse politie tijdens de bezetting.* Amsterdam 1999.

Meershoek, Guus: *Repression und Kriegsverbrechen: Die Bekämpfung von Widerstands- und Partisanenbewegungen gegen die deutsche Besatzung in West- und Südeuropa.* Beiträge zur nationalsozialistischen Gesundheits- und Sozialpolitik 14. Hrsg.: Ahlrich Meyer. Berlin, Göttingen 1997.

Megargee, Geoffrey P. (Hrsg.): *Encyclopedia of Camps and Ghettos, 1933–1945,* 2 Bde. Bloomington 2009.

Metselaar, Menno: *Träumen, denken, schreiben.* Übersetzung und Lektorat Waltraud Hüsmert, Barbara Heller. Amsterdam 2016.
Meyer, Beate, Hermann Simon, Chana Schutz (Hrsg.): *Jews in Nazi Berlin: From Kristallnacht to Liberation.* Chicago 2009.
Mkayton, Noa: *Text- und Bildzeugnisse jüdischer Kinder und Jugendlicher aus der Zeit der Shoah.* https://www.yadvashem.org/de/education/newsletter/12/texts-and-images-from-time-ofholocaust.html (zuletzt aufgerufen: 25.07.2021)
Moraal, Eva: *Als ik morgen niet op transport ga ... Kamp Westerbork in beleving en herinnering.* Amsterdam 2014.
Morina, Christina und Krijn Thijs (Hrsg.): *Probing the Limits of Categorization: The Bystander in Holocaust History.* New York 2018.
Morsch, Gunther und Bertrand Perz: *Neue Studien zu nationalsozialistischen Massentötungen durch Giftgas.* Berlin 2011.
Müller, Filip: *Sonderbehandlung: Drei Jahre in den Krematorien und Gaskammern von Auschwitz.* Deutsche Bearbeitung von Helmut Freitag. München 1979.
Müller, Melissa: *Das Mädchen Anne Frank. Die Biographie.* Mit einem Nachwort von Miep Gies. München 1998.

Nierop, Is. van und Louis Coster: *Westerbork. Het leven in het kamp.* Den Haag 1945.
Nijhuis, Ben: *Breekbaar maar niet gebroken.* Laren 2008.

Paape, Harry, Gerrold van der Stroom und David Barnouw (Hrsg.): *Die Tagebücher der Anne Frank.* Aus dem Niederländischen von Mirjam Pressler. Frankfurt am Main 1993.
»Persönliche Erinnerungen an Anne Frank«, Interview mit Hanna Elisabeth Pick, Jerusalem, *Mitteilungsblatt* hrsg. Vom Verband der Einwanderer deutsch-jüdischer Herkunft, Nr. 28, 12. Juli 1957.

Perz, Bertrand: *Kinder und Jugendliche im Konzentrationslager Mauthausen und seinen Außenlagern.* In: *Dachauer Hefte* 9 (1993), S. 71–90.

Perz, Bertrand: *Das Projekt »Quarz«. Der Bau einer unterirdischen Fabrik durch Häftlinge des* KZ *Melk für die Steyr-Daimler-Puch* AG *1944–1945.* Innsbruck 2014.

Petri, Victor: »The Secular Word ›Holocaust‹: Scholarly Myths, History, and Twentieth Century Meanings.« In: *Journal of Genocide Research* 2/1 (2000), S. 31–63.

Piper, Franciszek: »Gas Chambers and Crematoria.« In: Yisrael Gutman und Michael Berenbaum (Hrsg.): *Anatomy of the Auschwitz Death Camp*, Bloomington 1998, S. 157–182.

Piper, Franciszek, Teresa Swiebocka und Danuta Czech (Hrsg.): *Auschwitz Nazi Death Camp*, The Auschwitz-Birkenau State Museum. Auschwitz 2007.

Polak, Fia: *Oorlogsverslag van een zestienjarig joods meisje.* Amsterdam 1995.

Presser, Jacques: *Ondergang. De vervolging en verdelging van het Nederlandse Jodendom, 1940–1945.* 2 Bde. 's-Gravenhage 1965.

Prins, Erika: *Onderzoeksverslag naar het verblijf van de acht onderduikers in de kampen.* Onderzoeksrapport Anne Frank Stichting. Amsterdam, April 2016.

Rawson, Andrew: *Auschwitz: The Nazi Solution.* Barnsley 2015.

Rens, Herman van und Annelies Wilms: *Tussenstation Cosel. Joodse mannen uit West-Europa naar dwangarbeiderskampen in Silezië, 1942–1945.* Hilversum 2020.

Riet, Frank van: *De bewakers van Westerbork.* Amsterdam 2016.

Roelofs, Saar: *Nog altijd. Ronnie Goldstein-van Cleef over jeugd, verzet, concentratiekampen en het leven daarna.* Kampen 2005.

Romijn, Peter: *Burgemeesters in oorlogstijd. Besturen tijdens de Duitse bezetting.* Amsterdam 2006.

Rosensaft, Hadassah: *Yesterday My Story.* Washington 2004.

Roth, Nicolas: *Avoir 16 ans à Auschwitz. Mémoire d'un juif hongrois.* Collection Témoignages de la Shoah. Paris 2011.

Rozema, Wim A.H.: »*Treinen naar het eindstation van de beschaving ...*« – »*In het midden stond een vent ..., die beschikte over je leven ...*«. Historische vereniging Hoogezand-Sappemeer 2015.

Samuel, R. und P. Thompson (Hrsg.): *The Myths We Live By.* London 1990.

Schalkowsky, Samuel (Hrsg.): *The Clandestine History of the Kovno Jewish Ghetto Police.* Bloomington 2014.

Schloss, Eva: *Herinneringen van een Joods meisje. 1938–1945.* Breda 2005.

Schloss, Eva: *Evas Geschichte: Anne Franks Stiefschwester und Überlebende von Auschwitz erzählt.* Unter Mitarbeit von Evelyn Julia Kent. Aus dem Englischen von Angela Gaumér. Gießen 2015.

Schnabel, Ernst: *Anne Frank. Spur eines Kindes. Ein Bericht.* Frankfurt am Main 1958.

Schoeps, Julius H.: *Neues Lexikon des Judentums.* Gütersloh 2000.

Schutz, Raymund: Vermoedelijk op transport. De Joodsche Raadcartotheek als informatiesysteem binnen sterk veranderende kaders: repressie, opsporing en herinnering. Een archiefwetenschappelijk onderzoek naar de herkomst, het gebruik en het beheer van een bijzondere historische bron. Magisterarbeit in Archivwissenschaften: Universität Leiden Institut für Geschichte, 2010.

Schuyf, Judith (Hrsg.) *Nederlanders in Neuengamme. De ervaringen van ruim 5500 Nederlanders in een Duits concentratiekamp, 1940–1945.* Zaltbommel 2005.

Sluis, Wouter van der und Menno Metselaar (Hrsg.): *Anne Frank. Haar leven in brieven: tentoongestelde brieven,* tentoonstellingsgids. Amsterdams Historisch Museum. Amsterdam 2006.

Sofsky, Wolfgang: *Die Ordnung des Terrors: Das Konzentrationslager.* Frankfurt am Main 2003.

Spronz, Joseph: »*Ich war ein Häftling in Auschwitz*« Unveröffentlichte deutsche Übersetzung von 1946, von: *Fogoly voltam Auschwitzban.* Budapest 1946.

Steen, Jürgen und Wolf von Wolzogen (Hrsg.): *Die Synagogen brennen. Die Zerstörung Frankfurts als jüdische Lebenswelt.* Frankfurt am Main 1988.

Steinbacher, Sybille: *Auschwitz – Geschichte und Nachgeschichte.* München 2020.

Strzelecka, Irena, *Women*, in: Yisrael Gutman und Michael Berenbaum (Hrsg.): *Anatomy of the Auschwitz Death Camp.* Bloomington 1998, S. 393–411.

Strzelecki, Andrzej: »The Plunder of Victims and Their Corpses«, in: Yisrael Gutman und Michael Berenbaum: *Anatomy of the Auschwitz Death Camp.* Bloomington 1998, S. 174–181.

Szücs, Ladislaus: *Zählappell. Als Arzt im Konzentrationslager.* Frankfurt am Main 1995.

Venezia, Shlomo: *Meine Arbeit im Sonderkommando Auschwitz: Das erste umfassende Zeugnis eines Überlebenden.* In Zusammenarbeit mit Béatrice Prasquier. Vorwort von Simone Veil. Aus dem Französischen von Dagmar Mallett. München 2008.

Verhoeven, Rian: *Anne Frank was niet alleen. Het Merwedeplein 1933–1945.* Amsterdam 2019.

Verolme, Hetty, *Wir Kinder von Bergen-Belsen.* Aus dem Englischen von Mirjam Pressler. Weinheim 2005.

Vogelaar, Jacq, *Over kampliteratuur.* Amsterdam 2006.

Vuijsje, Ies: *Tegen beter weten in. Zelfbedrog en ontkenning in de Nederlandse geschiedschrijving over de Jodenvervolging.* Amsterdam 2006.

Wachsmann, Nikolaus: »Annihilation Through Labour: The Killing of State Prisoners in the Third Reich.« *In: Journal of Modern History* 3 (1999), S. 624–659.
Wachsmann, Nikolaus: *KL. Die Geschichte der nationalsozialistischen Konzentrationslager.* München 2018.
Welzer, Harald, Sabine Moller und Karoline Tschuggnall: *»Opa war kein Nazi«. Nationalsozialismus und Holocaust im Familiengedächtnis.* Frankfurt am Main 2002.
Wenck, Alexandra-Eileen: *Zwischen Menschenhandel und ›Endlösung‹. Das Konzentrationslager Bergen-Belsen.* Paderborn 2000.
Wielek, H.: *De oorlog die Hitler won.* Amsterdam 1947.
Wind, Eddy de: *Ich blieb in Auschwitz. Aufzeichnungen eines Überlebenden 1943–45. Aus dem Niederländischen von Christiane Burkhardt. München 2021.*
Winter-Levy, Rosa de: *Aan de gaskamer ontsnapt!: Het Satanswerk van de SS: relaas van het lijden en de bevrijding uit het concentratiekamp »Birkenau« bij Auschwitz.* Doetinchem 1945.

Bild und Ton

Beck, Katharina: Das Vermächtnis der Anne Frank. Geburtstagsbeitrag in der mdr-Reihe »Zeitreise«, 12. Juni 2021.
Blair, Jon: *Anne Frank Remembered,* Dokumentarfilm 1995. (deutsche Fassung: Anne Frank – Zeitzeugen erinnern sich)
Herinneringscentrum Kamp Westerbork und NOS Actueel (Zusammenstellung), *Leven na de ondergang. Acht portretten van Holocaustoverlevenden,* Dokumentarfilm-DVD, 2007.

Kienzle, Birgit (Regie): *Anne Frank wird 50*, Fernsehdokumentarfilm, Südwestfunk, 1979,
Lindwer, Willy: *De laatste zeven maanden van Anne Frank*, Dokumentarfilm 1988.
USC Shoah-Foundation Visual History Archive (USC-SF, VHA).

Internetquellen

www.bergen-belsen.stiftung-ng.de
www.coldcasediary.com
www.drentheinoorlog.nl
www.historische-vereniging-hs.nl
www.joodsmonument.nl
www.kampwesterbork.nl
www.kz-gedenkstaette-neuengamme.de
www.mauthausen-memorial.at
www.menselijk-lichaam.com
www.monument.vriendenkringneuengamme.nl
www.newbooksnetwork.com
www.oktober44.nl
www.yadvashem.org

Abbildungsverzeichnis:

Anne Frank Haus, Amsterdam, Fotosammlung: **Abb. 2–5, 7–11, 13, 14, 19, 22, 26–30, 37–40, 62, 78, 98, 100, 118, 119, 121, 122, 148, 149, 152, Farbtafel I links**

Auswärtiges Amt, Berlin, Politisches Archiv und Historischer Dienst: **Abb. 81**

Beeldbank WO2, Amsterdam

* NIOD: **Abb. 32, 44, 49, 51, 53, 57, 60, 75–77**
* NIOD/Fotopersbureau Stapf Bilderdienst: **Abb. 21**
* Sammlung Widerstandsmuseum Amsterdam: **Abb. 43**

bpk-Bildagentur/Abraham Pisarek: **Abb. 31**

Bundesarchiv: **Abb. 35**

Daniel Kropveld: **Abb. 102**

Erven Janny Moffie-Bolle (Copyright): **Abb. 72**

Imperial War Museum, London: **Abb. 110, 111, 115**

Institut für Stadtgeschichte Frankfurt am Main, Foto: Hannah Reeck: **Abb. 6**

Jüdisches Erbe Rotterdam, joodserfgoedrotterdam.nl, Sammlung Josua Ossendrijver: **Abb. 129**

Jüdisches Historisches Museum, Amsterdam: **Abb. 90**

Maria Austria Institut, Amsterdam

* Carel Blazer: **Abb. 1**
* Maria Austria: **Abb. 25, 33, 34**

Nationalarchiv, Den Haag

* Jac de Nijs/Anefo: **Abb. 45**
* Niederländisches Rotes Kreuz: **Abb. 67, 68, 95, 107, 123, 124, 126, 135, 136, 147, 151, 153**

Nationalmuseum Kopenhagen/Elisabeth Halgreen: **Abb. 142**

Neuengamme, Archiv der KZ-Gedenkstätte: **Abb. 144, 145**

Privatarchiv Familie Van Wijk-Voskuijl: **Abb. 12**

Privatarchiv Familie Moszkowicz: **Abb. 128**

Privatsammlung: **Abb. 41, 61, 92, 105, 106, 112, 120**

Gedenkstätte Dachau (Ralph Eric Koch): **Abb. 127**
ssmaritime.com: **Abb. 150**
Staatliches Museum Auschwitz-Birkenau: **Abb. 80, 83**
Stadtarchiv Aachen, Fotosammlung: **Abb. 15**
Stadtarchiv Amsterdam: **Abb. 36**
Stadtarchiv Rotterdam: **Abb. 20**
Uitgeverij Louise, Leeuwarden: **Farbtafel VII**
United States Holocaust Memorial Museum: **Abb. 42, 79, 84, 108, 116, 117, 132–134, Farbtafel IX**
Unbekannt: **Abb. 69, 86, 96, 99, 141, 143**
Westerbork, Gedenkstätte des Lagers Westerbork: Titelbild, **Abb. 46, 47, 50, 54–56, 59, 63–66, 70, 73**
Widerstandsmuseum Amsterdam: **Abb. 24**
Widerstandsmuseum Südholland, Gouda, Sammlung Libertum: **Abb. 18**
Wiener Holocaust Library, London: **Abb. 113, 114**
Wikimapia: **Abb. 109**
Wikimedia Creative Commons/Bundesarchiv/Bild 192–269; cc by-sa 3.0, cc by-sa 3.0 de: **Abb. 130**
Wikimedia Creative Commons/Bundesarchiv/Bild 146–1969–054–16; cc Hoffmann, Heinrich; cc by-sa 3.0: **Abb. 82**
Wikimedia Creative Commons/Bundesarchiv, Bild 146-1993-051-07/Autor unbekannt/CC-BY-SA 3.0: **Farbtafel I rechts**
Wikimedia Creative Commons; cc-pd-Mark: **Abb. 52, 58, 87, 104, 125, 131, 137**
Wikimedia Creative Commons/HEROMAX/cc by-sa 3.0: **Farbtafeln IV–VI**
Wikimedia Creative Commons/Jesse Hofseth; cc by-sa 4.0: **Abb. 91**
Wikimedia Creative Commons/Mondadori Portfolio: **Abb. 101**
Wikimedia Creative Commons/Karl H. Paulmann. CC BY 2.0.: **Abb. 16**
Wikimedia Creative Commons/Delpher; cc-pd-Mark: **Abb. 74**

Wikimedia Creative Commons/geheugenvannederland.nl; cc-pd-Mark: **Abb. 85**
Wikimedia Creative Commons/Joods Monument; cc-pd-Mark: **Abb. 94**
Wikimedia Creative Commons/Mauthausen28Mai.jpg/cc by-sa 3.0: **Farbtafel VIII**
Wikimedia Creative Commons/Nationaal Archief: **Abb. 17, 48**
Wikimedia Creative Commons/Stefan Schlesinger/cc by-sa 3.0: **Farbtafel III**
Wikimedia Creative Commons/USHMM und Beeldbank WO2/NIOD: **Abb. 139, 140**
Yad Vashem, »Auschwitz Album«: **Abb. 88, 89, 93**
Yivo Institute for Jewish Research, New York: **Abb. 23**
Zdenko Pavelka: **Abb. 97**

Der Herausgeber und der Verlag haben alle Anstrengungen unternommen, um die Inhaber der Urheberrechte an den Fotos und Illustrationen in dieser Publikation ausfindig zu machen. Falls Sie trotzdem der Meinung sind, dass Ihre Rechte nicht beachtet wurden, kontaktieren Sie bitte den Verlag. Einige der verwendeten Bilder stammen aus Wikimedia Commons, das Medienarchiv von Wikipedia. Die oben genannten Abkürzungen stehen für verschiedene Versionen von Creative-Commons-Lizenzen. Der vollständige Wortlaut dieser Lizenzen ist online unter den folgenden URLs zu finden:

cc pd-Mark 1.0, Creative Commons, gemeinfrei: https://creativecommons.org/publicdomain/mark/1.0/
cc by-sa 3.0, Creative Commons ShareAlike, Version 3.0. Unported: https://creativecommons.org/licenses/by-sa/3.0/
cc by-sa 3.0 de, Creative Commons Attribution-ShareAlike, Version 3.0. Deutschland. https://creativecommons.org/licenses/by-sa/3.0/de/deed.en
cc by-sa 4.0, Creative Commons Attribution-ShareAlike, Version 4.0. https://creativecommons.org/licenses/by-sa/4.0/

Register

A

B

C

D

E

F

G

H

N

O

P

Q

R

S

T

U

V

W

Z